Unterricht im Lernbereich Globale Entwicklung

Waxmann Verlag GmbH
Steinfurter Straße 555, 48159 Münster
info@waxmann.com

Erziehungswissenschaft und Weltgesellschaft

herausgegeben von

Gregor Lang-Wojtasik (Weingarten)
Barbara Asbrand (Frankfurt)
Helmuth Hartmeyer (Wien)

Band 8

Waxmann 2015
Münster • New York

Lydia Kater-Wettstädt

Unterricht im Lernbereich Globale Entwicklung

Der Kompetenzerwerb und seine Bedingungen

Waxmann 2015
Münster • New York

Die vorliegende Arbeit wurde 2013 von der Johann-Wolfgang-Goethe-Universität zu Frankfurt am Main als Dissertation angenommen.

Bibliografische Informationen der Deutschen Nationalbibliothek
Die Deutsche Nationalbibliothek verzeichnet diese Publikation in der Deutschen Nationalbibliografie; detaillierte bibliografische Daten sind im Internet über http://dnb.d-nb.de abrufbar

(D 30)

Erziehungswissenschaft und Weltgesellschaft, Bd. 8

ISSN 1867-5891
Print-ISBN 978-3-8309-3152-2
E-Book-ISBN 978-3-8309-8152-7

© Waxmann Verlag GmbH, 2015

www.waxmann.com
info@waxmann.com

Umschlaggestaltung: Pleßmann Design, Ascheberg
Umschlagfoto: © Shutterstock
Gedruckt auf alterungsbeständigem Papier, säurefrei gemäß ISO 9706

Printed in Germany

Alle Rechte vorbehalten. Nachdruck, auch auszugsweise, verboten.
Kein Teil dieses Werkes darf ohne schriftliche Genehmigung des Verlages in irgendeiner Form reproduziert oder unter Verwendung elektronischer

Für meine Mutter

Vorwort und Danksagung

Die vorliegende Arbeit wurde in Göttingen im Rahmen des Graduiertenkollegs 1195 „Passungsverhältnisse schulischen Lernens" begonnen. In diesen ersten zwei Jahren des Projektes „Aufgaben und Kompetenzerwerb – Bildung für nachhaltige Entwicklung" (2009-2010), die dank der Finanzierung der DFG (Deutschen Forschungsgemeinschaft) möglich waren, konnten erste Felderhebungen gemacht und eingehend analysiert werden. Des Weiteren basiert die vorliegende Publikation auf den Ergebnissen des durch das BMZ (Bundesministerium für Entwicklung und Zusammenarbeit) (2010-2012) finanzierten Forschungsprojekts „Kompetenzorientierter Unterricht im Lernbereich Globale Entwicklung". Ohne die Finanzierung der beiden Institutionen hätte diese Studie demnach nicht entstehen können und dafür möchte ich mich sehr herzlich bedanken.

Viele Menschen haben mich in dieser aufregenden Zeit begleitet, bei denen ich mich hiermit ebenfalls bedanken möchte. An erster Stelle geht mein besonderer Dank an die Lehrerinnen und Lehrer und die Schülerinnen und Schüler sowie deren Eltern, die sich zur Teilnahme an dieser Studie bereit erklärt haben. Ohne ihre Bereitschaft, ihre Offenheit und ihr Engagement wäre meine Forschung nicht denkbar und umsetzbar gewesen.

Besonders bedanken möchte ich mich auch bei Prof. Dr. Barbara Asbrand, die als Erstbetreuerin einen großen Anteil zu den Gedanken und Ideen, die hier niedergeschrieben sind, beigetragen hat. Nicht nur viele fachliche Diskussionen, sondern auch die fundierte methodische Ausbildung habe ich ihr zu verdanken. Prof. Dr. Dr. Ralf Bohnsack, der stets Bezugspunkt der methodologischen Überlegungen in meiner Arbeit war, möchte ich für die Zweitbegutachtung meiner Arbeit vielmals danken.

Bei Prof. Dr. Ulla Runesson möchte ich mich für die herzliche Aufnahme und ihr Interesse an meiner Arbeit während meines Forschungsaufenthaltes an der Högskolan för lärande och kommunkation in Jönköping, Schweden bedanken.

Für den inhaltlichen Austausch und das Gelingen dieser Arbeit waren die Diskussionen in der Forschungswerkstatt von Barbara Asbrand von zentraler Bedeutung. Dabei möchte ich mich bei Anja Hackbart, Nina Heller, Susanne Krogull, Matthias Martens, Dorthe Petersen, Christian Spieß, Susanne Timm und Sigrid Zeitler für die spannenden und hilfreichen Anregungen und Hinweise bedanken.

Die tatkräftige Unterstützung der studentischen Mitarbeiterinnen und Mitarbeiter Katerina Dakoura, Jennifer Diederichs, Sina Dotzert, Stefan Häusler,

Sebastian Kuhn und Yvonne Lömker sowie die unerlässlich wichtige Hilfe von Frau Petra Römer in allen organisatorischen Belangen haben zur erfolgreichen Durchführung des Projektes beigetragen. Sina Dotzert und Susanne Timm gilt dabei ein besonders herzliches Dankeschön für das Korrekturlesen der Arbeit und der zahlreichen Hinweise für mehr Klarheit in der Darstellung.

Dann gibt es noch die (ehemaligen) Kolleginnen und Kollegen, die in der Begleitung eine besondere Rolle gespielt haben und die ich als Freunde dazu gewonnen habe. Für den unermüdlichen Zuspruch möchte ich insbesondere Matthias, Dorthe, Helge, Nina und Anja danken. Die zahllosen Stunden, die wir gemeinsam mal unbeschwert, mal einander stützend und hilfreich ablenkend verbracht haben, werden mir unvergesslich bleiben.

Weitere Freunde, die immer für mich da waren, viel Geduld in der Zeit für mich aufbrachten und mich auf andere Gedanken brachten, waren Christiane, Corinna, Pia, Johannes und Sebastian.

Diejenigen, denen schließlich mein allerherzlichster Dank gebührt, sind mein bester Freund und liebevoller Ehemann Gordian, der immer für mich da war, mir Mut gemacht und an mich geglaubt und mir mit seiner Liebe und seinem Zuspruch Rückhalt gegeben hat, ohne ihn wäre diese Arbeit so nicht möglich gewesen, sowie meine Familie, Rolf und Irene, Anica, Thomas und Arndt. Sie haben mit Interesse meinen Weg begleitet und mir stets mit Rat und Tat zur Seite gestanden.

Frankfurt am Main, im März 2015　　　　　　　　Lydia Kater-Wettstädt

Inhalt

I. EINLEITUNG 11

1. Die Herausforderung: Globalisierung in Schule und Unterricht 12
2. Forschungsgegenstand: der Kompetenzerwerb im Unterricht zu Themen des Lernbereichs Globale Entwicklung 14
3. Der Forschungsprozess 17
4. Gliederung der Arbeit 19

II. FORSCHUNGSKONTEXT 21

1. Schule in der Weltgesellschaft 21
2. Der Lernbereich Globale Entwicklung 23
   2.1 Theoretische Entwicklung und Konzepte 25
      2.1.1 Theoretische Entwicklung 25
      2.1.2 Kompetenzkonzepte 30
      2.1.2.1 Kompetenzen einer Bildung für nachhaltige Entwicklung 32
      2.1.2.2 Globales Lernen 35
      2.1.2.3 Orientierungsrahmen „Globale Entwicklung" 36
   2.2 Bildungspolitische Rahmenbedingungen des Lernbereichs 39
   2.3 Forschungsstand 42
      2.3.1 Der Lernbereich Globale Entwicklung in Schule und Unterricht 43
      2.3.2 Lernprozesse und Kompetenzerwerb im Lernbereich Globale Entwicklung 46
   Exkurs: Empirische Studien zum Umgang von Jugendlichen mit globalen Fragen 50
3. Kompetenzorientierter Unterricht 53
   3.1 Didaktische Konzepte 54
   3.2 Forschung 57
4. Ausgangspunkt und Fragestellung der Studie 59

III. FORSCHUNGSMETHODE 61

1. Methodische Grundlagen 61
2. Datenerhebung: Video- und Audiographie des Unterrichts 61
   2.1 Interaktion im Unterricht 61
   2.2 Feldzugang und Auswahl der Lerngruppen 64
   2.3 Video- und Audiographie des Unterrichts 64

3. **Die Darstellung und Transkription der Daten** 67
   3.1 Die Herausforderungen der Darstellung der Daten 67
   3.2 Die Transkription 68
4. **Datenauswertung: Die Dokumentarische Methode** 71
5. **Das empirische Material** 79
   5.1 Das Sample im Überblick 80
   5.2 Die Abläufe der ausgewählten Unterrichtseinheiten 81

IV. ERGEBNISSE – DIE REKONSTRUKTION DES KOMPETENZERWERBS UND SEINER BEDINGUNGEN ... 95

1. **Der Umgang mit Nicht-Wissen** 97
   1.1 Die Kompensation von Nicht-Wissen 98
   1.2 Der Umgang mit Nicht-Wissen als Potential 119
   1.3 Zusammenfassung: Nicht-Wissen als Defizit oder Potential 134
2. **Der Umgang mit Perspektivität** 136
   2.1 Perspektivenreproduktion 138
   2.2 Perspektivenkoordination 169
   2.3 Zusammenfassung: Perspektivität und Wissen 191
3. **Der Umgang mit Handlungsaufforderungen** 192
   3.1 Handlungsaufforderungen als zu reproduzierendes Thema 193
   3.2 Reflexion über Nicht-Handeln 211
   3.3 Reflexion im politischen Modus 228
   3.4 Zusammenfassung: Handlungsaufforderungen im Unterricht 251

V. UNTERRICHT IM LERNBEREICH GLOBALE ENTWICKLUNG – ZUSAMMENFASSUNG UND DISKUSSION ... 254

1. **Zusammenfassung** 254
2. **Diskussion der Ergebnisse** 259
   2.1 Der Kompetenzerwerb vor dem Hintergrund theoretischer und normativer Annahmen 259
   2.2 Die Lehrmodi als Struktur der Lernumgebungen 267
   2.3 Konsequenzen für die Gestaltung kompetenzorientierten Unterrichts . 270
3. **Kritische Reflexion und Ausblick** 273

ABBILDUNGSVERZEICHNIS 275
LITERATUR 276
ANHANG 295

I. Einleitung

*"Oft ist die Zukunft schon da,
ehe wir ihr gewachsen sind."*

John Steinbeck 1902-1968

Dieses Forschungsprojekt ist eine qualitativ-rekonstruktive Studie, die im Kontext der Unterrichtsforschung angesiedelt ist und eine didaktische Fragestellung zum Gegenstand hat. Thematisch lässt sie sich dem Lernbereich Globale Entwicklung zuordnen, der Kompetenzen von Lernenden beschreibt, die für die Teilnahme und Gestaltung einer zukunftsfähigen und sozial verträglichen Weltgesellschaft als notwendig betrachtet werden. Die Arbeit beschäftigt sich mit der Fragestellung, was und wie Schülerinnen und Schüler im schulischen (Fach-)Unterricht zu Themen des Lernbereichs Globale Entwicklung lernen. Dazu wurden mehrere Unterrichtseinheiten video- und audioaufgezeichnet, die mit einem qualitativ-rekonstruktiven Verfahren, der Dokumentarischen Methode (Bohnsack 2007), analysiert wurden. Ziel der Studie war, einen empirisch fundierten Einblick in das unterrichtliche Interaktionsgeschehen und die darin stattfindenden Aneignungsprozesse der Schülerinnen und Schüler zu gewinnen. Die Herausforderungen, mit denen die Lernenden umzugehen haben, wenn sie mit Themen des Lernbereichs im Unterricht konfrontiert sind, sollten eingehend erfasst werden, um die entsprechend notwendigen Fähigkeiten für einen konstruktiven Umgang beschreiben zu können. Eine genauere Kenntnis dessen erlaubt didaktische Hinweise darauf, wie dazu beigetragen werden kann, dass Schülerinnen und Schüler eher der Zukunft „gewachsen sind" oder lernen mit ihr zu „wachsen".

Diese Arbeit richtet sich an Wissenschaftlerinnen und Wissenschaftler, an Lehrkräfte, aber auch an Praktikerinnen und Praktiker von entwicklungspolitischen oder umweltbildnerischen Nichtregierungsorganisationen. Sie möchte den Leser, die Leserin zu einer Reflexion der eigenen Praxis, Forschung oder des Handelns in Bildungsprozessen anregen. Sie soll Fragen aufwerfen und zu einer Weiterentwicklung von Bildungsmaterialien, Unterrichtsprozessen oder Forschungsprojekten motivieren. Diese Studie möchte vor allem auch als ein Plädoyer für die Stärkung des Lernbereichs Globale Entwicklung im schulischen Unterricht verstanden werden. Damit ist nicht nur die Behandlung spezifischer Themen gemeint, sondern die Stärkung des damit verbundenen pädagogischen Prinzips, Sachverhalte, Probleme und Themen als immer in der Welt vernetzte zu betrachten. Sie soll Mut machen, Vertrautes in Frage zu stellen, sich selbst zu befragen und andere Menschen dieser Weltgesellschaft mitzudenken, über den Tellerrand zu schauen, um die Zukunft mitgestalten zu können und Lernende dabei zu begleiten. Diese Arbeit ist ein Plädoyer für eine Art und Weise in Schule und Unterricht zu denken, die Grenzen auflöst und Dinge als das betrachtet, was sie sind: in der Welt.

1. Die Herausforderung: Globalisierung in Schule und Unterricht

Der Lernbereich Globale Entwicklung nimmt einen immer größeren Raum in aktuellen Bildungsdebatten ein. Schon 1995 schildert Klafki im Kontext einer zukunftsorientierten Allgemeinbildung „epochaltypische Schlüsselprobleme", wozu er die „Friedensfrage", die „Problematik des Nationalitätsprinzips", die „Umweltproblematik", die wachsende Weltbevölkerung und das „Problem der gesellschaftlich produzierten Ungleichheit" zählt (ebd., S. 12). Die Globalisierung und die damit einhergehenden strukturellen Veränderungen der Gesellschaft, der Wirtschaft, der Umwelt und der Bildung, die zunehmende Komplexität der Entwicklungen und die wachsende Unsicherheit von Individuen werden (international) als die (neuen) Herausforderungen für das Lehren und Lernen, für die „Pädagogik in der globalisierten Moderne" (Focali 2007) begriffen (vgl. auch Cantell/Cantell 2009; Edwards/Usher 2000). Das politische Ziel einer nachhaltigen Entwicklung, dass das Leben zukünftiger Generationen vor dem Hintergrund endlicher Ressourcen und dem Bevölkerungswachstum berücksichtigen muss, impliziert demnach einen Bildungsauftrag (vgl. De Haan/Harenberg 1999) und eint unterschiedliche Bildungskonzepte, wie die entwicklungspolitische Bildung oder die Umweltbildung. „Vielmehr stehen wir vor der neuen Situation, daß einhellig alle politikberatenden Gremien in der Bildung und Erziehung die Voraussetzung für das Gelingen einer nachhaltigen Entwicklung sehen" (ebd., S. 26). Die bildungspolitische Bedeutung der Themenbereiche „nachhaltige Entwicklung" und „Globalisierung" zeigt sich nicht nur in der Veröffentlichung des Orientierungsrahmens Globale Entwicklung 2007 durch das Bundesministerium für wirtschaftliche Zusammenarbeit und Entwicklung (BMZ) und die Kultusministerkonferenz (KMK), der vor allem politische Präsenz erzeugte, sondern beispielsweise auch in der partiellen Aufnahme des Lernbereichs Globale Entwicklung in die nationalen Bildungsstandards, zum Beispiel im Fach Biologie (vgl. KMK 2004a). Die politischen Forderungen regen wiederum umsetzungsorientierte Bemühungen an, was zum Beispiel an der Entwicklung von diversen Unterrichtsmaterialien (vgl. eine Übersicht bei Wettstädt/Asbrand 2012) und der Initiierung zahlreicher Praxisprojekte oder Kampagnen[1] deutlich wird. Es lässt sich aber für den Lernbereich noch eine Unausgewogenheit zwischen zunehmenden praktischen Bemühungen und der theoretischen und empirisch fundierten konzeptionellen Entwicklung konstatieren (ebd.; Asbrand 2009a). Den beachtlichen Aktivitäten durch Nichtregierungsorganisationen, lokale Akteure oder engagierte Einzelpersonen steht „(...) ein eklatanter Mangel an erziehungswissenschaftlicher Forschung zum Globalen Lernen gegenüber" (Asbrand 2009a, S. 10).

Mit der Veröffentlichung des Orientierungsrahmens (BMZ/KMK 2007) sollte der Lernbereich an die aktuellen Diskussionen um Kompetenzorientierung im Unterricht anschließen, der durch die KMK in den Jahren nach TIMSS und PISA[2] mit den Bildungsstandards vorangetrieben wurde. „Ein Ziel der Einführung der Bildungsstandards ist die Verbesserung des Fachunterrichts (...)" (Zeitler/Köller/Tesch 2010, S. 33). Unter dieser Prämisse der Qualitätsentwicklung von Unterricht halten Oelkers und Reusser (2008) fest: „Für das Lehren und Lernen gilt: keine Qualität der Produkte ohne entsprechende Prozessqualität" (ebd., S. 324). Konkret bedeutet die Einführung der Bildungsstandards auf Unterrichtsebene die Etablierung eines kompetenzorientierten Unterrichts. Die Unterrichtspraxis soll demnach die Kompetenzentwicklung der Schülerinnen und Schüler in den Mittelpunkt stellen und „(...) die Unterrichtsplanung nicht an Inhalten, sondern an den Lernprozessen der Schülerinnen und Schüler ausrichten" (Zeitler/Heller/Asbrand 2012). Ausgangspunkt ist das, was Schülerinnen und Schüler am Ende an Fähigkeiten und Wissen erworben haben sollen, nicht mehr die Inhalte, die am Anfang festgelegt und dann gelehrt werden sollen (z.B. Lehrpläne) (vgl. auch Klinger 2009a; b; Lersch 2010 a; b; 2007; Ziener 2010). Die Frage nach den Unterrichtsprozessen, die den Kompetenzerwerb der Lernenden begünstigen sollen, rückte damit insgesamt in das Interesse der erziehungswissenschaftlichen und fachdidaktischen Forschung. Empirische Studien in der Erziehungswissenschaft, die entsprechend den Unterricht zum Lernbereich Globale Entwicklung zum Gegenstand haben, sind ein weitgehendes Desiderat (vgl. Asbrand 2009a; Scheunpflug/Uphues 2010).

---

1 Eine Übersicht findet man z.B. unter www.globales-lernen.de, www.ewik.de, www.epiz-berlin.de oder www.bne-portal.de.
2 TIMSS (Third International Mathematics and Science Study), vgl. zu den Ergebnissen z.B. Baumert, Lehrmann und Lehrke (1997) oder Neubrand (2002); PISA (Programme for International Student Assessment), vgl. zu den Ergebnissen z.B. Baumert, Blum und Neubrand (2004) oder Deutsches PISA-Konsortium (2002).

Dieses im Hinblick auf die tatsächliche Unterrichtspraxis und die dort stattfindenden Lernprozesse der Schülerinnen und Schüler[3] zu bearbeiten, ist Ziel dieser Studie.

2. Forschungsgegenstand: der Kompetenzerwerb im Unterricht zu Themen des Lernbereichs Globale Entwicklung

Für den thematischen Gegenstand der Arbeit wurde der Begriff des Lernbereichs Globale Entwicklung gewählt. Der Begriff ist an den Orientierungsrahmen von BMZ und KMK (2007) angelehnt. Als politisches Instrument vereint er richtungsweisend die beiden Ansätze um eine Bildung für nachhaltige Entwicklung auf der einen und Globales Lernen auf der anderen Seite, die aus der umweltbildnerischen bzw. aus der entwicklungspolitischen Tradition stammen und bisher vor allem nebeneinander standen. Die Bereiche sollten jedoch im Hinblick auf das gemeinsame Bildungsziel eines in einer komplexen, multidimensionalen Weltgesellschaft (Luhmann 1990) handlungsfähigen Individuums nicht voneinander getrennt gedacht werden (Bourn 2008). „Development cannot be divorced from understanding globalisation, sustainability and intercultural issues" (ebd., S. 16). Globales Lernen zielt auf die Berücksichtigung globaler, regionaler und auch lokaler Zusammenhänge sowie die Bearbeitung globaler Themen, wie Entwicklung, Umwelt oder Migration. Das übergeordnete Leitbild ist dabei die weltweite Gerechtigkeit (vgl. Scheunpflug/ Schröck 2002). De Haan fasst das Anliegen einer Bildung für nachhaltige Entwicklung (BNE) wie folgt zusammen: „(...) [E]s geht (...) darum, etwas über kreative Lösungen zu lernen, die eine ökonomische Prosperität und den Schutz von Natur zugleich ermöglichen" (…). „[A]lles mit dem Ziel, durch Bildung und Erziehung handlungsfähig zu werden für eine weltweit gerechtere Verteilung von Lebenschancen unter Berücksichtigung ökologischer Kriterien" (ebd.). Zur Ausformulierung entsprechender Fähigkeiten, die die Lernenden entwickeln sollen, wurde unter anderem das Konzept der Gestaltungskompetenz entworfen. „Mit Gestaltungskompetenz wird die Fähigkeit bezeichnet, Wissen über nachhaltige Entwicklung anwenden und Probleme nicht nachhaltiger Entwicklung erkennen zu können" (ebd.). Zu bedenken ist dabei, dass

---

3 Es werden hier geschlechtergerechte Bezeichnungen gewählt. In der Darstellung der Ergebnisse werden die Begriffe der Beforschten übernommen; das ist in der Regel die männliche Form.

„(...) Bildung für nachhaltige Entwicklung (...) keine Bildungskonzeption [ist], die sich aus allgemein-pädagogischen Theorien ableitet oder einen eigenen Katalog von Bildungszielen, Bildungsinhalten, Wissensbereichen und Unterrichtsthemen aufzuweisen hätte. Bildung für Nachhaltigkeit ist vielmehr ein Konzept, das aus einer (internationalen) politischen Willensbildung heraus entstanden ist" (Rost/Lauströer/Raack 2003, S. 10).

Dahinter steht ein „funktionalistischer Bildungsbegriff", der die Heranwachsenden zur Erfüllung einer bestimmten Aufgabe, die hier politisch festgelegt und vorgegeben wird, befähigen soll (ebd.). Diesen Bildungsbegriff gilt es zu reflektieren und theoretisch zu bearbeiten. Auch wenn das Globale Lernen und die Bildung für Nachhaltige Entwicklung je nach Tradition verschiedene Foki und Konzepte aufweisen, kann man als weithin anerkannten und gemeinsamen Ausgangspunkt veränderte Ansprüche und Bedingungen für die Schule und den Unterricht als Folge von Globalisierungsprozessen festhalten. Diese Veränderungen werden auch in der Erziehungswissenschaft reflektiert und im Hinblick auf Bildungsziele geprüft. Individuen soll ermöglicht werden „(...) sich in einer globalisierten Welt zu orientieren und eigene Werte und Haltungen zu entwickeln" (BMZ/KMK 2007, S. 15).

Gegenstand der vorliegenden Studie sind entsprechend die Aneignungs- und Konstruktionsprozesse der Lernenden, die sich in der Auseinandersetzung mit Themen des Lernbereichs im schulischen Unterricht ergeben. Die leitende Fragestellung war, welche Erwerbsprozesse von Wissen und Fähigkeiten sich bei den Schülerinnen und Schüler unter welchen Bedingungen ereignen.

Die Aneignungs- und Konstruktionsprozesse werden im Sinne der konstruktivistischen Lerntheorie als Erwerb und Aneignung von Kompetenzen verstanden, der nur durch die Lernenden selbst stattfinden kann (vgl. auch Künzli 2006). „Die jeweilige individuelle Konstruktion, die kein Abbild der Realität, sondern eine Konstruktion der Wirklichkeit schafft, stellt einen rekursiven Prozess dar, der mit Wahrnehmen, Handeln, Fühlen, Denken und Kommunikation beginnt und endet" (Voß 1995, S. 43). Der Kompetenzbegriff umfasst im Sinne Weinerts (2001a) sowohl kognitive Anteile, als auch motivationale, volitionale oder Werthaltungen und Routinen. Kompetenz meint eine genetische Struktur, die der Performanz zugrunde liegt. Sie wird zugleich in der Performanz, in der Handlungssituation gezeigt und erworben (Chomsky 1972; 1996). Diese Situationen sind hier die Unterrichtssequenzen, in denen die Schülerinnen und Schüler und die Lehrkraft interagieren. Der von Asbrand (2009a) im Vergleich schulischer und außerschulischer Lehr-Lernarrangements nachgewiesene „(...) Zusammenhang zwischen der (didaktischen) Gestalt von Lerngelegenheiten einerseits und dem semantischen Gehalt und der Struktur des erworbenen Wissens andererseits" (ebd., S. 230) sollte für den schulischen

Unterricht als Erfahrungsraum ausdifferenziert werden. In diesem Erfahrungsraum aktualisieren und erwerben die Lernenden ihre Werthaltungen, Routinen oder Motivationen.

Mit der empirischen Erforschung des Lernbereichs in der Schule gingen spezifische Herausforderungen einher. Nicht nur, dass der Lernbereich immer noch „(...) äußerst schwach im formalen Bildungssystem verankert" (BMZ/KMK 2007, S. 15) ist und er damit nicht systematisch stattfindet. Der Lernbereich rückt zudem in seiner Kontroversität und Existentialität emotionale, motivationale Aspekte und Werthaltungen in den Blick. Diese vielfältigen Aspekte bestimmen die Komplexität der Bildungsprozesse in der Auseinandersetzung mit den Themen und sind nur bedingt in ihrer Gesamtheit zu erfassen. Zudem ergibt sich aus der Vielfalt der möglichen Themen, die berücksichtigt werden können und sollen, und den beteiligten Fachdisziplinen eine hybride Struktur des Lernbereichs, die eigentlich fachübergreifende und interdisziplinäre Strukturen einfordert und keine eindeutige Zuordnung zu einem Schulfach erlaubt. Die politische und moralische Dimension des Lernbereichs erschweren die Formulierung eines klaren „Bildungsanliegens". Schon für den Kompetenzbegriff allgemein heißt es bei Weinert (2001a):

> „The concept of competence combines stable cognition abilities and personal features, different learning outcomes, belief-value-systems, and changeable attitudes in a mixed relation, so that it is often unclear what is normatively desireable and what can be realistically achieved" (ebd., S. 62).

So hält Scheunpflug (2010) ergänzend für den Lernbereich fest, dass „(...) für das Globale Lernen [...] die Verständigung auf die zu erreichenden Kompetenzen nicht ganz einfach" (ebd., S. 28) ist und bezieht sich als ersten Konsensversuch auf den Orientierungsrahmen.

Im Lernbereich Globale Entwicklung stehen hohe normative und moralisch-ethische Handlungsansprüche, neben dem Anliegen einer empirisch basierten Entwicklung eines Kompetenzmodells und den Versuchen einer systematischen Implementation. Asbrand und Lang-Wojtasik (2007) schildern im Rahmen der Begründung einer geringen Resonanz in der Forschung und Lehre die „fächerübergreifende Konzeption" (ebd., S. 4), die die Entscheidungen zu entsprechenden Forschungsprojekten oder Lehrveranstaltungen erschwert. Es fehlt ein „(...) eindeutig pädagogisch qualifizierte[s] Profil entwicklungspolitischer Bildung" (ebd.). Die „Unschärfen" zwischen der entwicklungspolitischen Kampagnenarbeit oder Spendenwerbung sowie pädagogischer Qualifizierung hat „(...) Auswirkungen auf die Nachfrage nach erziehungswissenschaftlichen Forschungsergebnissen" (ebd.) und deren Rezeption in der Praxis.

Aus der Heterogenität der pädagogischen und thematischen Ziele des Lernbereichs Globale Entwicklung und der geringen empirischen Bearbeitung im Kontext der Unterrichtsforschung hat sich für diese Studie eine offene Fragestellung ergeben. Um einen Einblick in die unterrichtliche Praxis zu bekommen, wurde ein vielfältiges Sample unterschiedlicher didaktischer und thematischer Arrangements angestrebt. Die Analyse unterschiedlicher Lernumgebungen sollte einen ersten Zugriff auf die Beschreibung von Kompetenzen, die dort bedeutsam werden, möglich machen. Die Daten wurden zudem in höheren Klassenstufen erhoben, da hier zu sehen sein sollte, in wie weit der Gang durch das Schulsystem zu einer Kompetenzentwicklung beigetragen hat bzw. welche Fähigkeiten und Kenntnisse die Lernenden kurz vor Schulaustritt zeigen. Die Erwerbsprozesse der Schülerinnen und Schüler im Unterricht zu Themen des Lernbereichs Globale Entwicklung sollten so in unterschiedlichen Lernkontexten, Fächern und Schulformen erfasst werden. Das Projekt ist damit in der Unterrichtsforschung anzusiedeln. In diesem Feld liegen für den Lernbereich Globale Entwicklung bisher wenige Studien vor. Der explorative Zugriff des qualitativ-rekonstruktiven Forschungsprojektes versucht Antworten, auf einige noch offene Fragen zu finden, wie die Rolle des Lernbereichs Globale Entwicklung im schulischen Unterricht und den dort gestellten Anforderungen, mit denen Schülerinnen und Schüler umgehen sollen.

3. Der Forschungsprozess

Aufgrund dieser Zielstellung wurden vollständige Unterrichtseinheiten video- und audioaufgezeichnet, die Themen des Lernbereichs Globale Entwicklung behandelten. Die Unterrichtseinheiten umfassten jeweils 10 bis 32 Unterrichtsstunden (45 Minuten). Dabei wurden unterschiedliche Fächer, wie Sozialkunde, Biologie oder Werte und Normen Unterricht sowie die Schulformen Gesamtschule und Gymnasium berücksichtigt. Die teilnehmenden Schulklassen waren überwiegend 10. Klassen und Klassen der Oberstufe. Insgesamt wurden so 162 Unterrichtsstunden aufgezeichnet, die methodisch-didaktisch unterschiedlich gestaltet waren, z.B. als eher eigenverantwortliches oder als problemorientiertes Arbeiten. Die Video- und Audioaufzeichnungen wurden anschließend transkribiert und so für eine Analyse zugänglich gemacht (s. Kap. III).

Der explorative Ansatz forderte nicht nur in der Erhebung, sondern auch in der Analyse eine offene Herangehensweise. Die entsprechenden Fragestellungen und der Anspruch einer Theorieentwicklung sollten in der Konsequenz mit einem qualitativ-rekonstruktiven Forschungszugang, der Dokumentarischen

Methode (Bohnsack 2007), bearbeitet werden. Dieser Forschungszugang bringt eine zentrale Herausforderung mit sich: erst im Laufe der Analyse schärft sich die Forschungsfrage. Die anfängliche Offenheit weicht im Zuge der Analyse des empirischen Materials einer zunehmenden Schwerpunktsetzung und Fokussierung von Fragestellungen und erfordert gegebenenfalls weitere Erhebungen. Im Sinne des zirkulären Vorgehens zwischen Erhebung, Analyse und Reflexion können die Ergebnisse erst am Ende des Forschungsprozesses systematisch geordnet werden. Die Darstellung und Gliederung der Ergebnisse ist damit immer schon selbst Ergebnis und kann nicht die Forschungslogik widerspiegeln. Gerade in der Beobachtung schulischen Unterrichts stellte es sich beispielsweise zu Beginn als große Herausforderung dar, aufgrund der Erfahrungen in der eigenen Schulzeit und im Falle der Autorin gerade auch durch das Lehramtsstudium, persönliche Vorstellungen, Maßstäbe und Werthaltungen als Strategien der Komplexitätsreduktion zu kontrollieren. Dies aber birgt erst die Chance, die didaktische Vorstrukturierung des Feldes aufzubrechen. Die reflexiv erzeugte Offenheit, die durch die Arbeit in Forschungswerkstätten versucht wird herzustellen, eröffnet die Möglichkeiten der Theoriegenese.

Die leitende Fragestellung des Forschungsprozesses dieser Studie war, welche Aneignungs- und Konstruktionsprozesse von Schülerinnen und Schülern sich im Unterricht zu Themen des Lernbereichs Globale Entwicklung ereignen. Es stellte sich damit auch die Frage, welche Aspekte der Aneignungs- und Konstruktionsprozesse von Schülerinnen und Schülern sich beschreiben lassen und welche Bedingungen den Kompetenzerwerb im Lernbereich eher fördern.

Das erste Hindernis im Feldzugang war, die Themen des Lernbereichs in der Schule auszumachen und einen entsprechenden Kontakt herzustellen. In der ersten Erhebungsphase wurde ein auf didaktischer Ebene weitgehend gleichförmiger Unterricht erhoben. Erste Analysen machten sichtbar, dass die methodisch-didaktische Unterrichtsorganisation mit gleichförmigen Prozessen seitens der Schülerinnen und Schüler einhergeht. Die Suche nach weiteren kontrastiven empirischen Vergleichshorizonten wurde notwendig und die methodisch-didaktische Gestaltung des Unterrichts ein zentraler Vergleichshorizont für das auf die Lernprozesse gerichtete Erkenntnisinteresse. In der Konsequenz wurden Lehrkräfte gesucht, die sich explizit mit dem Ansatz der Kompetenzorientierung im Unterricht und dem Lernbereich Globale Entwicklung beschäftigt haben. So ergab sich insgesamt ein vielfältiges und kontrastreiches Sample, das sich durch unterschiedliche Themen, Lehrkräfte und Schulformen auszeichnete.

Es wurden alle Unterrichtsstunden der jeweiligen Unterrichtseinheiten video- und audioaufgezeichnet. Die Aufzeichnungs- und Auswertungsmethoden wurden im Laufe des Forschungsprozesses weiterentwickelt und zunehmend vereinheitlicht. Die Analyse des Materials erfolgte mit der Dokumentarischen Methode (Bohnsack 2007), die sich in mehreren Kontexten als für die Rekonstruktion von Lern- und Bildungsprozessen in sozialen Zusammenhängen geeignet erwiesen hat (vgl. z.B. Asbrand 2009a; b; Martens 2010). Da dieses Vorgehen ursprünglich zur Auswertung von Gruppendiskussionen entwickelt wurde, ging die Auswertung der videographierten Unterrichtskommunikation auch mit methodischen Erprobungen einher (vgl. auch Spieß 2013; Petersen in Vorb.; Martens/Petersen/Asbrand 2014). In der Analyse der Kompetenzerwerbsprozesse der Schülerinnen und Schüler kristallisierten sich als tertium comparationis (vgl. z.B. Nohl 2006a, S. 263) unterschiedliche Lehrmodi in der Gestaltung der Lernumgebungen heraus.

Die im Laufe der Analyse vorgenommenen Kategorisierungen waren nicht von normativen Vorgaben oder Konzepten geleitet, sondern bezogen sich im Interesse einer Theoriegenese zunächst ausschließlich auf die Beschreibung des beobachteten Geschehens. Als leitendes Prinzip stellte die komparative Analyse unterschiedlicher Unterrichtssequenzen die Gemeinsamkeiten und Unterschiede heraus. Der Vergleich eröffnet die Möglichkeit der Beschreibung spezifischer Strukturen der Situationen. Dem Prinzip des Vergleichs folgt die Ergebnisdarstellung. Zur Illustration jeder rekonstruierten Umgangsform werden zwei ausgewählte Unterrichtssequenzen ausführlicher dargestellt. Während der Forschungsprozess weit mehr Interpretationen von Unterrichtssequenzen umfasst, werden für die Illustration die unter methodologischen und inhaltlichen Gesichtspunkten am meisten geeigneten ausgewählt. Der Vergleich wird innerhalb der Analysen einer Sequenz angefügt und ergibt sich aus der Darstellung von den je kontrastierenden Umgangsformen. Die normativen Maßgaben der vorliegenden Kompetenzkonzepte des Lernbereichs Globale Entwicklung werden im letzten Schritt des Forschungsprozesses im Lichte der Ergebnisse der Rekonstruktion zur Diskussion eingebunden.

4. Gliederung der Arbeit

Nach der Einleitung der Arbeit gibt die Skizzierung des Forschungskontextes einen Überblick über die theoretischen und konzeptionellen Grundlagen des Lernbereichs Globale Entwicklung und kompetenzorientierten Unterrichts, um den Gegenstand der Arbeit genauer zu umreißen. Es werden der empirische Forschungsstand aufgearbeitet und die bildungspolitischen Rahmenbedingungen in den Bildungsstandards und Kerncurricula analysiert. Damit werden die

Voraussetzungen abgesteckt, die die Umsetzung der Themen im schulischen Unterricht bestimmen. Ferner trägt ein kurzer Exkurs zur empirischen Jugendforschung zu einer genaueren Betrachtung der zu beforschenden Zielgruppe bei und gibt Einblick in die Einstellungen Jugendlicher zu globalen Fragen. Um das Feld Unterricht und genauer kompetenzorientierten Unterricht zu beleuchten, werden ausgewählte Vorschläge zur didaktischen Konzeptionierung des kompetenzorientierten Unterrichts und entsprechende Forschung skizziert. Auf dieser Grundlage wird die Fragestellung des Forschungsprojektes formuliert. Mit Kapitel III wird das methodische Vorgehen genauer dargelegt. Vor dem Hintergrund der Fragestellungen und eines spezifischen Verständnisses von Unterrichts- und Lernprozessen ergeben sich methodische Ansprüche an die Erhebung und Auswertung der Daten. Zudem werden die theoretischen und methodologischen Grundlagen sowie zentrale Begriffe geklärt. Auch die Vorgehensweisen in der Erhebung und Auswertung der audio- und videographischen Daten werden offengelegt sowie das empirische Material der Studie vorgestellt. Das Kapitel IV widmet sich dem wichtigsten und umfassendsten Teil: der Analyse und Darstellung des empirischen Materials. Strukturiert ist das Kapitel durch die drei rekonstruierten Kompetenzbereiche, für die jeweils anhand von je zwei Unterrichtssequenzen die unterschiedlichen Umgangsformen der Schülerinnen und Schüler im Rahmen der unterschiedlichen Lernumgebungen vorgestellt werden. Das letzte Kapitel der Arbeit fasst die Ergebnisse zusammen und verdichtet die soziogenetische Interpretation vor dem Hintergrund der rekonstruierten Kompetenzbereiche zu zwei unterschiedlichen Lehrmodi der Lehrkräfte. In der Diskussion werden die Ergebnisse in theoretische, normative Annahmen der Kompetenzkonzepte im Lernbereich Globale Entwicklung und in den empirischen Forschungskontext eingeordnet. Die Darstellung schließt mit einer kritischen Reflexion und einem Ausblick auf offene Fragen und Perspektiven für weitere Forschung.

II. Forschungskontext

In diesem Kapitel werden die gesellschaftlichen Bedingungen von Schule, die theoretischen Entwicklungen im Lernbereich Globale Entwicklung, die konzeptionellen Entwürfe sowie die Kompetenzkonzepte, die bereits vorliegen, und die bildungspolitischen Rahmenbedingungen genauer betrachtet. Anschließend werden die entsprechenden Forschungsstände dazu aufgearbeitet und durch einen Exkurs in die empirische Jugendforschung ergänzt. Bevor der Gegenstand und die Fragestellung der Studie dargelegt werden, gilt es, einen Blick auf kompetenzorientierten Unterricht, dessen zentrale didaktische Konzepte und auf ausgewählte Forschungsergebnisse in diesem Bereich zu werfen.

1. Schule in der Weltgesellschaft

Erziehungssysteme und dessen Institutionen orientieren sich als gesellschaftliche Instanzen an den gesellschaftlichen Entwicklungen und den damit einhergehenden Herausforderungen. Sie sollen Individuen für die Teilnahme am gesellschaftlichen Leben vorbereiten. Gesellschaft wird durch die Bildungsinstitutionen und in ihnen hergestellt. „Schule reagiert als Institution – wenn auch zögerlich – auf diese Herausforderungen [v.V. der Weltgesellschaft] durch ihr Bildungsangebot" (Scheunpflug 2001b, S. 243). Welche Herausforderungen sich aus dem Prozess der Globalisierung für die Beschreibung von Schule ergeben, beschreibt Lang-Wojtasik (2008) ausführlich. Er buchstabiert unter anderem die Bedeutung von der „Entgrenzung und Glokalisierung" als zugleich internationalisierende und regionalisierende Bewegungen, der „Komplexität und Kontingenz von Wissen" oder der „Individualisierung und Pluralisierung der Lebenswelten" (ebd., S. I) als entscheidende Faktoren, die Schule und Unterricht direkt beeinflussen, aus. Mit den Forderungen nach der Internationalisierung der Curricula, der Berücksichtigung des Themas Globalisierung in den Lehrplänen (Scheunpflug 2001b; Oelkers 2009) und nach der Vermittlung entsprechender Schlüsselkompetenzen ist die „(...) Hoffnung verbunden, (...) zu Lösungen und Gestaltungsmöglichkeiten gesellschaftlicher Herausforderungen zu kommen und der Entwicklung zu einer weltbürgerlichen Gesellschaft pädagogisch zu entsprechen" (Scheunpflug 2001b, S. 243).

Die Gesellschaft in ihrer globalen Charakteristik wird in dieser Studie systemtheoretisch im Sinne Luhmanns Globalisierungstheorie (1997) als Weltgesellschaft verstanden (vgl. auch Asbrand 2009a). Sie ist unter anderem gekennzeichnet durch eine Ausdifferenzierung von Funktionssytemen und weltweit möglicher Kommunikation, wobei Kommunikation verstanden wird als das konstitutive Element von Gesellschaft (vgl. ausführlich Lang-Wojtasik 2008). Die Grenzen von Kommunikation werden nicht mehr geographisch oder politisch bestimmt, sondern durch Systeme, deren Grenzen die Kommunikationsverläufe bestimmen. Damit findet jede Kommunikation immer im Kontext von Weltgesellschaft statt und gleichzeitig ist „Weltgesellschaft [...] das sich Ereignen von Welt in der Kommunikation" (Luhmann 1997, S. 150). Weltgesellschaft ist damit auch der Horizont, vor dem Kommunikation in Schule und Unterricht stattfindet und sich zugleich darin ereignet. Die Wahrnehmung und das Wissen um die sich ergebenden Möglichkeiten im globalen Kontext durch Kommunikation über Medien oder Mobilität und die eigenen Erfahrungen von kulturellen Unterschieden im Nahbereich machen Weltgesellschaft für Schülerinnen und Schüler erfahrbar (Asbrand 2009a; 2008). Mit dieser unbegrenzten Raumerweiterung nimmt die Komplexität der sozialen Realität zu, in der unterschiedliche Weltentwürfe und -semantiken hervorgebracht werden (Asbrand 2009a; Luhmann 1997). „Eine einheitliche Beschreibung der Welt gibt es nicht" (Asbrand 2009a, S. 28). Diese Auflösungsprozesse und die „(...) rasante Zunahme gesellschaftlich verfügbaren Wissens" (ebd.) und dessen Komplexität und Kontingenz bringen Unsicherheit über das eigene Wissen mit sich (Lang-Wojtasik 2008). Die verunsichernde Komplexität kann nicht nur als essentielles Merkmal einer Weltgesellschaft festgehalten werden, sondern muss auch als pädagogische Herausforderungen für die Erziehung und Bildung junger Menschen, die in dieser Welt handlungsfähig sein sollen, berücksichtigt werden.

Rieckmann (2010) belegt in einer Delphi-Befragung internationaler Expertinnen und Experten zu Schlüsselkompetenzen in der BNE, dass man einen internationalen Konsens über nachhaltigkeitsbezogene Schlüsselkompetenzen feststellen kann, z.B. werden der Umgang mit Komplexität und Ungewissheit, mit Risiken und einem beschleunigten gesellschaftlichen Wandel als zentrale Herausforderungen angenommen. Die Befragten aus Europa und Lateinamerika betonen die Fähigkeit „vernetzten", „vorausschauenden" und „kritischen Denkens" (ebd., S. 174).

Diese neuen Herausforderungen finden als pädagogische Reaktion im Lernbereich Globale Entwicklung Niederschlag. Auch wird der Anspruch einer Kompetenzorientierung nachvollziehbar. Folgt man den system- und evolutionstheoretischen Überlegungen Scheunpflugs geht es um „Lernherausforderungen in einer globalisierten Weltgesellschaft", die den Umgang mit Wissen und Nichtwissen, mit Sicherheit und Unsicherheit, Vertrautheit und Fremdheit fordern und damit bestimmte *Fähigkeiten* der Lernenden in den Vordergrund stellen (Lang-Wojtasik/Scheunpflug 2005, S. 5). Die Eigenkomplexität des Individuums soll durch Reflexion und abstraktes Denken erhöht werden, um so eine Problemlösefähigkeit innerhalb der weltgesellschaftlichen Komplexität zu erreichen und eine abstrakte Sozialität, bezogen auf die Weltgesellschaft, in der sich unmittelbare Erfahrbarkeit auflöst, einzuüben (Scheunpflug/Schröck 2002, S. 6f.). Die weltweite Vernetzung fordert Fähigkeiten der Lernenden zum Umgang mit verschiedensten Akteuren, komplexen Situationen und immer wieder neuen (fach-)übergreifenden Fragen.

2. Der Lernbereich Globale Entwicklung

Dieser Studie liegt ein integratives Konzept von Bildung für nachhaltige Entwicklung und Globalem Lernen zugrunde[4], das sich in dem Begriff des Lernbereichs Globale Entwicklung abbildet. Gemeinsamer Ausgangspunkt ist das Leitbild einer nachhaltigen Entwicklung, welches bereits 1987 von der Brundtland-Kommission formuliert wurde (Hauff 1987). „Humanity has the ability to make development sustainable to ensure that it meets the needs of the present without compromising the ability of future generations to meet their own needs" (WCED 1987, S. 24). Das Handeln in den Bereichen Wirtschaft, Soziales, Umwelt und Politik soll dabei den Zielen einer weltweiten Gerechtigkeit und der Gerechtigkeit zwischen den Generationen folgen (s. Abb. 1). Dieses politische Leitbild wird zur Grundlage der Bildungsanliegen gemacht. Problematisiert wird, dass der Verdacht aufkommen könnte, dass Lernende funktionalisiert würden, um globale Probleme zu lösen, die sie selbst nicht verursacht haben (De Haan 2008a, S. 37f.). Es wird eine Ambivalenz deutlich, die mit einem auf eine bestimmte Zukunft ausgerichteten Bildungsanliegen verbunden ist und auch im sogenannten Überwältigungsverbot Ausdruck findet („Beutelsbacher Konsens", Wehling 1977). Das Überwältigungsverbot beschreibt, dass Lernende nicht auf politische Meinungen festgelegt werden dürfen, sondern zu kritischen Individuen erzogen werden sollen.

---

4 Grundsätzlich stehen die Lernprozesse der Schülerinnen und Schüler im Mittelpunktsoll dieser Arbeit, wobei die immer noch bestehende konzeptuelle und definitorische Frage, die versucht das Verhältnis zwischen einer Bildung für nachhaltige Entwicklung und dem Globalen Lernen und die jeweilige Verortung all der anderen möglichen Teilbereiche oder auch eigenständigen Bereiche, wie der Friedenspädagogik oder des Interkulturelle Lernens, zu bestimmen, den Rahmen des Anliegens sprengen würde.

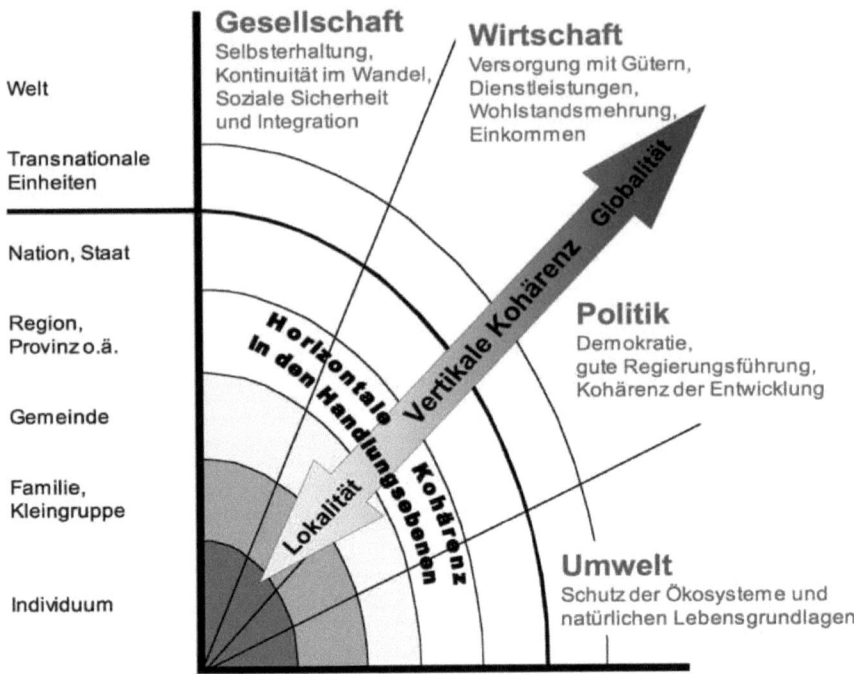

Abb. 1 Dimensionen der Nachhaltigkeit (BMZ/KMK 2007, S. 40)

Als Bildungskonzepte haben sich diesem Leitbild die Bildung für nachhaltige Entwicklung (BNE) und auch das Globale Lernen verschrieben.

> „Das Konzept der BNE hat zum Ziel, Schülerinnen und Schüler zur aktiven Gestaltung einer ökologisch verträglichen, wirtschaftlich leistungsfähigen und sozial gerechten Umwelt unter Berücksichtigung globaler Aspekte, demokratischer Grundprinzipien und kultureller Vielfält zu befähigen" (KMK/DUK 2007, S. 2).

Dem Globalen Lernen liegt der Anspruch zugrunde, dass „[a] global education clearly reveals the connections that characterize our world. (...) [W]orld citizens can connect the dots that draw our world together and form new patterns of understanding" (Adams/Carfagna 2006, S. 151). So formulieren auch Asbrand und Scheunpflug (2005), dass Globales Lernen „(...) im Sinne des Nachhaltigkeitsdiskurses auf die politischen, sozialen und ökologischen Zusammenhänge zwischen sogenannter ‚Dritter Welt' und Industrieländern des Nordens sowie auf das Zusammenleben unterschiedlicher Menschen in einer globalisierten Welt bezogen" ist (ebd., S. 469). Dieser sich durch Komplexität und Vielschichtigkeit auszeichnende Lernbereich wird im Folgenden näher betrachtet.

2.1 Theoretische Entwicklung und Konzepte

2.1.1 Theoretische Entwicklung

Unterschiede zwischen den pädagogischen Konzepten basieren auf der diskursgeschichtlichen Herkunft, zum einen aus der regional und global orientierten Umweltbildung und zum anderen aus der maßgeblich global orientierten entwicklungspolitischen Bildung (zur geschichtlichen Entwicklung: Scheunpflug 2012a; Asbrand/Scheunpflug 2005; Asbrand/Wettstädt 2012; Seitz 2002, S. 366ff.). Es stehen nicht nur viele unterschiedliche Begriffe, sondern auch Schwerpunktsetzungen nebeneinander. So gibt es z.B. aufgrund einer inflationären Verwendung des Begriffes der Nachhaltigkeit Bemühungen um eine klare Abgrenzung und Gegenstandsbestimmung einer Bildung für nachhaltige Entwicklung im Verhältnis zum Globalen Lernen (Künzli David/Kaufmann-Hayoz 2008). Im internationalen Forschungskontext wird Bildung für nachhaltige Entwicklung maßgeblich unter dem Fokus einer Environmental Education verhandelt, was z.B. im Journal Environmental Education Research, in dem BNE maßgeblich diskutiert wird, deutlich hervortritt. Die ökologische Tradition bildet sich auch in der Begriffsbildung Environmental Education for Sustainability ab (Tilbury 1995). Im Hinblick auf die Definition und Klärung pädagogischer Anliegen und deren Verknüpfung gibt es aber ebenso Ansätze, z.B. Environmental Education, Health Education und Education for Sustainable Development (ESD) oder auch ESD und Development Education (Bourn 2008; Schnack 2008) konzeptuell zu verbinden. Aspekte des Globalen Lernens finden sich im englischsprachigen Raum darüber hinaus beispielsweise in der Global Citizenship Education, Education for Cosmopolitan Citizenship oder auch in der Intercultural oder Global Education (Osler/Vincent 2002; Marshall 2003; Ibrahim 2005) wieder. Osler und Vincent etwa definieren Globales Lernen („global education") folgendermaßen:

> „Global education encompasses the strategies, policies and plans that prepare young people and adults for living together in an interdependent world. It is based on the principles of co-operation, non-violence, respect for human rights and cultural diversity, democracy and tolerance. It is characterized by pedagogical approaches based on human rights and a concern for social justice which encourage critical thinking and responsible participation. Learners are encouraged to make links between local, regional and worldwide issues and to address inequality" (Osler/Vincent 2002, S. 2).

Die unterschiedlichen Ansätze zum Globalen Lernen im deutsch- und englischsprachigen Raum sind durch zwei theoretische Hauptstränge geprägt. Diese beiden Stränge sind in der unterschiedlichen historischen Entwicklung begründet. Die theoretische Entwicklung kann weitgehend auf die zwei metatheoretische Paradigmen der Evolutions- und Systemtheorie sowie der Handlungstheorie zurückgeführt werden (Asbrand/Wettstädt 2012; Scheunpflug 2012a; b; Asbrand/Scheunpflug 2005), die sich bis in die Debatte um eine Kompetenzorientierung fortsetzen (vgl. zum Folgenden auch Asbrand 2002).

Nach dem handlungstheoretischen Ansatz kann die Gesellschaft durch individuelle Bildung, die Einstellungen beeinflusst und so Bewusstseinswandel erzeugt, verändert werden. Globales Lernen wird als Einübung in einen Perspektivenwechsel und in ganzheitliches Denken beschrieben. Auch das Erlernen von Solidarität, Selbstbestimmung und Empathie werden als Ziele formuliert. Dieses Paradigma rezipiert vor allem die entwicklungspolitische Praxis. So wird in einem Positionspapier der deutschen Nichtregierungsorganisationen, formuliert vom Dachverband (VENRO 2000), der einen weitreichenden Konsens unter Praktikern repräsentiert (Asbrand 2009a), die „Handlungsorientierung" im Anschluss an die neue Lernkultur ausbuchstabiert und als „konstitutives Merkmal des Globalen Lernens" bestimmt (VENRO 2010, S. 4). Mit der neuen Lernkultur ist die kompetenzorientierte Ausrichtung des formalen Bildungssystems gemeint. Die Handlungsorientierung soll den Schülerinnen und Schülern Möglichkeiten eröffnen, „(...) aus dem Erkannten und Reflektierten persönliche und politische Konsequenzen zu ziehen. Zum vielfältigen Spektrum dieses Bereichs gehören Aktionen zur Unterstützung von Schulpartnerschaften, Spendenläufe und Infoveranstaltungen (...)" (ebd.). Zugleich wird auch die „Werteorientierung" des Globalen Lernens hervorgehoben, wobei „(...) sich an reflektierten Wertevorstellungen, zum Beispiel an politischen oder religiösen Zielvorstellungen von sozialer Gerechtigkeit oder der Allgemeinen Erklärung der Menschenrechte (...)" (ebd., S. 3) orientiert werden soll. Die Entwicklung im englischsprachigen Kontext verlief analog. Dem handlungstheoretischen Paradigma folgt dort Selby (1999; vgl. auch Pike/Selby 2000; Selby/Rathenow 2003). Auf der Grundlage eines holistischen Weltbildes unterscheidet er innerhalb des Globalen Lernens vier Dimensionen: die des Raumes (spatial dimension), die der Themen und Inhalte (issues' dimension), die der Zeit (temporal dimension) und die dynamisch verbindende Dimension des Inneren (inner dimension). Dieses Modell ist nur als interdependentes zu denken (Selby 1999; Pike/Selby 1988). Es werden in diesem Zusammenhang normative Zielvorstellungen formuliert (vgl. Asbrand/Scheunpflug 2005), wie z.B. die Entwicklung von „Systembewusstsein", also die Betrachtung der Welt in Dualitäten zu vermeiden „(...) und anstelle dessen Phänomene in ihrem Zusammenhang vernetzend zu sehen", alle Dimensionen berücksichtigend, die „Bereitschaft, Verantwortung für das Wohlergehen des Planeten zu übernehmen" oder „Aufgeschlossenheit für neue Entwicklungen anzubahnen" (Selby/Rathenow 2003, S. 25f.). Letztlich wird eine Bewusstseinsänderung angestrebt, die als Handlungsgrundlage fungieren soll.

Vergleichbares wird in den Global Education Guidelines konzeptuell ausgearbeitet (s. Abb. 2). Global Education wird dort (Global Education Week Network/North-South-Center of the Council of Europe 2008) als Konzept neben Human Rights Education, Education for Sustainability und Education for Peace and Conflict Prevention begriffen. Global Education „(...) enables people to develop the knowledge, skills, values and attitudes needed for securing a just, sustainable world in which everyone has the right to fullfil his/her potential" (ebd., S. 17).

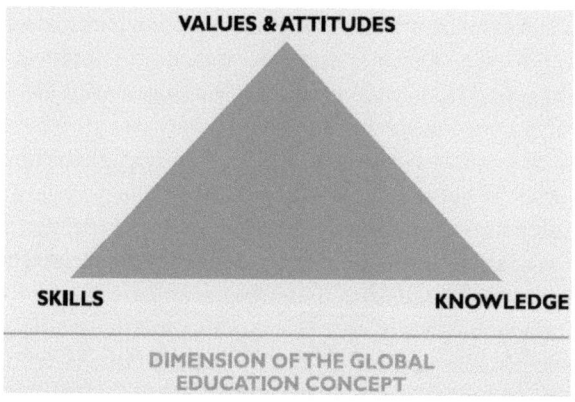

Abb. 2 Dimensions of the Global Education Concept (Global Education Week Network/North-South-Center of the Council of Europe 2008, S. 16)

Dabei geht es bei Global Education nicht nur um verschiedene Perspektiven auf globale Anliegen, also um das, was darüber gelehrt und gelernt wird, sondern vor allem auch darum, wie es gelehrt und gelernt wird und unter welchen Rahmenbedingungen. „There is a necessary unity between the content, form and context in which the learning process takes place" (ebd.). Dabei muss die Definition von "content" aus einer neuen Perspektive betrachtet werden. Im Fokus steht nicht die Reproduktion eines Systems, sondern die Transformation. „Content" wird verstanden als die Analyse von Ereignissen und Entwicklungen auf dem „Mikrolevel der nahesten Realität", als die Auswahl spezifischer, damit zusammenhängender Themen und als Erkennen der Verbindungen zum Makrolevel sowie der entstehende Austausch zwischen ihnen (ebd.). Empfohlene Inhalte sind das Wissen über den Globalisierungsprozess und die Entwicklung der Weltgesellschaft, über die Geschichte und Philosophie universaler Konzepte von Menschlichkeit und über Gemeinsamkeiten und Unterschiede in der Kultur oder Religion, die in ihrem Verhältnis zur „nahesten Realität" beleuchtet werden sollen. Unterschieden wird nach entsprechend anzustrebenden Fähigkeiten und Werten. Bei den „Skills" wird unter anderem kritisches Denken und Analysieren, Perspektivenwechsel, ein Erkennen negativer Stereotype und Vorurteile oder der Umgang mit Komplexität, Widersprüchen und Unsicherheit gefordert, neben elf weiteren, wie die Informationsbeschaffung als Forschen oder Kreativität und der Umgang mit neuen Medien. Bei Werten und Einstellungen werden z.B. Selbstsicherheit und Respekt vor Anderen, soziale Verantwortung und Verantwortung für die Umwelt, Offenheit oder Solidarität als entscheidende Grundlagen formuliert. Methoden der Vermittlung müssen dafür variabel, vielfältig, demokratisch und individuell sein.

Asbrand (2002) fasst zusammen, dass es aus handlungstheoretischer Perspektive letztlich um die Orientierung an einem bestimmten, ethisch-orientierten Handeln geht. Die Lernfähigkeit des Menschen wird als Ressource zur Lösung der weltweiten Probleme unter der Voraussetzung eines entsprechenden Bewusstseinswandels betrachtet. Bildung soll letztlich eine Verhaltensänderung im Sinne der normativen Maßgaben bewirken.

Dem handlungstheoretischen Paradigma sind auch die meisten Konzepte einer Bildung für nachhaltige Entwicklung aus der umweltbildnerischen Tradition zuzuordnen. Rieß (2010) stellt dies in der Betrachtung von drei Konzeptionen, die er als einflussreich einstuft, dar. Es wird zwar reflektiert, dass die Forderung nach Handeln als Ziel von Erziehung an „Manipulation" (ebd., S. 106) grenzt; dies kann aber normativ begründet werden und soll also letztlich doch Ziel entsprechender Bildungsbemühungen sein. Die Bildungsansprüche werden normativ durch den Bezug zum Konzept der Nachhaltigkeit oder nachhaltigen Entwicklung als Leitbild formuliert. Eine explizite theoretische Reflexion steht allerdings in weiten Teilen noch aus. Leif Östman (2010), der in dem in Schweden maßgeblich umweltbildnerisch-geprägten Forschungskontext zur Education for Sustainable Development (ESD) verortet werden kann, greift dieses Problem der Indoktrination auf („„danger of indoctrination", ebd., S. 76). Er hält in diesem Zusammenhang fest, dass „(…) research about socialization – the normativity of teaching and learning – remains quite rare" (ebd., S. 76). Er fordert mehr Forschung „(…) with regard to the normativity and discoursivity of teaching and learning within ESD, which is crucial when indoctrination is wanted to be avoided. If we do not pay attention to the 'collateral meaning' or implicit socialization, we must perhaps amounts to the most widespread form of socialization taking place in an ESD context" (ebd.).

Der evolutions- und systemtheoretische Ansatz wurde in der Fortsetzung Tremls (1996) evolutionärer Perspektive auf entwicklungsbezogene Bildung durch Scheunpflug ausgearbeitet (vgl. Scheunpflug 2001a; Scheunpflug/ Schröck 2002). Treml (1996) und Scheunpflug (2001a) weisen vor dem evolutionstheoretischen Hintergrund darauf hin, dass der Mensch ein Nahbereichswesen ist, seine Wahrnehmung also auf überschaubare soziale Gruppen gerichtet ist und die Komplexität der Weltgesellschaft deshalb zwangsläufig die individuelle Wahrnehmungsfähigkeit überfordert. Als mögliche Bewältigung dieser Überforderung müsse die Eigenkomplexität des Individuums erhöht werden, um mit heterogenen Situationen und Widersprüchen in der Zukunft umgehen zu können und den Nahbereich zu „erweitern" (vgl. auch Scheunpflug/Schröck 2002). Globales Lernen wird als ein pädagogisches Konzept entworfen, dass in sachlicher Perspektive über seine Themenbereiche charakterisiert werden kann: Entwicklung, Umwelt, Migration und Frieden. Diese Themen sollen unter dem Leitbild weltweiter Gerechtigkeit bearbeitet werden. Die Betrachtung der Themen in globalen, regionalen und lokalen Zusammenhängen bestimmt das Globale Lernen zudem in der räumlichen Perspektive. Als dritter Bereich wird die soziale Perspektive beschrieben. Diese umfasst das pädagogische Ziel, dass Lernende Kompetenzen für das Leben in der Weltgesellschaft erwerben und die Lerngelegenheiten entsprechende Angebote ermöglichen sollen (ebd.).

Aus dem Bereich der Umweltbildung, die zunehmend auch die Betrachtung globaler Prozesse einbezieht und sich auf das Konzept der Nachhaltigkeit beruft, schließt das Konzept der sozial-ökologischen Bildung (Kyburz-Graber/Halder/Hügli/Ritter 2001) an die systemtheoretischen Überlegungen an. Basierend auf den Überlegungen, die die Umwelt als unterschiedlich komplexe soziale Systeme fassen, beziehen sich ökologische Fragen dann immer auch auf das Verhältnis von System und Umwelt, also die „Auswirkungen menschlicher Handlungssysteme auf die natürliche Umwelt" (ebd., S. 237). Diese Perspektive verlangt sich mit bestimmten Inhalten, wie Umweltbelastungen und deren Auswirkungen oder individuellen und gesellschaftlichen Wertvorstellungen, auseinanderzusetzen. In der Auseinandersetzung sollen entsprechende Fähigkeiten, wie das Untersuchen, Analysieren, Nachdenken oder Bewerten und Beurteilen ausgebildet werden (ebd.).

Einige weitere Beiträge zur konzeptuellen Ausarbeitung des Themenbereichs befassen sich mit verschiedensten Gesichtspunkten, z.B. mit der Bestimmung von Dimensionen der Bildung für nachhaltige Entwicklung (Bölts 2002) oder einer Verhältnisbestimmung zur Umweltbildung (Hiller/Lange 2006). Im weiteren europäischen Raum werden ebenfalls strukturelle Fragen des Konzeptes bearbeitet (Bourn 2007; 2008; Laessoe/Öhman 2010; zusammengefasst in Scott/Gough 2004 oder Vare 2008). Ausarbeitungen aus soziologischer Perspektive drehen sich z.B. um die Verknüpfung zum Konzept des Lebenslangen Lernens, der lernenden Gesellschaft als Kernelemente der Development Education (Jarvis 2007).

Der Blick auf die theoretische Entwicklung des Lernbereichs Globale Entwicklung zeigt, dass sich unterschiedliche Traditionen darin wiederfinden. Der Anschluss an die „neue Lernkultur" (vgl. VENRO 2010; Schreiber 2012) hat diesen „Paradigmenstreit" zugunsten einer Kompetenzorientierung abgelöst, die zu einem neuen Paradigma avanciert und die Entwicklung von entsprechenden Kompetenzmodellen und -konzepten in den Blick nimmt (z.B. Asbrand/Martens 2012; Lang-Wojtasik/Scheunpflug 2005; Schreiber 2005). Deutlich wird dies z.B. in dem didaktischen Konzept, das in Hamburg im Rahmen der Umsetzung der Orientierungsrahmens Globale Entwicklung (BMZ/KMK 2007) entwickelt wurde (Landesinstitut für Lehrerbildung und Schulentwicklung Hamburg 2010). „Die Vorschläge greifen bekannte Grundsätze des Projektunterrichts auf und stellen Kompetenzförderung, Individualisierung und selbstgesteuertes Lernen stärker als bisher in den Vordergrund" (ebd., S. 2).

2.1.2 Kompetenzkonzepte

Die sich verändernden Bedingungen von Schule und Unterricht in der Weltgesellschaft weisen dem Lernbereich Globale Entwicklung eine zunehmende Bedeutung in der Diskussion um den Erwerb zukunftsfähiger Kompetenzen als dem Ziel schulischen Lernens zu. In Übereinstimmung mit Weinert (2001b) werden „(...) unter Kompetenzen die bei Individuen verfügbaren oder von ihnen erlernbaren kognitiven Fähigkeiten und Fertigkeiten, bestimmte Probleme zu lösen, sowie die damit verbundenen motivationalen, volitionalen und sozialen Bereitschaften und Fähigkeiten, die Problemlösungen in variablen Situationen erfolgreich und verantwortungsvoll nutzen zu können" (ebd., S. 27f.) verstanden. Kompetenzen können dann nicht nach dem binären Schema „vorhanden", „nicht vorhanden" begriffen werden, sondern sind mehr oder weniger stark ausgeprägt. Kompetenzen stellen Anforderungen an psychosoziale Ressourcen und beziehen neben kognitiven, auch motivationale, emotionale und soziale Komponenten mit ein (Rychen 2008). Zugleich ist der Erwerb von Kompetenzen an Situationen gebunden, in denen Probleme gelöst werden. Verstanden als eigentlich nicht sichtbares, genetisches Prinzip werden Kompetenzen nur im

Handeln, in der Performanz evident (zur Unterscheidung von Performanz und Kompetenz vgl. Chomsky 1972; 1996[5]).

Der Kompetenzbegriff bestimmt die Debatten über die Gestaltung von Unterricht und seine Qualitätsmerkmale. Die Verunsicherung über die Effektivität des deutschen Schulsystems setzte nationale Maßnahmen mit dem Ziel der Qualitätssicherung in Gang (vgl. BMBF 2007). Eine Standardisierung von Bildungszielen wurde in diesem Zuge angestrebt. In der Folge verabschiedete die Kultusministerkonferenz (KMK) 2003 und 2004 nationale Bildungsstandards für die Kernfächer Mathematik, Deutsch, erste Fremdsprache und die naturwissenschaftlichen Fächer Biologie, Chemie und Physik (z.B. KMK 2004a; b). Bildungsstandards werden als „(...) durch Bildungsziele legitimierte und mittels Tests überprüfbare Leistungserwartungen" (Klieme/Rakoczy 2008) gefasst. Sie formulieren „(...) fachliche und fachübergreifende Basisqualifikationen, die für die weitere schulische und berufliche Ausbildung von Bedeutung sind und die anschlussfähiges Lernen ermöglichen" (KMK 2005, S. 7). Sie legen die Qualifikationen fest, die am Ende der 4., 9. oder 10. Klasse auf einem bestimmten Niveau erreicht sein sollen. Diese so genannte Output-Orientierung löst die inhaltlich gefüllten Lehrpläne durch Könnens-Formulierungen, „can-do-statements" (Köller 2008a) ab. Zur Überprüfung des Leistungsstandes der Schülerinnen und Schüler sollen regelmäßig standardisierte Tests stattfinden, die zugleich eine nationale Vergleichbarkeit ermöglichen. Die Inhalte, an denen die Fähigkeiten eingeübt werden, können und sollen maßgeblich durch die Schulen selbst festgelegt werden. Damit wird der Weg zu einer zunehmenden Autonomie der Institution Schule eingeschlagen.

Der Wissensbegriff der Bildungsstandards zielt auf anwendungsfähiges Wissen und ganzheitliches Können. Mit der Verknüpfung von Wissen und Können sollen „träge", nicht transferfähige Kenntnisse und Fähigkeiten (Renkl 1996) vermieden werden, die in einer anderen Anforderungssituation nicht realisiert werden können. „Kompetenzen kann man nicht durch einzelne, isolierte Leistungen darstellen oder erfassen. (…) Die Entwicklung und Förderung von Kompetenzen muss daher eine ausreichende Breite von Lernkontexten, Aufgabenstellungen und Transfersituationen umschließen" (Klieme/Avenarius/ Blum et al. 2007, S. 74). Kompetenz ist damit auch nur inhaltsbezogen und fachlich zu bestimmen. Letztlich basiert der Kompetenzgedanke auf der Vorstellung, dass man in Bezug auf etwas kompetent ist. Der Kontext bzw. das

---

5 Chomsky unterscheidet in seinen Ausführungen zur Transformationsgrammatik die Sprachfähigkeit als Kompetenz, die ein Sprecher aufgrund der Kenntnis der Sprache hat, und den konkreten, situativen Sprachgebrauch, die Performanz (Chomsky 1972, S. 14f.)

Unterrichtsfach legt den normativen Rahmen für die Bewertung kompetenten Verhaltens fest. Die erwünschte Verhaltensausprägung wird als „Performanz" bezeichnet (Chomsky 1996), die aber bei der Kompetenzmessung faktisch mit der Kompetenz als theoretischer Disposition (Weinert 2001a) gleichgesetzt wird.

Obwohl sich der Lernbereich Globale Entwicklung aus vielen verschiedenen Konzepten zusammensetzt, die parallel nebeneinander existieren und teilweise eigene, abgeschlossene Kreise bilden, „(...) bestehen bemerkenswert große Übereinstimmungen all dieser Bildungsströmungen bezüglich der Einschätzung der Bedeutung von Kompetenzen, die für die Bewältigung der aktuellen Probleme der Menschheit und des Planeten Erde nötig sind" (Rauch/Steiner/Streissler 2008, S. 142). Entsprechend wurden vor allem normativ bestimmte Kompetenzmodelle ausbuchstabiert. Die in diesem Bereich frühe Fokussierung auf die Fähigkeiten und das Handeln der Akteure, als eigentliches Bildungsanliegen im Sinne der Handlungsorientierung (vgl. VENRO 2010), hat noch nicht zu einer hinreichenden theoretischen und empirischen Fundierung von Kompetenzkonzepten oder -modellen geführt. Im Folgenden werden als maßgebend eingeschätzte Ansätze aus dem deutschsprachigen Raum zur Entwicklung von Kompetenzkonzepten in den Bereichen der Bildung für nachhaltige Entwicklung und des Globalen Lernens skizziert.

2.1.2.1 Kompetenzen einer Bildung für nachhaltige Entwicklung

Für eine Bildung für nachhaltige Entwicklung liegen unterschiedlich strukturierte Kompetenzkonzepte vor. Ein zentrales pädagogisches Konzept zu den Kompetenzen, die mit einer Bildung für nachhaltige Entwicklung angestrebt werden sollen, wurde im Kontext des BLK-Programms 21 entworfen (AG Qualität & Kompetenzen des Programms Transfer-21 2007; De Haan/Harenberg 1999; De Haan 2008b). In Anlehnung an den OECD Referenzrahmen wird der Erwerb von „Gestaltungskompetenz" als Ziel von BNE formuliert.

> „Bildung für nachhaltige Entwicklung (BNE) dient speziell dem Gewinn von Gestaltungskompetenz. Mit Gestaltungskompetenz wird die Fähigkeit bezeichnet, Wissen über nachhaltige Entwicklung anwenden und Probleme nicht nachhaltiger Entwicklung erkennen zu können. Das heißt, aus Gegenwartsanalysen und Zukunftsstudien Schlussfolgerungen über ökologische, ökonomische und soziale Entwicklungen in ihrer wechselseitigen Abhängigkeit ziehen und darauf basierende Entscheidungen treffen, verstehen und individuell, gemeinschaftlich und poli-

tisch umsetzen zu können, mit denen sich nachhaltige Entwicklungsprozesse verwirklichen lassen" (AG Qualität & Kompetenzen des Programms Transfer-21 2007, S. 12).

Insgesamt soll es um den Erwerb von Fähigkeiten und Fertigkeiten zum künftigen Handeln gehen. Das Handeln wird ausgehend von retrospektiven Strategien und epistemischem Wissen um prospektive Strategien und heuristisches Wissen als Wissen um allgemeine Regeln des Entscheidens und Handelns ergänzt (zur Entwicklung des Konzeptes der Gestaltungskompetenz Rieß 2010). Die Inhalte müssen sinnhafte Aneignungsprozesse anregen, die universell und lebensweltlich zukunftsrelevanten Geltungsansprüchen gerecht werden (De Haan 2008b). Es geht um den Erwerb innovativen Wissens im Gegensatz zu archivarischem Wissen, das häufig in der Schule gelehrt würde, und um das Anbieten von Möglichkeiten der Problembewältigung als Befähigung zum Handeln. Daraus sollte sich die Ausweitung von Gestaltungsmöglichkeiten ergeben. Gestaltungskompetenz wird in insgesamt zehn Teilkompetenzen untergliedert:

„1. Weltoffen und neue Perspektiven integrierend Wissen aufbauen, 2. Vorausschauend denken und handeln, 3. Interdisziplinär Erkenntnisse gewinnen und handeln, 4. Gemeinsam mit anderen planen und handeln können, 5. An Entscheidungsprozessen partizipieren können, 6. Andere motivieren können, aktiv zu werden, 7. Die eigenen Leitbilder und die anderer reflektieren können, 8. Selbstständig planen und handeln können, 9. Empathie und Solidarität für Benachteiligte zeigen können, 10. Sich motivieren können, aktiv zu werden" (AG Qualität & Kompetenzen des Programms Transfer-21 2007, S. 12).

Es werden innerhalb der Konzeption auch Punkte aufgezeigt, die einem problemlosen Anschluss im bestehenden Bildungssystem entgegenstehen. Beispielsweise wird die Inkompatibilität des Konzeptes zum formalen Bildungsbereich mit rein fachorientiertem Unterricht genannt und auch, dass die Kompetenzen schwer mit den Bildungsstandards zu fassen sind.

Rost, Lauströer und Raack (2003) entwerfen im Anschluss ein Kompetenzkonzept, das sich ebenfalls am Weinertschen Kompetenzbegriff orientiert und die globale und interkulturelle Perspektive, die sonst eher dem Globalen Lernen zugeordnet wird, integriert. Auch sie nehmen definitorisch die Agenda 21 als Ausgangspunkt und formulieren für die drei Bereiche Wissen, Bewerten und Handeln drei zentrale Kompetenzen: Systemkompetenz, Bewertungskompetenz und Gestaltungskompetenz (ebd., S. 11). Hervorzuheben ist in diesem Entwurf das Verständnis einer Bewertungskompetenz nach dem Ansatz der „Values Clarification" (Raths/Harmin/Simon 1976), das z.B. vom Verständnis einer Bewertungskompetenz im Orientierungsrahmen Globale Entwicklung (BMZ/KMK 2007) abweicht. Es müsse demnach davon ausgegangen werden, dass auch wenn inter- und intragenerationelle Gerechtigkeit und Solidarität als zentrale Werte einer BNE angesehen werden können, es nicht bedeute, dass diese für die Jugendlichen bedeutsam seien. Die primäre Aufgabe einer Werteerziehung ist nicht die Vermittlung von inhaltlichen Werten, sondern das Zur-Verfügung-Stellen von Beurteilungs- und Entscheidungskriterien für die Suche nach subjektiv bedeutsamen Werten (Rost/Lauströer/Raack 2003). Denn, wenn Werte nur vom Individuum selbst bedeutsam gemacht werden können, dann muss auch akzeptiert werden, dass sich Jugendliche trotz allem für ihre „alten" Werte entscheiden und gegen die einer BNE. An diesen Entwurf wurden erste Operationalisierungen zur System- und Bewertungskompetenz in Form von Testaufgaben geleistet (ebd.).

Künzli David und Kaufmann-Hayoz (2008) unternahmen im direkten Anschluss an die Schlüsselkompetenzen der OECD[6] den Versuch ein Kompetenzmodell aus der Umweltbildung heraus zu entwickeln, welches sie explizit von einer handlungstheoretischen Tradition abgrenzen und mit einem konstruktivistischen Lernbegriff fundieren (vgl. auch Künzli 2006). In diesem Versuch umreißen sie in den drei Kompetenzfeldern „Selbstständig handeln", „Interaktive Nutzung von Medien und Tools" und „In sozial heterogenen Gruppen handeln" (ebd., S. 15 ff.) sieben Kompetenzziele, die noch einmal in Teilkompetenzen unterteilt sind. Im ersten Kompetenzfeld wird beispielsweise die Kompetenz „[d]ie Schülerinnen und Schüler können eigene und fremde Visionen, aber auch gegenwärtige Entwicklungstrends, im Hinblick auf nachhaltige Entwicklung beurteilen" (ebd., S. 15) formuliert, die sich u.a. aus den Teilkompetenzen „[s]ie kennen Ursachen sowie Folgen aktueller Trends der gesellschaftlichen Entwicklung und können Vor- und Nachteile diskutieren, die sich daraus für verschiedene Akteursgruppen, für die natürliche Umwelt und für die Gesamtgesellschaft ergeben" oder auch „[s]ie können die Eintretenswahrscheinlichkeit von Zukunftsszenarien beurteilen" (ebd.) zusammensetzt. Eine empirische Fundierung hat durch Expertenbefragung in Ansätzen stattgefunden.

Im Kontext einer Bildung für nachhaltige Entwicklung wurde die Bewertungskompetenz bereits genauer ausgearbeitet. So werden im Göttinger Modell der Bewertungskompetenz vier Teilkompetenzen modelliert. Zum einen gehören dazu konzeptuelles Wissen über Nachhaltige Entwicklung („Kennen und Verstehen Nachhaltiger Entwicklung") und ethisches Basiswissen über Werte und Normen („Kennen und Verstehen von Werten und Normen"). Zum anderen sind für die Lösung von Problem- und Entscheidungssituationen nachhaltiger

---

6 OECD (Organisation for Economic Co-Operation and Development), ein Überblick zum Referenzrahmen für Schlüsselkompetenzen bei Rychen (2008).

Entwicklung prozedurale Kompetenzen, wie Informationen suchen und verarbeiten („Generieren und reflektieren von Sachinformationen") sowie Handlungsoptionen bewerten und Entscheidungen treffen („Bewerten, Entscheiden, Reflektieren") zentral (vgl. Eggert/Bögeholz 2006; Gausmann/Eggert/ Hasselhorn/Watermann/Bögeholz 2010). Graduierungen innerhalb der Teilkompetenzen werden nach der Qualität der hergestellten Verbindungen zwischen ökologischen, ökonomischen und sozialen Aspekten vorgenommen: z.b. Problemsituationen bzw. Handlungsoptionen werden mit Alltagswissen oder auf Basis eines oder mehrerer Aspekte beschrieben bzw. entwickelt oder auf Basis von vier qualitativ unterschiedlichen Verbindungen und im Hinblick auf ihre Tragfähigkeit beurteilt (höhere Kompetenz). Die empirische Validierung von Teilkompetenzen des Modells ist bereits vorangetrieben worden (z.B. Gresch/Hasselhorn/Bögeholz 2011; Gausmann/Eggert/ Hasselhorn et al. 2010).

2.1.2.2 Globales Lernen

Scheunpflug und Schröck (2002) skizzieren die globalen Herausforderungen und entwerfen ein Modell von entsprechend notwendigen Fähigkeiten von Lernenden im Umgang mit den anstehenden Aufgaben. „Globales Lernen bearbeitet die doppelte Herausforderung der Globalisierung, nämlich sowohl eine Orientierung für das eigene Leben zu finden als auch eine Vision für das Leben in einer human gestalteten Weltgesellschaft zu entwickeln (...)" (Scheunpflug/Schröck 2002, S. 10). Die globalen Herausforderungen, die sich stellen, sind in einer zeitlichen Dimension kaum erfahrbar. „[D]er soziale Wandel [ist] schneller geworden (...) als die Zeitspanne eines Generationenwechsels" (ebd., S. 6). In der Sachdimension geht es um die Herausforderung, dass das Überleben der Menschheit zum Beispiel durch die Ressourcenknappheit in Frage gestellt ist. In der Raumdimension verlieren sich klare Zuordnungen in der universalistischen Verbreitung von Medien. Die Folgen lokalisierbarer Phänomene sind nicht mehr eindeutig einzugrenzen. Themen sollten deshalb in globaler, nationaler, regionaler und auch in ihrer lokalen Dimension bearbeitet und einer nicht sachgemäßen Vereinfachung entgegen gewirkt werden (ebd., S. 16). Das Nicht-Wissen des Individuums steigt im Vergleich zum gesellschaftlich verfügbaren Wissen enorm an und Fremdheit und Vertrautheit sind nicht länger an Orte gebunden, sondern im unmittelbaren Umfeld erfahrbar (ebd.). Auf diese Herausforderungen soll pädagogisch reagiert werden. „Leitziel pädagogischer Bemühungen ist der ‚souveräne Mensch', der globale Entwicklungen mit lokaler Handlungsfähigkeit in Übereinstimmung bringen kann" (Scheunpflug/Schröck 2002, S. 14). Der Umgang mit Wissen und Nichtwissen, Vertrautheit und Fremdheit und zuletzt Gewissheit und Ungewissheit erfordere entsprechende Fach-, Methoden-, Sozial- und personale Kompetenz (ebd., S. 16). Dabei wird betont: erst die Berücksichtigung „(...) aller drei Parameter [v.V. Sach- und Raumdimension sowie die Kompetenzen der Lernenden] ermöglicht Globales Lernen" (ebd., S. 18). Erfahrung und Reflexion werden zentrale Momente dieses pädagogisch-didaktischen Konzeptes, indem theoretische Kategorien zur Einordnung konkreter Erfahrungen in abstraktere Zusammenhänge angeboten werden (Scheunpflug 2000). Sachliche Widersprüche werden zu einem Teil des Lernens, so wie auch ein multiperspektivischer Zugang zu Themen (ebd.; auch Seitz 2001). Lang-Wojtasik und Scheunpflug (2005) formulieren einen expliziten Vorschlag zu entsprechenden Kompetenzbereichen. Dabei ginge es fachlich um die Kompetenz „(...) Wissen und Nichtwissen zu unterscheiden und unter den Bedingungen prinzipiellen Nichtwissens zu angemessenen Entscheidungen zu kommen" (ebd., S. 5), im Angesicht der Ambivalenz von Sicherheit und Unsicherheit um „Strukturierungskompetenz" und darüber hinaus um „[k]ommunikative, soziale und personale Kompetenzen sowie de[n] sensiblen Umgang mit unterschiedlichen Sprachen und Sprachfähigkeiten, verschiedene Fragehaltungen, Selbstvertrauen und die Fähigkeit zu Empathie und Perspektivenwechsel (...)" (ebd.). Der Fokus „(...) ist die Erfahrung der Komplexität der Weltgesellschaft" (ebd.). Ansätze zur Modellierung und Konkretisierung stehen für dieses Modell noch weitgehend aus. Eine erste empirische Rekonstruktion von Kompetenzen findet sich bei Asbrand (2009a). Sie zeigt auf, dass Jugendliche in Abhängigkeit von den Lernkontexten, in denen sie sich mit globalen Themen befassen, unterschiedliche Zugänge zu diesen entwickeln, unterschiedliche Handlungsoptionen in Anbetracht weltweiter Problemlagen vorschlagen und unteschiedliche Weltentwürfe darlegen; also unterschiedliche Kompetenzen im Umgang mit globalen Themen zeigen.

2.1.2.3 Orientierungsrahmen „Globale Entwicklung"

Ein erster auf bildungspolitischer Ebene vielbeachteter Versuch, Kompetenzanforderungen des Lernbereichs Globale Entwicklung zu bündeln, liegt mit dem Orientierungsrahmen des BMZ und der KMK (2007) vor. Dieser ist maßgeblich Ausdruck der Art und Weise der bildungspolitischen Präsenz sowie der Rückbindung an die bildungspolitischen Entwicklungen zur Kompetenzorientierung. Auch dieser konzeptuelle Entwurf eines Lernbereichs Globale Entwicklung stützt sich maßgeblich auf die Agenda 21 mit dem Leitbild einer nachhaltigen Entwicklung (UNCED 1992) und folgt den dort formulierten normativen Forderungen nach einem behutsamen Umgang mit den natürlichen Ressourcen oder der Entwicklung eines Umwelt- und Entwicklungsbewusstseins (vgl. BMU 1992). Zudem bezieht sich der Orientierungsrahmen auf die im Kontext der UN-Dekade „Bildung für nachhaltige Entwicklung" formulierten Vorgaben (BMBF 2002; UN 2002; KMK/DUK 2007; DUK 2006; 2009).

Der Orientierungsrahmen kann als ein erster Versuch gelten, die Konzepte der BNE und des Globalen Lernens zu fusionieren. Das Globale Lernen wird als ein wesentlicher Bestandteil der BNE gesehen und beide Konzepte werden als durch das Leitbild nachhaltiger Entwicklung miteinander verbunden betrachtet. Wichtig ist, dass es „(...) unter dem Dach der BNE zu einer gleichgewichtigen Behandlung von Umwelt und Entwicklung (...) kommen (...)" soll (ebd., S. 16). Allerdings zieht diese Veröffentlichung in Form einer Empfehlung keine Verbindlichkeiten für die Akteure im Feld, zum Beispiel zur Integration in die Rahmenlehrpläne, nach sich (Asbrand/Lang-Wojtasik 2007, S. 2; Asbrand 2009c). In diesem in Kooperation vom BMZ und der KMK entwickelten Papier wird der Lernbereich zugleich in Orientierung an die Schlüsselkompetenzen der OECD (Rychen/Salganik 2001) und des europäischen Referenzrahmens (Deutscher Bundesrat 2005) an den Kompetenzdiskurs angeschlossen.

Die Bildungsziele des Orientierungsrahmens richten sich an den vier Zieldimensionen des Leitbilds der nachhaltigen Entwicklung aus (s. Abb. 1; vgl. BMZ/KMK 2007). Das Kompetenzmodell umfasst drei Grunddimensionen: Erkennen, Bewerten von globalen Fragestellungen und das entsprechend zielgerichtete Handeln. Diese drei Kernkompetenzen werden in elf Teilkompetenzen ausdifferenziert.

Die Schülerinnen und Schüler können ...

Erkennen

1. **Informationsbeschaffung und -verarbeitung**
    ...Informationen zu Fragen der Globalisierung und Entwicklung beschaffen und themenbezogen verarbeiten.

2. **Erkennen von Vielfalt**
    ...die soziokulturelle und natürliche Vielfalt in der Einen Welt erkennen.

3. **Analyse des globalen Wandels**
    ...Globalisierungs- und Entwicklungsprozesse mit Hilfe des Leitbildes der nachhaltigen Entwicklung fachlich analysieren.

4. Unterscheidung gesellschaftlicher Handlungsebenen
…gesellschaftliche Handlungsebenen vom Individuum bis zur Weltebene in ihrer jeweiligen Funktion für Entwicklungsprozesse erkennen.

Bewerten

5. Perspektivenwechsel und Empathie
…eigene und fremde Wertorientierungen in ihrer Bedeutung für die Lebensgestaltung sich bewusst machen, würdigen und reflektieren.

6. Kritische Reflexion und Stellungnahme
…durch kritische Reflexion zu Globalisierungs- und Entwicklungsfragen Stellung beziehen und sich dabei an der internationalen Konsensbildung, am Leitbild nachhaltiger Entwicklung und an den Menschenrechten orientieren.

7. Beurteilen von Entwicklungsmaßnahmen
…Ansätze zur Beurteilung von Entwicklungsmaßnahmen unter Berücksichtigung unterschiedlicher Interessen und Rahmenbedingungen erarbeiten und
zu eigenständigen Bewertungen kommen.

Handeln

8. Solidarität und Mitverantwortung
…Bereiche persönlicher Mitverantwortung für Mensch und Umwelt erkennen und als Herausforderung annehmen.

9. Verständigung und Konfliktlösung
…soziokulturelle und interessenbestimmte Barrieren in Kommunikation und Zusammenarbeit sowie bei Konfliktlösungen überwinden.

10. Handlungsfähigkeit im globalen Wandel
…die gesellschaftliche Handlungsfähigkeit im globalen Wandel vor allem im persönlichen und beruflichen Bereich durch Offenheit und Innovationsbereitschaft sowie durch eine angemessene Reduktion von Komplexität sichern und die Ungewissheit offener Situationen ertragen.

11. Partizipation und Mitgestaltung
Die Schülerinnen und Schüler sind fähig und auf Grund ihrer mündigen Entscheidung bereit, Ziele der nachhaltigen Entwicklung im privaten, schulischen und beruflichen Bereich zu verfolgen und sich an ihrer Umsetzung auf gesellschaftlicher und politischer Ebene zu beteiligen.

Abb. 3   Kompetenzkonzept für den Lernbereich Globale Entwicklung (BMZ/KMK 2007, S. 77f.)

„Solche Gliederungen von Kompetenzen haben v.a. Bedeutung für die Überprüfung der Anforderungen. Sie dürfen jedoch nicht den Blick dafür verstellen, dass zur Bewältigung der Anforderungen in einer zunehmend vernetzten Welt komplexe Kompetenzen erforderlich sind, die v.a. in einem ganzheitlichen und situationsbezogenen Lernprozess erworben werden" (ebd., S. 72). Darüber hinaus werden auch Themenbereiche als Schwerpunkte für Unterrichtseinheiten verschiedener Fächer vorgeschlagen. Das Kompetenzkonzept, das BMZ und KMK vorlegen, ist als Policy Paper einzuordnen. Eine theoretische und empirische Fundierung steht noch aus.

Gemeinsam ist den Kompetenzmodellen des Lernbereichs Globale Entwicklung, dass sie die globalen Herausforderungen und Probleme zum Ausgangspunkt pädagogischer Konzepte machen. Globale Umweltprobleme, die weltweiten sozialen Gefälle und das Zusammenleben in einer vielfältigen Gesellschaft sind u.a. Anlässe zur Entwicklung zukunftsorientierter Bildungsansätze. Es lässt sich jedoch eine Diskrepanz zwischen dem konzeptuellen Fortschreiten und der empirischen Überprüfung der Entwürfe feststellen.

2.2 Bildungspolitische Rahmenbedingungen des Lernbereichs

Obwohl sich Bemühungen zur praktischen Umsetzung des Lernbereichs Globale Entwicklung ausmachen lassen, hat dies noch immer nicht zu einer stärkeren Verankerung der Thematik im formalen Bildungssystem geführt (Asbrand/ Lang-Wojtasik 2007). Als Ausnahme sei auf die Implementationsbemühungen in Hamburg verwiesen (vgl. Freie Hansestadt Hamburg, Behörde für Bildung und Sport 2004). Die Curricula in Hamburg können als Beispiel für eine systematische Implementation betrachtet werden. Das Globale Lernen wurde dort auf Landesebene federführend als „Aufgabengebiet Globales Lernen" in die Rahmenpläne, umfassend für die Grundschule und verschiedenen weiterführenden Schulen, aufgenommen (ebd.).

> „Globales Lernen unterstützt die Schülerinnen und Schüler darin, sich mit den weltweiten Verflechtungen und den damit verbundenen wirtschaftlichen, sozialen, ökologischen, politischen und kulturellen Risiken und Chancen auseinander zu setzen. Globales Lernen leistet einen Beitrag dazu, den eigenen Standort zu erkennen, sich selbst als Akteure in einer globalisierten Gesellschaft wahrzunehmen und Fähigkeiten als Mitgestaltende zu entwickeln" (ebd., S. 14).

Es werden auch didaktische Grundsätze beschrieben, nach denen in Lernsituationen „Einsichten in lokal-globale Wechselwirkungen ermöglicht", „die Verflechtung wichtiger Entscheidungsebenen berücksichtigt" oder „mit außerschulischen Partnern kooperiert" werden soll. Inhaltlich werden als „Leitthemen" „Prozesse, Risiken und Gestaltungsmöglichkeiten der Globalisierung" und die „Ursachen von Armut und internationalen Konflikten sowie (...) deren Bearbeitung und Prävention" vorgegeben, an denen die Schülerinnen und Schüler „ihre Erfahrungen in der Organisation ihrer Lernprozesse" erweitern und den „Wissenserwerb mit der Entwicklung von Urteilen und gesellschaftlichem Engagement" verbinden sollen (ebd.). Die Anforderungen, die nach Abschluss der 13. Jahrgangsstufe erreicht sein sollen, sind zum Beispiel „Die Schülerinnen und Schüler können Sachverhalte, Aspekte und Gestaltungsmöglichkeiten weltweiter ökonomischer Verflechtungen erkunden und an Beispielen darstellen" oder sie können „eigene Standpunkte erarbeiten, vertreten, auf fremde eingehen und diese bei der Problemlösung berücksichtigen" (ebd., S. 15).

Der exemplarische Blick auf die hessischen Kerncurricula ergibt ein anderes Bild. Hier lässt sich eine inhaltlich orientierte Integration des Lernbereichs beschreiben. Der Gedanke der Nachhaltigkeit findet sich zum Beispiel in der Sekundarstufe I der Realschule für das Fach Biologie. Der Erwerb von naturwissenschaftlichen Kompetenzen „(...) ziel[t] auf die Erhaltung der eigenen Gesundheit und auf Nachhaltigkeit im Sinne eines wertschätzenden, Ressourcen schonenden und Folgeschäden minimierenden Umgangs mit der Umwelt (...)" (HKM 2011a, S. 12). Im Fach Politik wird ebenfalls ein Bezug zur Nachhaltigkeit hergestellt, als eine Kategorie zur Beurteilung politischer und wirtschaftlicher Phänomene (HKM 2011b), aber auch als Leitbild, an dem sich wirtschaftliche Entscheidungen orientieren sollen (ebd., S. 17). Daneben ist das Thema „Globalisierung" bedeutsam. „Im Mittelpunkt des Inhaltsfeldes Internationale Beziehungen und Globalisierung stehen die internationale politische und ökonomische Verflechtung moderner Gesellschaften und die daraus resultierenden globalen Abhängigkeiten. Die Lernenden erkennen Chancen und Gestaltungsspielräume, aber auch Risiken der Globalisierung" (ebd., S. 27). Die Analyse-, Urteils- und Handlungskompetenz sowie Methodenkompetenz werden als übergeordnete Bereiche formuliert (ebd., S. 15). Das Kerncurriculum zeigt im Sinne eines fachübergreifenden Unterrichts die Vernetzung zwischen Erdkunde, Politik und Wirtschaft und Geschichte auf (ebd., S. 13f.). Darüber hinaus lassen sich in den überfachlichen Sozialkompetenzen, Anschlussmöglichkeiten für das Konzept des Lernbereichs Globale Entwicklung finden, wenn es um „soziale Wahrnehmungsfähigkeit", „Rücksichtnahme und Solidarität" oder „interkulturelle Verständigung" geht (HKM 2011b, S. 8).

In Niedersachsen wurden bereits innerhalb des Projektes „Bildung trifft Entwicklung" „Anknüpfungspunkte" für das Globale Lernen in den Kerncurricula der unterschiedlichen Schulformen herausgearbeitet („Bildung trifft Entwicklung (BtE)" - Regionale Bildungsstelle Nord 2010). Einzelne Kompetenzanforderungen sind für unterschiedliche Fächer und Klassenstufen aufgelistet, zu denen jeweils Bezugsmöglichkeiten zum Globalen Lernen vorgeschlagen werden. Dabei wurden die Fächer evangelische und katholische Religion, Politik und Wirtschaft (unterschieden nach dem jeweiligen Prüfungsstatus), Werte und Normen, Geschichte, Erdkunde, aber auch Physik, Chemie, Biologie und die Sprachfächer Englisch, Französisch und Spanisch aufgenommen. So stellt der Bereich „Interkulturelle Kompetenz" in den Sprachen eine Schnittmenge dar. Die Schülerinnen und Schüler sollen dort beispielsweise am Ende der siebten Klasse „(...) über ein grundlegendes sozio-kulturelles Orientierungswissen bezüglich der Lebenswelt spanischer (und ggf. auch latein-amerikanischer) Jugendlicher ihres Alters (...)" verfügen und „(...) deren Lebenswelt und Einstellungen mit der/den eigenen (...)" vergleichen sowie „(...) einfache Begegnungen angemessen" bewältigen („Bildung trifft Entwicklung (BtE)" – Regionale Bildungsstelle Nord 2010, S. 32). In Chemie wurde ausgemacht, dass die Schülerinnen und Schüler „(...) die global wirksamen Einflüsse des Menschen (...)" erkennen und bewerten sowie „(...) ihre Kenntnisse zur Entwicklung von Lösungsstrategien" anwenden sollen (ebd., S. 26). Für das Fach Erdkunde werden insgesamt die umfangreichsten Anschlusspunkte für den Lernbereich herausgearbeitet. Im Kompetenzbereich „Beurteilung und Bewertung" sollen die Schülerinnen und Schüler „Nutzungsmöglichkeiten und Lebensbedingungen in verschiedenen Klimazonen" beurteilen oder „Strukturveränderungen durch Tourismus" bewerten („Bildung trifft Entwicklung (BtE)" – Regionale Bildungsstelle Nord 2010, S. 20f.). Vorschläge für das Fach Werte und Normen beziehen sich zum Beispiel auf „(...) die Darstellung von Wirklichkeit in verschiedenen Medien (...)" und „(...) unterschiedliche Wahrheitsansprüche" (ebd., S. 16). Anknüpfungspunkte wären dann „Medienbilder von Afrika, Asien und Lateinamerika" (ebd.). Theoretisch werden so unverbindlich Möglichkeiten der curriculaorientierten Umsetzung des Lernbereichs aufgezeigt.

Es lässt sich zusammenfassen, dass es vor allem thematische Anschlusspunkte in den schulpolitischen Vorgaben gibt, die partiell die pädagogischen Herausforderungen des Lernbereichs aufnehmen. Der Orientierungsrahmen (BMZ/KMK 2007) als Empfehlung hat kaum sichtbaren Einfluss auf die Ausgestaltung auf Landesebene. Die Implementationsbemühungen zum Orientierungsrahmen sind bisher praktische Projekte, die sich zum Beispiel um die Anbindung an die landeseigenen Lehrpläne bemühen (z.B. Staatsinstitut für Schulqualität und Bildungsforschung München o.J.[7]) oder auf eine konkrete

---

7 Die für die einzelnen Schulformen ausgearbeiteten „Anknüpfungspunkte an den ‚Orientierungsrahmen für den Lernbereich Globale Entwicklung' in bayrischen

thematische Ausarbeitung und praktische Umsetzung (Staatsinstitut für Schulqualität und Bildungsforschung München 2012; NiLS 2010) zielen. Gräsel (2009) konstatiert bereits für die Umweltbildung eine Diskrepanz zwischen den bildungspolitischen Vorgaben und der Unterrichtswirklichkeit. „(...) [V]iele Untersuchungen [zeigen], dass Umweltthemen nach wie vor eine eher marginale Rolle in der Schule spielen" (ebd., S. 855). Zudem „(...) gelingt es nur in geringem Umfang, ein Lernen zu Umweltthemen zu realisieren, bei dem die Perspektive verschiedener Fächer berücksichtigt wird" (ebd.). Dabei bilden die ökologischen Themen nur einen Teil des Lernbereichs Globale Entwicklung ab. Eine wirkungsvolle, flächendeckende Verankerung in den Bildungsinstitutionen stellt somit eine anhaltende Herausforderung dar (VENRO 2009).

Gleichzeitig lässt sich in der entwicklungspolitischen und auch umweltpolitischen Bildung eine nahezu überbordende Materialflut beobachten (Wettstädt/Asbrand 2012), z.B. in Form von Materialsammlungen (AG Qualität & Kompetenzen des Programms Transfer-21 2007; Engelhard 2007) oder Vorschlägen zu konkreten Umsetzungsmöglichkeiten für die Praxis (BMZ/KMK 2007; Arbeitsstelle Weltbilder/Mars 2006; Bayrhuber/Hlawatsch 2005). Der Kompetenzorientierung folgend liegen Materialien sowie didaktische und unterrichtspraktische Entwürfe vor (Adick 2002; Hartmeyer 2007; Overwien 2007; Scheunpflug/Schröck 2002; VENRO 2000). Sie fordern die Öffnung von Unterricht und die Stärkung entsprechender Unterrichtsmethoden unter dem Stichwort stärkerer Partizipation der Schülerinnen und Schüler.

2.3 Forschungsstand

Im Folgenden wird auf empirische Forschungsprojekte eingegangen, die sich im Lernbereich Globale Entwicklung, der Bildung für nachhaltige Entwicklung oder dem Globalen Lernen mit dem Lernen Jugendlicher, mit unterrichtlichen Prozessen oder mit dem Kompetenzerwerb der Lernenden befasst haben[8].

Lehrplänen können unter http://www.kompetenzinterkulturell.de/index.php?Seite= 7140& (Zugriff 02.08.2012) eingesehen werden. Auch in Niedersachsen gibt es ein Pilotprojekt, einzusehen unter http://nibis.ni.schule.de/nibis.phtml?menid=2757 und weitere in Berlin und Brandenburg, einzusehen unter http://www.ewik.de/ coremedia/generator/ewik/de/07__Theorie_20und_20 Praxis_20Globales_20Lernen/ Orientierungsrahmen/L_C3_A4nderaktivit_C3_A4ten.html (Zugriff 06.12.2012).

8 Andere Diskurse werden hier aufgrund der Fokussierung des Projektes nicht dargestellt. Zum Beispiel der Stand der Dinge in den unterschiedlichen Disziplinen, wie der Umweltbildung, Gesundheitserziehung oder Friedensbildung, und deren For-

2.3.1 Der Lernbereich Globale Entwicklung in Schule und Unterricht

Die Diskussion um die methodischen Veränderungen zur Gestaltung von Lernprozessen im Unterricht im Kontext der BNE wurde bereits in einzelnen Forschungsprojekten aufgegriffen. Forschendes und selbstreflexives Lernen stehen z.B. bei Hallitzky (2008) im Vordergrund, die ausgehend von den Schlüsselkompetenzen des Umgangs mit Komplexität und des Aushaltens von Unsicherheit, die Frage nach der Wirkung dieser Lernformen stellt. Dabei erhebt sie in Universitätsseminaren die Auswirkungen der Implementation von Methoden des forschenden und selbstreflexiven Lernens auf die Determinanten Gerechte-Welt-Glauben, Ambiguitätstoleranz und Selbstwirksamkeitserwartung. Diese drei Faktoren werden als zentrale Einflussgrößen auf den Umgang mit Komplexität und Unsicherheit betrachtet. Die Ergebnisse seien insgesamt positiv: „Forschendes und selbstreflexives Lernen scheint Einstellungskomponenten von Kompetenzen im Umgang mit Komplexität grundsätzlich günstig zu beeinflussen" (Hallitzky 2008, S. 175). Die vergleichsweise geringen Effekte legen weitere Fragen nach dem Einfluss des Faktors der Gruppe oder den heterogenen Studentengruppen nahe (ebd.).

Die Interventionsstudie von Rieß (2010) untersucht das Lernen von Kindern und die Wirkungen unterschiedlicher Unterrichtskonzepte zu Bildung für nachhaltige Entwicklung auf das Umwelthandeln im Unterricht der Grundschule. Die Intervention zielt auf die Veränderung von Handeln, indem die subjektiven Theorien der Kinder zu den jeweiligen Themen im Unterricht berücksichtigt werden sollen und Konzepte zur „Modifikation des Alltagshandelns" aus der Volitionspsychologie und der allgemeinen Unterrichtstheorie herangezogen wurden (ebd., S. 183). Die Ergebnisse seiner Studie zu den „handlungsleitenden Kognitionen" in „nachhaltigkeitsrelevanten Alltagssituationen" (ebd., S. 402f.) zeigen, dass Grundschüler diese Kognitionen durch „Introspektion zu erfassen" in der Lage sind, was die Schlussfolgerung zuließe, dass die subjektiven Theorien „akzeptable Erklärungen der beobachteten Alltagshandlung" seien (ebd., S. 403). Aufgrund der Intervention durch den variierten Unterricht[9]

---

schungsansätze oder -schwerpunkte zur Struktur und Konzeption des Lernbereichs, sowohl im deutsch- als auch im englischsprachigen Raum, in der Environmental (Kyburz-Graber et.al. 2001; Reid/Jensen/Nikel/Simovska 2008 u.a.), Health (Hart 2008 u.a.), Science (Fensham 2007; Zeidler 2007 u.a.) oder Citizenship Education (Sliwka/Diedrich/Hofer 2006 u.a.). werden deshalb hier nicht ausgeführt.

9 Die überarbeitete Fassung der Unterrichtsreihe ist veröffentlicht worden unter http://www2.um.badenwuerttemberg.de/servlet/is/25368/BNE_Handreichung_Grundschule.pdf (Zugriff 29.07.2012).

konnte er Veränderungen des Schülerverhaltens in umwelt- bzw. nachhaltigkeitsrelevanten Alltagssituationen, wie beim Lüften, Hände Waschen oder der Verwendung von Papier, feststellen. Das bedeute, dass bei den Kindern z.B. die „(…) Kenntnis menschlicher Handlungen, die eine nachhaltige Entwicklung verhindern (…) zugenommen (…)" hat (ebd., S. 407). Sie weisen aber „(…) eher allen Menschen eine potentielle Verantwortung für eine nachhaltige Entwicklung (…)" zu (ebd.). Nicht nur die Effekte auf die subjektiven Theorien der Schülerinnen und Schüler, sondern auch die Veränderung ihres Handelns kann für eine Treatment-Bedingung als positiv, also nachhaltigkeitsförderlicher konstatiert werden. Ein Unterricht, der unmittelbar an den subjektiven Theorien ansetzt und diese mit „erprobten Methoden zur Modifikation von Alltagshandlungen" (ebd.) beeinflusst, kann nachhaltigkeitsförderliche subjektive Theorien und ein entsprechendes Alltagshandeln im Grundschulunterricht fördern. Unterricht, der nur den didaktischen Prinzipien der Umweltbildung folgt, kann zwar eine Veränderung der subjektiven Theorien fördern, diese werden aber nicht handlungswirksam (Rieß 2010, S. 409). Bewährte Methoden aus der Volitionspsychologie im Unterricht könnten höhere Effekte in der Veränderung von Handlungsprozeduren bewirken.

In der Politik- oder Geographiedidaktik sind Ansätze des Globalen Lernens ebenfalls Gegenstand der Forschung. Der Umgang mit der Globalisierungsproblematik (Brunold 2009; Overwien/Rathenow 2009; Schrüfer/Schwarz 2010; Steffens 2010) ist zudem in beiden Fächern meist auch curricularer Bestandteil. Applis (2012) beispielsweise setzt sich mit der Werteorientierung im Geographieunterricht im Kontext Globalen Lernens auseinander. Er evaluiert die Durchführung einer Unterrichtseinheit und führt dazu Gruppendiskussionen mit Schülerinnen und Schüler durch. Er rekonstruiert drei Typen von Schülerorientierungen. „Als zentral hat sich dabei die Rekonstruktion von Bewertungslogiken und Modi der Bewertung erwiesen (…)" (ebd., S. 261). Der „aktional-soziale" Typus orientiert sich an „sozialen respektive sozial-ethischen Bewertungslogiken" (ebd., S. 262ff.), der „funktional-sachliche" Typus definiert sich über einen „intellektualisierenden Weltzugang" und orientiert sich an dem defizitären Wissen über die Vorgänge in der außerschulischen Welt (ebd., S. 266ff.). Der „autonom-individualisierende" Typus zeichnet sich durch den Wunsch nach Unabhängigkeit aus, um zu eigenen Urteilen und einem Verständnis über die Zusammenhänge der Vorgänge in der außerschulischen Welt zu gelangen (ebd., S. 273ff.). Applis schlussfolgert, „(…) dass es, um Lerneffekte anbahnen zu können, nötig ist, Lernarrangements zu erstellen, in denen explizite und implizite Wissensbestände zueinander in Spannungsverhältnisse gesetzt werden, sodass die Lernenden selbst Vergleichshorizonte zu Bewertungen und Werthaltungen bilden, diese relationieren, differenzieren und problematisieren (...)" (ebd., S. 279).

Wolfensberger (2008) untersucht in diesem Sinne „Klassengespräche über Themen im Schnittbereich von Naturwissenschaften, Umwelt und Gesellschaft". Auch hier werden Unterrichtsprojekte begleitet, in denen zu drei Zeitpunkten Klassengespräche initiiert wurden, die Gegenstand der Untersuchung sind. Wolfensberger analysiert dabei die qualitative und quantitative Beteiligung der Schülerinnen und Schüler. Er stellt beispielsweise fest, dass in zwei von drei Gesprächen vor allem mit „Alltagswissen operiert" und nur in einem häufiger „disziplinäres Wissen" eingebunden wird (ebd., S. 421), auch „(…) ist die Reflexionstiefe der Klassengespräche fallübergreifend als eher gering zu bezeichnen" (ebd., S. 422). Wissenschaftsvorstellungen verbleiben eher auf der Ebene von Alltagsvorstellungen (ebd., S. 425). Künzli (2014) beschäftigt sich in diesem Zusammenhang zum Beispiel auch mit der Bedeutung des „Philosophierens" in der Umsetzung einer BNE und wirft die Frage auf, welche Rolle Konzepte des Philosophierens bei der Entwicklung von Entscheidungs- und Urteilskompetenzen von Kindern spielen können oder müssen.

Gräsel (2009) bewertet den situations- und handlungsorientierten Unterricht für die schulische Umweltbildung als wichtigen didaktischen Ansatz, wobei die Anknüpfung an die Lebenswelt der Lernenden und die selbstständige Auseinandersetzung mit der natürlichen und sozialen Umwelt als zentrale Momente dieses Ansatzes charakterisiert werden. Sie konstatiert aber gleichsam ein empirisches Desiderat zur Wirkung dieser Unterrichtsform (vgl. ebd.). Für eine weitere Entwicklung der Umweltbildung wäre es „(...) dringend erforderlich, ihre Wirkungen stärker empirisch zu untersuchen. (...) Diese Studien könnten auch dazu beitragen, eine realistische Perspektive über die Leistungsfähigkeit und die Grenzen einer Bildung für eine nachhaltige Entwicklung zu erhalten" (Gräsel 2009, S. 856). Gleiches wird auch für den Bereich des Globalen Lernens festgehalten (vgl. Scheunpflug/Uphues 2010).

Ein weiterer Bereich in der empirischen Forschung fokussiert die Implementation des Lernbereichs in die Bildungsinstitutionen. Mit den Ansätzen der Development Education und Intercultural Education kann in diesem Rahmen beispielsweise auf das DICE-Projekt in Irland (Fiedler 2008; Fitzgerald 2007) hingewiesen werden. Hier beschäftigen sich die Beteiligten neben konzeptuellen Aspekten mit der Verbindung zur Praxis, indem eine bestimmte Implementationsstrategie des Themenbereichs in die Schule verfolgt und begleitet wird, in der es um die Veränderung der institutionellen Rahmenbedingungen, die Integration in den Lehrplan, um verfügbares Lehrmaterial sowie Fort- und Weiterbildungskurse für Lehrkräfte geht. Die Diskussion um zu erwerbende Kompetenzen gilt demnach auch den erforderlichen Kenntnissen und Fähigkeiten von Lehrkräften, die als Bedingungsfaktoren der Implementation betrachtet werden. In dem österreichischen Projekt KOM-BiNE[10] wird beispielsweise ein Kompetenzkonzept für Lehrkräfte entwickelt. Es orientiert sich ebenfalls an Weinert (2001a) und Rychen und Salganik (2001) und geht auf die Bedeutung von Werten und Gefühlen bzw. von Teamarbeit und Kooperation ein (vgl. Rauch/Steiner/Streissler 2008). Den Kern des Schemas stellen die drei Bereiche „Wissen & Können", „Werten" und „Fühlen" dar. In den äußeren „Schichten" wurden „Reflektieren", „Planen & Organisieren" sowie „Netzwerken" als zentrale Fähigkeiten entworfen (S.141ff.). Dabei werden diese Fähigkeiten auch als in unterschiedlichen Handlungsfeldern zu aktualisierend betrachtet, zum einen im Lehrsetting und in der Institution und zum anderen in der Gesellschaft. Das Konzept wird als ein „lernendes", für Entwicklung offenes Konzept entworfen (ebd.). Das Konzept selbst enthält auch Förderziele auf Seiten der Schule, wie z.B. die „Klärung und Entwicklung von Werthaltungen" oder „den Umgang mit Komplexität" (ebd., S. 151).

Letztlich wird der Weg für Veränderungen auf der Ebene von Unterricht immer noch vor allem dem Engagement von Einzelpersonen zugeschrieben (Forghani-Arani/Hartmeyer 2008; Asbrand 2009a; Béneker/van der Vaart 2008). So hält letzteres Autorenpaar fest: „Global education practices in schools depend very much on the presence of motivated and involved teachers" (ebd., S. 29). Die Rolle der Lehrkraft (Bursjöö 2011; Di Guilio/Künzli David/Defila 2008), aber auch die Rolle des Lernbereichs in der Lehrerausbildung (Belgeonne 2009; Gadsby/Bullivant 2010; zusammengefasst in Reid et al. 2008; Merryfield 2009) sind weitere Foki der empirischen Forschung. Gerade aber der Bereich der Unterrichtsforschung als Analyse der konkreten Unterrichtsprozesse braucht weitere empirische Forschung. Kyburz-Graber et al. (2001) unterstreichen im Kontext der Umweltbildung, dass die „(...) Analyse von umweltbezogenen Lehr- und Lernsituationen in der Schule (...)" (ebd., S. 252) weiterer Studien bedarf.

2.3.2 Lernprozesse und Kompetenzerwerb im Lernbereich Globale Entwicklung

Das Lernen Jugendlicher wird vor allem mit Blick auf ihre Vorstellungen von Gegenständen, Entwicklungen oder von Systemen betrachtet, wie z.B. ihre

---

10 KOM-BiNE (Kompetenzen für Bildung für Nachhaltige Entwicklung). Im österreichischen Diskurs wird Bildung für nachhaltige Entwicklung mit BiNE abgekürzt.

Vorstellungen über das System Erde (Hildebrandt/Bayrhuber 2001; Sommer 2002) oder über den Stoffkreislauf (Baisch/Schrenk 2005). Andere Aspekte, die betrachtet werden, sind motivationale Faktoren, wie z.b. das Interesse der Schülerinnen und Schüler an bestimmten Themenbereichen (Hemmer/Hemmer/Bayrhuber et al. 2005) oder die Bedeutung von Erfahrungen im Lernbereich Globale Entwicklung. Es werden in der Forschung zu Lernprozessen zudem affektive Einzelaspekte fokussiert, wie spezifische Schülerwahrnehmungen (Ekel) oder Emotionen (Angst) und deren Auswirkungen auf die Lernleistung (z.B. Bögeholz 2005). Solche Emotionen können demnach für den Lernprozess sowohl hinderlich als auch förderlich sein.

Davies und Lam (2010) legen eine Forschungsarbeit zur Bedeutung von Informationen aus erster Hand in der entwicklungspolitischen Erziehung vor. Die Fragestellung lautet: „Does first-hand experience of a developing country's education system challenge British students' preconceptions of 'the South' and help them understand development issues?" (ebd., S. 35). Diese Frage versuchen sie auf der Grundlage dreier Fallstudien mit Studenten, die einen Aufenthalt in Zambia verbracht haben, mit Fragebögen, schriftlichen Reflexionen über den Aufenthalt und Interviews zu beantworten. Es wird deutlich, dass die Befragten individuell profitierten. Die Erfahrungen führten zu Lernprozessen und die Studenten gewannen an Bewusstsein, Verständnis und Anerkennung für die Kultur von Zambia. Allerdings zeigte sich auch die Widerstandsfähigkeit und Bestärkung bestehender ethnozentrischer Stereotypen und eine starke Vereinfachung komplexer Aspekte der Ungleichheit (ebd.). Ähnliche Problematiken werden auch im Kontext von Schulpartnerschaften (vgl. Asbrand 2007; Scheunpflug 2007) oder Begegnungsreisen (vgl. Krogull/Landes-Brenner 2009; Paulus 2011) evident.

Weitere Arbeiten finden sich zum nachhaltigen Konsumverhalten (Fischer 2014; Lorenz 2008; DJI 2010)[11]. Lorenz (2008) beschäftigt sich in diesem Rahmen mit dem Umgang von Unsicherheit und dessen Bedeutung für Lernprozesse. Er rekonstruiert typische Orientierungsmuster von Konsumentinnen und Konsumenten von Biolebensmitteln. „Das als Reflexivität rekonstruierte Orientierungsmuster [neben „Fitness", „Zurück zur Natur" und „Stellvertretung", v.V.] zeigt im Sinne von Nachhaltigkeitsansprüchen den kompetentesten Umgang mit Unsicherheit und die umfassendsten Lernprozesse" (ebd., S. 123). Die „latente Lernstrategie" Reflexivität mache „echte" Lernprozesse möglich, die sich weder an engen ideologischen Grenzen („Zurück zur Natur") noch an Beliebigkeit („Fitness") orientieren und Grenzen des Handelns in Entschei-

---

11 Die Veröffentlichungen sind im Rahmen des BINK-Projektes entstanden (Bildungsinstitutionen und nachhaltiger Konsum).

dungsprozesse einbeziehen. Es bleibt allerdings offen, was das zum Beispiel für das unterrichtliche Geschehen in der Schule und die Gestaltung von Lernprozessen bedeutet. Fischer (2014) lotet den möglichen Beitrag von Schule zu einem nachhaltigen Konsumverhalten aus und beantwortet diese Frage letztlich positiv: Schule kann einen Beitrag zu einer Entwicklung nachhaltigen Konsumverhaltens von Jugendlichen leisten, vor allem dann, wenn in der Schule selbst ein solches Anliegen von den Schülerinnen und Schülern wahrgenommen wird und das Anliegen mit Schülerbeteiligung authentisch umgesetzt wird.

Aus der Tradition der Umweltbildung heraus wird auch der Zusammenhang von Wissen und Handeln in den Blick genommen (z.B. Frick/Kaiser/Wilson 2004). Frick et al. beschäftigen sich auf der Grundlage einer Fragebogen-Umfrage, die Selbstauskünfte schweizerischer Erwachsener erfasst, mit unterschiedlichen Typen von Wissen und deren Verhältnis zu umweltbewusstem Verhalten bzw. Handeln („conservation behavior"). Sie unterscheiden die drei Wissensarten: „action-related knowledge", „effectiveness knowledge" und „system knowledge" (ebd., S. 1599), wobei die ersten beiden scheinbar einen direkten Einfluss auf die Performanz haben und letztere dagegen nur eine indirekte Wirkung, indem sie die anderen beiden Wissensarten beeinflusst. Über das Handeln kann keine Aussage getroffen werden.

Mit dem Bereich des Umwelthandelns und dessen Konzeptionierung beschäftigen sich auch Bilharz und Gräsel (2006), die ein Strategiekonzept entwerfen, „(...) das auf theoretischer Ebene eine Systematisierung und Hierarchisierung ökologischer Handlungsmöglichkeiten und damit strategisches Umwelthandeln ermöglicht" (ebd., S. 1). Verbunden werden dabei das Umwelthandeln und die politische Partizipation. Dabei steht nicht die Veränderung von Verhalten im Vordergrund, sondern die Entwicklung von Kompetenzen (ebd.). Im Anschluss daran spielt beispielsweise auch in Dänemark das Konzept der „Acting Competence" in der Education for Sustainable Development eine bedeutende Rolle (z.B. Mogensen/Schnack 2010).

Asbrand (2009a) untersucht die Lern- und Aneignungsprozesse von Jugendlichen zur Thematik Entwicklung und Globalisierung in unterschiedlichen Lernkontexten. Die Jugendlichen haben sich in Nichtregierungsorganisationen, Berufsschulen und Gymnasien mit den Themen beschäftigt. In der Studie wurden Wissen und Handlungsorientierungen im Hinblick auf globale bzw. entwicklungspolitische Fragen bei Jugendlichen rekonstruiert. Dabei wurden mehrere Vergleichshorizonte wie das Bildungsmilieu, Formen entwicklungspolitischer Praxis oder organisationstypische Unterschiede zwischen Unterricht und außerschulischer Jugendarbeit herausgearbeitet (ebd., S. 229). Die Studie konnte einen Zusammenhang zwischen der (didaktischen) Gestalt von Lerngelegenheiten einerseits und dem semantischen Gehalt und der Struktur des erworbenen Wissens andererseits herstellen. Die Gestaltung und Struktur der Lernarrangements bedingen demnach, ob und was gelernt wird, welches semantische Wissen und welche Kompetenzen erworben werden (ebd., S. 230). Diese Studie zeigt einen ersten Ansatz auf, „(...) den Erwerb von Wissen und Handlungskompetenz in dem von Komplexität bestimmten Feld Globalen Lernens zu beschreiben" (ebd., S. 231).

Nicht unmittelbar auf die Lernprozesse bezogen, aber ein weiterer bedeutsamer Bereich zur Betrachtung des Ausgangspunktes dieser Studie sind Forschungsarbeiten zur Kompetenzmodellierung. Die Frage nach der Messbarkeit von Kompetenzen steht nach der Standardisierung im Bildungssystem mit dem Ziel der Output-Orientierung im Vordergrund erziehungswissenschaftlicher Reflexionen und wird auch in den verschiedenen (Fach-) Kontexten viel diskutiert (Jude/Hartig/Klieme 2008; Klieme 2004; Klemisch/Schlömer/Tenfelde 2008; Köller 2008a; b; Lersch 2010 a; Obst 2008; Rost 2008).

In diesem Rahmen gibt es erste Versuche die Modellierung von speziellen Kompetenzen oder Teilkompetenzen des Lernbereichs voranzutreiben, z.B. der Systemkompetenz (Hildebrandt 2007; Sommer 2009) oder auch des systemischen Denkens (Rieß/Mischo 2008) und der mögliche Einfluss von Unterricht und ergänzenden Maßnahmen, wie Computersimulationen (Rieß/Mischo 2010). Darüber hinaus liegen empirische Forschungsarbeiten zur Modellierung der Bewertungskompetenz vor (z.B. Eggert/Bögeholz 2006; Lauströer/Rost 2008; Reitschert 2009). In der Zwischenbilanz zum DFG-Schwerpunktprogramm Kompetenzmodellierung und dessen Unterprojekten finden sich für den Lernbereich relevante Bereiche, wie die Umweltkompetenz, Problemlösekompetenz oder Bewertungskompetenz. Beispielsweise werden für die Umweltkompetenz, im Sinne zielgerichteten ökologischen Verhaltens, Umweltwissen und individuelle Verbundenheit mit der Natur als notwendige Vorbedingungen für Umwelthandeln identifiziert (vgl. Roczen/Kaiser/Bogner 2010). Das Zusammenwirken unterschiedlicher Wissensarten und deren Auswirkungen auf die Umweltkompetenz zeigten die Strukturierung der Kompetenz. Innerhalb dieses quantitativ forschenden Projektes soll eine Modellierung dieses Wirkgefüges und die Darstellung einer möglichen Entwicklung fokussiert werden, um über ökologiespezifischere Fähigkeiten gezieltere Förderung vornehmen zu können. Es wird ein Messinstrument zur Erfassung der Naturverbundenheit entwickelt (ebd.). Die Frage, inwiefern die (theoretische) Komplexität und grundsätzliche Struktur einer Kompetenz, die selbst ein theoretisches oder normatives Konstrukt ist, überhaupt empirisch gesichert ist, ist häufig noch nicht beantwortet.

In den Forschungsarbeiten werden dann unabhängig von der Klärung dieser Frage einzelne Teilaspekte fokussiert (vgl. Rost/Lauströer/Raack 2003).

In der Diskussion um Messung und Modellierung rückt ein weitergreifendes Verständnis von Kompetenz im Sinne der Weinertschen Definition (Weinert 2001a; b) in den Vordergrund (und damit auch neue didaktische Anforderungen), in dem auch die motivationalen, emotionalen Anteile oder auch die Werthaltungen der Jugendlichen berücksichtigt werden sollen. Dieses umfassendere Verständnis von Lernprozessen stellt eine entscheidende Anschlussmöglichkeit für den Lernbereich Globale Entwicklung dar, weil dieser früh die Ausbildung von Fähigkeiten fokussierte, um Individuen für ein Leben in der Weltgesellschaft zu rüsten. Zugleich bringt diese Öffnung die Wahrnehmung der Grenzen eines überprüfbaren, maßgeblich kognitiv geprägten Kompetenzkonzeptes und die Forderung nach umfassenderen „Messmöglichkeiten", gerade auch im Kontext des Lernbereichs Globale Entwicklung, mit sich (vgl. Rost/Lauströer/Raack 2003; Uphues 2007).

Rieß (2010) hält in diesem Rahmen einen mangelhaften Einbezug aktueller Ergebnisse der Lehr-Lern-Forschung (ebd., S. 159) fest[12]. Die Modellierung der Kompetenzen wiederum wäre für eine Transformation in Testaufgaben nötig und dessen Fehlen kann als ein limitierender Faktor der Implementation des Lernbereichs globale Entwicklung in die unterrichtliche Praxis betrachtet werden (vgl. ebd.). Die Charakteristik des Lernbereichs als Querschnittsaufgabe, als Domäne, die nicht eindeutig in der Fächersystematik abzubilden ist, erschwert diese Aufgabe in besonderem Maße. Das noch festzustellende Desiderat in der Lehr-Lern- und vor allen Dingen in der Unterrichts- und Kompetenzforschung bedingt, dass auch „Unterrichts- und Projektentwicklung auf der Grundlage empirischer Forschung hin zu kompetenzförderndem, selbstbestimmtem Lernen (...) in der BNE erst ansatzweise eine Rolle" (VENRO 2009, S. 2) spielen.

Exkurs: Empirische Studien zum Umgang von Jugendlichen mit globalen Fragen

Die aktuelle Studie der Bertelsmannstiftung (2009) zeigt, dass sich Jugendliche zwar mit ihrer Umwelt und zukünftigen Problemen auseinandersetzen und besorgt sind über den „Zustand der Welt in 20 Jahren", es wird aber auf der

---

12 Rieß (2010) referiert einen aktuellen Überblick über den Forschungsstand zu Umwelteinstellungen, Umweltwissen, Umweltverhalten und auch Wirkungen von Umweltbildung.

anderen Seite auch deutlich, dass „die Wahrnehmungen der globalen Herausforderungen und Bedrohungen stets national geprägt ist und eine globale Perspektive auf die Problematik in der deutschen und österreichischen Öffentlichkeit kaum existiert" (ebd., S. 9). Damit ist der Umgang mit Globalität und globalen Zusammenhängen nicht nur ein schulisches Defizit, sondern scheinbar ein gesamtgesellschaftliches. Auch bei den Handlungs- bzw. Lösungsmöglichkeiten globaler Problematiken zeigt sich in der Folge ein gemischtes Meinungsbild. In der Tendenz bildet sich bei den Jugendlichen ein „verhaltener Optimismus" (ebd.) ab, der auch darin zu gründen scheint, dass eine eigene Verantwortung und die Option der eigenen Verhaltensänderung gesehen und die Änderung auch befürwortet wird. Allerdings sehen sie die Lösung der Probleme „(...) am ehesten in einem gesamtgesellschaftlichen Veränderungsprozess" (ebd., S. 11). Die Mehrheit der Jugendlichen (70%) fordert mehr Bildung, also „(...) eine umfassendere Wissensvermittlung über die globalen Probleme und ihre Verantwortung für die Welt" (ebd., S. 15). Die Aktivierung der Jugendlichen setze voraus, dass sie sich um die Zukunft sorgen und konkrete Handlungsmöglichkeiten sehen (Bertelsmannstiftung 2009).

In der Shell-Studie (2010) wird die Globalisierung von Jugendlichen zumeist positiv bewertet. Der Großteil verbindet damit die Freiheit, in der ganzen Welt reisen, studieren oder arbeiten zu können. Die weltweiten Verflechtungen werden zunehmend mit wirtschaftlichem Wohlstand in Verbindung gebracht. Zugleich wird Globalisierung mit Umweltzerstörung assoziiert. Es werden drei Profile beschrieben: „Globalisierungsbefürworter" (Globalisierung als Chance auf wirtschaftlichen Wohlstand, Frieden und Demokratie), „Globalisierungsgegner" (Umweltzerstörung, Arbeitslosigkeit, Armut und Unterentwicklung) und „Globalisierungsmainstream" (Vor- und Nachteile der Intensivierung der globalen Beziehungen halten sich die Waage). Der Klimawandel beunruhigt die Befragten besonders, womit teilweise umweltbewusstes Verhalten oder Engagement im Umweltschutz einhergehen (Shell 2010).

Auch Uphues (2007) beschäftigt sich mit den Einstellungen und Perspektiven Jugendlicher auf die Globalisierung. Er entwickelt anhand einer Fragebogenstudie drei Einstellungstypen Jugendlicher: den „Global-Bewussten Typ", den „Global-Indifferenten" und den „Global-Kognitiven Typ" (ebd., S. 121ff.). Die Zuordnungen erfolgen je nach Ausprägung der Werte im kognitiven, affektiven und konativen Bereich. Der erste Typ zeichnet sich durch hohe Werte in allen drei Bereichen aus. In der Charakterisierung könne eine „Engagement-Elite" (vgl. Gille/Sardai-Biermann/Gaiser et al. 2006) wiedererkannt werden. Den zweiten Typ kennzeichnen geringes Wissen, ein niedriges Bildungsniveau und junges Alter. Der Global-Kognitive Typ zeigt zwar ein umfassendes Wissen im Hinblick auf globale Zusammenhänge, aber Chancen- und Problembewusstsein sowie Handlungsbereitschaft sind gering ausgeprägt. Definitionen des Begriffes der Globalisierung sind von einem breiten Spektrum an Assoziationen geprägt. Negatives assoziieren die Jugendlichen im Einklang mit der aktuellen Shell Studie eher selten. Außerdem wurde noch das Mitdenken „global-immanenter Perspektiven alltäglicher Sachlagen" mit erhoben und analysiert, was allerdings nur bei sehr wenigen Probanden nachgewiesen werden konnte (vgl. Uphues 2007).

In der Untersuchung zu Globalisierungsvorstellungen Jugendlicher von Asbrand (2009a) zeigt der Vergleich von schulischem Unterricht, Schulprojekten und außerschulischer Jugendarbeit, dass die Formen der entwicklungspolitischen Praxis sowie organisationstypische Unterschiede für die Auseinandersetzung mit der Thematik bedeutsam sind. So stellten sich beispielsweise die Strategien zur Komplexitätsreduktion als zentral für die Wahrnehmung von Handlungsfähigkeit voraus, deren Erwerb auf eine Organisationstypik zurückgeführt werden konnte (ebd., S. 213). Die Orientierung an einer von der jeweiligen Semantik der Organisation geprägten Metaerzählung bedingt beispielsweise bei den außerschulisch engagierten Jugendlichen eine Komplexitätsreduktion, in der sie sich als aktiv, optimistisch und zweckrational handelnd wahrnehmen. Die Organisation gibt ihnen Sicherheit und absorbiert Handlungsunsicherheit. Bei den Schülerinnen und Schülern des Gymnasiums dagegen führt eine Praxis des Reflektierens, gedankenexperimentellen Durchspielens von Handlungsoptionen und deren Konsequenzen, aber auch das Wissen über das eigene Unwissen zu Unsicherheit (ebd.). Es werden aufgrund der Ergebnisse relevante Kompetenzen, die für die Handlungsfähigkeit in einer Weltgesellschaft eine Rolle spielen, identifiziert. Dabei geht es um „(...) Reflexionskompetenz, die Kompetenz Informationen zu beschaffen und zu bewerten, die Fähigkeit zur Perspektivübernahme und die Fähigkeit mit Unsicherheit produktiv umgehen zu können (...)" (ebd., S. 245f.).

Eine weitere Studie von Schmitt (2009) konstatiert in der Auswertung dreier bundesweiter Erhebungen einen Werte- und Einstellungswandel der Deutschen zu Fragen der „Einen Welt", der sich durch eindeutig negative Tendenzen auszeichnet. Bei dem Versuch einer Ursachenanalyse lassen sich Korrelationen zu Wertgruppen wie Konformität, Tradition, Ehrgeiz, Leistung und Sicherheit nachweisen. Demnach korrelieren „(...) hohe Konformitäts-, Fleiß- und Leistungswerte (…) mit hohen Werten der Ausländerfeindlichkeit und umgekehrt: niedrige mit niedrigen" (ebd., S. 7). Schmitt hält abschließend im Hinblick auf schulische Prozesse fest, dass nur ein von Wissen und Empathie getragenes Engagement, das Schülerinnen und Schüler selbstbewusst und selbstverantwortlich entfalten können, zu positiven und andauernden Veränderungen in den Einstellungen gegenüber Menschen und Sachverhalten im Lernbereich „Eine Welt" führen kann.

Brünjes (2009) befasst sich mit der Vorurteilsbildung von Kindern und Jugendlichen und versucht, dies an konkreten Beispielen zu erfassen, zum Beispiel durch die vergleichende Einschätzung von Afrikaner, Deutschem und US-Amerikaner. Bereits zu Beginn zeigten sich eindeutige Tendenzen, die ein ernüchterndes Bild abgaben. Schülerinnen und Schüler schreiben Afrikanern immer noch eindeutig negative Eigenschaften zu. „Ohne die Aussagekraft der einzelnen Werte überschätzen zu wollen, ist die Tendenz eindeutig: Gegenüber einem ‚Deutschen' und einem ‚US-Amerikaner' wird ein ‚Afrikaner' als mehr oder weniger altmodisch, schmutziger, gewalttätiger, hässlicher, uncooler, kranker, unpünktlicher und ärmer apostrophiert" (ebd., S. 4).

Die Zusammenschau der Zugänge zu Lernen, Bildung, Einstellungen von Jugendlichen und den Themen Globalisierung oder Globalität zeigt spezifische Annäherungsweisen von Jugendlichen und führt im Hinblick auf die Zielgruppe „Jugendliche" zu einer heterogenen Ausgangssituation. Es werden unterschiedliche Meinungen, Ängste und Bedürfnisse, aber auch Gemeinsamkeiten der Jugendlichen sichtbar. Während sich einerseits bestimmte stereotype Muster und Routinen hartnäckig halten, gibt es eine Offenheit für die Prozesse der Globalisierung und die Begegnung mit anderen Menschen. Die Ergebnisse empirischer Jugendforschung geben Hinweise auf mögliche Anknüpfungspunkte für die konzeptionelle Weiterentwicklung und die pädagogische Gestaltung Globalen Lernens.

3. Kompetenzorientierter Unterricht

Seit 2000, nachdem auf nationaler Ebene die Formulierung von „Standards" durch die Kultusministerkonferenz (KMK) erfolgte, ist das Prinzip der Output-Orientierung für die Entwicklung bildungspolitischer Instrumente leitend. Die neue (didaktische) Herausforderung eines kompetenzorientierten Unterrichts ist in den Mittelpunkt der Aufmerksamkeit gerückt. Der Output auf Seiten der Lernenden wird dabei in Form von Könnens-Zielen bzw. Kompetenzen, die am Ende einer bestimmten Ausbildungszeit erreicht sein sollen, formuliert und zielt weniger auf ein abfragbares Wissen (vgl. Lersch 2010a; b). Die Einführung der Bildungsstandards verfolgte, neben der nationalen Vergleichbarkeit des schulischen Outputs, auch das Ziel, die Unterrichtsqualität zu verbessern. Im Anschluss an die Bildungsstandards wurden deshalb Konzepte eines kompetenzorientierten Unterrichts vorgelegt, die pädagogische Bedingungen beschreiben, die den Kompetenzerwerb der Schülerinnen und Schüler begünstigen sollen. Auf Länderebene wurden neue Kerncurricula eingeführt, die die Kompetenzformulierungen aufgreifen und Output-Standards formulieren. Auf Schulebene erfordert das im Sinne der Gewährleistung einer „Prozessqualität" (Oelkers/Reusser 2008, S. 234) vor allem die Etablierung kompetenzorientierten Unterrichts (Zeitler et al. 2012). Daran schließen sich Bemühungen um eine empirisch und theoretisch fundierte Entwicklung von entsprechenden Testaufgaben für eine adäquate Bewertung und Messung sowie auch Diagnostik (vgl. KMK 2005) an.

Die „Konjunktur" der Kompetenzorientierung bildet sich in erziehungswissenschaftlichen Publikationen ab, z.B. in Form von Beiheften, in denen es um Kompetenzmodellierung (Klieme/Leutner/Kenk 2010), Qualitätssicherung (Klieme/Tippelt 2008) oder Bildung und Standards (Schlömerkemper 2004a) geht. Zentrale, fachungebundene Konzepte kompetenzorientierten Unterrichts werden im Folgenden kurz skizziert.

3.1 Didaktische Konzepte

Die Idee der Kompetenzorientierung hat sich als didaktisches Konzept in bildungspolitischen und erziehungswissenschaftlichen Diskussionen etabliert (Zeitler et al. 2012, S. 19). Dazu liegen unterschiedliche Entwürfe vor, die vor allen Dingen praxisorientiert entwickelt worden sind (Bönsch/Kohnen/Möllers et al. 2010; Tschekan 2011; Schröder/Wirth 2012). Den Aufgabenstellungen werden in diesen Diskussionen große Bedeutung zugemessen (Kiper/Meints/Peters et al. 2010; Leuders 2006; Reisse 2008). Sie sollen offen für individuelle Lernwege sein, Denken anregen, vielfältige Erfahrungen ermöglichen oder Schülersprache zulassen (Leuders 2006, S. 88).

Lersch (2010b) hält fest, dass „[f]ür die Beantwortung der Frage ‚Wie unterrichtet man Kompetenzen?' (...) eine pointierte Veränderung bislang dominierender Unterrichtsskripte erforderlich (...)" ist (ebd., S. 4). Ziel eines kompetenzorientierten Unterrichts sind Weinert folgend der Erwerb von vielfältigem inhaltlichen Wissen, fachlicher, überfachlicher und selbstregulativer Kompetenzen (ebd., S. 6). Am Anfang stehen der systematische Wissenserwerb und die Anbindung an das Vorwissen. Wissen muss in einem kumulativen Prozess zunächst systematisch aufgebaut werden. Durch eine entsprechende Unterrichtsform soll der Anschluss an das Vorwissen gewährleistet und sachlogisches Lernen gefördert werden. Ziel ist ein intelligentes und vernetztes Wissen (ebd., S. 9). Mit der Vernetzung von Wissen und Können rückt die methodische Gestaltung der Lehr-Lernzusammenhänge in den Fokus. Wissen muss demnach nicht nur vermittelt werden, sondern die methodische Gestaltung des Unterrichts muss auch „(...) Gelegenheit bieten, mit diesem Wissen etwas ‚anzufangen', ein Können unter Beweis zu stellen oder mittels intelligenten Übens zu kultivieren" (Lersch 2010b, S. 10). In dem „neuen Unterrichtsskript" sollen die Lernenden Performanz-Situationen mit fachlichen und überfachlichen Anforderungen bewältigen (ebd., S. 5), was neben der Vermittlung von Wissen auch „(...) dessen Situierung (...), also das Arrangieren von Anwendungs- bzw. Anforderungssituationen (Problem, Aufgabe, Kontext usw.), die die Schülerinnen und Schüler möglichst selbstständig bewältigen können (...)" (ebd., S. 10), erforderlich macht. Die didaktische Systematisierung stellt sich in der Dialektik von Angebot und Nutzung dar (s. Abb. 4).

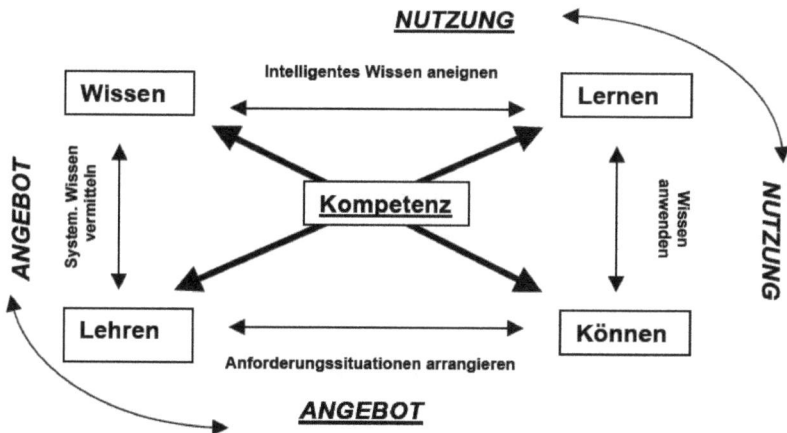

Abb. 4   Didaktische Systematisierung kompetenzfördernden Unterrichts (Lersch 2010b, S. 9; in Analogie zu Klingberg 1986)

Ziener (2010) zufolge zielt kompetenzorientierter Unterricht „(...) auf die Ausstattung von Lernenden mit Kenntnissen, Fähigkeiten/Fertigkeiten sowie die Bewusstmachung und Reflexion von Einstellungen/Haltungen" (ebd., S. 23). Als zugrundeliegende Definition hält er fest: „Kompetenzen sind Fähigkeiten unter dem dreifachen Aspekt von Kenntnissen, Fertigkeiten und Einstellungen. Kompetenzen äußern sich in konkreten Handlungen" (ebd.). Die Ziele eines entsprechenden Unterrichts verortet er in vier Kategorien: kognitiv, sprachlich-kommunikativ, methodisch-gestalterisch, personal und sozial. Zu diesen lassen sich die einzelnen Standards schwerpunktmäßig zuteilen. Der Schritt von den

Bildungsstandards hin zu einem kompetenzorientierten Unterricht führt notwendigerweise über eine Formulierung von Kompetenzstufen, die Ziener in einer „Kompetenzexegese" ableitet (ebd., S. 47). Dabei sollen die Erwartungshorizonte reflektiert werden durch die Frage, was kann ein Schüler, eine Schülerin, wenn er/sie über die angegebene Kompetenz verfügt und wann kann er/sie das wie. Daraus sollen sich genaue Zielformulierungen ergeben, ohne die Unterricht nicht geplant werden kann (ebd.). Ziener (ebd.) fokussiert im Hinblick auf die Unterrichtsgestaltung vier Grundformen von Interaktion: Sprache, Arbeiten, Medien und Materialen sowie Umgang mit Lernleistungen, sprich Diagnose und Evaluation, die wiederum vor dem Hintergrund von bestimmten Standards als Perspektiven auf den Unterricht genutzt werden können. So soll z.B. die sprachliche Perspektive im Sinne der Kompetenzorientierung nicht nur authentische Sprechanlässe bieten, sondern auch ausreichende Möglichkeiten zum Sprechen bereitstellen (ebd.). Wie bei Lersch (2010a; b) stellt sich auch bei Ziener (2010) die Frage nach der methodischen Gestaltung von Lernprozessen. Die Methode soll dabei nicht einem Selbstzweck im Sinne der alleinigen Vervielfältigung des Methodeneinsatzes und Wechsels von Sozialformen dienen. Sie soll vielmehr gezielt ausgewählt und schüler- und sachgerecht eingesetzt werden, „(...) sprich: dem intendierten Kompetenzerwerb wirklich auch dienen" (Ziener 2010, S. 104).

Weitere Überlegungen zu einem Modell kompetenzorientierten Unterrichts legt Klinger (2005; 2009b; vgl. auch Klinger/Asbrand 2012) vor. Die Erkenntnisgewinnung und die Anschlussfähigkeit des Neuen an Bestehendes stehen auch in seinem Modell am Anfang. Daran knüpft die nächste Entwicklungsphase an, indem Wissen kommuniziert werden muss, weil es so erst als solches erkennbar wird. Als zentrales Element betont er die Bedeutung, die der zu lernenden Sache beigemessen wird. Die erfolgreiche Nutzung von Wissen zur Lösung von Problemen ist die nächste Stufe, auf die dann die Bewertungskompetenz, im Sinne der Reflexion von Wissen, folgt (Klinger 2009b). Diese grundlegenden Gedanken flossen u.a. in das Unterrichtsentwicklungsprojekt „for.mat"[13] ein (Klinger 2009a; Klinger/Asbrand 2012). In der vereinfachten Darstellung des kumulativen Kompetenzerwerbs wird bereits deutlich, dass es um einen Perspektivwechsel auf die Lernenden geht, von dem aus die Unterrichtsplanung und -gestaltung erfolgen soll (Klinger/Asbrand 2012). Als Orien-

---

13 „for.mat" (Fortbildungskonzepte und Materialien zur kompetenz- bzw. standardbasierten Unterrichtsentwicklung). Der mathematisch-naturwissenschaftliche Unterricht war mit diesem Projekt Vorreiter für die Implementation der Bildungsstandards, die Entwicklung kompetenzorientierter Aufgaben und die Etablierung einer kompetenzorientierten Didaktik.

tierung dient der Output des Unterrichts bzw. der Lernerfolg der Schülerinnen und Schüler und die dafür entsprechend zu planenden Aufgaben, die viel mehr ein Lösen von Problemen und Lernen in Kontexten sein sollen (ebd., S. 90).

Für die Planung eines kompetenzorientierten Unterrichts werden Leitfragen formuliert, die in der Dimension „Breite" darauf zielen, zu formulieren, welche Kompetenzen vermittelt werden sollen, in der Dimension „Tiefe" geht es um den kumulativ zu planenden Kompetenzerwerb und in der Dimension „Höhe" um die Anforderungsniveaus von Unterricht, die eine optimale Förderung des individuellen Lernens bedingen können (ebd., S. 91).

Insgesamt stimmen die drei Ansätze in den meisten Punkten überein: Es geht auf der einen Seite um eine Qualität von Wissen, als gut organisiert und intelligent, auf der anderen Seite geht es um die Betonung des Handlungs- oder Situationsbezuges, der Möglichkeiten der Anwendung von Wissen bietet.

3.2 Forschung

Studien, die explizit die Wirkungen von und die Interaktion im Unterricht, also die Unterrichtsprozesse mit dem Fokus auf den Kompetenzerwerb der Schülerinnen und Schüler untersucht haben, stammen aus unterschiedlichen Fachkontexten (z.B. Bonnet 2004; Obst 2008; Tesch 2010). Zwei dieser Arbeiten sollen für einen tieferen Einblick in den qualitativ-rekonstruktiven Forschungsansatz in der Unterrichtsforschung kurz vorgestellt werden.

Teschs Studie wurde im Rahmen von Französischunterricht durchgeführt und beforscht die Förderung zielsprachlichen mündlichen Sprachhandelns (Tesch 2010). Die Forschungsarbeit umfasst nicht nur die Konzeption kompetenzorientierter Lernaufgaben, sondern auch deren Umsetzung in der Unterrichtspraxis. Ausgangspunkte seiner Arbeit sind ein umfassendes Unterrichtsverständnis, ein Verständnis von Kompetenzen orientiert an dem Modell der „Bildungsstandards für die erste Fremdsprache" (KMK 2004b) und ein konstruktivistischer Lernbegriff. Die vor diesem Hintergrund konzipierte Unterrichtseinheit „pir@tes du net" wird in der praktischen Umsetzung mit der leitenden Frage nach der Art und Weise der Umsetzung und den Gelingensbedingungen kompetenzorientierter Lernaufgaben in der Praxis des Lehr- und Lernhandelns begleitet. Die zentralen Ergebnisse der Analyse führen in eine Modellierung unterrichtlicher Orientierungen Lehrender und Lernender, die sich jeweils aus Suborientierungen zusammensetzen. Die Orientierung von Lernern am gewohnten Unterricht konstituiert sich beispielsweise durch die Suborientierungen am Lehrwerk, den Lehrmethoden und der Lehrerpersönlichkeit. Auf dieser Grundlage rekonstruiert er den Ansatz einer Typik zu Handlungspraxen im Französischunterricht („Das Stocken find ich eigentlich ganz normal in der Fremdsprache", „Wir reden zu wenig", „Sich dann halt schon trauen, dann in der Runde mehr zu reden"), die das habitualisierte Verhalten der Lehr- und Lerngemeinschaft, einer Klasse, erfasst. Zusammenfassend hält Tesch fest: „Kompetenzorientierung in der Praxis des fremdsprachlichen Unterrichts hängt von dem Vorhandensein bestimmter Lehr- und Lernhaltungen ab, die lernerseitig eine Orientierung an aktivem Selbstlernverhalten und lehrerseitig eine Orientierung an der Lernbegleitung gepaart mit expliziter Diagnose und konstruktivistisch inspirierten Förderkonzepten umfassen" (ebd., S. 282).

Die zweite Studie hat im Rahmen bilingualen Chemieunterrichts den Umgang mit Sprache darin und die fachbezogenen Kompetenzerwerbsprozesse (Bonnet 2004) zum Gegenstand. Bonnets Ausgangsfrage ist, wie Prozesse fachlichen Lernens unter den Bedingungen inszenierter Fremdsprachlichkeit verlaufen (ebd., S. 287). Unter sachfachlichem Lernen definiert er die kognitive Struktur chemischer Kompetenz, die die vier Dimensionen konzeptual, praktisch, formal und reflexiv umfasst. Die Rolle der Interaktion beim Erwerb dieser Kompetenz sollte beobachtet werden (ebd.). Er rekonstruiert, dass beim chemischen Experimentieren, trotz vieler Zweifel auf didaktischer Seite sowohl „(...) alltags- als auch fachsprachliche Fremdsprachenkompetenz erworben werden kann" (ebd., S. 289). Er konnte zum Beispiel zeigen, dass „(...) die Verwendung von Muttersprache in keinem Fall zur Überwindung konzeptualer Probleme führte" (ebd., S. 290). „Außerdem wurden zwei weitere Auslöser für Sprachdifferenz gefunden: fehlende metakognitive und soziale Kompetenz" (ebd.). Der Wechsel in die Muttersprache trat auf, wenn Schülerinnen und Schüler den Überblick über die Argumentation oder den Gesprächsverlauf verloren oder ein Problem auf der Beziehungsebene bestand.

Insgesamt zeigt sich an beiden Studien, wie der qualitativ-rekonstruktive Forschungszugang eine Rekonstruktion der Kompetenzerwerbsprozesse innerhalb des Unterrichtsgeschehens ermöglicht, was auch die methodische Perspektive für das Forschungsprojekt eröffnete, da Unterricht in seiner spezifischen, komplexen Ausformung berücksichtigt werden kann. Über die praktische Umsetzung kompetenzorientierten Unterrichts selbst und vor allem den Kompetenzerwerb der Schülerinnen und Schüler im Unterricht können bisher jedoch noch relativ wenige Aussagen getroffen werden.

4. Ausgangspunkt und Fragestellung der Studie

Eine entsprechende Unterrichtsforschung für den Lernbereich Globale Entwicklung stellt sich, die beschriebenen Studien berücksichtigend, vor allem in der allgemeinen Erziehungswissenschaft noch weitgehend als Desiderat dar. Die vorgestellten Kompetenzkonzepte und die didaktischen Konzepte zur Gestaltung der Lernprozesse und des Unterrichts sind bisher vor allen Dingen normativer Natur und bedürfen einer theoretischen und empirischen Fundierung.

Vor diesem Hintergrund wurde für diese Studie Unterricht zu Themen des Lernbereichs Globale Entwicklung in verschiedenen Schulfächern und Schulformen untersucht. Das hier beschriebene Forschungsprojekt hat die Schülertätigkeiten der Auseinandersetzung mit entsprechenden Themen und die konkreten Interaktionsprozesse im Unterricht zum Gegenstand. Obwohl die empirische Unterrichtsforschung im Rahmen der Kompetenzdebatte an Bedeutung gewonnen hat, ist das reale Unterrichtsgeschehen noch zu häufig eine sogenannte „Dunkelzone" (Tesch 2010, S. 118). Das gilt auch für den Lernbereich Globale Entwicklung. Über die deutsche Schul- und Unterrichtsforschung hinaus wird Gleiches auch für Österreich, die Niederlande und den angelsächsischen Raum beschrieben (Forghani-Arani/Hartmeyer 2008; Béneker/van der Vaart 2008). Auch Asbrand (2009a) konstatiert, dass im Hinblick auf die Konkretisierung einer Didaktik Globalen Lernens die Fragen nach der förderlichen Gestaltung von Lehr- und Lernarrangements sowie die empirische Beschreibung der Lernprozesse noch offen sind (ebd., S. 246).

Mit dem für diese Studie gewählten explorativen Forschungszugang zum Unterricht soll ein erster Einblick in das Unterrichtsgeschehen und die Umsetzungsformen des Lernbereichs gewonnen werden, um schließlich zu einer konzeptionellen Weiterentwicklung der Didaktik des Lernbereichs beitragen zu können. Das Forschungsvorhaben erhebt den Anspruch, aus dem Feld heraus Erkenntnisse über die Bedingungen im Unterricht und der dort stattfindenden Lernprozesse zu gewinnen. Der qualitative Forschungsansatz erschien bei der Bearbeitung dieses Anliegens zielführend, speziell im Hinblick auf die Rekonstruktion der komplexen Unterrichtsinteraktion und auch als Möglichkeit der Theoriegenese zu den relevanten Kompetenzen. Die vorliegenden qualitativ rekonstruktiven Studien im Kontext des Französisch- (Tesch 2010), Chemie- (Bonnet 2004) und Geschichtsunterrichts (Martens 2010; Spieß in Vorb.) bzw. im Bereich des Globalen Lernens (Asbrand 2009a) geben Einblick in die Möglichkeiten der Beschreibung von Lehr- und Lernprozessen und den entsprechenden methodischen Erfordernissen (ausführlich Kap. II; Martens/Asbrand 2009).

Die folgenden Analysen der Unterrichtsprozesse zielten auf die Rekonstruktion der Kompetenzerwerbsprozesse *in situ*. Das unterrichtliche Geschehen, die praktische Ausgestaltung der Lehr-Lernarrangements und die darin stattfindende Interaktion von Lehrkräften und Schülerinnen und Schülern werden dafür eingehend betrachtet. Leitende Forschungsfragen waren dabei: Welche Aneignungs- und Konstruktionsprozesse von Wissen und Fähigkeiten ereignen sich bei den Schülerinnen und Schülern im Unterricht zu Themen des Lernbereichs Globale Entwicklung? Wie gehen die Schülerinnen und Schüler mit den Aufgaben, die in den Lehr-Lernarrangements gestellt werden, um? Wie lassen sich die Rahmenbedingungen im Unterricht charakterisieren und gibt es für den Kompetenzerwerb förderliche Bedingungen? Welche Rolle spielen die Lehrkräfte und die verwendeten Materialien bzw. allgemein die Gestaltung des Lehr-Lernarrangements?

Eine kompetenzorientierte Gestaltung von Unterricht stellt die Performanz der Schülerinnen und Schüler im unterrichtlichen Geschehen, in Situationen der Auseinandersetzung in den Vordergrund. Auf diese Weise lässt sich kompetentes Verhalten als eine Situationsbewältigung beobachten. Das unterrichtliche Geschehen zeichnet sich dann durch Lehr- und Lernsituationen aus, in denen Wissen und Können der Beteiligten sichtbar werden. Diese Form von Unterricht erfordert Erhebungsformen, die das situative Geschehen in seiner Komplexität und Charakteristik als Prozess berücksichtigen. Die Durchführung der Erhebungen mit Videographie und Audiographie im Klassenraum ermöglichte diese kontinuierliche und umfassende Begleitung des Unterrichtsgeschehens.

III. Forschungsmethode

1. Methodische Grundlagen

Sozialforscher nähern sich der sozialen Realität mit Hilfe offener Verfahren an. „[D]iese Verfahren verfolgen das Ziel, die Welt zunächst aus der Perspektive der Handelnden in der Alltagswelt (...) zu erfassen und die Praktiken sozialen Handelns in ihrer Komplexität im alltäglichen Kontext zu untersuchen" (Rosenthal 2005, S. 15). In dieser Studie sind die Handelnden die Lehrkräfte und Schülerinnen und Schüler in ihrem alltäglichen Kontext Unterricht. Der oder die Forschende hat zunächst ein „vages Interesse" an einem bestimmten Phänomen oder Milieu (vgl. Rosenthal 2005, S. 15), das zunehmend geschärft wird. Das abduktive Vorgehen dient der Genese von Theorie, in dem auf der Grundlage der Beschreibungen, Erzählungen und Interaktionen der Beforschten selbst verallgemeinerbare Regeln bzw. Orientierungsmuster rekonstruiert werden (vgl. Bohnsack 2008, S. 197f.). Dafür wurden qualitativ-empirische Daten durch die Video- und Audiographie des Unterrichtsgeschehens als begleitende Beobachtung von Unterrichtseinheiten erhoben. Anschließend wurden mit einigen Schülerinnen und Schüler der jeweiligen Lerngruppen Gruppendiskussionen zum Unterricht und zu Themen des Lernbereichs Globale Entwicklung durchgeführt. Die Daten wurden mit Hilfe der Dokumentarischen Methode (Bohnsack 2007) analysiert. Das Ziel dieses Forschungszugangs ist, die zugrundeliegenden Strukturen habituellen Handelns zu beschreiben und zu „verstehen". Es geht darum, die Komplexität sozialer Interaktion im schulischen Unterricht zu berücksichtigen und sich dem Feld explorativ anzunähern.

2. Datenerhebung: Video- und Audiographie des Unterrichts

2.1 Interaktion im Unterricht

Unterricht konstituiert sich als spezifisches Interaktionssystem in der Bearbeitung von drei Differenzbezügen (Kolbe/Reh/Fritzsche/Idel/Rabenstein 2008). In der institutionalisierten Praxis der Informationsweitergabe und der „funktionalen Bestimmung der Schule" als Ermöglichung der Aneignung von Wissen und Können (vgl. Kade 2005) geht es um die Bearbeitung von Vermittlung und Aneignung in der Form der Verschränkung jeweiliger Operationen. Aneignung wird als ein von der Vermittlung mehr oder weniger unabhängiger Prozess begriffen, der „nicht determinierbar" ist und sich „eigensinnig" vollzieht (Kolbe/Reh/Fritzsche et al. 2008, S. 131). Die Aufrechterhaltung des Lernprozesses erfolgt durch die Spezifität der institutionalisierten Interaktionsstruktur und eine Gestaltung des Kommunikationsprozesses, die auf das Lernen gerichtet ist (ebd.). Damit hängt zum einen auch die Aushandlung eines bestimmten zu bearbeitenden Wissens zusammen, das in der Aushandlung als schulisch relevantes oder nicht relevantes Wissen bestimmt wird. „Ein unterrichtlicher Interaktionszusammenhang kommt aus dieser Sicht nur zustande, wenn zwei Differenzen ständig bearbeitet werden, die durch Unterricht entstehen und konstitutiv für ihn sind: Die Differenz von Vermittlung und Aneignung (...) und die Differenz zwischen schulischem Wissen und dem, was nach schulischer Wissensordnung irrelevant für schulisches Lernen ist (...)" (ebd., S. 130). Zum anderen wird damit auf die dritte Ebene, die Aushandlung der sozialen Ordnung von Unterricht, als Spezifikum der institutionalisierten Interaktionsstruktur, verwiesen. „Die Interaktionsstruktur (...) in Lehrer- und Schülerrollen leistet es, eine soziale Ordnung des Unterrichts sowie pädagogische Beziehungen aufzubauen und aufrechtzuerhalten und den Unterricht nach innen und außen zu stabilisieren" (ebd., S. 131). Aus der Verschränkung dieser Ebenen ergibt sich die Vieldimensionalität und Simultanstruktur von Unterricht. Die Komplexität von Unterricht ergibt sich darüber hinaus

> „(…) dadurch, dass sich im Unterricht sprachliche und nicht-sprachliche Kommunikation, körperliche Ausdrucksweisen und Bezugnahmen auf materielle Dinge nicht nur synchron ereignen, sondern in einer simultanen Interaktionsstruktur miteinander verwoben sind. Zum anderen kann die Interaktion auf Grund der großen Zahl der Beteiligten, die unterschiedliche Perspektiven auf das Unterrichtsgeschehen einnehmen und unterschiedliche Interessen verfolgen, als komplex charakterisiert werden. Dies gilt umso mehr, wenn berücksichtigt wird, dass diese vielfältig veranlassten, kontextuierten und motivierten unterrichtlichen Interaktionen durch ein hohes Maß an Kontingenz bei gleichzeitiger Routiniertheit der Beteiligten gekennzeichnet sind" (Asbrand/Martens/Petersen 2013, S. 172).

Die Interaktionsteilnehmerinnen und -teilnehmer im Unterricht sind nicht nur die Lehrkräfte und die Schülerinnen und Schüler, sondern auch die von ihnen verwendeten unterschiedlichen Materialien. Materialien werden, sobald auf sie Bezug genommen wird, sie benutzt oder rezitiert werden, zu einem Teil der Interaktion und werden so im Umgang mit Wissen zu einem bedeutsamen Bestandteil der Unterrichtskommunikation (Asbrand/Martens/Petersen 2013; vgl. auch Meyer-Drawe 1999; Nohl 2011). Die Interaktionen können sich dabei auf die jeweiligen, oben skizzierten drei Differenzbezüge, in deren Bearbeitung

Unterricht sich aufspannt, beziehen. Die Ebenen sind nur analytisch unterscheidbar und schaffen füreinander beständig entsprechende Bedingungen; so ist die Einigung einer Schülergruppe über den Arbeitsprozess auf der Ebene der sozialen Ordnung von zentraler Bedeutung für die weitere Auseinandersetzung mit einer Aufgabe. Die Verhandlungen dieser Ebenen können unterschiedlich ausfallen.

Im Hinblick auf die Forschungsfrage des Projektes und das untersuchte Feld von Unterricht in höheren Klassen hat sich für die Analyse überwiegend die Ebene der Vermittlung und Aneignung sowie die Verhandlung des schulisch relevanten Wissens in der verbalen Kommunikation als bedeutsam ergeben. Die Ergebnisdarstellung berücksichtigt vornehmlich diese Aspekte. Gleichwohl waren die Gesichtspunkte der nonverbalen Kommunikation (z.B. das Melden, das Verhalten im Raum) oder der verwendeten Materialien ebenso Bestandteil der Analysen, wurden aber zugunsten einer auf die zu illustrierenden Ergebnisse fokussierten Darstellung in den Hintergrund gestellt.

Der zu untersuchende thematische Gegenstand, die Auseinandersetzung mit globalen Fragen, zeichnet sich als ein komplexes, fachübergreifendes Anliegen aus, das einen besonderen Anspruch an die Lehrenden und Lernenden mit sich bringt. Unabhängig vom Kontext, ob schulischer Unterricht oder öffentliche Diskussionen, aktualisieren sich in der Auseinandersetzung mit globalen Fragen bestimmtes Wissen und Können, Überzeugungen oder auch Werthaltungen. Alles Denken und Erkennen ist durch den Standort des Beobachters, seinen gesellschaftlichen und historischen Kontext bedingt; „(…) im wissenssoziologischen Gebrauch werden wir eben von einer ‚seinsverbundenen – oder standortgebundenen – Aspektstruktur' eines Denkers reden" (Mannheim 1965, S. 229). Wissens- und Handlungspraxen zu globalen Fragen aktualisieren sich in der Kommunikation, sie sind kulturell verankert bzw. kollektiv geteilt. „Es [das Individuum, v.V.] spricht die Sprache seiner Gruppe; es denkt in der Art, in der seine Gruppe denkt. (…) [D]as kollektive Handeln [dieser Gruppen, v.V.] produziert, was als Leitfaden für die Entstehung ihrer Probleme, Begriffe und Denkformen betrachtet werden kann" (ebd., S. 5). Dieser „Leitfaden", das geteilte, implizite Wissen, wird in der unterrichtlichen Auseinandersetzung konstituiert und präformiert das Unterrichtsgeschehen. Mit Hilfe der Video- und Audiographie von Unterricht konnte die Interaktion mit ihren verbalen und nonverbalen Anteilen aufgezeichnet werden. Im Folgenden werden die methodologischen Grundlagen, das Vorgehen bei der Datenerhebung und die Dokumentation als Transkription sowie bei der Auswertung mit der Dokumentarischen Methode vorgestellt. Dabei bestimmt die Auswertungsmethode die Entscheidungen und Rahmenbedingungen für die Erhebungsmethoden (Sampling, offene Annäherung, Datenaufbereitung etc.) maßgeblich mit.

2.2 Feldzugang und Auswahl der Lerngruppen

Die Lerngruppen wurden auf unterschiedlichen Wegen für die Teilnahme gewonnen. Eine erste Orientierung im Feld boten Recherchen zu entsprechenden Schulpreisen oder Themenfeldern (Unesco-Schulen, Umweltschulen, Globales Lernen etc.) und die Präsentation der Schulen im Internet. Dabei waren entsprechende Leitfragen, ob z.B. Schulpartnerschaften zu Ländern des Südens bestehen, welche Aktivitäten an der Schule unternommen oder für die Schülerinnen und Schüler angeboten werden, wie oder wo das Thema in der Internetpräsentation eingebunden ist. Mit diesen Fragen sollte festgestellt werden, ob das Thema für die Schule und den Unterricht Relevanz hat. Im Anschluss wurden die Schulleitungen kontaktiert, die an mögliche Verantwortliche verwiesen. Die Lehrkräfte beurteilten dann selbst, ob Globales Lernen Teil ihres Unterrichts ist. In der ersten Erhebungsphase zeigte sich ein weitgehend gleichförmiger Unterricht, der im Sinne des „theoretical sampling" und kontrastierenden Vergleichs die Suche nach weiteren Lehr-Lernarrangements, Unterrichtsformen und -fächern für den Erkenntnisgewinn notwendig machte. Das sogenannte „theoretical sampling" beschreibt das Prinzip, dass im Laufe des Forschungsprozesses aufgrund der sich herauskristallisierenden theoretischen Gesichtspunkte eine erneute Auswahl getroffen und gegebenenfalls eine weitere Erhebung durchgeführt wird (Przyborski/Wohlrab-Sahr 2009, S. 177f.). In dieser weiteren Suche wurden Lehrkräfte involviert, die an einem Unterrichtsentwicklungsprojekt zur Kompetenzorientierung teilgenommen haben, und „Best-Practice-Schulen" im Hinblick auf offenes oder projektorientiertes Arbeiten kontaktiert, die sich durch entsprechende Auszeichnungen ausmachen ließen.

2.3 Video- und Audiographie des Unterrichts

Die Videographie wird immer häufiger für die Datenerhebung in erziehungswissenschaftlicher Forschung verwendet (z.B. Blömeke/Eichler/Müller 2003; Jacobs/Hollingsworth/Givvin 2007; Herrle/Kade/Nolda 2010; Krammer 2009; Nentwig-Gesemann 2007; Pauli/Reusser 2006; Wagner-Willi 2005; ein Überblick bei von Aufschnaiter/Welzel 2001). Der Einsatz wird durch die enorme technische Entwicklung, den erleichterten Umgang und die Weiterverwendung praktikabel. Für die vorliegende Studie waren unter Berücksichtigung der Forschungsfrage besonders folgende Vorteile ausschlaggebend: Es können „konstitutive Aspekte, die bei der Herstellung der Unterrichtsrealität mitwirken" (Herrle/Kade/Nolda 2010, S. 601) in den unterschiedlichen Ausdrucksformen der Interaktion (verbal, nonverbal, Material) identifiziert und Unterrichtsprozesse in ihrer Komplexität im Detail betrachtet werden. Die verbale und nonverbale Äußerungsebene können zueinander in Beziehung gesetzt und der Umgang mit Gegenständen und die Nutzung des Raumes (ebd.) mit analysiert werden. Nicht banal ist auch die zusätzliche Möglichkeit der Sprecherzuordnung (vgl. auch Wolfensberger 2008). Zudem wird das flüchtige Geschehen von der situativen, momentgebundenen Interpretation entlastet, die z.B. die/den Ethnographen/in in der begleitenden Beobachtung herausfordert. Das Geschehen ist durch die Videographie immer beliebig oft und in unterschiedlicher Geschwindigkeit zugänglich und wiederholbar (vgl. von Aufschnaiter/Welzel 2001; Corsten/Krug/Moritz 2010).

Die Videographien werden verwendet als wissenschaftliche Dokumentationen (Corsten/Krug/Moritz 2010) und sind ein Erhebungsinstrument (Bohnsack 2009). Die Potentiale des methodologisch-kontrollierten Zugriffs der Dokumentarischen Methode wurden im Hinblick auf Bild- und Videointerpretation mit dem Fokus auf die Produkte, auf die Alltagsdokumente, also Filme und Bilder als eigene Gegenstände, bereits erarbeitet (Bohnsack 2009). In dieser Studie interessieren „(...) die Gestaltungsleistungen der *abgebildeten* Bildproduzenten" (ebd., S. 118), also der Beforschten[14]. Die Perspektivität der Videografien, die Ausdruck des Habitus der Filmenden ist (vgl. Bohnsack 2009), wird im Prozess der Interpretation reflektiert, um die Standortgebundenheit der Forschung zu kontrollieren; in inhaltlicher Hinsicht stehen in der Auswertung des Datenmaterials aber die Abgebildeten im Mittelpunkt des Interesses.

> „Wenn auch bei den zu Forschungszwecken erstellten Produkten die Gestaltungsleistungen der abbildenden Bildproduzent(inn)en, also der Forscher/innen, nicht zum eigentlichen Forschungsgegenstand gehören, müssen diese gleichwohl in Rechnung gestellt, also methodisch kontrolliert werden. Dies betrifft u.a. die Kameraführung, die Wahl der Perspektivität und der Einstellungsgröße wie auch eventuelle Montageleistungen" (ebd.).

---

14 Die Grundlage der Analyse war der wiederholte Zugriff auf das Videomaterial selbst. Die Analyseschritte, die Bohnsack (2009) zur Rekonstruktion des Habitus des Abbildenden vorschlägt, wie z.B. die Analyse der Planimetrie, wurden im Hinblick auf das Forschungsinteresse im Fortschreiten des Projektes nicht berücksichtigt.

Die Entscheidungen der Art und Weise der Aufzeichnungen, die Positionierung der Kameras aber auch der Audiogeräte, bringen notwendigerweise eine Perspektivität und eine bestimmte Art der Komplexitätsreduktion mit sich. Die Position der Geräte im Raum, der Zeitpunkt der Verteilung oder auch die Anzahl der gewählten Geräte haben einen Einfluss auf die Art der erhobenen Daten, deren Umfang und Qualität. Auch die Gruppen selbst, die Gespräche und das Verhalten der aufgenommenen Schülerinnen und Schüler bestimmen die Qualität des empirischen Materials.

Das grundlegende Ziel der Forscherin war es, einen möglichst umfassenden Eindruck des Unterrichtsgeschehens und der Akteure zu gewinnen, da die offene Fragestellung und auch die ersten Analysen keine Fokussierungen während der Aufzeichnungen im Feld nahelegten, sondern eine möglichst offene Herangehensweise implizierten. In jedem Klassenraum wurde deshalb in einer vorderen und einer hinteren (meist der diagonal gegenüber liegenden) Ecke eine Kamera platziert, sowie meist drei bis fünf Audiogeräte auf den Tischen der Schülerinnen und Schüler verteilt. Alle Geräte wurden zu Beginn des Unterrichts eingeschaltet. Die Kameras waren überwiegend statisch, nur wenn sie z.B. im Weg standen oder ein Raum gewechselt wurde, wurden sie bewegt. Die hintere Kamera diente vor allem dazu das Geschehen vorne im Raum, vor oder an der Tafel oder Leinwand aufzuzeichnen, und die vordere Kamera war in den Raum gerichtet und hatte so einen Großteil (meist konnte der gesamte Klassenraum trotz Weitwinkelobjektiv nicht erfasst werden) der Schülerinnen und Schüler im Blick[15]. Darüber hinaus wurden die Produkte der Schülerinnen und Schüler, die im Unterricht entstanden, z.B. Plakate oder Tafelbilder, fotografiert, verwendete Unterrichtsmaterialien oder teilweise auch Aufzeichnungen der Schülerinnen und Schüler kopiert. Die verwendeten Materialien konnten so in der Auswertung der Sequenzen berücksichtigt werden. Es wurden außerdem Übersichtsprotokolle während der einzelnen Unterrichtsstunden angefertigt, die der Orientierung im Material dienten. Mit den ausgelegten Audiogeräten wurde die Schülerkommunikation aufgezeichnet, gerade in offeneren Unterrichtssettings war dies von Vorteil. Die Beforschten und das Geschehen im Raum sollten einerseits umfassend aufgezeichnet werden, und andererseits aber so wenig wie möglich gestört werden. „Die Kommunikation wird so weit wie möglich in ihrem je spezifischen Verweisungszusammenhang ‚eingefangen' und somit das

---

15 Die Aufnahmen unterscheiden sich so z.B. deutlich von denen, die Mohn (Mohn 2011, 2008) und andere mit ihrem Ansatz der Kamera-Ethnographie als „dichtes Zeigen" erzeugen. Videos, die das „dichte Zeigen" repräsentieren, sind unter www.kamera-ethnographie.de verfügbar (Zugriff 01.06.2014).

für die Kommunikation konstitutive Moment der Indexikalität nicht ausgeblendet, sondern bewusst einbezogen" (Przyborski/Wohlrab-Sahr 2009).

Obwohl die Geräte vor allen Dingen im Hintergrund bzw. am Rand platziert wurden und auch die Forscherin den Unterricht nur aus dem Hintergrund beobachtete, muss davon ausgegangen werden, „(...) dass jede Intervention einen Einfluss ausübt und dass Interventionen auch nicht zu vermeiden sind, dass aber eine Kontrolle des Einflusses dieser Interventionen eher möglich ist, wenn sie in Bezug auf alle Fälle *gleichartig* und somit *vergleichbar* sind" (Bohnsack 2009, S. 119), was durch das oben geschilderte Vorgehen und die längere Anwesenheit in den Klassen versucht wurde. Allerdings stellte gerade die Videographie zu Beginn für die Beforschten oft ein großes Hindernis dar und beeinflusste vereinzelt die Entscheidung zur Teilnahme. Manche Lehrkräfte berichteten in der Anfangsphase von einem relativ großen Druck durch das Beobachtet-Werden. Meist ließ sich jedoch schon in der zweiten oder dritten Stunde ein „Gewöhnungseffekt" beobachten (vgl. auch Wolfensberger 2008). „Der Forscher führt selbst regelmäßig die Aufnahmen durch. Es kommt damit zu einer Gewöhnung, und die Routinen des Alltags gewinnen allmählich wieder die Oberhand" (ebd., S. 159). Die Invasivität der Geräte in der Praxis der Akteure ist letztlich nicht von der Hand zu weisen, was sich an den vereinzelten Interaktionen der Schülerinnen und Schüler mit den Audiogeräten dokumentiert. Aber auch der aktive Einbezug zeigt einen Habitus der Akteure an. Der mögliche Effekt der sozialen Erwünschtheit relativiert sich vermutlich mit der Dauer der Aufzeichnungen; es kann angenommen werden, dass die Ansichten über Erwünschtheit konsistent einen Habitus abbilden.

3. Die Darstellung und Transkription der Daten

3.1 Die Herausforderungen der Darstellung der Daten

Grundlegend wird Kommunikation als ein Prozess verstanden, der sich aus verbalen und nonverbalen Anteilen zusammensetzt. Das Video, das einen Kommunikationsprozess abbildet, ist Grundlage der Analysen und ermöglicht eine umfassende Interaktionsanalyse. Für diese Studie muss jedoch konstatiert werden, dass die Analysen und die Auswahl der Sequenzen einen Schwerpunkt auf der verbalen Kommunikation aufweisen. Auch wenn das als unausgeschöpftes Potential in der Unterrichtsforschung (Wagner-Willi 2005) gelten kann, ist festzuhalten, dass die Auswertung von Videographien einer je spezifischen Forschungsfrage folgt, die einen unterschiedlichen Detailierungsgrad der

Dokumentation nahelegt. Die verstärkte Auswertung von verbalen Anteilen ist hier der notwendigen Komplexitätsreduktion im Sinne des Forschungsanliegens geschuldet. So zeigte sich als ein Ergebnis der Rekonstruktion ein vor allem verbal strukturierter Oberstufenunterricht. Die Interaktion von jüngeren Kindern ist hingegen häufig durch mehr nonverbale Anteile und hohe Indexialität gekennzeichnet (vgl. z.B. Nentwig-Gesemann 2007). Da die Darstellung des Materials ohnehin eine Selektion erzwingt, wird das visuelle Material dann einbezogen, wenn es sich in der Analyse bereits als fokussiert erwiesen hat oder für die Nachvollziehbarkeit notwendig ist.

Anzumerken ist, dass offene Lernsettings im Vergleich zu öffentlichem Unterricht die/den Forscher/in vor mehr Herausforderungen bezüglich der Aufzeichnung, aber auch Auswertung des Geschehens stellen. Nicht nur die Lautstärke oder der Wechsel von Akteuren, auch die Parallelität von Gesprächen und die freie Organisation, z.B. das Weiterarbeiten in anderen Stunden, sorgen für eine enorme Komplexität im Geschehen. Pragmatische Entscheidungen im Sinne der Nachvollziehbarkeit und Verständlichkeit wurden in der Transkription getroffen. Parallele Gespräche von Gruppen wurden mit Blick auf das Forschungsinteresse beispielsweise, obwohl sie von demselben Gerät aufgezeichnet wurden (Paararbeit an einem Gruppentisch), auch als parallel, textlich einander nachgeordnet, dargestellt.

3.2 Die Transkription

Aus den Videographien wurden zur Dokumentation der visuellen Ebene Fotogramme relevanter Szenen ausgewählt. Für die Anonymisierung wurden die Gesichter der abgebildeten Akteure unkenntlich gemacht sowie weitere Hinweise, die Rückschlüsse auf die Schule, spezifische Lehrkräfte oder Schülerinnen und Schüler zulassen könnten. Gleiches gilt für die Abbildungen der Schülerprodukte oder für die verwendeten Materialien, zum Beispiel die Powerpoint-Präsentationen, in denen Namen oder spezifische thematische Aspekte zur Anonymisierung entfernt oder ersetzt wurden. Dieser Grad der Anonymisierung beeinflusst jedoch die Struktur der unterschiedlichen unterrichtlichen Situationen nur geringfügig.

Die durch die Videokamera und die Audiogeräte aufgezeichnete verbale Kommunikation ausgewählter Sequenzen wurde wörtlich transkribiert. Die Transkription erfolgte nach folgenden Regeln:

Tab. 1 Transkriptionsrichtlinien

Transkriptionsrichtlinien	
/	Beginn einer Überlappung, d.h. gleichzeitiges Sprechen von zwei Diskussionsteilnehmern; ebenso wird der direkte Anschluss bei Sprecherwechsel markiert
Ja–ja	schneller Anschluss; Zusammenziehung
(3)	Pause; Dauer in Sekunden
(.)	kurzes Absetzen; kurze Pause
jaaa	Dehnung, je mehr Vokale aneinandergereiht sind, desto länger ist die Dehnung
nein	Betonung
nein	Lautstärke
Satzzeichen indizieren nur Intonationsveränderungen	
.;	stark bzw. schwach sinkende Intonation
?,	stark bzw. schwach steigende Intonation
Vie-	Abbruch
=	schneller Anschluss
(kein)	Unsicherheit bei Transkription, z.B. aufgrund schwer verständlicher Äußerungen
( )	Äußerungen sind unverständlich; die Länge der Klammer entspricht etwa der Dauer der unverständlichen Äußerung
[räuspert sich]	Kommentare bzw. Anmerkungen zu parasprachlichen, nichtverbalen oder gesprächsexternen Ereignissen
(…)	Auslassung im Transkript
@Text@	Text wird lachend gesprochen
@(.)@	kurzes Auflachen
@(3)@	drei Sekunden Lachen
°Text°	leises Sprechen innerhalb der Markierungen

Die Anonymisierung in der verbalen Transkription erfolgte durch das Ersetzen der Namen durch Abkürzungen bei der Sprecherzuordnung und das Ersetzen von Eigennamen (Schülerinnen und Schüler, Lehrkräfte, Schule, Orte, Bundesland oder andere Eigennamen, die eine Identifikation ermöglichen könnten). Die Abkürzungen im Transkript enthalten den Anfangsbuchstaben des fiktiven Schülernamens und eine Geschlechterzuordnung (z.B. Arne = Am (A - Arne, m - maskulin) oder Beate = Bf (B - Beate, f - feminin). Die Lerngruppen wurden mit Namen von Künstlern versehen und jede Sequenz separat benannt (z.B. Gruppe Kästner, Sequenz „Text zur Globalisierung"). Das folgende Beispiel zeigt die verbale Transkription eines Schülergesprächs:

Tm	Was ist nachhaltige Entwicklung, Fragezeichen? (.) Schätzen Sie mal, (.) selbst wer=welchen Anteil der natürliche Rohstoffverbrauch der reichen 20 Prozent der Bevölkerung
Em	@(2)@ (.) Lern lesen, Mann
Km	/Was?
Tm	Ja, welche Anteil der natürlich Rohstoffe verbrauchen die reichsten 20 Prozent der We- Weltbevölkerung. Ich ha- (.) habe zwar 50 Prozent angekreuzt, ich <u>glaube</u>, es sind aber 80 (2) weils ja übertrieben ist
Em	/50
?m	°Ich hab 50°
Em	Ja, ich hab auch 50 äh
Km	/Ich hab auch 50.
Em	Das sind nur 20 Prozent, Mann, 80 ist ein bisschen zu viel
Km	/Ja, aber gibts da Ergebnisse zu?
Tm	Ja, gibts da Ergebnisse zu? Hier=wir haben keine vorliegen. (2) Gibts da Ergebnisse zu? Egal. Wie viel Prozent des Ackerlands sind weltweit von Bodenverschlechterungen (betroffen),
Em	/80

Abb. 5   Beispiel Transkriptausschnitt verbal

Die Darstellung der nonverbalen Anteile erfolgte auf der Transkript-Ebene durch Fotogramme. Die Fotogramme wurden parallel zum sprachlichen Transkript angeordnet und dokumentierten jeweils Veränderungen im Lehr-Lernarrangement. Sie wurden mit Fokus auf die Abgebildeten ausgewertet. Grundlage der Analysen war damit ein tabellarisches Transkript (s. Tab. 2).

Die nonverbalen Anteile wurden dort, wo es vor allen Dingen um die Lernbedingungen und den Umgang mit Unterrichtsmaterialien ging, als formulierende („ikonografische", nach Bohnsack 2009) Interpretation bzw. als Interaktionsverlauf verschriftlicht (s. Tab. 3). Dies erfolgt auf vergleichbarer Abstraktionsebene, wie bei der sprachlich-fokussierten Analyse. Die vorikonographische Interpretation, wie sie Bohnsack (2009) vorschlägt, kann in dem spezifischen Fall von Unterricht durch die institutionelle Rahmung der Handlungen bereits auf empirisch basierte Beschreibungen zurückgreifen, welche habituelles Handeln im Unterricht, z.B. Breidenstein (2006) zum Schülerverhalten im Unterricht, beschreiben.

Die Praxis des Meldens als Verteilen des Rederechts beispielsweise kann als Ausdruck bzw. Manifestation des institutionellen Rahmens betrachtet werden. So wird aus der vor-ikonographischen Beschreibung (ebd., S. 202ff.) „XY streckt den Arm nach oben mit ausgetrecktem Zeigefinger", die durch die Fotogramme ersetzt wurde, auf der Ebene der Interaktionsbeschreibung („ikonographische") „XY meldet sich".

Tab. 2 Beispiel Ausschnitt Videotranskript

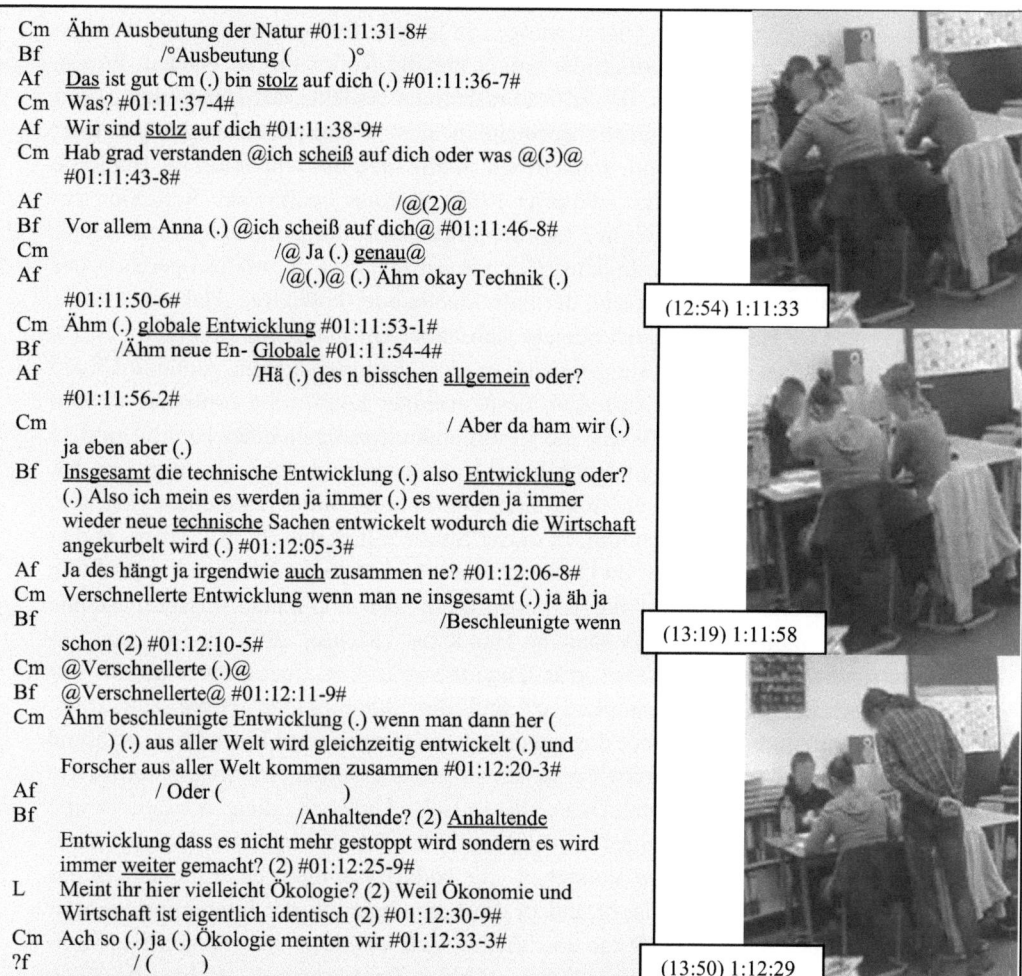

```
Cm  Ähm Ausbeutung der Natur #01:11:31-8#
Bf              /°Ausbeutung (       )°
Af  Das ist gut Cm (.) bin stolz auf dich (.) #01:11:36-7#
Cm  Was? #01:11:37-4#
Af  Wir sind stolz auf dich #01:11:38-9#
Cm  Hab grad verstanden @ich scheiß auf dich oder was @(3)@
    #01:11:43-8#
Af                         /@(2)@
Bf  Vor allem Anna (.) @ich scheiß auf dich@ #01:11:46-8#
Cm              /@ Ja (.) genau@
Af              /@(.)@ (.) Ähm okay Technik (.)
    #01:11:50-6#
Cm  Ähm (.) globale Entwicklung #01:11:53-1#
Bf      /Ähm neue En- Globale #01:11:54-4#
Af              /Hä (.) des n bisschen allgemein oder?
    #01:11:56-2#
Cm                      / Aber da ham wir (.)
    ja eben aber (.)
Bf  Insgesamt die technische Entwicklung (.) also Entwicklung oder?
    (.) Also ich mein es werden ja immer (.) es werden ja immer
    wieder neue technische Sachen entwickelt wodurch die Wirtschaft
    angekurbelt wird (.) #01:12:05-3#
Af  Ja des hängt ja irgendwie auch zusammen ne? #01:12:06-8#
Cm  Verschnellerte Entwicklung wenn man ne insgesamt (.) ja äh ja
Bf                          /Beschleunigte wenn
    schon (2) #01:12:10-5#
Cm  @Verschnellerte (.)@
Bf  @Verschnellerte@ #01:12:11-9#
Cm  Ähm beschleunigte Entwicklung (.) wenn man dann her (
       ) (.) aus aller Welt wird gleichzeitig entwickelt (.) und
    Forscher aus aller Welt kommen zusammen #01:12:20-3#
Af        / Oder (        )
Bf              /Anhaltende? (2) Anhaltende
    Entwicklung dass es nicht mehr gestoppt wird sondern es wird
    immer weiter gemacht? (2) #01:12:25-9#
L   Meint ihr hier vielleicht Ökologie? (2) Weil Ökonomie und
    Wirtschaft ist eigentlich identisch (2) #01:12:30-9#
Cm  Ach so (.) ja (.) Ökologie meinten wir #01:12:33-3#
?f       / (    )
```

(12:54) 1:11:33
(13:19) 1:11:58
(13:50) 1:12:29

4. Datenauswertung: Die Dokumentarische Methode

Anknüpfend an die methodologische Tradition Karl Mannheims und seiner Kultur- und Wissenssoziologie (Mannheim 1964; 1980) zielt die Dokumentarische Methode auf das Erfahrungswissen bzw. das handlungsleitende Wissen, den Habitus der Beforschten in Abgrenzung zu einem kommunikativ-theoretischen Wissen. Es geht um einen verstehenden Nachvollzug der Relevanz-Strukturen und Konstruktionen der Akteure, um deren Sicht auf das soziale Geschehen und deren Orientierungen in je spezifischen sozialen Erfahrungsräumen. Dabei meint ihre „Sicht" nicht nur die Reflexion der eigenen Praxis, das theoretische Wissen, da „[d]iese reflexiven Aspekte des Handelns (...) nur partiell mit den Organisationsprinzipien der Alltagspraxis verknüpft (...)" (Geimer 2009, S. 20) sind, sondern vor allem auch das atheoretische, implizite Wissen („tacit knowledge", Polanyi 1985), das nur bedingt der Reflexion zugänglich ist, aber die Welt der Akteure strukturiert, der „modus operandi" einer Praxis (Bohnsack 2008). In dem „(...) rekonstruierten (...) ‚modus operandi' der Herstellung dokumentiert sich der individuelle oder kollektive ‚Habitus'" (ebd., S. 60). Der Habitus-Begriff bezieht sich dabei vor allem auf Bourdieu (1970). Je tiefer diese Orientierungsmuster in der „habitualisierten, routinemäßigen Handlungspraxis" verankert sind, desto weniger können sie expliziert werden (Bohnsack 2008, S. 198), z.B. die Kommunikationsregeln einer Familie sind so tief verankert und ermöglichen blindes Verstehen, dass sie nur bedingt von den Mitgliedern expliziert werden können. Die Familie bildet dann einen geteilten, konjunktiven Erfahrungsraum. In dieser Studie gilt es diesen im Erleben, in den Situationen und Gruppen im Unterricht zu rekonstruieren. Die „[r]ekonstruktive Sozialforschung betreibt die Rekonstruktion der impliziten Wissensbestände und der impliziten Regeln sozialen Handelns" (Meuser 2003, S. 140) und unterscheidet dabei auf einer grundlagentheoretischen Ebene zwei „Modi der Erfahrung": die „kommunikative" und die „konjunktive" (Bohnsack 2008, S. 59). Erstere ist nur über das gegenseitige Interpretieren herstellbar, während zweitere auf unmittelbarem Verstehen aufgrund geteilter Erfahrungsräume, wie der einer Familie, beruht. Diese theoretische Unterscheidung ermöglicht erst einen systematischen Zugriff auf die hinter der Praxis liegenden Tiefenstrukturen, auf das unmittelbare Verstehen. „Es bedarf viel mehr des Einblicks in das handlungspraktische Wissen und in die Eigendynamik der Interaktion und der habitualisierten Praxis. Diese erschließen sich über die Analyse von Beschreibungen oder Erzählungen oder in direkter Beobachtung" (Bohnsack 2003, S. 120). Zu der entsprechenden Analyseeinstellung formuliert Bohnsack:

> „Gleichwohl beansprucht sie [die sozialwissenschaftliche Interpretation, v.V.] aber eine erkenntnislogische Differenz der Alltagspraxis gegenüber, nämlich eine grundlegend andere Analyseeinstellung. Diese ist eine *prozessrekonstruktive* oder *‚genetische'*, wie Mannheim dies genannt hat. Es geht um die Frage danach, *wie* ‚gesellschaftliche Tatsachen', z.B. ‚Kriminalität' (...) und ‚Wahrheit' im gerichtlichen Verfahren *hergestellt* werden – in Abgrenzung von einer Analyseeinstellung, die darauf gerichtet ist, *was* Kriminalität oder was Wahrheit *ist*" (Bohnsack 2008, S. 58).

Dabei gilt, dass die wissenschaftlichen Kategorien, z.b. was Wahrheit ist, „(...) an die Erfahrungen und Konstruktionen und Typenbildungen, des Alltags, des Common Sense (...)" (Bohnsack 2005, S. 64) anzuschließen haben, haben also den „Charakter von Konstruktionen zweiten Grades" (Schütz 1971) gegenüber denjenigen der Erforschten als jene ersten Grades (vgl. Bohnsack/Przyborski/Schäffer 2010, S. 8). Ziel ist ein „methodisch kontrolliertes Fremdverstehen" (Bohnsack 2008, S. 21). Methodisch kontrolliert werden „(...) die Unterschiede der Sprache von Forschenden und Erforschten, (...) die Differenzen ihrer Interpretationsrahmen, ihrer Relevanzsysteme" (ebd., S. 20). Die Rekonstruktion der Strukturen und Regeln alltäglicher Kommunikation der Beforschten gewährleistet, dass ihre Relevanzen Berücksichtigung finden (ebd., S. 9).

Der kommunikative und soziale Kontext, in dem die Kommunikation erhoben wird, ist dabei von größter Bedeutung. In der Interaktion mit denjenigen, die Teil des Alltags sind, werden die für diese Lebenswelt typischen Metaphern, Bilder oder Symbole verwendet und das eigene Relevanz- und Regelsystem entfaltet (Bohnsack 2008, S. 20). Die Äußerungen müssen dabei immer im kommunikativen Kontext, in größeren Zusammenhängen ihres Erscheinens betrachtet werden und die Perspektiven der Beteiligten, also der Forscher und Beforschten, werden reflektiert (vgl. Flick/von Kardorff/Steinke 2005). Als Perspektive des/r Forschers/in muss z.B. der Einfluss der Kamera auf das Unterrichtsgeschehen, deren Ausrichtung oder seine/ihre Rolle in den Gruppendiskussionen berücksichtigt werden. Die Interpretationen unterliegen jeweils der Standortgebundenheit und den Deutungen, Begriffen und Kategorien des Forschenden. Es bedarf einer systematischen Reflexion derselben, eine „Rekonstruktion der Rekonstruktion" (vgl. Bohnsack 2007, S. 24ff.). Dazu dienen Diskussionen in Forschungswerkstätten, die die Rekonstruktion der Forschungspraxis zum Ziel haben. Neben den Konstruktionen der Beforschten geht es insgesamt um die Herstellung einer Selbstreflexivität im Hinblick auf die methodologischen Grundlagen der Forschungspraxis.

Das methodische Vorgehen

Der erste Zugang zum empirischen Material ist die Auswahl von Sequenzen. Diese erfolgte nach Kriterien, die methodologisch begründet sind: erstens wurden Anfangs- oder Eingangssequenzen für die Analyse ausgewählt, außerdem Sequenzen, die besonders interaktiv dicht oder metaphorisch aufgeladen waren, sogenannte „Fokussierungsmetaphern" bzw. sich durch Veränderungen oder Brüche im Setting auszeichneten und Sequenzen, die auch explizit thematischinhaltlich für das Forschungsinteresse relevant waren (vgl. Przyborski/Wohlrab-Sahr 2009, S. 286f.). Theoretisch ist die Auswertung eine „Suche nach Homologien" (ebd., S. 284), die davon ausgehen muss, dass die Ergebnisse der Rekonstruktion als Orientierungen von Gruppen homolog sind, sich also in unterschiedlichen Situationen und Figuren und in der Auseinandersetzung mit unterschiedlichen Themen im Unterricht wiederfinden. Davon ausgehend werden unterschiedliche Sequenzen aus dem Unterricht betrachtet, welche exemplarisch für die Lerngruppe als ein möglicher Umgang mit dem jeweiligen Thema oder der Aufgabe stehen. Im Sinne des methodischen Vorgehens, das keine quantitative Repräsentation anstrebt, können und müssen nicht alle Aufzeichnungen berücksichtigt werden. Vielmehr ist das Ziel die „qualitativen" Unterschiede und Gemeinsamkeiten der Unterrichtssequenzen herauszuarbeiten.

Der Interpretationsprozess

Die Analyse umfasst drei Schritte der Interpretation, die auf der Unterscheidung der Wissensformen, kommunikativ und konjunktiv, basieren und ihr mit einer systematischen Unterscheidung methodologisch Rechnung tragen.

Der erste Schritt der Analyse ist die formulierende Interpretation. Hier werden die behandelten Themen der am Unterricht Beteiligten, also das „Was" der Interaktion strukturiert und zusammenfassend herausgearbeitet. Dabei wird konsequent dem Rahmen der Akteure gefolgt und lediglich die Abbildung der Themen angestrebt (vgl. Bohnsack 2008). Ziel dieses Schrittes ist die Beschreibung des kommunikativen, des theoretischen Wissens der Beforschten. Der Detailierungsgrad der Interpretation umfasste dabei die Beschreibungen von Handlungen (Mimik und Gestik beispielsweise wurden nur bedingt berücksichtigt) und bezog sich je nach Fokus, zum Beispiel auf die Interaktion einer spezifischen Gruppe. Auf der Ebene der formulierenden Interpretation wurden die thematische Beschreibung für das Verbale und der Verlauf der nonverbalen Anteile parallelisiert. Ein Beispiel:

Tab. 3 Beispielausschnitt einer formulierenden Interpretation

Formulierende Interpretation	
Verbal (Themen)	Nonverbal (Ober-/Unter-Aktionen)
1:08:46-1:11:33 OT: Bereiche der Globalisierung	1:08:46-1:09:35 OA: Einrichten Cms, Lehrer geht nach vorne
1:08:46-1:09:17 OT: Bereiche der Globalisierung (eingeschobenes UT: Schreibung von Wörtern) Die Bereiche der Globalisierung stehen schon auf dem Arbeitsblatt: Ökonomie, Konsum, Politik, Recht und Technik. Ökonomie und Konsum. Konsum wird mit K geschrieben. Politik und Recht, Ordnung und Technik. Wie wird Technik geschrieben?	Lehrer steht noch hinten bei der Forscherin, die meisten Lernenden schauen vor sich auf den Tisch oder sind aufeinander bezogen. Cm steht, während die Lehrkraft dort weiter stehen bleibt, von seinem Platz auf und geht zum Tisch der Mädchen rüber. Er nimmt den Stuhl vom Tisch und stellt ihn runter. Die beiden Mädchen bleiben weiterhin auf den Tisch fokussiert. Der Lehrer ist kurz nach vorne gegangen, aus dem Bild und bleibt dort für ein paar Sekunden. Die Schülerinnen und Schüler bleiben dabei fast ausschließlich auf ihre Tische ausgerichtet. Nur ein paar Schüler schauen zwischendurch auf. Im Folgenden wird nur die Gruppe vorne links weiter beobachtet und was um sie herum passiert nur angedeutet.
1:09:22-1:09:32 UT: Arbeitsauftrag Sie sollen auf normalem Papier Gedanken notieren. Es gibt Folie und Folienstifte. Begriffe aus dem Text sollen geklärt werden. Der Text ist nicht einfach. Alle haben den gleichen Text.	1:09:36-1:09:59 OA: Einrichten Cms, UA: Lehrer am Gruppentisch Der Lehrer ist nach recht vor einen Gruppentisch gegangen und bleibt dort zunächst stehen. Er zeigt währenddessen auf die Tafel und die Pinnwand rechts an der Wand. Nicht alle Schülerinnen und Schüler der Tischgruppe schauen ihn dabei an, sie schauen auch vor sich auf den Tisch.
1:09:38-1:09:49 eingeschobenes Thema: Begriff Globalisierung Unter Globalisierung versteht man die Verknüpfung von verschiedenen Ländern der Welt unter verschiedenen Aspekten, wie Politik, Konsum oder wirtschaftlichen Handeln.	Fokus: In der Gruppe hat sich jetzt Cm dazu gesetzt, nachdem er seinen Stuhl hingestellt und ein Blatt aufgehoben und auf den Tisch gelegt hat. Bf schaut zu Af und dann auch zu Cm. Af schaut vor sich auf den Tisch und einmal kurz zu Bf hinüber, dann wieder vor sich auf den Tisch. 1:09:56 Der Lehrer geht wieder nach vorne aus dem Bild. 1:09:58 Jetzt schauen Af und Bf zu Cm. Af schaut dann kurz zu Bf und lacht.
1:09:53-1:10:33 OT: Bereiche der Globalisierung	

Der nächste Schritt ist die reflektierende Interpretation[16]. Hier wird die Art und Weise, das „Wie" der Verhandlung der Themen zum Gegenstand. In dem „Wie" des Gesprächsverlaufs entfaltet sich der Relevanzrahmen einer Gruppe. Fokus dieses Analyseschrittes ist die gegenseitige Bezugnahme der Teilnehmerinnen und Teilnehmer untereinander, die in der Interaktionsorganisation erfasst

---

16 Ausführliche Darstellungen zum Vokabular in der reflektierenden Interpretation und zum konkreten Vorgehen mit Beispielen in Bohnsack (2007), Przyborski (2004) oder Przyborski/Wohlrab-Sahr (2009), S. 277ff.

wird. Die einzelnen Aussagen werden in ihrem jeweiligen Gehalt bestimmt; wird beispielsweise ein neues Thema initiiert, handelt es sich um eine Proposition, wird das Thema übereinstimmend weiter ausgearbeitet, kann die Reaktion als Elaboration bestimmt werden.

1:09:22-1:09:32 Anschlussproposition durch L, Elaboration durch ?f, Validierung durch L

Die Lehrkraft interveniert hier im Prinzip noch einmal in die laufenden Gruppenprozesse hinein, wie auch an der Haltung der anderen Schülerinnen und Schüler deutlich wird, die sich ihm kaum zuwenden, und präzisiert Arbeitsschritte, die sich aus den Anforderungen des Materials ergeben. Die Klärung bzw. Sicherung des Verständnisses und die vorläufige Dokumentation der Arbeitsergebnisse auf normalem Papier werden als zu beachtende Schritte und gleichzeitig zu betonende Schritte kenntlich gemacht. Die Intervention der Lehrkraft bezieht sich dabei nur auf das methodische Vorgehen und nicht auf Inhalte. In der Bearbeitung der Differenzebene des schulisch relevanten Wissens (Kolbe et. al. 2008) geht es hier vor allen Dingen um methodisches Wissen, welche konkreten Inhalte, welche Begriffe das einschließt müssen die Schülerinnen und Schüler selbst einschätzen. In seiner Funktion orientiert sich die Lehrkraft, auch mit der Kürze der Intervention, damit eher an den Aneignungsprozessen (er gibt die Instrumente, Strategien zum Erschließen vor) der Lernenden, die sich das Thema erarbeiten sollen, und ist selbst für die Organisation zuständig. Der Text stellt eine Informationsquelle dar, die zwar Wissen vermitteln kann, von der ausgehend aber auch abstrahiert und ein weiterer Beitrag zur Annäherung an den Begriff Globalisierung geleistet werden soll.
Dass alle den gleichen Text haben, wird als eine Variable erkennbar, die im Unterrichtsgeschehen nicht automatisch festgesetzt ist. Die Praxis einer Differenzierung kann sich hier andeuten, in der die Verteilung von Materialien als nicht immer für alle gleich gängig ist, die sich auch in der Arbeit zu den Karikaturen zeigt, in der sich jeder eine eigene aussuchen kann (Kontext).
Der Lehrer geht kurz nach der Ansage zu einer Gruppe und verweist, während er zu der Tischgruppe gewandt ist, noch einmal auf die Tafel und die Mind Map an der Pinnwand. Darin zeigt sich eine individuelle Differenzierung zwischen den Gruppen, für die sie für Erklärungen zur Verfügung steht. Sie kann zugleichden Raum als Lern-Raum nutzen, indem unterschiedliche thematisch Bezugspunkte für die Lernenden präsent sind.

1:09:38-1:10:33 Anschlussproposition/Elaboration durch Af, Antithese durch Cm, Validierung durch Bf, Elaboration durch Af, Antithese durch Bf, Zwischenkonklusion durch Af, Elaboration durch Bf und Af

Af steigt hier nach der „Unterbrechung" durch die Lehrkraft, die sie allerdings nonverbal nicht enaktieren, mit der Definition von Globalisierung wieder ein. Damit nimmt sie verbal allerdings direkt die Anmerkung der Lehrkraft auf und klärt den Begriff Globalisierung. Die Aussage der Lehrkraft, die dafür nach vorne gegangen ist, wird damit als an sie adressierte wahrgenommen, auch wenn sie sich ihm nicht zugewandt haben. Darin zeigt sich bei Af eine gewisse Lehrkraftorientierung, deren Hinweise zur Arbeitsweise umgehend umgesetzt werden. In ihrer DEfintion von Globalisierung zeigt sich ein adäquates Verständnis der Ausführungen des Textes als übergreifendes Phänomen, das verschiedene Bereiche betrifft. Der Text kann erschlossen werden und das Material ist für die Gruppe Gruppe anschlussfähig im Sinne von bearbeitbar.
Cm bringt den Diskurs auf eine Kategorisierung der Bereiche und geht nicht weiter auf den Impuls von

---

Abb. 6 Beispielausschnitt einer reflektierenden Interpretation

In der Analyse der Interaktion gilt es, eine Regelhaftigkeit im Gesprächsverlauf der am Unterricht Beteiligten zu identifizieren und den Orientierungsrahmen der Akteure herauszuarbeiten. Die Analyseeinheiten sind hier Unterrichtssequenzen, die eine geschlossene Interaktionseinheit bilden. Eine Interaktionseinheit umfasst die Proposition, also die Initiation eines Themas, die Reaktion darauf, die z.B. als Anschlussproposition, als Antithese oder Opposition erfolgen kann und die erneute Reaktion darauf, die erst den gemeinsam geteilten Sinngehalt offenlegen kann (Bohnsack 2008, S. 125). Der Abschluss eines Themas, ob in einer Synthese Konsens hergestellt oder mit einer Themenverschiebung sich nicht geeinigt werden kann, offenbart, ob die Beteiligten einen Erfahrungsraum teilen oder nicht. Die in den Gesprächen sichtbar werdenden unterschiedlichen Verhandlungsmodi der Akteure sind damit Ausdruck von „Formen fundamentaler Sozialität" (ebd., S. 8f.). Besonders deutlich kommen gemeinsame Orientierungen in interaktiv dichten oder metaphorisch aufgeladenen Sequenzen, sogenannten „Fokussierungsmetaphern" (Bohnsack 2003, S. 67), zum Ausdruck, in denen die Beteiligten ein Thema intensiv verhandeln.

In Unterrichtsgesprächen lässt sich in der Regel für die Interaktionsorganisation auf der Ebene der sozialen Ordnung Einigkeit über die Hierarchieverhältnisse beobachten: die Akteure erhalten die Ordnung von Unterricht, indem z.B. die Position der Lehrkraft nicht offen in Frage gestellt wird. In Bezug auf die Verhandlung von Inhalten hingegen lässt sich zumeist ein divergenter Interaktionsverlauf ausmachen. Dieser zeichnet sich dadurch aus, dass Lehrkräfte und Schülerinnen und Schüler unterschiedliche Orientierungen in Bezug auf die Themen aufweisen, die Differenzen aber durch den Erhalt der sozialen Ordnung verdeckt bleiben und nicht expliziert werden. Unter den Schülerinnen und Schülern zeigten sich hingegen ausschließlich sogenannte inkludierende Modi[17], z.B. verhandeln sie in einer antithetischen Interaktion, unterschiedliche Argumente anführend, die Unmöglichkeit eines ethisch orientierten Konsums. Obwohl die Lehrkraft an ihr Verantwortungsbewusstsein appelliert, sind sich die Jugendlichen darin einig, dass sie nichts verändern können. Die Dramaturgie eines Gespräches wird so in seiner Charakteristik und Struktur analysiert. Der Vergleich zu anderen Gruppen ermöglicht im nächsten Schritt eine Identifikation kollektiver Bedeutungsmuster und Differenzen zwischen den einzelnen Akteursgruppen (vgl. Bohnsack 2000, S. 110). In dieser Studie zeigten sich die

---

17 Zu den exkludierenden Interaktionsmodi zählt neben dem divergenten Modus eine oppositionelle Interaktionsorganisation. Hier stehen sich unterschiedliche Orientierungen offen gegenüber und es kann kein Konsens in der Gruppe hergestellt werden (vgl. Przyborski 2004).

Gemeinsamkeiten in Form fach- und klassenübergreifender Kompetenzbereiche, die unabhängig von den Unterrichtsthemen bedeutsam wurden.

Bereits in der reflektierenden Interpretation muss demnach die jeweilige Sequenz vor dem Vergleichshorizont anderer Sequenzen betrachtet werden. Die Dokumentarische Interpretation, also die Rekonstruktion eines impliziten, den Beforschten selbst nicht zugänglichen oder auch nicht intendierten Sinnmusters, ist vom Standort des Forschers abhängig und findet erst über den Einbezug von Vergleichs- und Gegenhorizonten eine empirisch basierte Ausrichtung. Die methodisch kontrollierte Interpretation ist auf eine Vergleichsgruppenbildung angewiesen (ebd.). „[D]ie spezifische Weichen- und Problemstellung bei der Behandlung des Themas und damit der für die Behandlung des Themas ausschlaggebende Rahmen [wird] dadurch sichtbar gemacht, dass ich Alternativen dagegenhalte, wie in anderen Gruppen die Weichen bei der Behandlung desselben (...) gestellt werden" (Bohnsack 2007, S. 34). Das „tertium comparationis", das für „den Vergleich strukturierende gemeinsame Dritte" (Bohnsack 2008, S. 204) waren erstens die Prozesse und Strategien der Schülerinnen und Schüler, zweitens die unterschiedlichen Themen des Unterrichts und drittens die Art und Weise der Unterrichtsgestaltung.

Der dritte Schritt der Analyse ist die Typenbildung. „Indem wir (...) den jeweiligen Fall vor dem Gegenhorizont anderer Fälle in seine Bedeutungsschichten zerlegen, gelangen wir zur Typenbildung" (ebd., S. 50) im Sinne der Abstraktion vom Einzelfall zu generalisierbaren Idealtypen (Weber 1968). Dabei lassen sich zwei Arten von Typenbildung unterscheiden: die sinn- und die soziogenetische Typenbildung. Erstere „(...) begibt sich auf dem Wege der Abduktion auf die Suche nach dem genetischen Prinzip, nach dem modus operandi, welcher die Alltagspraxis in deren unterschiedlichen Bereichen in homologer Weise strukturiert" (Bohnsack 2010, S. 59). In dieser Studie ist das die Suche nach den Prinzipien, die den Umgang der Schülerinnen und Schüler mit den ihnen gestellten Aufgaben und Themen strukturieren. Auf der Grundlage fallinterner und -übergreifender komparativer Analysen werden „Gemeinsamkeiten im Kontrast und Kontraste in der Gemeinsamkeit" rekonstruiert und es kommt zur Theoriebildung über den Gegenstand (ebd.). Die soziogenetische Typenbildung zielt auf eine weitere Abstraktionsebene, die „Genese dieses genetischen Prinzips" (ebd.), das zuvor auf der sinngenetischen Ebene rekonstruiert wurde. Die vorliegende Studie konzentrierte sich auf die sinngenetische Typenbildung im Hinblick auf die Lernprozesse der Schülerinnen und Schüler. Die soziogenetische Interpretation rückt die Gestaltung der Lehr-Lernarrangements in den Blick und stellt die Frage nach den Formen der Praxis, die die Kompetenzerwerbsprozesse bedingen, hier beschrieben als Lehrmodus. Der

Lehrmodus beschreibt unterschiedliche Aspekte der Lehr-Lernarrangements, die die Sequenzen charakteristisch strukturieren, z.B. die realisierten Aufgaben der Lehrkraft.

5. Das empirische Material

Im Folgenden wird ein Überblick über die Datengrundlage gegeben. Die begleiteten Unterrichtseinheiten werden in ihrem didaktischen Aufbau und ihrer Struktur dargestellt, um die, für die Illustration der Ergebnisse im Kapitel IV ausgewählten, Sequenzen einordnen zu können. Dies dient allein dem Zwecke der Zuordnung und Übersicht.

Insgesamt wurden im Rahmen des Projektes 165 Unterrichtsstunden (à 45 Minuten) aufgenommen. Dabei war ein Teil davon als Doppelstunden organisiert und ein Teil als Einzelstunden. 16 Unterrichtsstunden wurden beispielsweise als eine Zukunftswerkstatt in Form von Projekttagen organisiert. Diese 165 Einzelstunden entstanden aus der Begleitung von zehn Lehrkräften und Lerngruppen in acht Schulen in vier Bundesländern. Bei den Schulen handelte es sich um drei Integrierte Gesamtschulen und fünf Gymnasien. Die Erhebungen fanden in 10. Klassen, einer 12. Klassen und zwei jahrgangsgemischten Klassen (11./12. Jahrgang) statt. Die Fachkontexte und damit auch die Themen des Unterrichts waren zudem unterschiedlich und umfassten die Fächer Politik, Werte und Normen, Biologie, Sozialkunde, Gesellschaftslehre und Mathematik. Darin wurden folgende Themen behandelt: Bildung für nachhaltige Entwicklung, Bildung für nachhaltige Entwicklung und Nicht-Regierungsorganisationen, der Mensch und die Natur, Bau eines Großflughafens, Globalisierung, Schadstoffe in Kleidung, Fleischkonsum und Regenwald, der ökologische Fußabdruck und Klassenfahrten und Gentechnik. Der Unterricht war zudem sehr unterschiedlich strukturiert durch verschiedene Methoden und Handlungsformen. Es konnte durch die Begleitung von öffentlichem Unterricht bis zu Projektunterricht eine methodisch-didaktische Vielfalt erhoben werden.

In der Analyse wurden insgesamt acht der zehn begleiteten Unterrichtseinheiten berücksichtigt. Für die Interpretation wurden Ausschnitte aus diesen acht Unterrichtseinheiten in unterschiedlichem Umfang und Länge herangezogen und mit der Dokumentarischen Methode ausgewertet. Für die Darstellung der Ergebnisse wurden Sequenzen aus fünf Unterrichtseinheiten aufgrund ihrer Kontrastivität ausgewählt. Diese fünf Unterrichtseinheiten werden im Folgenden kurz skizziert, um einen Überblick über das Material zu geben. Die Unterrichtssequenzen und die darin interagierenden Akteure illustrieren mögliche

Umgangsweisen mit den gestellten Anforderungen, die sich sowohl innerhalb des Klassenverbandes als auch über die Gruppen hinweg wiederholt rekonstruieren ließen.

5.1 Das Sample im Überblick

Die für die Darstellung verwendeten Unterrichtseinheiten sind weiß unterlegt. Der graue Hintergrund markiert die erhobenen, teilweise analysierten[18], aber nicht für die Darstellung verwendeten Unterrichtseinheiten.

Tab. 4   Überblick des empirischen Materials

Name der Schule (Gruppenname)	*Schulform[19]*	*Jg.*	*Fach/ Fächer (Std.)*	*Thema*
Albrecht-Dürer-Gymnasium (Dürer)	Gym.	11./12.	Politik (26)	Bildung für nachhaltige Entwicklung und entwicklungspolitische Organisationen
Albrecht-Dürer-Gymnasium (Dürer II)	Gym.	11./12.	Politik (20)	Nachhaltige Entwicklung
Freiherr-von-Stein-Gymnasium (Von Stein)	Gym.	11./12.	Ethik (16)	Mensch und Natur
Friedrich-Schiller-Gymnasium (Schiller)	Gym.	10.	Biologie (12)	Schadstoffe in Kleidung
Friedrich-Schiller-Gymnasium (Schiller II)	Gym.	10.	Biologie (10)	Schadstoffe in Kleidung
Theodor-Fontane-Schule (Fontane)	IGS	10.	Biologie (10)	Fleischkonsum und Regenwald
Anne-Frank- Gymnasium (Frank)	Gym.	10.	Biologie (11)	Ökologischer Fußabdruck
Erich-Kästner-Schule (Kästner)	GS	10.	Gesellschaftslehre (34)	Globalisierung

---

18 Kursiv sind die Unterrichtseinheiten, die nicht in die Analyse einbezogen wurden.
19 Gym. (Gymnasium), IGS (Integrierte Gesamtschule), GS (Gesamtschule).

Erich-Kästner-Schule (Kästner II)	GS	10.	Gesellschaftslehre (22)	Globalisierung
Georg-Büchner-Gymnasium (Büchner)	Gym.	10.	Mathe (4)	Großflughafen

Die Vergleichshorizonte, die sich aus der Struktur des Materials ergeben konnten, sind die Schulform, die Schulklassen, die Fachkontexte, die Themen und die methodisch-didaktische Gestaltung der Lehr-Lernarrangements. Welche als relevant rekonstruiert werden konnten, ist Gegenstand des vierten Kapitels.

5.2 Die Abläufe der ausgewählten Unterrichtseinheiten

Die Lerngruppe *Dürer* ist eine jahrgangsgemischte Klasse (11./12. Jahrgang) an einem Gymnasium. Das Thema der Unterrichtseinheit ist „Bildung für nachhaltige Entwicklung und Nicht-Regierungsorganisationen" und wurde im Politikunterricht durchgeführt. Der Unterricht fand doppelstündig einmal in der Woche statt. Zuerst gab es zwei einführende Stunden, in denen Organisatorisches sowie die Referatsthemen zu unterschiedlichen entwicklungspolitischen Organisationen, die auf einer vorgegebenen Internetseite aufgelistet waren, geklärt wurden. Die Schülerinnen und Schüler konnten anschließend Informationen zu den vorgegebenen Organisationen nachlesen und sollten sich für eine der auf der Internetseite vorgestellten Organisationen entscheiden. Ein Arbeitsblatt zum Thema nachhaltige Entwicklung wurde als Hausaufgabe gegeben. In der zweiten Doppelstunde wurden zu Beginn noch einmal organisatorische Dinge geklärt. Es wurde außerdem die Liste für die zu bearbeitenden Organisationen besprochen und die endgültige Zuteilung der Schülerinnen und Schüler zu einer der Organisationen vorgenommen. Anschließend wurde das Arbeitsblatt, das Hausaufgabe war, in Gruppen bearbeitet und noch einmal im Plenum besprochen. In der dritten Doppelstunde wurde ein Aufgabenblatt zur Referatsgestaltung ausgeteilt und die Schülerinnen und Schüler bekamen Zeit, im Computerraum für ihre jeweiligen Referatsthemen zu recherchieren. In der darauffolgenden Doppelstunde gab es einen ungeplanten Besuch von einem ausländischen, spanisch-sprachigen Gast, der eine Hilfsorganisation vorstellte, der er angehört. Die Lehrkraft übersetzte die Präsentation parallel und es gab noch Zeit für Nachfragen. Während der nächsten Doppelstunde stellte die Lehrkraft eine PowerPoint-Präsentation vor, die vor allem die graphischen Effekte und die formalen Gestaltungsmöglichkeiten in dem Programm illustrierte. Diese medialen Variationen wurden kurz im Plenum besprochen. Anschließend hatten die Schülerinnen und Schüler wieder Zeit im Computerraum, in der sie an ihren Referatsthemen arbeiten konnten. In der sechsten Doppelstunde machte die Klasse einen Tagungsbesuch zum Thema Globales Lernen, der in der darauffolgenden Woche unter verschiedenen Fragestellungen ausgewertet wurde, z.B. was gefallen hat bzw. was verbessert werden könnte. Es wurde zudem besprochen, wie das Feedback für die anstehenden Präsentationen zu den NROs organisiert werden soll. Danach begann die Referatesphase. Meist wurden zwei bis drei Präsentationen während einer Doppelstunde durchgeführt. Nach jedem Referat gab es ein Feedback von Mitschülerinnen und -schülern nach den vorgegebenen Kriterien eines von der Lehrkraft ausgeteilten Feedbackbogens. Die Unterrichtseinheit endete mit der Besprechung der Portfolios, die die Schülerinnen und Schüler als Dokumentation der Referatsvorbereitung schreiben sollten und mit einem letzten Referat eines Austauschschülers über sein Land. Am Ende der letzten Stunde wurde noch ein „Café Global" durchgeführt, in dem sich die Schülerinnen und Schüler über ihre bisherigen Austauscherfahrungen berichten sollten.

Tab. 5   Übersicht der Unterrichtseinheit in der Lerngruppe *Dürer*

	Übersicht Lerngruppe *Dürer*	
Std.	**Thema**	**Ablauf**
1./2.	Referatsthemen	- Besprechung Organisatorisches, Vorstellung der Liste der Referatsthemen - Raumwechsel und Recherche der SuS[20] an den PCs; Nachlesen der Informationen zu den jeweiligen Organisationen auf der Liste - Auswahl der Referatsthemen von dieser Liste
3./4.	Nachhaltige Entwicklung	- Bearbeitung des AB zur BNE in Gruppen - Vergleich des Arbeitsblattes im Plenum
5./6.	Referatsthemen	- Partnerarbeit zum Referat im Computerraum
7./8.	Besuch	- Vorstellung einer Nichtregierungsorganisation, der der Besucher angehört - Er stellt auf Spanisch die Organisation vor; L. übersetzt - kurze Zeit für Rückfragen
9./10.	Präsentieren mit PowerPoint	- Präsentation einer PowerPoint durch L., die formale Gestaltungsmöglichkeiten zeigt - Plenumsgespräch über Gestaltungsmöglichkeiten - Danach Arbeit im Computerraum an den Referatsthemen

---

20 Die Abkürzungen SuS (Schülerinnen und Schüler) und L. (Lehrkraft) werden hier der Kürze halber verwendet.

11./12.		- Tagungsbesuch
13./14.	Auswertung der Tagung	- Im Plenumsgespräch Auswertung der Tagung: - Was war interessant? - Verbesserungsvorschläge an die Organisatoren? - Was meint eigentlich Globales Lernen?
15./16.	Entwicklungspolitische Organisationen (NRO)	- Klärung von Organisatorischem - Präsentation des ersten Referates zu einer NRO - Ausführliches Feedback und Besprechung von Aspekten für die nächsten Präsentationen - L. zeigt einen Film über eine NRO (Müll in Peru) - Kurze Besprechung von Ähnlichkeiten zwischen den beiden Initiativen
17./18.	NRO	- Präsentation des zweiten Referates - Kurze Diskussion und Feedback - Präsentation des dritten Referates - Kurzes Feedback aus dem Plenum - L. zeigt einen Film zur einer NRO
19./20.	NRO	- Präsentation des vierten Referates - Kurzes Feedback aus dem Plenum - Präsentation des fünften Referates - Kurzes Feedback aus dem Plenum - Präsentation des sechsten Referates - Kurzes Feedback aus dem Plenum
21./22.	NRO	- Präsentation des siebten Referates - Kurzes Feedback aus dem Plenum - Präsentation des achten Referates - Kurzes Feedback aus dem Plenum - Präsentation des neunten Referates - Kurzes Feedback aus dem Plenum
23./24.	Gruppendiskussion	- Parallel im Klassenraum Besprechung und Rückgabe der Portfolios
25./26.	Taiwan und Austauscherfahrungen	- Vortrag eines taiwanesischen Austauschschülers über sein Land - Café Global mit Austauschschülern (Welche Erfahrungen haben sie durch den Austausch gemacht)

Die Lerngruppe *Schiller* ist eine 10. Klasse an einem Gymnasium. Die Unterrichtseinheit wurde von der Lehrkraft fachübergreifend im Biologie- und Sozialkundeunterricht durchgeführt und konnte so drei Stunden pro Woche in Anspruch nehmen. Das Thema war „Schadstoffe in Kleidung". Den Auftakt bildete ein Eintrag aus einem Internetforum zu Allergien, in dem der/die Autor/in physiologische Beschwerden, wie Schwindel, Übelkeit und einen metallischen Geschmack auf der Zunge, nach dem Tragen von im Internet gekauften T-Shirts beschreibt. Die T-Shirts seien in Bangladesch produziert worden und hätten nach Farbe gerochen. Trotz Waschen der Kleidung hielten die Beschwerden an. Die Verfasserin bzw. der Verfasser richtet sich mit Fragen nach einem Ratschlag oder ähnlichen Erfahrungen an die Leserinnen und Leser. Die Schülerinnen und Schüler sollten im Anschluss Fragen entwickeln, die beantwortet werden müssten, um eine fachgerechte Antwort auf den Beitrag geben zu können. Die Fragen wurden thematisch sortiert und vier Expertengebiete festgelegt: Mediziner, Chemiker, Textilarbeiter und Textilunternehmer. Die Schülerinnen und Schüler wurden auf die Gebiete aufgeteilt und sollten die Fragen für ihren Bereich sammeln. Zusätzlich erhielten sie einen Aufgabenzettel mit einigen Leitfragen und Internettipps. In den nächsten drei Unterrichtsstunden hatten sie Zeit im Computerraum für Recherchen zu ihrem jeweiligen Expertengebiet. In dieser Zeit mussten zudem Plakate zur Präsentation der Gruppenergebnisse vorbereitet werden. Die Plakate wurden dann in der fünften Unterrichtsstunde in Form eines „Marktes" ausgestellt. Nach einem ersten Durchgang durch die Plakate sollten anhand der dort gegebenen Informationen unterschiedliche Fragen, die die Lehrkraft austeilte, beantwortet werden. Die Antworten erklärten sich die Schülerinnen und Schüler noch einmal gegenseitig. Ein erster Versuch, die Antwortmail zum Blogeintrag zu schreiben, sollte sich anschließen. In der nächsten Stunde gab es eine Folie als Input, die Billigtextilprodukte abbildete und die Arbeitsverhältnisse der Textilarbeiter/innen anklagte. Anhand des Materials und weiterer Recherchen hatten die Gruppen den Rest der Stunde und auch in der darauffolgenden Stunde Zeit, sich auf eine Podiumsdiskussion in ihrer Expertenrolle vorzubereiten. Neu entstandene oder noch offene Fragen sollten geklärt und Argumente gesammelt werden. Welche/r Schüler/in aus der Gruppe teilnehmen sollte, konnten die Gruppen selbst bestimmen. In der Stunde der Podiumsdiskussion hatten die Gruppen noch eine kurze Vorbereitungszeit. Auftakt für die Diskussion bildete der Film „Schön! Färber!"[21]. Er zeigt ein Vier-Augen-Gespräch zwischen einem Firmenchef und einem PR-Berater, in dem es um den Umgang mit den Arbeiter/innen in den Billiglohnländern geht. Der Film entstand im Rahmen einer Kampagne für „saubere Kleidung"[22]. Die Podiumsdiskussion erstreckte sich über den Rest der Stunde und wurde in der nächsten Stunde fortgesetzt. In der zweiten Stunde der Doppelstunde beendete die Lehrkraft das Rollenspiel und fragte nach Handlungsmöglichkeiten, die in Anbetracht der Probleme, die sie jetzt kennengelernt haben, im täglichen Konsum eine Rolle spielen könnten. Als Hausaufgabe galt es die offene Frage nach Siegeln, die eine nachhaltige Herstellung von Kleidern

---

21 Das Video ist verfügbar unter http://www.youtube.com/watch?v=2JomPtm00yU (Zugriff 01.06.2014).
22 Weitergehende Informationen zu der Kampagne sind verfügbar unter http://www.saubere-kleidung.de/ (Zugriff 01.06.2014).

anzeigen, zu recherchieren. In der vorletzten Stunde bekamen die Schülerinnen und Schüler ein Arbeitsblatt zu nachhaltigem Konsum und es wurden noch einmal Handlungsmöglichkeiten, wie die Siegel, die man beachten kann oder die Möglichkeit Kampagnen zu veranstalten, besprochen. Die Schülerinnen und Schüler bekamen dann noch Gelegenheit, die Antwortmail an den Autor des Forumseintrages zu überarbeiten, die in der nächsten Stunde eingesammelt wurden. In der letzten Stunde wurde die Podiumsdiskussion nachbesprochen und ein Feedback zur Unterrichtseinheit durch die Jugendlichen gegeben.

Tab. 6   Übersicht der Unterrichtseinheit in der Lerngruppe *Schiller*

	Übersicht Lerngruppe *Schiller*	
Std.	**Thema**	**Ablauf**
1./2.	Probleme beim T-Shirt-Kauf	- Einstieg Blogeintrag vom OHP vorlesen (Krank nach T-Shirt-Kauf) - Kommentare der SuS - Gruppenarbeit: Fragen sammeln - Plenum: Sammeln der Fragen an Pinnwand, Fragen clustern, gemeinsames Clustern, L. gibt Oberbegriffe vor (benötigte Fachrichtungen) und formuliert Erwartungshorizont - Einteilung der Gruppen - Arbeitsblätter für die Gruppen (Leitfragen, Quellenvorschläge) - L. formuliert Zeitrahmen und gibt Ausblick auf weiteren Verlauf - Einstieg Gruppenarbeit (Sammeln der Fragen für den eigenen Expertenbereich)
	Arbeit zum Expertengebiet	- Auftrag: versuchen, Fragen zu beantworten, Zeitplan erstellen, Aufgaben verteilen - Gruppenarbeit
3.	Arbeit zum Expertengebiet	- Kurze Ansage zum Zeitplan und Ablauf - Austeilen des Arbeitsblattes zu Kriterien der Plakatgestaltung - Gruppenarbeit
4.	Arbeit zum Expertengebiet	- Ansage Zeitplanung, Auftrag: Plakate fertig stellen, nächste Stunde präsentieren - Gruppenarbeit
5./6.	Informationen der Mediziner, Chemiker, Industriellen und Arbeiter	- Plakatpräsentation - Auftrag: grundlegend informieren, ggf. Experten fragen - Plakatrundgang - Zeit für Nachfragen zu den Plakaten - Fragezettel werden von L. ausgeteilt, Fragen sollen anhand der Plakate beantwortet werden - Beginn der Einzelarbeit (Beantwortung der Fragen), für nächste Stunde aufbewahren

		- Nochmal Zeit zur Beantwortung der Fragen - Partnerweise gegenseitig die Fragen erklären - Vorlesen des Blog-Eintrags zur Erinnerung - Beginn die Antwortmail zu schreiben
7.	Billigpreise bei Kleidung, Expertengebiete vertiefen	- Kurz Zeit, um Plakate anzuschauen, Erinnerung an letzte Stunde - Ausblick auf das Ziel Podiumsdiskussion („Schadstoffe in Textilien") - Input Aldi-Folie - Plenum: Kommentare, erster Eindruck, Folie als Arbeitsblatt - Gruppenarbeit: Argumente aus der Expertenrolle entwickeln, sammeln, sortieren - Erläuterung Ablauf Podiumsdiskussion - Beginn Gruppenarbeit: Vorbereitung Diskussion, Argumente recherchieren - Weitere Erläuterung zur Diskussion, Aufgaben der anderen - Hausaufgabe ist die Vorbereitung und das Recherchieren weiterer Informationen
8.	Expertengebiet	- Hinweise für die einzelnen Gruppe (evtl. Nachrecherche) - Auftrag: Am Ende der Stunde Recherchen beenden, Absprachen treffen - Gruppenarbeit
9.	Schadstoffe in Kleidung	- Kurz Zeit zur Absprache in den Gruppen - Rollenverteilung und Aufbau des Podiums - Einführung der Podiumsdiskussion mit Video „Schön! Färber!" - Podiumsdiskussion mit Moderation durch L.
10.	Schadstoffe in Kleidung, Handlungsmöglichkeiten	- Fortsetzung der Podiumsdiskussion - Öffnung ins Plenum durch L. - Plenumsgespräch über Handlungsmöglichkeiten und Hindernisse - Hausaufgabe: nach Siegeln zu fairer oder ökologischer Kleidung recherchieren
11.	Handlungsmöglichkeiten	- Zeit in Kleingruppen, Hausaufgabe zu besprechen - Präsentation und Diskussion der Möglichkeiten durch die Kleingruppen - Fazit durch L.: Sich informieren, um sich entscheiden zu können
12.	Reflexion der Unterrichtseinheit	- Reflexion der Podiumsdiskussion (welche Argumente gut, tragfähig), Veränderungsmöglichkeiten für die Durchführung und Vorbereitung der Diskussion (was nächstes Mal anders machen) - Kartenabfrage zur Rückmeldung der Unterrichtseinheit (positive und negative Aspekte) - Bewertung der Plakate (L. gibt Bewertungskriterien vor, fragt die Bewertung durch das Plenum ab)

Die Lerngruppe *Fontane* ist ebenfalls eine 10. Klasse einer Integrierten Gesamtschule. Im Biologieunterricht wird die Unterrichtseinheit zum Thema „Fleischkonsum und Regenwald" durchgeführt und umfasste zwei Einzelstunden pro Woche. Die erste Stunde diente dem Themeneinstieg, der mit einem stummen Impuls in Form von zwei Bildern (Abbildungen eines Steaks und Regenwald) stattfand. Im Anschluss sollten Fragen zum Zusammenhang der Bilder gestellt werden, die im Anschluss an einer Pinnwand gesammelt wurden. Die Lehrkraft gab für die Strukturierung der Fragen drei Themenbereiche vor: Ökosystem, Artenvielfalt und Futtermittel. Danach wurden den vorgegebenen Themen Gruppen zugeteilt. Je zwei Gruppen bearbeiteten eines der drei Themen. Die Schülerinnen und Schüler bekamen zum Stöbern noch ein GTZ-Heft[23] und sollten die ersten Aufgaben in der Gruppe koordinieren. In den folgenden fünf Unterrichtsstunden, die im Computerraum stattfanden, bekam die Schülerinnen und Schüler Zeit, zum Thema zu recherchieren und die Präsentationen vorzubereiten. Für die Präsentation sollten sie entscheiden, welche der jeweils zwei Gruppen ein Plakat macht und welche eine PowerPoint Präsentation. Es wurden Reader ausgeteilt, in denen Informationen zum Thema und der Bewertungsbogen für die Präsentationen enthalten waren. Die Lehrkraft führte noch die „To-Do-Liste"[24] ein. Ab der siebten Stunde begannen die Präsentationen, die jeweils kurz nachbesprochen wurden. In der vorletzten Stunde wurde am Ende der Stunde noch die Podiumsdiskussion vorbereitet und die Rollen festgelegt, für die sich die Schülerinnen und Schüler eintragen konnten. Es gab die Rollen: Metzger/in, deutsche/r Landwirt/in, Regenwaldbewohner/in, Vegetarier/in, Biologe/in und Umweltschützer/in sowie die Moderation. Die weitere Vorbereitung war Hausaufgabe. Wer an der Podiumsdiskussion teilnehmen würde, teilte die Lehrkraft in der nächsten Stunde mit. In der letzten Stunde wurde zu Beginn ein Meinungsbarometer zu der Frage durchgeführt, ob die Jugendlichen glauben, etwas gegen die Zerstörung des Regenwaldes tun zu können. Dafür sollten sie sich im Flur aufstellen, auf den Positionen, die ihre Meinung repräsentieren. Im Anschluss wurde die Podiumsdiskussion zu der Frage „Ist der Regenwald noch zu retten? Müssen wir alle Vegetarier werden?" veranstaltet und die Podiumsteilnehmerinnen und -teilnehmer bekamen dazu jeweils Argumentationskarten zu ihren Rollen ausgeteilt. Abschließend wurde

---

23 Eißing, S./Amend, T. (Hrsg.). (2010). Entwicklung braucht Vielfalt. Mensch, natürliche Ressourcen und internationale Zusammenarbeit. In Deutsche Gesellschaft für Technische Zusammenarbeit (GTZ) GmbH Eschborn (Hrsg.), *Nachhaltigkeit hat viele Gesichter* (Band 1). Heidelberg: Kasparek Verlag.
24 Das ausgeteilte Dokument „To-Do-Liste", s. Anhang 1.

noch einmal das Meinungsbarometer durchgeführt und kurz nachbesprochen, welche Handlungsmöglichkeiten für die/den Einzelne/n bestehen.

Tab. 7   Übersicht der Unterrichtseinheit in der Lerngruppe *Fontane*

\multicolumn{3}{c}{Übersicht Lerngruppe *Fontane*}		
Std.	Thema	Ablauf
1.	Regenwald und Fleischkonsum	- Organisation der Sitzordnung - Einstieg mit Bild (Regenwald und Steak) am OHP - Plenum: erste Gedanken dazu - Gruppenarbeit: Fragen zum Zusammenhang sammeln - Sammeln der Fragen an der Wand (Karten) - L gibt drei Oberbegriffe vor - Schüler sollen die Fragen den Oberbegriffen zuordnen und sich für eines der Themen entscheiden - Austeilen der GTZ-Hefte - Einstieg in die Gruppenarbeit: Arbeit koordinieren
2.	Referatsthema	- Rückblick auf letzte Stunde - Aufgabe: orientieren, informieren und recherchieren - Vorstellen der To-Do-Liste - Austeilen der Informationsmappen (inkl. Bewertungsbogen für Präsentation) - Gruppenarbeit (an den Computern)
3.	Referatsthema	- Aufgabe ist klar, L sagt Zeitplan an - Gruppenarbeit - Hinweise zur Verwendung des Readers und der To-Do-Liste
4.	Referatsthema	- Auftrag: Diese Stunde den größten Teil schaffen - Gruppenarbeit
5.	Referatsthema	- Auftrag: Recherchen beenden, nächste Stunde Vorbereitung abschließen und erster Vortrag - Gruppenarbeit
6.	Referatsthema	- Auftrag: Alles beenden und überprüfen, ob die Fragen vom Beginn der Einheit beantwortet werden, nächste Stunde Vorträge - Gruppenarbeit
7.	Präsentationen	- Kurze Gruppenabsprachen mit L. - Ankündigung der Vorträge, Erläuterung zum Bewertungsbogen - Plakatpräsentation: Thema Futtermittel - Rückfragen, Plakat anschauen und Abgabe der Bewertungsbögen - PowerPoint Präsentation (PPT): Thema Artenvielfalt
8.	Präsentationen	- Rückmeldung zur Präsentation von letzter Stunde - Abgabe der Bewertungsbögen - Plakatpräsentation: Thema Artenvielfalt - Kurze Anmerkungen zur Präsentation - Plakatpräsentation: Thema Ökosystem
9.	Präsentationen	- PPT: Thema Ökosystem, Rückfragen und Feedback - PPT: Thema Futtermittelanbau, Rückfragen und Feedback - Rückmeldung zur letzten Gruppe von letzter Stunde

		- Ausfüllen und Abgabe der Bewertungsbögen
10.	Handlungsmöglichkeiten	- Meinungsbarometer: Kann der Einzelne etwas verändern? - Rollenzuweisung für Podiumsdiskussion durch L. - Podiumsdiskussion (Frage: Müssen wir alle Vegetarier werden? Ist der Regenwald noch zu retten?) - Plenumsgespräch zu Handlungsmöglichkeiten: Was könnt ihr beitragen, Äußerungen dazu - Wiederholung des Meinungsbarometers - Plenumsgespräch zu Möglichkeiten, etwas am eigenen Konsum zu verändern

Das Thema „Ökologischer Fußabdruck und Klassenfahrten" wurde in der Lerngruppe *Frank* behandelt. Diese Lerngruppe ist eine 10. Klasse an einem Gymnasium. Die Unterrichtseinheit wurde im Biologieunterricht durchgeführt und konnte dank Stundentausch mit einer anderen Lehrkraft mit drei Stunden pro Woche stattfinden. Der Einstieg war hier ein fiktiver Gesamtkonferenzbeschluss der eigenen Schule, die Klassenfahrten aus ökologischen Gründen auf eine geringere Distanz zu begrenzen. Die Schülerinnen und Schüler sollten dazu in Gruppen Fragen, Gefühle und Pro- und Kontra-Argumente sammeln, die im Anschluss vorgestellt wurden. Nach der Vorstellung wurde ein Meinungsbarometer durchgeführt zu der Frage, welche Gründe wichtiger bei Klassenfahrten sind, eher ökologische Gründe oder eher der Spaß. Wie auch bei der Gruppe *Fontane*, sollten sich die Schülerinnen und Schüler dazu kurz auf dem Flur aufstellen. Das Ergebnis, dass vor allen Dingen Spaß ein wichtiger Faktor ist, wurde kurz im Plenum besprochen. Außerdem wurde die Bedeutung der Formulierung „aus ökologischen Gründen" versucht zu klären. In der nächsten Stunde wurde ein sogenanntes „Schlingenspiel" durchgeführt. Es ist dem Spiel „Reise nach Jerusalem" sehr ähnlich. Die Lehrkraft hatte dafür Felder auf dem Boden des Klassenraumes abgeklebt, die unterschiedliche Ressourcen der Erde (seltene Erden, Wasser, Öl) repräsentierten. Diese Felder wurden von Runde zu Runde verkleinert oder ganz entfernt bis nur noch eins übrig war. Etwa die Hälfte der Klasse nahm aktiv an dem Spiel teil. Die andere Hälfte bekam unterschiedliche Beobachtungsaufträge; sie sollten das verbale, das non-verbale Verhalten oder beides als Gesamteindruck dokumentieren. Die Beobachtungen wurden nach dem Spiel gesammelt und auf den Beschluss zur Verkürzung der Klassenfahrten übertragen. In der nachfolgenden Stunde schauten sich die Schülerinnen und Schüler einen Film zur zukünftigen Entwicklung der Erde an und sollten sich Notizen zu den wichtigsten Punkten machen, die an die Lehrkraft zur Dokumentation abgegeben wurden. In der vierten Stunde füllten die Schülerinnen und Schüler Selbsttests zu ihrem persönlichen ökologischen Fußabdruck aus bzw. konnten elektronische Versionen dazu im Internet testen. Sie bekamen außerdem ein gleichnamiges GTZ-Heft[25] als grundlegende Informationsquelle ausgeteilt. Aus der Struktur der Tests wurden die Themenbereiche Mobilität, Nahrung und Wohnen abgeleitet, die eingehender in Kleingruppen bearbeitet wurden. Eine weitere Gruppe arbeitete einen entsprechenden Test zum ökologischen Fußabdruck für Klassenfahrten auf der Grundlage der Informationen der anderen Gruppen aus. Dazu bekamen alle Gruppen einen jeweils thematischen Reader, der Grundlage für die Bearbeitung und Erstellung einer Präsentation in den drei folgenden Unterrichtsstunden war. Die Gruppen stellten im Anschluss ihre Themenbereiche mit unterschiedlichen Medien (z.b. Metaplan-Technik, PowerPoint Präsentation) vor. Es gab immer eine kurze Feedbackrunde im Anschluss. Nach der Vorstellung des Fragebogens für Klassenfahrten, dessen Erstellung einige Schwierigkeiten von Berechnungen aufdeckte, wurde noch einmal das Meinungsbarometer aus der ersten Stunde durchgeführt und eine Veränderung zugunsten der ökologischen Gründe festgestellt. In der abschließenden Stunde wurde noch ein Film zum Lebenswerk eines in Afrika engagierten Naturwissenschaftlers gezeigt. Die Schülerinnen und Schüler dokumentierten wichtige Punkte und stellten in einem letzten lehrergeleiteten Plenumsgespräch noch einmal einen Bezug zum Konferenzbeschluss her.

Tab. 8   Übersicht der Unterrichtseinheit in der Lerngruppe *Frank*

Übersicht Lerngruppe *Frank*		
Std.	**Thema**	**Ablauf**
1.	Sinn und Zweck von Klassenfahrten	- Input: Antrag an Schulkonferenz - Gruppenarbeit: Gefühle, Fragen, Pro-/ Contra-Argumente auf Metaplankarten - Präsentation der Ergebnisse - Gruppenarbeit: Sammeln von Punkten zum Sinn und Zweck einer Klassenfahrt auf Metaplankarten - Präsentation der Ergebnisse - Meinungsbarometer: Was ist wichtig an einer Klassenfahrt? Spaß, Kultur oder ökologische Verträglichkeit? - Kurze Auswertung - Frage nach ökologischen Gründen: Was meint das? - Am Ende kurze SuS-Rückmeldung zur Stunde

---

25 Beyers, B./Kus, B./Amend, T./Fleischhauer, A. (Hrsg.). (2010). Großer Fuß auf kleiner Erde? Bilanzieren mit dem Ecological Footprint. Anregungen für eine Welt begrenzter Ressourcen. In: *Nachhaltigkeit hat viele Gesichter*. Deutsche Gesellschaft für Technische Zusammenarbeit (GTZ) GmbH, Eschborn. Heidelberg: Kasparek Verlag.

2./3.	Ressourcen-knappheit	- Einteilung der Gruppen von Spielteilnehmer/innen und Beobachter/innen - Durchführung des Schlingenspiels mit Musik - Auswertung der Beobachtungen im Plenum - Was wäre eine passende Überschrift für das Thema? Überleitung zum Film (aus GTZ-Heft) - Gruppenarbeit: Film am Laptop anschauen und wichtige Aspekte bzw. Fragen notieren
4.	Ökologischer Fußabdruck	- Vorbemerkung zur Portfolio-Arbeit - Stunde an den Laptops (Internet) → Beantworten des BUND Ökologischen Fußabdruckes, weitere Tests im Netz ausprobieren (→ ausgeteilte Linkliste), Suche nach Oberbegriffen (aus den Tests) - Oberbegriffe: Nahrung, Mobilität, Wohnen und Kleidung
5./6.	Referatsthema	- Rückblick auf letzte Stunde - Einteilung der Gruppen zu den Themenbereichen Nahrung, Mobilität, Wohnen und Kleidung - Beginn der Gruppenarbeit: Arbeit mit den Readern (lesen und das Wichtigste herausarbeiten → Informationen an die Fragebogen-Gruppe) - Fortsetzung der Gruppenarbeit
7./8.	Referatsthema und Präsentationen	- Fortsetzung der Gruppenarbeit - Wichtiger Aspekt für das Feedback an die Präsentationsgruppen: Bezug zur Vorlage Klassenfahrtsverkürzung - Erste Präsentationen: Thema Nahrung - Feedback - Zweite Präsentation: Thema Wohnen - Anschließendes Feedback
9.	Präsentationen	- Dritte Präsentation, Thema Nahrung (II)[26] - Feedback - Vierte und fünfte Präsentation: Thema Mobilität (I+II) - Feedback - Sechste Präsentation: Thema Kleidung - Rückmeldung, Ausblick auf nächste Stunde
10./11.	Fragebogen zum ökologischen Fußabdruck einer Klassenfahrt	- Organisatorisches - Präsentation des Fragebogens: die Fragen, Optionen und Bewertungen werden vorgestellt und diskutiert - Planung weiteres Vorgehen zum Fragebogen - Wiederholung des Meinungsbarometers - Film zum Leben eines Naturwissenschaftlers - Gruppenarbeit: Gedanken zum Film machen, Schlussfolgerungen ziehen - Plenum: Statements zum Film und zur eigenen Verantwortung für die Gestaltung des Lebens auf der Erde

---

26 Die Themen (bis auf „Kleidung") waren jeweils an zwei Gruppen vergeben.

Die letzte Unterrichtseinheit, deren Ablauf zur Illustration kurz skizziert wird, behandelte das Thema „Globalisierung" im Gesellschaftslehre-Unterricht einer 10. Klasse. Die Lerngruppe *Kästner* ist die zweite Gesamtschulgruppe. Für die Zeit der Unterrichtseinheit standen vier Unterrichtsstunden pro Woche zur Verfügung. Den Auftakt bildete die Veranstaltung eines „Globalen Dorfes" in der Sporthalle mit dem ganzen Jahrgang. Unterschiedliche Prozentzahlen, z.B. in Bezug auf Studienabschlüsse weltweit oder dem Zugang zu Wasser, wurden durch das Aufstellen der Schülerinnen und Schüler prozentual repräsentiert. In der ersten Stunde im Klassenverband wurde an dem Thema „Globalisierung" weitergearbeitet. Die Schülerinnen und Schüler konnten sich zunächst aus einer Auswahl von Karikaturen eine zur Bearbeitung aussuchen. Diese wurde analysiert und anschließend im Plenum vorgestellt. Die Ergebnisse wurden jeweils auf Plakaten festgehalten und im Plenum eine Mindmap zu Themen bzw. Phänomenen der Globalisierung erstellt. In der nächsten Doppelstunde wurde die Vorstellung der Karikaturen-Analyse fortgesetzt. Anschließend wurde ein von der Lehrkraft ausgeteilter Text zum Begriff Globalisierung in Kleingruppen erarbeitet. Aus dem Text sollten Kategorien extrahiert und die konkreten Phänomene der Karikaturen zugeordnet werden. Auch diese Ergebnisse wurden neuerlich im Plenum vorgestellt und als Mindmap zu möglichen Bereichen innerhalb des Themas Globalisierung gesammelt. In der nächsten Doppelstunde wurde den Schülerinnen und Schülern eine Materialkiste und Laptops zur Verfügung gestellt, um ein eigenes Thema innerhalb des Themenkomplexes Globalisierung zu entwickeln, das sie in den nächsten drei Wochen selbstständig bearbeiten wollten. Anregungen für die Entscheidungen sollten auch die gesammelten Ergebnisse der vorangegangenen Gruppenarbeiten geben. Die Schülerinnen und Schüler arbeiteten während der Zeit selbstständig und dokumentierten ihre Arbeitsschritte. Nach einer Doppelstunde sollten sie ein Konzept zur Vorstellung ihres Themas abgegeben haben. Nachdem bereits einige Stunden selbstständig gearbeitet worden war, wurden die Planungen der Arbeitsschritte und die Themen der Gruppen nochmals im Plenum kurz präsentiert und besprochen. Es schloßen sich noch einmal zwei Doppelstunden Gruppenarbeit an, in denen die Produkte fertiggestellt wurden. Die abschließenden Produkte der Gruppenarbeit wurden im Flur aufgebaut und durch die Schülerinnen und Schüler kurz vorgestellt. Als Abschluss der Unterrichtseinheit wurde eine Zukunftswerkstatt über zwei Projekttage mit je vier Unterrichtsstunden durchgeführt. Die Zukunftswerkstatt wurde nach den entsprechend festgelegten Phasen (Kritik-, Phantasie- und Verwirklichungsphase) durchgeführt. Sie begann mit der Kritikphase, in der die Jugendlichen aufschreiben sollten, zu welchen Aspekten sie innerhalb des Themas Globalisierung negative Assoziationen haben.

Diese Ergebnisse wurden vorgestellt und es fanden sich Gruppen zusammen, die in der Phantasiephase gemeinsam eine Zukunftsvorstellung entwickelten, in der die jeweiligen Probleme, die sie identifiziert haben, gelöst sein würden. Die letzte Phase war die Umsetzungsphase, in der die Ideen, die sie entwickelt hatten, auf ihr Umsetzungspotential geprüft wurden. Die Ergebnisse dieser Phase wurden jeweils mit Plakaten dem Plenum präsentiert. Ganz am Ende der Unterrichtseinheit sollten die Jugendlichen einen Brief an ihr zukünftiges Ich, also an sich selbst in der Zukunft schreiben, den die Lehrkraft ihnen dann zu ihrem selbst gewählten Zeitpunkt zuschicken wollte. Darin sollten sie Vorsätze, die sie möglicherweise aus diesem Thema entwickelt haben, festhalten.

Tab. 9   Übersicht der Unterrichtseinheit in der Lerngruppe *Kästner*

Übersicht Lerngruppe *Kästner*		
Std.	**Thema**	**Ablauf**
1./2.	Verteilung auf der Welt	- Globales Dorf in der Sporthalle mit allen 10. Klassen - Unterschiedliche Bereiche (Zugang zu Bildung, Technik oder medizinischer Versorgung) werden für die Weltbevölkerung prozentual dargestellt
3./4.	Karikaturen zum Thema Globalisierung	- Fortsetzung des Themas Globalisierung - Unterschiedliche Karikaturen werden ausgelegt - Einzel- und Partnerarbeit: Auswahl und Analyse einer Karikatur mit vorgegebenen Leitfragen - Vorstellung der ersten Ergebnisse im Sitzkreis
5./6.	Themen der Globalisierung	- Eingeschoben: Präsentation zum Thema Fukushima, die nachgeholt werden musste - Vorstellung der restlichen Karikaturen - Arbeitsblatt zum Begriff Globalisierung - Gruppenarbeit: Was ist Globalisierung? Welche Themenbereiche gehören zur Globalisierung?
7./8.	Themen der Globalisierung	- Rückblick auf letzte Stunde - Fortsetzung der Gruppenarbeit - Beginn Präsentationen zu Themen der Globalisierung am OHP - Vervollständigung der MindMap und Erklärung zur weiteren Vorgehensweise im Sitzkreis - Aufgabe für das selbstständige Arbeiten: ein eigenes Thema entwickeln, erarbeiten und ein weitgehend selbst erklärendes Produkt erstellen - Gruppenfindung
9./10.	Selbstgewählte Themen	- Selbstständiges Arbeiten der SuS - L. als Ansprechpartner - Arbeit mit unterschiedlichen Medien: Bücherkiste, Laptops

11./12.	Selbstgewählte Themen	- Selbstständiges Arbeiten der SuS - L. als Ansprechpartner - Abgabe eines Konzeptes zur Erarbeitung des selbstgewählten Themas
13./14.	Selbstgewählte Themen	- Selbstständiges Arbeiten der SuS - L. als Ansprechpartner
15./16.	Selbstgewählte Themen	- Zwischenpräsentation der bisherigen Gruppenergebnisse im Sitzkreis - Besprechung von möglichen Problemen, Zeit für Nachfragen, weiterer Zeitplan, weitere Aufgaben
17./18.	Selbstgewählte Themen	- Selbstständiges Arbeiten der SuS - L. als Ansprechpartner
19./20.	Selbstgewählte Themen	- Selbstständiges Arbeiten der SuS - L. als Ansprechpartner
21./22.	Selbstgewählte Themen	- Kurze Vorstellung der Arbeitsschritte von den Gruppen - Selbstständiges Arbeiten der SuS - L. als Ansprechpartner
23./24.	Selbstgewählte Themen	- Selbstständiges Arbeiten der SuS - L. als Ansprechpartner
25./26.	Selbstgewählte Themen	- Präsentationen der unterschiedlichen Produkte - Zeit für kurze Nachfragen
27.-30.	Globalisierung	- Zukunftswerkstatt (I): Überblick durch L. - Kritikphase - Präsentation der Ergebnisse, Einteilung der Gruppen nach Interessen - Beginn Phantasiephase
31.-34.	Globalisierung	- Zukunftswerkstatt (II): - Fortsetzung der Phantasiephase - Verwirklichungsphase - Präsentation der Ergebnisse und kurz Zeit für Rückfragen oder Diskussion - Verfassen des Briefes an das zukünftige Ich

IV. Ergebnisse – Die Rekonstruktion des Kompetenzerwerbs und seiner Bedingungen

In diesem Kapitel werden die Rekonstruktionsergebnisse zu den Aneignungs- und Konstruktionsprozessen der Schülerinnen und Schüler im Unterricht sowie zu den Bedingungen in den Lehr-Lernarrangements dargestellt. Die Gliederung des Kapitels folgt den Kompetenzbereichen, die als relevant in der Auseinandersetzung der Schülerinnen und Schüler mit Themen des Lernbereichs identifiziert werden konnten: der Umgang mit Nicht-Wissen, mit Perspektivität und mit Handlungsaufforderungen. Die unterschiedlichen Kompetenzbereiche werden anhand der Analyse des empirischen Materials in ihrer jeweiligen Charakteristik dargestellt. Die Form der Darstellung ist die Interaktionsbeschreibung (vgl. Bohnsack 2008, S. 51). Dafür werden die für die Analyse getrennten Schritte der formulierenden und reflektierenden Interpretation wieder zusammengefügt. Diese inhaltliche und formale Verdichtung hat vorrangig eine vermittelnde Funktion, die die Interpretationen der Unterrichtssequenzen für eine Öffentlichkeit darstellbar und nachvollziehbar macht (ebd.).

Die thematische Strukturierung des Kapitels ist Ergebnis der Rekonstruktionen und bildet keine Chronologie des Unterrichts ab. Gleichwohl folgt die Anordnung der Kapitelabschnitte einer gewissen „Dramaturgie", die sich in den beobachteten Unterrichtseinheiten abbildet. Zunächst stand im Unterricht die Aneignung von Wissen im Vordergrund. Es folgten methodisch-didaktische Arrangements, in denen das Augenmerk auf andere Standpunkte oder Perspektiven gerichtet wurde. Gegen Ende spitzten sich die Themen auf den Anspruch einer Veränderung von Handeln zu. Die hier rekonstruierten Kompetenzbereiche im Umgang mit Themen des Lernbereichs Globale Entwicklung sind damit Ergebnis einer über die beobachteten Unterrichtseinheiten hinweg festgestellten Gemeinsamkeit. Ihre Unterscheidung stellt eine heuristische Differenz dar, da die Kompetenzbereiche in der Praxis meist zusammenfallen. Die rekonstruierten Kompetenzbereiche spiegeln sich teilweise in den Kompetenzmodellen zum Lernbereich Globale Entwicklung (vgl. Kap. II.2.1.) wider.

Die Gliederung folgt demnach der inhaltlichen Struktur der Ergebnisse und nicht einer normativ-didaktischen Logik von Unterricht. Für die Beschreibungen der Unterrichtssequenzen werden ausführliche Transkriptausschnitte, teilweise Fotogramme und die in der Sequenz verwendeten Materialien gezeigt. Der Begriff der Sequenz ist hier ein methodischer Begriff der Dokumentarischen Interpretation. Eine Sequenz aus dem Unterricht umfasst in der Regel eine Interaktionsbewegung, die die Initiation eines Themas (Proposition) und dessen Beendigung ((Zwischen-) Konklusion, Synthese) beinhaltet. Die Auswahl der Sequenzen aus den jeweiligen Unterrichtseinheiten (s. Tab. 3) erfolgte nach methodischen Kriterien (interaktive, metaphorische Dichte; Selbstläufigkeit; thematisch-inhaltliche Relevanz, vgl. Bohnsack 2009, S. 174 f.).

Die Gestaltung der Lehr-Lernarrangements durch die Lehrkräfte und ihr Einsatz von spezifischen Materialien, zeigen sich als die relevanten Kontexte für das fachliche Lernen der Schülerinnen und Schüler. Im Zusammenhang mit den Lernumgebungen ließen sich unterschiedliche Orientierungen der Gruppen als typische Formen des Umgangs mit den Themen innerhalb der Lernumgebungen beschreiben[27]. Die Charakteristik der unterschiedlichen Rahmenbedingungen wird hier als Lehrmodus beschrieben. Die Darstellung der komparativen Analyse fokussiert die Aktivitäten der Schülerinnen und Schüler im Zusammenhang mit den Bedingungen in der Lernumgebung. Eine Aufgabe und die damit eingeführten Materialien können meist als Propositionen, als Ausgangspunkte der inhaltlichen Auseinandersetzung charakterisiert werden. Aufgaben sind „(...) die Schnittstelle zwischen bereits erworbenen Kenntnissen und Fähigkeiten und neu zu erwerbendem Wissen und Können" (Knoll 1998, S. 47). Die Beschreibungen von Unterrichtssequenzen muss die darin gestellten Aufgaben durch die Lehrkraft sowie die Reaktionen der Schülerinnen und Schüler berücksichtigen, da immer nur spezifische propositionale Aspekte eines Inputs elaboriert werden. Eine Lehrkraft und die von ihr gestellten Aufgaben legen zwar in der Regel den inhaltlichen und methodischen Rahmen fest, doch dessen konkrete Ausgestaltung findet erst in der Interaktion zwischen Lehrkraft und Schülerinnen und Schülern statt.

Die Beschreibung des Lehrmodus als Charakterisierung der Rahmenbedingungen im Unterricht ist ebenfalls Ergebnis der Rekonstruktionen und trägt der Notwendigkeit einer analytischen Unterscheidung zwischen den Bedingungen von Kompetenzerwerb und dem Kompetenzerwerb der Schülerinnen und Schüler Rechnung. Die Charakterisierung der Lernumgebung als Kontext und Entstehungsbedingung von Kompetenzerwerb ist Gegenstand der soziogenetischen Interpretation. In den beschriebenen Lehr-Lernumgebungen entstehen unterschiedliche Umgangsformen der Schülerinnen und Schüler mit den Themen, die auf der Ebene der sinngenetischen Typenbildung beschrieben werden. Die Betrachtung der Unterrichtsinteraktion als Ko-Konstruktionsprozess macht die gleichzeitige Betrachtung beider Ebenen, der Entstehungsbedingungen und der situativen Umgangsformen, in der Ergebnisdarstellung notwendig. Die sinn-

---

27 Zur methodologischen Grundlage und den Begriffen Orientierung und Kompetenz, vgl. Kap. II.1.2.1, Martens/Asbrand (2009) oder Asbrand/Martens (2013).

und soziogenetische Interpretation wird deshalb in diesem Kapitel gemeinsam ausgearbeitet.

Das Hauptinteresse in diesem Forschungsprojekt lag auf den Lernprozessen der Schülerinnen und Schüler im Unterricht. Wie gehen sie mit den ihnen gestellten Aufgaben um und welche Fähigkeiten zeigen oder können sie dabei erwerben? Die Darstellung zielt auf den Vergleich der verschiedenen, in den Gruppen sichtbar gewordenen Umgangsweisen der Schülerinnen und Schüler in den variierenden Bedingungen der Lehr-Lernarrangements. Die Beschreibungen der Orientierungen einer Gruppe stützen sich immer auf die Analyse mindestens einer weiteren Gruppe in der gleichen Klasse (die unter Berücksichtigung des Umfanges einer Dissertationsschrift nicht dargestellt werden kann) und auf den Vergleich zu den anderen Gruppen aus anderen Klassen. Der klasseninterne und -übergreifende Vergleich ermöglicht eine Aussage über die Orientierungen, die in bestimmten, strukturähnlichen oder -ungleichen Arrangements emergieren.

1. Der Umgang mit Nicht-Wissen

Nicht-Wissen oder unsicheres Wissen werden im Rahmen zukunftsfähiger Kompetenzen vor dem Hintergrund des Globalisierungsprozesses und der mit den weltweiten Informationsströmen einhergehenden „Komplexität und Kontingenz von Wissen" (Lang-Wojtasik 2008, S. 61f.) als strukturelle Bestandteile von Wissen konstatiert. Nicht-Wissen soll erkenntnistheoretisch reflektiert werden, ist aber grundsätzlich aufgrund des Überangebotes von Informationen nicht auflösbar. „In dem Moment, wo die Verfügbarkeit [von Wissen; v.V.] steigt, erhöht sich auch die Notwendigkeit einer Auswahl" (ebd.).

> „Um Wissen aus verfügbaren Informationen generieren zu können, muss man eine Entscheidung treffen, was ausgewählt wird (...). Die Entscheidung ist letztlich immer richtig oder falsch, je nachdem, auf welchen Bezugspunkt hin sie getroffen wird. (...) Entscheidung bedeutet dabei immer Risiko, weil die Möglichkeit, sich auch anders entscheiden zu können, erhalten bleibt" (ebd., S. 62).

Die Herausforderungen, die sich aus der Komplexitätssteigerung von Informationen ergeben, sind demnach „ (...) ein erhöhter Selektionsdruck und eine Zunahme der Wahrnehmung immanenter Kontingenz, die als Wissen über das Nichtwissen charakterisiert werden kann" (Lang-Wojtasik 2008, S. 63). Lang-Wojtasik und Scheunpflug (2005, S. 5) halten als Kompetenzbeschreibungen fest: „Fachlich geht es um die Kompetenz, Wissen und Nichtwissen zu unterscheiden und unter den Bedingungen prinzipiellen Nichtwissens zu angemessenen Entscheidungen zu kommen. Es geht um Strukturierungskompetenz angesichts von Unsicherheit und Sicherheit". Auch Künzli David und Kaufmann-Hayoz (2008) formulieren, dass Schülerinnen und Schüler „(...) unter Bedingungen von Unsicherheit, Widerspruch und unvollständigem Wissen begründete Entscheidungen, die den Anforderungen einer nachhaltigen Entwicklung genügen, treffen" (ebd., S. 15f.) können sollen. Der konstruktive Umgang und die Reflexion der Begrenztheit des eigenen Wissens erscheinen auf der Ebene von Individuen als notwendige Kompetenzen, wenn der/die Einzelne nicht am Überangebot von Wissen und einer defizitären Selbstbetrachtung scheitern soll. Asbrand (2009a) zeigt, dass die Strategien der Jugendlichen zur Komplexitätsreduktion und zum Umgang mit Unsicherheit maßgeblichen Einfluss auf ihre Handlungsfähigkeit haben. Vor dem Hintergrund des Vergleichs von Schülerinnen und Schülern mit außerschulisch engagierten Jugendlichen arbeitet sie ein „Bestreben, Nicht-Wissen durch Wissenserwerb zu reduzieren" (ebd., S. 171) heraus, das sich hier für den unterrichtlichen Kontext ebenfalls zeigt und sich vor dem Hintergrund unterschiedlicher Bedingungen in den Lehr-Lernarrangements differenzieren lässt.

1.1 Die Kompensation von Nicht-Wissen

Der erste Modus im Umgang mit Nicht-Wissen, der sich in bestimmten Unterrichtssequenzen zeigt, lässt sich als ein Modus der Kompensation beschreiben. Nicht-Wissen wird von den Schülerinnen und Schülern als etwas betrachtet, das es zu kompensieren gilt. Es erscheint als ein Defizit, das mit Informationen ausgeglichen werden soll. Der Begriff der Kompensation beschreibt eine Art Verringerungs- oder Aufhebungsbestreben, spezifisches Nicht-Wissen durch entsprechende Informationen auszugleichen. Nicht-Wissen wird in dieser Orientierung als Gegenteil von Wissen und nicht als Bestandteil von Wissen verstanden. Die Schülerinnen und Schüler zeigen ein Streben nach sicherem Wissen und Reproduktion. Dabei werden „richtige" Lösungen bedeutsam und vorgegebene Informationen, z.B. in dem verwendeten Material, fokussiert, die zur Bearbeitung der Aufgabe verwendet werden können. Der Kompetenzerwerb der Schülerinnen und Schüler ist inhaltlich vorrangig auf einen Erwerb von Informationen als Faktenwissen ausgerichtet. Die folgenden Unterrichtssequenzen illustrieren wie Schülerinnen und Schüler im Modus der Kompensation von Nicht-Wissen agieren.

Sequenz: Arbeitsblatt Nachhaltige Entwicklung

Die erste Sequenz, in der diese Umgangsform gezeigt werden kann, wurde im Dürer-Gymnasium aufgezeichnet. Die Sequenz stammt vom Beginn der Unterrichtseinheit, aus der zweiten Doppelstunde[28]. Nachdem zunächst noch Organisatorisches geklärt worden ist, wird ein Arbeitsblatt (s. Abb. 7), das als Hausaufgabe gegeben wurde, noch einmal in Gruppenarbeit ausgefüllt, was den thematischen Einstieg in die Unterrichtseinheit darstellt. Die Ergebnisse werden anschließend im Plenum besprochen. Der Arbeitsauftrag zu den Arbeitsblättern konnte aufgrund organisatorischer Probleme nicht aufgezeichnet werden[29], aber die Gruppengespräche und die Auswertung im Plenum sollen im Folgenden aufgrund der thematischen Relevanz dargestellt werden.

Der erste Abschnitt des Arbeitsblattes „Nachhaltigkeit in Zahlen" wird an dieser Stelle eingehender analysiert, da dieser im folgenden Ausschnitt der Gruppe besprochen wird. Die Überschrift ist als Frage formuliert, was nahelegt, dass diese beantwortet werden soll. Sie wird in den Erläuterungen zum Begriff und in der Aufgabe 4 aufgenommen. Die ersten Aufgaben sind Multiple-Choice-Fragen, bei denen ein Zahlenwert geschätzt werden soll. Das Schätzen als Aufgabe unterstellt ein Nicht-Wissen des Rezipienten. Schätzen enthebt davon, etwas sicher wissen zu müssen. Gleichzeitig suggerieren die Zahlenwerte eine „richtige" und eindeutige Antwort auf die Fragen. Die Werte beziehen sich jedoch auf Entwicklungen und fragen nicht klar definiertes Wissen ab. Beispielsweise ist bei der Bodenverschlechterung unklar, welches Ausmaß gemeint ist, oder auch die Definition von Rohstoff bleibt offen. Die Rezipienten sind in der Bearbeitung auf das Finden der „richtigen" Lösung festgelegt und damit auf eine Legitimation angewiesen.

Darüber hinaus bleibt unklar, inwiefern diese Fragen und Antworten „Nachhaltigkeit in Zahlen" abbilden oder eine Antwort auf die in der Überschrift formulierte Frage geben. Die Fragen zielen auf die Abbildung von unterschiedlichen Missverhältnissen[30].

---

28 Übersicht über die vorgestellte Unterrichtseinheit, s. S. 80f.
29 An diesem Tag hatte die Lehrkraft die Verantwortung für die Aufzeichnungen übernommen. Die Geräte wurden erst für die Gruppenarbeit eingeschaltet. Es fehlt damit ein Teil der Aufgabenstellung.
30 Das bestätigt sich auch in den für Lehrkräfte vorgegebenen Lösungen. In den Erläuterungen zu den Aufgaben werden die Intentionen dargelegt: „Die Schätzaufgaben verweisen auf Probleme, die auf den ersten Blick nichts miteinander zu tun haben: Umweltzerstörung, Armut und ungleicher Ressourcenverbrauch. Die Auswahl der Probleme ist jedoch nicht beliebig. Jeder Aspekt steht für je eine Dimension von

| Themenblätter im Unterricht I Herbst 2006_Nr. 57 | ARBEITSBLATT |

Katina Kuhn / Marco Rieckmann

Was ist „Nachhaltige Entwicklung"?

⚥ steht für die männliche und weibliche Form des vorangehenden Begriffs

1 Nachhaltigkeit in Zahlen

→ Schätzen Sie mal:

· Welchen Anteil der natürlichen Rohstoffe verbrauchen die reichsten 20% der Weltbevölkerung?	☐ 20 %	☐ 35 %	☐ 50 %	☐ 80 %	
· Wie viel Prozent des Ackerlandes sind weltweit von Bodenverschlechterung betroffen?	☐ 5 %	☐ 25 %	☐ 40 %	☐ 65 %	☐ 80 %
· Wie hoch ist das durchschnittliche Einkommen* in Ecuador?	☐ 100	☐ 500	☐ 1.000	☐ 2.000	☐ 5.000 ☐ 9.999

pro Kopf und Jahr in Euro

Abb. 7 Ausschnitt Arbeitsblatt „Was ist ‚Nachhaltige Entwicklung'?"[31]

Mit dem ersten Teil des Arbeitsblattes „Nachhaltigkeit in Zahlen" beschäftigt sich die folgende Jungengruppe.

Gruppe *Dürer*, Sequenz: Arbeitsblatt Nachhaltige Entwicklung, G2, Min. 00.10-01.04

Tm Was ist nachhaltige Entwicklung, Fragezeichen? (.) Schätzen Sie mal, (.) selbst wer=welchen Anteil der natürliche Rohstoffverbrauch der reichen 20 Prozent der Bevölkerung
Em /@(2)@ (.) Lern lesen, Mann
Km   /Was?
Tm Ja, welche Anteil der natürlich Rohstoffe verbrauchen die reichsten 20 Prozent der We- Weltbevölkerung. Ich ha- (.) habe zwar 50 Prozent angekreuzt, ich <u>glaube</u>, es sind aber 80 (2) weils ja übertrieben ist
Em   /50
?m °Ich hab 50°
Em Ja, ich hab auch 50 äh
Km   /Ich hab auch 50.
Em Das sind nur 20 Prozent, Mann, 80 ist ein bisschen zu viel
Km   /Ja, aber gibts da Ergebnisse zu?

Nachhaltigkeit, d.h. für ökologische, soziale und ökonomische Entwicklungen (siehe Lehrerblatt 1)" (Kuhn/Rieckmann 2006, S. 3).

31 Das vollständige Arbeitsblatt kann von der Bundeszentrale für politische Bildung bezogen werden. Veröffentlicht unter http://www.bpb.de/shop/lernen/ themenblaetter/36627/2006 (Zugriff 07.12.2012).

Tm	Ja, gibt's da Ergebnisse zu? Hier=wir haben keine vorliegen. (2) Gibts da Ergebnisse zu? Egal. Wie viel Prozent des Ackerlands sind weltweit von Bodenverschlechterungen (betroffen)?
Em	/80
Tm	40
Em	80
Tm	40
Em	80
Km	Kann ich nicht sagen. ( ) Dahinten.
Tm	Wie hoch ist das Durchschnittseinkommen in Ecuador? 100
Em	500
Km	/500
Tm	Fünf, ey, doch im Monat, Mann (2) äh 100 Euro, weißt du, wie viel Geld das ist?
Km	Was?
?m	Jetzt sind wir noch auf Pause; jetzt nicht mehr (2)
Em	So, weitere Probleme
Km	/Ich hol mir mal ein Zettel.

Die Gruppe berarbeitet die Fragen des Arbeitsblattes und vergleicht ihre Werte. Zur ersten Frage haben alle drei die Antwort 50 Prozent gewählt. Die Antwort auf die zweite Frage ist nicht eindeutig und wird offen gelassen. Auch die Differenz zwischen 100 und 500 Euro Einkommen in Ecuador wird mit dem Verweis auf die nächste Frage nicht entschieden. Das Vorgehen in der Gruppenarbeit wird so von Beginn an als vergleichende Vorgehensweise initiiert, die Fragen werden vorgelesen und die Werte dazu genannt und kurz kommentiert. Sie folgen stringent der Struktur des Arbeitsblattes. Em und Tm geben gleichzeitig ihre Lösungen zur Frage preis; sie konzentrieren sich auf die Bearbeitung und lösen die Anforderung des „Schätzens" ein. Tm legt durch seine Bemerkung, dass es sicher „übertrieben" sei, eine Differenz zwischen der eigenen Meinung und der antizipierten Intention des Arbeitsblattes offen. Er versucht einen didaktischen Erwartungshorizont zu erahnen, der Übertreibung als Illustrationsform wählt, um sich so der „richtigen" Lösung anzunähern. Dies ist eine Strategie, die die Begründung nicht in der Sache sucht, sondern auf didaktischer Ebene. Nur die „richtige" Lösung ist bedeutsam. Die eigentliche Schätzung der Gruppe ist einstimmig bei 50 Prozent; 20 Prozent der Bevölkerung könnten nach Em nicht 80 Prozent der Ressourcen verbrauchen. Die Tatsache der Ungleichverteilung von Ressourcen ist zwar bekannt, aber das Ausmaß wird als nicht so hoch eingeschätzt. In der eigentlich konsensuellen Entscheidung für den Wert 50 zeigt sich ein Schätzen von „Mittelmaß". Der Gegenstand „Verteilung von Reichtum" wird dabei nicht weiter thematisiert, z.B. was es bedeuten würde, wenn 20 Prozent der Bevölkerung auch nur 20 Prozent verbräuchten. Die Unsicherheit in der Gruppe über die Richtigkeit der Ergebnisse führt zu der Feststellung, dass eine Legitimationsquelle fehlt. Die endgültige

Beantwortung der Frage wird suspendiert. Aufgrund des Nicht-Wissens können sie sich für keine richtige Lösung entscheiden, aber nur durch die „richtigen" Lösungen könnte die Unsicherheit aufgelöst und das Nicht-Wissen ausgeglichen werden. Sie nehmen grundsätzlich, wie es die Form der Aufgabe nahelegt, eine „richtige" Lösung an. Nicht-Wissen wird dadurch, dass die Aufgabe nur bedingt bearbeitet werden kann, als Defizit deutlich und muss kompensiert werden. Die Relevanz des richtigen Ergebnisses als sicheres Wissen, das in der Gruppe nicht gefunden werden kann, macht eine weiterführende Diskussion in der Sache überflüssig. Darin ist sich die Gruppe einig, wenn sie die Bearbeitung der Frage konkludiert und mit der nächsten Frage fortfährt. Der Austausch in der Gruppe wird für dieses Aufgabenformat auf das gegenseitige Mitteilen reduziert. Der Modus der Bearbeitung als Vergleichen und Nennen der eigenen Lösung zeigt sich auch an der nächsten Frage, die ebenfalls keine weitergehende Auseinandersetzung initiiert. Ihre Lösung scheitert am Nicht-Wissen und es wird damit auch kein Grund für deren Verhandlung gesehen. Der Maßstab für die Beantwortung der dritten Frage, dass 100 Euro durchschnittliches Einkommen viel wären, zeigt die Abstraktheit der Frage[32]. Die Fragen werden nicht diskutiert, argumentiert oder in ihrer Bedeutung verhandelt. Obwohl die Aufforderung zum Schätzen davon enthebt, die Lösungen wissen zu müssen, strebt die Gruppe nach der einen richtigen Lösung. Der Bewertungshorizont richtiger oder falscher Lösungen ist für sie leitend. Unsicheres oder Nicht-Wissen führen letztlich zu einem Nicht-Lösen-Können der Aufgabe. Die Gruppe arbeitet die weiteren Fragen ab, obwohl das Vergleichen in der Gruppe keine Bedeutung für den Entscheidungsprozess entfaltet und nicht zur Lösung der Aufgabe beiträgt. Es dokumentiert sich darin eine gemeinsame Orientierung am Bearbeiten der durch die Lehrkraft gestellten Aufgabe.

Nachdem die Gruppe alle Aufgaben nach dem fast gleichen Muster durchgesprochen hat, kommt die Lehrkraft zur Gruppe und erfragt den Stand der Auseinandersetzung mit dem Arbeitsblatt.

Gruppe *Dürer*, Sequenz: Arbeitsblatt Nachhaltige Entwicklung, G2 Min. 11.15-12.52

L   Habt ihr euch mit allem auseinandergesetzt?
Km Ja (2) eigentlich schon

---

[32] In Deutschland liegt die Armutsgrenze zum Beispiel bei 11426 Euro pro Jahr (2011) und das Durchschnittseinkommen bei knapp 26700 Euro (2008). Die Zahlen stammen vom statistischen Bundesamt (https://www.destatis.de, Zugriff 10.12.2012) und sollen hier nur eine Vergleichsmöglichkeit aufzeigen.

L	Genau, dann können wir ja noch ( )
?m	/( )
Km	Aber haben sie Ergebnisse zu diesen Sachen?
L	Ja, hab ich
Em	Ja, weil, da würden wir gern mal wissen, wie richtig oder wie falsch wir liegen
L	/Ja, ja, glaub ich, mhm, (2) das ist ne Statistik; das ist äh, was denkst du, warum man äh so ne Aufgabe=so ne Aufgabe gestellt hat?
Km	Um dann zu sehen, wie: anders es doch ist
L	Ich=ja,
Km	Wie die Realität ist
L	Das ist eine Sache; und was will man noch damit erreichen? Das ist ja jetzt kein Arbeitsblatt von mir; sondern das hab ich ja letztendlich (.) mir schicken lassen von der Bundeszentrale für politische Bildung; und hab gesagt, das find ich ganz gut; gibt's zu Wasser auch (.) und die fangen häufig so an, mit solchen
Km	/Mhm.
L	statistischen Sachen; wenn ihr ne Führung macht, diese konsumkritische Stadtführung; (.) geht auch um die Frage; dass man mal schätzen soll; wie viel das ist (2)
Em	Aber es war doch auch so, als wir dieses äh ( ) Water irgendwas gemacht
L	/Project gemacht haben; da ist es auch ( )
Em	haben (3) da waren auch so solche Fragen, mit wie viel Prozent wir äh Wasser verbrauchen und (2) und wie viel Liter wir im Jahr
L	/Genau (2) beteiligt sind (2) genau; und warum macht man das?
Em	verduschen und so was eine=ich glaub, wenn man selber schätzt, dann denkt man mehr drüber nach; und wenn man dann das Ergebnis ähm erkennt, liegt ja man meistens total falsch und dann merkt mans sich besser
Am	/Deswegen duscht man doch nicht weniger, oder? (.) ( )
L	Nee und das ist ja erst der zweite Schritt; aber was man hofft ist tatsächlich; das was (Em) sagt, dass man einfach auf dieses Problem noch stärker aufmerksam wird; und ne große Hoffnung, die ja alle Lehrer oder alle Erzieher oder immer, wenn du dich für irgendwas einsetzt hast, dass das Kennenlernen (.) in irgendeiner Form ein Veränderungsprozess herbeiführt; ich wage das zu bezweifeln, dass der groß ist, aber ich glaube, dass man irgendwie was bewirken kann,

Die erste Frage an die Lehrkraft fordert bereits Ergebnisse ein. Der Sinn der Ergebnisse sei eine Korrektur, die zu mehr Nachdenken anrege, auch wenn keine Auswirkungen auf ein Handeln („weniger duschen") zu erwarten seien. Die Analyse der Sequenz zeigt eine divergente[33] Interaktion zwischen der Lehrkraft und den Schülern. Die relativierende Antwort Kms „eigentlich

---

[33] Ein divergenter Diskurs „verdeckt" die unterschiedlichen Orientierungsgehalte in der Gruppe (vgl. Przyborski 2004, S. 302f.).

schon" zeigt zunächst an, dass die Aufgabe erfüllt worden ist, aber legt zugleich die Unsicherheit über das Bearbeitete offen. Die Frage nach vorhandenen Ergebnissen zielt auf gesichertes und das „richtige" Wissen. Es zeigt deutlich das Streben nach entsprechend eindeutigem Wissen in Form der Lösungen. Sie erlauben das eigene Wissen zu überprüfen. Die Gruppe nimmt sich als auf die Auflösung angewiesen wahr. Eine weitergehende thematische Auseinandersetzung oder eine Diskussion wird nicht relevant. Es geht um die richtige Lösung der Aufgabe.

Dass die Lehrkraft auf die Nachfrage die Werte als Statistik bezeichnet, unterstreicht, dass es eine „richtige" Lösung der Aufgabe gibt und diese eine Realität abbildet. Das Arbeitsblatt erscheint so als eine Instanz, die ein reales Bild einer Situation abbildet. Während die Lehrkraft auf das Arbeitsblatt aber als eine Anregung zu Reflexion und mehr Bewusstheit abhebt, bleiben Km und Em dabei, dass Informationen vermittelt werden sollen. Sie thematisieren die Differenz zwischen den eigenen Erwartungen und dem Erkennen der Realität als Lerneffekt, womit sie selbst ihr Nicht-Wissen zum Ausgangspunkt machen. Das Erkennen der Realität liegt nicht in ihrem Fähigkeitsbereich („man liegt meistens falsch"), was wiederum auch als vom Material intendiert wahrgenommen wird. Wissen ist hier das Erkennen einer (abstrakten) Realität durch legitimierte Informationen, die man sich gut merken soll. Die Gegenhorizonte von Wissen und Nicht-Wissen stehen sich in dieser Unterscheidung als richtig und falsch gegenüber. Erst die Auflösung durch die Lehrkraft ermöglicht den Lerneffekt und gleicht das Defizit aus. Die von den Schülern geteilte Orientierung an der Kompensation des Nicht-Wissens wird an der Ausarbeitung des „Aha-Effektes" deutlich. Auf der immanenten Ebene entspricht das nicht den Intentionen der Lehrkraft, durch Reflexion stärkere Aufmerksamkeit und Veränderung zu bewirken. Die Divergenz besteht zwischen ihren Erwartungen und dem Verständnis der Schüler. Die Ergebnisse schiebt sie noch als zu „lüftendes Geheimnis" auf, behält so das „Wissensmonopol".

Das Vergleichen der Ergebnisse wiederholt sich in der Besprechung des Arbeitsblattes im Plenum.

Gruppe *Dürer*, Sequenz: Arbeitsblatt Nachhaltige Entwicklung, G2, Min. 14.59-17.27

L So, würde jemand äh die Leitung übernehmen, son bisschen die äh Moderation, um das mit dem neuen deutschen Wort (.) auszudrücken; Af sitzt schon in der richtigen Richtung; die übernimmt heut die Moderation (2); komm her Af, komm her; also es geht nicht um inhaltlich helf ich natürlich; es geht ein bisschen (   ); (   ) und die andern (   ) genau;

Af	Also wir behandeln das ähm Arbeitsblatt nachhaltige Entwicklung; Aufgabe eins geht es um (.) äh Nachhaltigkeit und Zahlen; liest jemand die Auf- die Fragen vor? Einmal bitte melden; ( )
Me	@(4)@
Bf	Äh::::,
Af	Nur die Frage, wir nehmen für die Antwort dann extra wen dran
Bf	Ja, welchen Anteil der natürlichen Rohstoffe verbrauchen die reichsten 20 Prozent der Weltbevölkerung?
Af	Also was schätzt ihr da? (.) Einmal bitte melden, und nehm ich dran, (Cf?)
Cf	Ja, ich würd sagen, 80 Prozent (.)
Af	80 Prozent?
L	/Andere Vorschläge? (3) Em?
Bf	50 (.) Prozent
Af	50?
Cm	/Stimm ich überein
Af	Also ich hab da zum Beispiel nur (35?), aber (okay?), (.) oder ( )
[Durcheinander]	
Df	( ) abstimmen?
L	Nee, man kanns nicht abstimmen; das ist ein Fakt den ihr aber nicht unbedingt
Em	/Nein
L	wissen könnt, sondern es geht ja da tatsächlich darum, man soll schätzen
Af	/Ja, ich dachte, damit Sie sehen, wie die Mehrheit getippt hat
L	und entweder weiß man das; ich weiß es auch immer nicht auswendig; aber ich habs natürlich nachgeguckt beziehungsweise kann ich's auch äh konkret nachgucken; die erste Antwort ( ) war ( ) es sind tatsächlich 80 Prozent; ähm man kann sich das immer das hat sich auch in den letzten 25 Jahren <u>nicht</u> verändert; (.) es ist einfach so, dass wirklich 20 Prozent der Bevölkerung 80 Prozent der Ressourcen verbrauchen; und es (.) im Schnitt auf der Erde; und es gibt Länder, zum Beispiel Peru war da immer ein klassisches Beispiel, da ist das noch viel, viel extremer; wo also letztendlich ähm (.) ja noch weniger Prozent noch mehr verbrauchen; (2) wobei in dem Fall es nicht um Rohstoffe geht, sondern das, was sie an Land zur Verfügung haben
Df	(0,5 Prozent) der Bevölkerung
L	Als äh (2) Eselsbrücke kann man sich das ganz gut merken, 20 plus 80 gibt 100; das heißt, wir kommen damit dann tatsächlich auf die 100 Prozent (.) und damit ist es ja wieder gleich verteilt (3)
Ef	Ja, ( )
L	/100 Prozent verbrauchen 100 Prozent dessen, was sie ( ) (2) kann man überspitzt natürlich ( ), (ich mein das nicht so, dass wir uns falsch verstehen?); ja, aber Af, ich wollt es dir nicht äh abnehmen
Af	Kein Problem; ( ) Frage zwei
Me	@(2)@

Die Lehrkraft organisiert das Besprechen des Arbeitsblattes und delegiert die Verantwortung an eine Schülerin, die rein formal und zufällig aufgrund der richtigen Sitzrichtung gewählt wird. Die Rolle der Moderation wird bereits kurz nach der unfreiwilligen Festlegung spezifiziert, indem die Lehrkraft ihre inhaltliche Unterstützung anbietet. Die Verantwortung für die inhaltliche Gestaltung bleibt damit bei der Lehrkraft. Die Schülerin soll die Redebeiträge der Mitschülerinnen und -schüler koordinieren. Dazu führt sie feste Regeln ein und initiiert eine Unterrichtspraxis, die durch Steuerung bestimmt ist. Im Plenum wird so neuerlich ein Modus des Vergleichens realisiert und damit die Situation wiederholt, die für die Gruppenarbeit beschrieben wurde. Af ordnet sich nach der ersten Intervention der Lehrkraft mit ihrem Lösungsvorschlag wieder dem Plenum zu, obwohl sie die Gesprächsleitung innehat. Die Lehrkraft entlässt die Schülerin wieder aus der Verantwortung und es kommt eine Widersprüchlichkeit in der Gesprächsorganisation zum Ausdruck. Auf den Vorschlag die Lösung abzustimmen, interveniert die Lehrkraft zum zweiten Mal. Die Besprechung des Arbeitsblattes als schülergeleitet wird damit dekonstruiert, wobei nicht nur die Adressierung der Jugendlichen als Nicht-Wissende erneut konstatiert wird, sondern es wird ebenfalls erkennbar, dass es sich bei den anvisierten Wissensbeständen um ein Faktenwissen handelt, das auch die Lehrkraft „nicht auswendig" kann. Es sind abstrakte Informationen und die Lösung ist nicht einmal für die Lehrkraft wirklich selbst zu erschließen. Das wird in ihren Versuchen der Begründung erkennbar. Der Versuch ein Beispiel anzuführen (das sie selbst ebenfalls wieder einschränkt), scheitert, zumal allein die Nennung eines Landes die Bedeutung dieses Wertes als massive Ungleichverteilung nicht illustriert. Sie zeigt dann mit dem mathematischen Weg der Addition der Werte auf, dass die Frage unabhängig vom Inhalt lösbar ist. Auch die „Eselsbrücke", die sie danach anführt, bezieht sich auf diesen Lösungsweg und kennzeichnet das Wissen als formales Wissen, das man mit entsprechenden Merkregeln auswendig lernen kann. Die Folgerung, dass der Verbrauch der Ressourcen dann gleich verteilt sei, ist sachlich falsch und lässt für die Schülerinnen und Schüler den Schluss zu, dass dann gar kein Problem existiert. Die Lehrkraft hat zwar das Lösungsblatt der Aufgabe, aber ebenfalls keinen tiefergehenden Zugriff auf den Inhalt. Die Bandbreite der Lösungen und deren Bedeutung werden im Modus des Vergleichens als „Ratemöglichkeiten" hingenommen. Die unterschiedlichen Vorstellungen der Schülerinnen und Schüler zum Verbrauch von Rohstoffen bleiben damit im Raum stehen.

Indem die Anforderung „Schätzen" erfüllt und darüber hinaus keine weitere Auseinandersetzung initiiert wird, dokumentiert sich, dass das Thema in dieser Lerngruppe nicht relevant ist. Der von den Schülern im Gruppengespräch mit der Lehrkraft thematisierte „Aha-Effekt" als Differenzerfahrung zwischen eigenen falschen und den richtigen Ergebnissen kann sich nur durch das Korrigieren der eigenen Lösung niederschlagen, aber wird darüber hinaus nicht zum Gegenstand des Unterrichts. Die fachlichen Lernprozesse bleiben im

Rahmen dieser Fragen und dem Umgang damit auf diese Informationen in Form von Zahlenwerten beschränkt.

Die Lehrkraft agiert in dieser Sequenz als Instanz für ein fachliches Wissen, das für die Lerngruppe nicht anschlussfähig ist. Sie hat allein die Möglichkeit, die Fragen „richtig" auszulösen. Die Lehrkraft gibt zwar Verantwortung ab, diese bleibt aber auf einer organisatorischen Ebene. Die Forderung der Reflexion, die die Lehrkraft zuvor im Gruppengespräch gestellt hatte, wird nicht bedeutsam, stattdessen steht die richtige Information im Zentrum der Bearbeitung. Auf kommunikativer Ebene sollen die Schülerinnen und Schüler beteiligt werden, die Sozialform der Gruppe wird aber auf das Mitteilen und Abgleichen der Ergebnisse festgelegt und die Diskussionsleitung übernimmt lediglich die Rederechtverteilung. Der Anspruch einer Schülerorientierung steht in einem Missverhältnis zur situativen Umsetzung. Es dokumentiert sich nicht nur durch den Einsatz des Materials, sondern auch durch die Gestaltung der Besprechung der Aufgabe in dieser Sequenz ein Lehrmodus der Themenvermittlung, wie er im Folgenden bezeichnet wird. Der Modus der Themenvermittlung beschreibt ein Unterrichtsgeschehen, das vorrangig durch die Lehrkräfte gesteuert ist. In diesen Lernumgebungen wird eher eine „Vermittlung" von Informationen und Themen angestrebt, in der die Schülerinnen und Schüler als Rezipienten vorgegebener Inhalte konstruiert werden. Die Organisation und Bestimmung der Inhalte liegt in der Verantwortung der Lehrkräfte und an die Jugendlichen wird nur geringfügig Verantwortung delegiert. Die Schülerinnen und Schüler haben keinen Raum für eine inhaltliche Mitgestaltung des Geschehens.

Im Umgang mit diesem Arbeitsblatt wird deutlich, dass Nicht-Wissen von den Schülerinnen und Schülern als ein Defizit verhandelt wird. Die Strategie der Jugendlichen ist das Streben nach gesichertem Wissen, das von der Lehrkraft legitimiert werden soll. Das Wissen über die Welt, z.B. als Vorstellungen über die Verteilung von Reichtum oder Ressourcen, beinhaltet die Annahme von grundsätzlicher Ungleichverteilung, aber nicht in großem Ausmaß. Die Vorstellungen über das Verfügen von Geld erscheinen in einer Verhältnismäßigkeit, die der Erfahrungswelt der Jugendlichen entspricht, in der 100 Euro viel Geld sein können. Diese Ansichten bleiben innerhalb dieser geschlossenen Aufgabenbearbeitung im Raum stehen. Informationen über andere Länder werden als Differenz zwischen den Schülererwartungen und der „Realität", zwischen richtig und falsch erfahren und als abstraktes Wissen vermittelt. Eine Reflexion der Tätigkeit des Schätzens als eine mögliche konstruktive Strategie bei Unsicherheit steht dem Erleben des Nicht-Lösen-Könnens der Aufgabe gegenüber. Der Modus der Kompensation von Nicht-Wissen zeigt sich demnach in einem Lehr-Lernarrangement, dass wenig inhaltliche Freiräume gibt und stark vorstrukturiert ist. Dies zeigt sich auch in der folgenden Sequenz.

Sequenz: Die Frage nach dem Zusammenhang

Diese Unterrichtssequenz wurde in der Fontane-Schule aufgezeichnet. Das Unterrichtsthema ist „Regenwald und Fleischkonsum". Der Ausschnitt stammt aus der ersten Stunde und zeigt ebenfalls den Themeneinstieg. Dieser wird im Plenum als öffentlicher Unterricht organisiert. Eine Overhead-Projektor-Folie wird dazu an die Leinwand projiziert (s. Abb. 8). Nachdem die Lehrkraft den Overhead-Projektor eingeschaltet hat, bleibt sie vorn im Raum stehen. Sie gibt kurz Zeit, über die Bilder nachzudenken, bevor sie die Schülerinnen und Schüler danach fragt, was ihnen dazu einfällt.

Abb. 8   OHP-Folie

Auf der Folie sind zwei Bilder zu sehen: ein Steak auf dem Grill und darunter ein Fußballstadion mit einem Feld aus Regenwald mit der Bildinschrift „2 Sekunden!" und der Bildunterschrift „Der Mensch zerstört alle zwei Sekunden ein Stück Regenwald, so groß wie ein Fußballfeld". Diese beiden Bilder repräsentieren zwei Themenbereiche und rahmen als Einsteig das Thema „Fleischkonsum und Regenwald". Mögliche Assoziationen können sich beim ersten Bild auf das Begriffsfeld Grillfleisch, Grillen, Sommer, Hitze und Fleischkonsum beziehen. Beim unteren Bild gibt im Prinzip die Inschrift den Inhalt bereits vor. Die durch die Lehrkraft komponierten Bilder werden auf der Folie in einen Zusammenhang gestellt, der nicht expliziert wird.

An diesen Impuls schließt sich eine offene „Kommentierungsphase" an.

Gruppe *Fontane*, Sequenz: Die Frage nach dem Zusammenhang, G2, Min. 00.24-1.49

```
L     (...) Okay. (.) Ich hab euch hier mal; (2) °en Bild mitgebracht;° (3) uund (.)
Mef   @(.)@
Cm?   /Oaa-jetz krieg ich schon wieder Hunger.
Me    @(2)@
[noch vereinzelte Gespräche und Lachen in der Klasse (6)]
L     So. Was fällt euch, dazu ein; (4) [vereinzelte Gespräche]
Me    @(.)@ (4)
?m    /°Hallo;°
Am    Sieht man halt en Steak und dass de- äh Regenwald der; (.) ich glaub hinten dran
      is abgeholzt wies-oder-ich sehs nicht richtig;
L     Hmm, kann man jetzt nicht so (.) gut erkennen, können ja mal ein bisschen
      spekuliern was das alles (.) was das sein könnte, (3)
Am    (°          °)
Me    @(2)@
L     /Äh- andere Meinung; (.) Lf;
Lf    Ähm (.) also das unten des Bild ist (.) das steht ja noch dass (.) alle zwei Sekunden
      ein Stück Regenwald so groß wie ein Fußballfeld;-zerstört wird und wahrschein-
      lich dass diese ähm (.) °Flutlichter von ähm so en Fußballfeld, ähm (.) also-° qua-
      si-der; Regenwald in so ein °Fußballfeld;°
L     Genau.
Dm?   Das war voll die gute (eine,)
L     Was fällt euch noch ein? (3) Ja (Nf).-Sag's laut.
E/Nf                                /(°            °)
Nf    Ich versteh den Zusammenhang nicht zwischen dem (.) Bild da; (2)
Am    (°            °)
L              /Das-äh (2) geh ich mal davon aus,-dass das (.)
      dir nicht alleine so geht;-ne?
Me (auch Lf/Mf) Ja; (2)
```

Das Einschalten des Projektors, die Frage nach den Bildern und die Auswahl der Bilder setzen das Thema für das Gespräch. Die ersten Reaktionen der Jugendlichen sind Lachen oder ein Kommentar, Hunger zu bekommen. Die Aufgabe der Lehrkraft ist offen und fragt nach Einfällen. Am nähert sich den Bildern beschreibend an und bleibt auf deren immanenter Ebene. Die Lehrkraft fordert noch einmal auf, zu spekulieren und kontrolliert die Organisation des Gesprächs. Das Moment der Spekulation ist mit der Struktur des Ratens und Schätzens der Lösungen in der ersten Unterrichtssequenz „Arbeitsblatt Nachhaltige Entwicklung" (s. S. 99ff.) vergleichbar.

Die Lehrkraft unterstützt mit ihrer Forderung den von Am initiierten Modus der Beschreibung. Dieser wird durch Lf weiter elaboriert, die daraufhin die Unterschrift des Bildes vorliest. Sie folgert, dass es sich bei der grünen Fläche um Regenwald handelt. Die Schülerinnen und Schüler bleiben durch die Beschreibungen weiterhin auf einer immanenten Ebene der Bilder. Die Annäherung in Form von Beschreibungen zeigt eine gemeinsame Routine des Umgangs mit solchen visuellen Einstiegsimpulsen. Es wird, wie auch in der Sequenz „Arbeitsblatt Nachhaltige Entwicklung" (s. S. 99ff.), keine Interpretation des Sachverhaltes evoziert. Im Gegensatz dazu lässt sich z.B. in der Sequenz „Probleme nach T-Shirt-Kauf" (s. S. 119ff.), die noch dargestellt wird, in einem ähnlichen Setting beobachten, wie Schülerinnen und Schüler Hypothesen über Zusammenhänge anstellen als sie zu einem Problem Stellung nehmen.

Die Lehrkraft hier bestätigt das von Lf Gesagte und signalisiert den Fortgang der Plenumsphase. Sie spricht nach einer kurzen Pause eine Schülerin (Nf) direkt an, etwas laut sagen. Nf hatte sich, wie auf dem Video sichtbar ist, nicht gemeldet. Die Lehrkraft bringt so eine zuerst nicht an das Plenum gerichtete Aussage in das Plenumsgespräch und hebt sie als relevant hervor. Nf versteht den Zusammenhang zwischen den Bildern nicht. Die Lehrkraft nutzt diese Aussage, um das Unverständnis für die anderen Schülerinnen und Schüler ebenfalls zu konstatieren. Mehrere Schülerinnen und Schüler bestätigen das. Durch die Zwischenkonklusion der Lehrkraft („geh ich mal davon aus") wird das Unverständnis oder auch das Nicht-Wissen der Schülerinnen und Schüler zum Gegenstand und zum Ausgangspunkt für die weitere Bearbeitung. Das Nicht-Wissen wird so zum Einstieg in das Thema.

Im Rollenverständnis der Lehrkraft zeigen sich in dieser Sequenz bereits eine Orientierung an der Steuerung der Unterrichtsprozesse sowie eine Fokussierung auf das zu vermittelnde Wissen. Der Einstieg dient, wie im komparativen Vergleich zu der Sequenz „Probleme nach T-Shirt-Kauf" in der Lerngruppe *Schiller* (s. S. 119ff.) sichtbar wird, nicht dazu, ein fachliches Problem zu skizzieren, sondern das Nicht-Wissen der Schülerinnen und Schüler aufzudecken. In der Gruppe *Schiller* werden die Schülerinnen und Schüler dagegen als potentielle Experten angesprochen, die sich einem Problem stellen sollen. Der Einstieg wirft Fragen auf, die durch die Erarbeitung der Expertise seriös beantwortet werden sollen (s. S. 119f.).

Für die Schülerinnen und Schüler der Gruppe *Fontane* dokumentiert sich in der Zustimmung zu der Feststellung der Lehrkraft deutlich, dass sie sich als Nicht-Wissende wahrnehmen. Wie auch in der Sequenz „Arbeitsblatt Nachhaltige Entwicklung" aus der Lerngruppe *Dürer* (s. S. 99ff.) zeigt sich im Umgang der Lehrkraft und der Schülerinnen und Schüler die Wahrnehmung von Nicht-Wissen als Defizit, das durch sicheres Wissen kompensiert werden kann. Der Wissenserwerb wird mit dem Ziel, Wissen und Informationen über diesen Zusammenhang zu vermitteln, zu einem Selbstzweck. Auch im weiteren Verlauf des Plenumsgespräches wird die Thematisierung des Nicht-Wissens fortgesetzt.

Gruppe *Fontane*, Sequenz: Die Frage nach dem Zusammenhang, G2, Min. 1.52-3.04

```
L    Was könnte das denn, (2)
Bm   Äh die Abholzung stiehlt ja auch Lebensraum bestimmter Tierarten-und-deshalb,-
     können die das so; (.)
Dm                                           /°Ach (        )°
Em   He-ja isst du Orang-Utan-Steak oder was;
Me                /@(6)@ [und Kommentare] [Es wird ruhiger]
?m                /Ich weiß ja nicht was du (machst;) (.)
L    So. (2) Em.
Em   Ja der wird ja abgeholzt, und dann wird der in Brasilien dann oft zu ähm (. ) gro-
     ßen Viehzuchten; aufgebaut,-wo sie (.) riesige Farmen dann sind mit;-mehreren
     tausend Rindern dann (.) (°           ,°) (3)
L    Noch jemand (.) einen (.) Hinweis; If.
If   @(.)@ keine Ahnung. (2)
L    °Aalso.°-Was hat denn; dieses Steak, mit, dem Regenwald (.) zu-tun. (.) Das (.)
     wär heut (.) unsre Frage. Was (.) passiert hier? Was (.) hängt zusammen? Und da-
     zu setzt ihr euch jetzt bitte in den Gruppen zusammen
```

Die Lehrkraft setzt zu einer erneuten Nachfrage an. Auf dem Video ist zu sehen, dass sich Bm zögerlich meldet, der unmittelbar aufgerufen wird. Er versucht, über eine Beschreibung hinaus einen Zusammenhang zwischen den Bildern herzustellen, indem er die Abholzung mit dem Artensterben verbindet. Em nimmt diesen Gedanken auf, wenn er die Verdrängung der Arten bzw. den schrumpfenden Lebensraum auf das Steak bezieht und als „exotisches" Steak interpretiert. Indem er diese Deutungsvariante vor Augen führt, markiert er Bms Konstruktion als unwahrscheinlich. Die Lehrkraft interveniert neuerlich mit der Zuteilung des Rederechts. Der formale Rahmen als Lehrer-Schüler-

Gespräch wird aufrechterhalten. Wie auf dem Video erkennbar, meldet sich Em daraufhin noch einmal, enaktiert die Einforderung der Regeleinhaltung durch die Lehrkraft und begründet dann seinen Widerspruch. Er schildert einen sachlich richtigen Zusammenhang zwischen der wachsenden Fleischindustrie und der Abholzung von Regenwaldflächen. Er verortet den Regenwald geografisch (Brasilien) und kennt die Problematik um die sich dort ansiedelnden großen Rinderfarmen. Dieser Schüler verfügt über Vorwissen zu dieser Thematik und widerlegt die Feststellung der Lehrkraft, dass der Zusammenhang unbekannt ist. Ohne die Aussage thematisch aufzunehmen, fährt die Lehrkraft mit einer Aufforderung zu weiteren Hinweisen fort. Implizit wird Ems Beitrag als Hinweis gewertet, gleichwohl fordert sie wieder eine Schülerin auf, die sich nicht gemeldet hat. Sie antwortet, dass sie „keine Ahnung" habe. Die vorherige Feststellung des Nicht-Wissens wird bestätigt. Auf dieser Basis formuliert die Lehrkraft die Frage für das weitere Vorgehen, ohne darauf zu verweisen, dass bereits eine mögliche Antwort auf genau diese Frage durch Em gegeben wurde. Das Wissen eines Einzelnen wird nicht berücksichtigt. Die explizite Zuschreibung von Nicht-Wissen durch die Lehrkraft und dessen wiederholte Aktualisierung im Plenum markiert das Defizit als Ausgangspunkt für die weitere thematische Auseinandersetzung.

Diese Rahmung kann ebenfalls als Unterschied zu der Sequenz „Probleme nach T-Shirt-Kauf" in der Gruppe *Schiller* (s. S. 119ff.) festgehalten werden. Dort werden die Hypothesen und Empfehlungen, die zum Eingangsimpuls von den Schülerinnen und Schüler formuliert werden, als erste Beispiele für das weitere Vorgehen gekennzeichnet. Die im Plenum begonnene Diskussion wird in einer Gruppenarbeit fortgesetzt und das vorhandene Vorwissen, die Fragen und Hypothesen der Schülerinnen und Schüler werden zum Ausgangspunkt für die weitere Arbeit. Nicht das Defizit wird zum Thema, das die weitere thematische Auseinandersetzung bestimmen soll, sondern das Vorwissen, das vertieft und zu einem Expertenwissen ausgebaut werden soll. Die Rahmung des Lernprozesses durch die beiden Lehrkräfte unterscheidet sich damit deutlich. Auf der einen Seite erscheint der Wissenserwerb und die Behandlung eines Themas als Selbstzweck, der eine „Lücke" schließen soll und auf der anderen Seite erscheint er als die Entwicklung von Expertise zur Lösung eines Problems.

Die abschließende Transition der Lehrkraft in der Gruppe *Fontane* zu einer Umorganisation der Sitzordnung beendet die Sequenz. Anschließend sollen die Schülerinnen und Schüler eigene Fragen zu diesem als unklar konstatierten Zusammenhang „Fleischkonsum und Regenwald" generieren.

Gruppe *Fontane*, Sequenz: Die Frage nach dem Zusammenhang, G2, Min. 5.42-6.45

L	Und (3) ihr sollt (.) euch jetzt überlegen, (.) welche Fragen (2) sich ergeben,-wenn
Lf	/ Unsre Meinung.
L	ihr, dieses Schdeak, mit dem Regenwald, in Zusammenhang bringt. Was (.) sind hier Fragen,-und ihr merkt schon wie ich frage,-nämlich (.) ständig mit „w",
?f	/ [prustet kurz]
?f	/ [flüstert (1)]
L	solche W-Fragen bieten sich an. (2)
If	(Eben; Leben; Regenwald Tiere.)
L	Ihr habt dazu; denk ich mal zehn Minuten Zeit, (.) um euch (3) zu
?f	/Du Spasti.
Mef	/ [°Kichern und Unverständliches° (2)]
If	/ Was war die Frage;
L	orientieren;-in den Gruppen anzusprechen,-und (.) dann heftet ihr bitte,
Bf	/ Leben im Regenwald Tiere. Natürlich;
Mef	/ [unverständlich und °@(2)@° (4)]
L	die (.) Kärtchen,-die ihr ausgefüllt habt; links an die;- Wand, öh (.) Kleber (.) ist
?f	/ Links an die Wand.
Mef	/ [°durcheinander°]
L	hier vorne, und damit ihr ein bisschen Unterstützung habt, (2) kriegt ihr (.) noch ein- paar Zettel mit Statements, zu diesem Thema; auch die- helfen euch (.)
Af	/ Machen wir en bisschen Musik.
L	vielleicht bei der Formulierung der Fragen.

Die zentrale Frage, die sich bei der Anordnung der beiden Bilder ergibt, hat die Lehrkraft bereits formuliert. Die Schülerinnen und Schüler sollen jetzt weitere W-Fragen stellen. Die Lehrkraft stellt damit den Arbeitsauftrag für die Gruppenarbeitsphase und steckt organisatorische Bedingungen, wie den Zeitrahmen und die Präsentationsform ab. Zuletzt gibt sie ein Arbeitsblatt an die Schülerinnen und Schüler (s. Abb. 9). Auf dem Arbeitsblatt sind unterschiedliche Textpassagen abgedruckt, die bei der Genese der Fragen helfen sollen. Diese Unterstützung unterstellt notwendige Hilfe, die an das Arbeitsblatt mit den von ihr legitimierten Informationen delegiert wird. Diese Grundannahme dokumentiert ein Schülerbild, das ihr Nicht-Wissen in den Mittelpunkt stellt. Der Wissenserwerb muss dementsprechend von der Lehrkraft gesteuert werden.

Das Arbeitsblatt enthält einen Arbeitsauftrag „Informiere dich und überprüfe folgende Statements". Dieser legt einen Abgleich zwischen den dargestellten und weiteren Informationen nahe. Er greift die Differenz auf, dass das Wissen noch nicht vorhanden sein muss, sondern durch ein „Sich-Informieren" erworben werden kann. Die im Plenum formulierte Aufgabenstellung der Lehrkraft weicht davon ab.

Informiere dich und überprüfe folgende Statements:

Durch Fleischkonsum werden Lebensmittel verschwendet.

Zur Bewahrung des Regenwaldes werden Naturschutzgebiete eingerichtet, es gibt verstärkte Kontrollen und Sanktionen, um die illegale Waldvernichtung zu verringern.

Je größer die Nachfrage nach Fleisch, desto mehr Regenwald wird gerodet.

Auf einem Baum können bis zu 1700 Arten wirbelloser Tiere leben.

Mehr als die Hälfte des früheren Amazonaswaldes wird als Weidefläche genutzt.

Kahlschlag für ein Steak?

Im Amazonasgebiet gibt es mehr als 300 essbare Früchte.

-Die Rodung von Wäldern zum Anbau von Futter und die direkte Tierhaltung verringern die Artenvielfalt.

Regenwald-Burger? Das Fleisch der Rinder im Amazonasgebiet endet in unseren Supermärkten und Hamburgern.

Die Kaufkraft eines deutschen Schweins ist größer als die einer armen brasilianischen Familie.

```
Millenium-Kampagne
   zum Schutz des
  Regenwaldes bringt
   erste Erfolge:
    Internationale
   Biodiversitäts-
     konvention
    zum Erhalt der
    Lebensumwelt
     vereinbart.
```

Wir brauchen die Apotheke Regenwald und die Speisekammer Regenwald. Die

Abb. 9   Auszug aus dem Arbeitsblatt[34]

---

34 Vollständiges Arbeitsblatt s. Anhang 2.

Während der Auftrag auf dem Arbeitsblatt die Statements als Anlass für einen Rechercheprozess beschreibt, kennzeichnet die Lehrkraft das Arbeitsblatt als Hilfsmittel für die Genese eigener Fragen. Auf der einen Seite adressiert das Arbeitsblatt die Schülerinnen und Schüler als am Anfang stehend und selbsttätig, auf der anderen Seite spricht die Lehrkraft sie als Nicht-Wissende, die Unterstützung brauchen, an. Es überlagern sich zwei Aufgabenstellungen, die auf unterschiedliche Weise das Nicht-Wissen der Schülerinnen und Schüler zum Gegenstand machen.

Die Textteile sind in unterschiedlicher Schriftart und -größe abgedruckt, haben variierende Umfänge und differieren in Anordnung und Form, z.B. als Frage oder Aussage. Die angesprochenen Themenbereiche sind der Schutz des Regenwaldes, Biodiversität oder Fleischproduktion im Regenwald. Die Herkunft der Aussagen ist unklar. In der Zusammenschau zeigt sich ein normativer Grundtenor, der zum Schutz des Regenwalds verpflichtet und vor allen Dingen biologische, aber teils auch ökonomische Argumente anführt.

Das Fachvokabular, die dargestellten Zusammenhänge und Themen verlangen nicht nur biologisches, sondern auch ökonomisches Vorwissen, um die „Statements" verstehen zu können. Diese „Statements" sprechen zwar viele verschiedene thematische Aspekte zum Thema an, aber betonen dabei konsequent die Bedeutung des Regenwaldes. Sie stellen keine unterschiedlichen Standpunkte zum Zusammenhang Steak und Regenwald dar, sondern entfalten eine klare Position zum Schutz des Regenwaldes. Die graphisch abgesetzten Textteile könnten verschiedene Quellen der „Statements" nahe legen. Da keine Herkunft angegeben ist, ist dies nicht überprüfbar.

Der folgende Ausschnitt zeigt den Beginn der Gruppen-Arbeitsphase. Die Lehrkraft teilte zuvor die Arbeitsblätter aus und formulierte den Auftrag, Fragen zu entwickeln, wie das Steak mit dem Regenwald zusammenhängt.

Gruppe *Fontane*, Sequenz: Die Frage nach dem Zusammenhang, G2, Min. 7.35-8.13

Af	Kuck, da st<u>e</u>hts. (°) Fleisch,°-desto m<u>e</u>hr R<u>e</u>genwald wird g<u>e</u>rodet. Was is g<u>e</u>rodet.	
If	@(.)@,-Wa- hab ich mich auch gerade gefragt.	
?f	/@(2)@	
Cf	Wo steht denn das?	
Af	(<u>Wo</u>)-ey;	
Bf	Geschl<u>a</u>chtet vielleicht.-@(2)@ (4)	
Cf	Die Kaufkraft eines deutschen Schweins ist gr<u>ö</u>ßer als; (3)	
?f	/ Ich v<u>e</u>rsteh das nicht.	

Af	Ei das bedeutet, der Regenwald- wenn die abholzt werden- da werden all sozusagen die Tiere, abgeholzt
?f	/ °Wuo.°
If	@ Regenwaldburger @
Mef	**@(2)@**
Cf	Nein.-Hallo? Die Kaufkraft (.) eines deutschen Schweins ist größer als die einer brasilianischen Familie.
If	/ @(.)@ (@steht da.@)
Af	/ Des heißt- des Schwein ist mehr wert als eine brasilianische Familie.
?f	Hä? (2)
Cf	Oh Gott so viele Fragen kann ich nicht stellen;

Af verweist vorlesend auf eines der Statements: „Je größer die Nachfrage nach Fleisch, desto mehr Regenwald wird gerodet". Die erste thematische Proposition stammt damit vom Arbeitsblatt und verdeutlicht dessen zentralen Stellenwert für die Bearbeitung. Afs Gruppenmitglieder suchen nach der Stelle und es herrscht Konsens über den Beginn der Arbeitsphase. Bereits in dieser ersten Annäherung entstehen Schwierigkeiten aufgrund des Wortes „gerodet". Die Gruppe entwickelt die Deutung, dass es so etwas wie „geschlachtet" meinen könnte. Während Cf schon ein nächstes Statement vorliest, zeigt ?f an, dass sie das Vorherige nicht versteht. Es zeigen sich heterogene Erwartungen zur Funktion der Gruppe und deren Arbeitsweise, einmal der Anspruch, die Verständnisprobleme innerhalb der Gruppe gemeinsam zu klären und einmal das Anliegen, das Material gemeinsam durchzugehen. Die dem Material jeweils zugewiesene Rolle, ob es oberflächlich einbezogen oder die Statements verstanden werden sollen, ist dabei unterschiedlich. Die Erklärung Afs setzt die Abholzung mit der Schlachtung von Tieren gleich, was zwar eine sachlogische Schlussfolgerung ist, aber den Begriff nicht klärt. Diese Unsicherheit wird nicht aufgelöst. Der Einwurf eines weiteren Begriffes des Arbeitsblattes „Regenwaldburger" beendet zunächst den Klärungsversuch. Die Schülerinnen greifen dann das Statement zur Kaufkraft eines deutschen Schweins auf. Die Erklärung Afs ist für die Gruppe nicht nachvollziehbar und führt zu einer Metakommunikation über die Anforderung, Fragen zu generieren. Die Konsequenz ist, dass „so viele Fragen nicht gestellt werden können". Der Arbeitsauftrag wird mit dem Verweis auf eine kaum zu bewältigende Komplexität abgewiesen. Das Arbeitsblatt stellt mehr Impulse zur Verfügung als Fragen entwickelt werden können. Die Rolle des Arbeitsblattes als Unterstützung steht damit hier in Frage. Die Dichte und Komplexität des Arbeitsblattes, der hohe fachliche und sprachliche Anspruch der „Statements" evoziert Verständnisschwierigkeiten, die eine Genese von Fragen zunächst in den Hintergrund rücken lässt.

In der durch Unsicherheit geprägten Auseinandersetzung mit den Statements aktualisiert sich darüber hinaus eine hierarchische Betrachtung der Menschen im Süden. Dies wird in dem Versuch deutlich, die Bedeutung zur Kaufkraft eines deutschen Schweins zu erschließen. Diese Deutung, dass ein deutsches Schwein mehr wert sei als eine brasilianische Familie ist nur vor dem Hintergrund einer Wertzuschreibung möglich, die gegenüber den Menschen im Süden gering ist. Die inhaltliche Auseinandersetzung mit dem Statement wird durch Cf mit einer Suspendierung des Themas abgeschlossen. Sie konstatiert den Umfang ihres Nicht-Wissens und die Überforderung durch die von der Lehrkraft gestellte Aufgabe. Die von der Lehrkraft intendierte unterstützende Funktion des Arbeitsblattes schlägt durch die inhaltlichen Schwierigkeiten in Irritation um. Dies bestätigt sich in der Fortsetzung der Gruppenarbeit. Später im Arbeitsprozess kommt die Gruppe zu einer Frage, die sie festhalten will.

Gruppe *Fontane*, Sequenz: Die Frage nach dem Zusammenhang, G2, Min. 7.21-8.13

?f   Hier- los wir haben-doch jetzt gerade ääh-
Df   Ja- wie (findest du;) warum sollten wir hier Frage drauf schreiben. Ist doch irgendwie °unlogisch.°
?f   (Eh ich hab gehört;)
Df   / (Wie-äh-heißt schreiben zu Themen;)-die schreiben Fragen zu dem Text;
Af   Ja- können wir auch
If   Was ist gerodet; (.)
Mef   @(2) Nein @ Bf.
?f   / Das bringt doch gar nichts, (°nur nicht,°)
?f   @(.)@,
Bf   /Wir fragen mal Frau Seiler was sie jetzt (   )
?f   / [hustet]
If   Zum Anbau von Futter.
Af   Wo.
If   Ich nenn das Lebensmittel. (.)
?f   (Die Bararo.)
Bf   Vielleicht meinen die auch das Futter für die Tiere.
?f   (   )
If   (Holen die direkte) Tierhaltung. (2)
Af   Was passiert wenn es keinen Regenwald mehr gibt.
Df   / Sojaa und die (.) (direkte Tier-) (.) verringern; [murmelt sehr leise weiter]
Cf   Ja. Dann sterben alle.
?f   Ja- das kannst aber aufschreiben;
Bf   / Das kannste aber als Frage stellen;
Af   / Df;
Df   Ja?
Af   Was passiert wenn es keinen Regenwald mehr gibt. (.) Schreib.

?f lenkt das Gruppengespräch („Hier los") wieder auf die Aufgabenbearbeitung. Mit dem Vergleich zu anderen („die") wird der Text als Gegenstand der Fragen bestimmt. Bisher herrschte demnach Unklarheit über den Bezugspunkt der Fragen, also ob Fragen zum Text oder zu den Bildern gestellt werden sollen. Die Schülerinnen hinterfragen die Sinnhaftigkeit der Aufgabenstellung und halten zudem eine Frage fest, auf die sie bereits eine Antwort gefunden haben. Es zeigt sich hier eine Diskrepanz zwischen den Bedürfnissen der Lerngruppe und der Aufgabe und dem Material. Der Vorschlag, die Frage nach der Bedeutung des Wortes „roden" festzuhalten, wird abgelehnt. Die Tatsache, dass die Frage erneut aufgeworfen wird, zeigt, dass die Gruppe dem Textverständnis einen hohen Stellenwert zuweist und die Bedeutung weiterhin unklar ist. Gleichzeitig werden bestimmte Erwartungen an die zu entwickelnden Fragen gestellt. Die Fragen sollten über reine „Verständnis-Fragen", die die Klärung von Wortbedeutungen zum Ziel haben, hinausgehen. Die Gruppe kommt letztlich zu einer Frage, die nicht explizit auf eines der „Statements" zielt. Sie wählen eine Frage als Zwischenkonklusion, die sie für sich bereits beantwortet haben. Der Sinn der Aufgabe wird in Frage gestellt.

Das Material präformiert für die Gruppe die Auseinandersetzung mit der Thematik. Es zeigt sich eine Nicht-Passung zwischen der intendierten Funktion des Arbeitsblattes, seinem propositionalen Gehalt und den Strategien der Schülerinnen und Schüler. Das Material fordert Fachwissen, das nicht vorhanden ist. Die Erfahrung und Zuschreibung des Nicht-Wissens und Nicht-Verstehens lässt auch diese Gruppe sich als auf Hilfe angewiesen erleben. Nicht-Wissen bedeutet hier, wie auch in der vorigen Sequenz der Lerngruppe *Dürer* (s. S. 99ff.), dass die Aufgabe nicht „richtig" gelöst werden kann. Eine „richtige" Frage ist unter diesen Bedingungen eine, die sie bereits selbst beantworten können.

Die so strukturierte Lernumgebung lässt die Darstellung des Themas nicht offen und legt durch die Problematisierung von Entwicklungen (Zerstörung des Regenwaldes) normative Ansprüche fest. Die enge Strukturierung und die inhaltlichen Vorgaben dokumentieren einen Lehrmodus der Themenvermittlung. In der komparativen Analyse mit der Sequenz „Probleme nach T-Shirt-Kauf" der Lerngruppe *Schiller* (s. S. 119ff.) wird dies deutlich. Das Material und die damit verbundene Aufgabenstellung enthalten keine normative Perspektive auf das Problem. Die Lerngruppe entwickelt auf dieser Grundlage unterschiedliche Fragestellungen aus unterschiedlichen Expertenperspektiven und handhabt Nicht-Wissen als Möglichkeit zur Entwicklung von Expertise. Im Gegensatz dazu zeigt sich in dieser Sequenz der Lerngruppe *Fontane*, dass der Modus der Kompensation von Nicht-Wissen und Nicht-Verstehen keine Auseinandersetzung mit unterschiedlichen Perspektiven nahelegt. Es gilt, das Material zu verstehen. Wie auch in der Sequenz „Arbeitsblatt Nachhaltige Entwicklung" (s. S. 99ff.) geben die Schülerinnen und Schüler dem eigenen Vorwissen keinen Raum, vielmehr zeigen sie eine routinierte Orientierung an „richtigem" Wissen. In beiden Sequenzen wurde ein Lehrmodus der Themenvermittlung rekonstruiert. Es lässt sich beobachten, dass die Zuschreibung von Nicht-Wissen durch die Lehrkräfte zum Ausgangspunkt der thematischen Erschließung wird und diese defizitäre Sichtweise mit einer starken Steuerung des Unterrichtsgeschehens einhergeht. Die Prozesse der Schülerinnen und Schüler werden in der Vorgehensweise und inhaltlich vorstrukturiert. Die Jugendlichen zeigen innerhalb dieser engen Vorgaben eine Umgangsform der Kompensation von Nicht-Wissen, in dem sie sich an „sicherem" und „richtigem" Wissen orientieren. Die Erfahrung, die Aufgaben nicht selbsttätig lösen zu können und gewissermaßen zu scheitern, lässt sie sich als auf Unterstützung angewiesen wahrnehmen. Die Gemeinsamkeiten der beiden Sequenzen auf der Ebene des Lehrmodus und des Lernmodus werden im kontrastierenden Vergleich zu den nachfolgenden Sequenzen deutlich.

1.2 Der Umgang mit Nicht-Wissen als Potential

Der Modus mit Nicht-Wissen als Potential umzugehen, zeichnet sich dadurch aus, dass Nicht-Wissen durch die Jugendlichen individuell unterschiedlich genutzt und für den Prozess der interessen- oder problemgebundenen Wissensaneignung relevant wird. Die Schülerinnen und Schüler agieren als am Thema Interessierte oder als potentielle Experten, die durch die Aneignung von Wissen ein Problem lösen können. Zuschreibungen von Wissen werden als ein Weniger oder Mehr bestimmt. Sie nutzen das eigene Vorwissen und orientieren sich nicht an dem Defizit Nicht-Wissen. Sie zeigen auch Strategien des Strebens nach sicherem Wissen, aber explorieren die Inhalte selbsttätig und können die Aufgaben unter Nutzung ihres Vorwissens lösen, ohne sich als auf die Unterstützung der Lehrkraft angewiesen zu erleben. Die Kompetenzen, die erworben werden, umfassen die Reflexion des eigenen Vorwissens und dessen Explikation zur Strukturierung des weiteren Annäherungsprozesses an den Gegenstand.

Sequenz: Probleme nach T-Shirt-Kauf

Die Unterrichtssequenz „Probleme nach T-Shirt-Kauf" stammt aus der Lerngruppe *Schiller*, in der die Unterrichtseinheit zum Thema „Allergien und

Schadstoffe in Kleidung" durchgeführt wurde. Der Themeneinstieg ist als eine Plenumssituation organisiert. Ein Text (s. Abb. 10) wird mit dem OHP an die Wand projiziert. Eine Schülerin liest den Text vor.

> Hallo zusammen,
>
> ich wende mich an euch weil ich mir meine momentane Situation nicht erklären kann und weil ich damit nicht gleich zum Arzt rennen will.
> Ich habe seit ca. 1,5 Wochen ständig Übelkeit, Schwindel, Kopfschmerz und einen metallähnlichen Geschmack auf der Zunge.
> Das fing eigentlich damit an, dass ich mir im Internet ein paar T-Shirts (Made in Bangladesh) bestellt habe. Die haben förmlich nach Farbe gestunken. Hab' sie trotzdem gleich angezogen. Nach kurzer Zeit wurde mir extrem übel, warm und schwindelig. Vor allem im Schulterbereich habe ich juckende rote Stellen. Ich hab die Kleidung 3mal gewaschen, kann sie aber trotzdem nicht problemfrei tragen. Übelkeit und Schwindel kommen mittlerweile auch ohne Kontakt zu der Kleidung und diesen Geschmack nach Metall auf der Zunge werde ich auch nicht mehr los.
>
> Kann mir jemand sagen was das ist, sollte ich mich deshalb mal beim Arzt blicken lassen? Hat jemand ähnliche Probleme?
>
> mfg und danke für Antworten

Abb. 10   OHP-Folie Einstieg

Der verwendete Text ist ein realer Beitrag aus einem Internetforum[35]. Er thematisiert gesundheitliche Probleme einer anonymen Person im Zusammenhang mit Textilien. Es wird ein Problem umrissen, das die thematische Auseinandersetzung eröffnet. Die Art des Textes weist eine informelle Ansprache und Form auf. Der Stil, die Umgangssprache und die Verkürzung von Worten („hab") sowie das Thema des Beitrags bilden authentische Internetkommunikation ab. Der Text thematisiert ein „subjektives" Problem und enthält eine Aufforderung zum Antworten. Die Leser werden als potenzielle Expertinnen und Experten für die Lösung des Problems, aber auch auf Augenhöhe in der Rolle als Konsumentinnen und Konsumenten adressiert. Der Text ist zudem nicht mit einem expliziten Arbeitsauftrag versehen und die Aufforderungen an den Rezipienten sind unverbindlich und offen, charakteristisch für einen Eintrag in einem Internetforum. Es werden innerhalb der Problemschilderung verschiedene themati-

---

[35] Der Forumseintrag ist zu finden unter http://www.med.de/forum/threads/637370-Übelkeit-schwindel-probleme-mit-kleidung (Zugriff 07.12.2012).

sche Aspekte angerissen, wie z.b. der Kauf von Produkten im Internet. Das Problem ist damit zweifach im Kontext Internet verortet: einmal durch den Beitrag im Internet selbst und durch die Thematisierung von internetbasiertem Konsum. Weitere Aspekte sind gesundheitliche Auswirkungen, die Herstellung der Kleidung in Bangladesch oder auch Farbstoffe in der Kleidung. Die Vielfältigkeit der Punkte macht deutlich, dass das Problem nicht spezifisch fachlich ausgerichtet ist, sondern ein Alltagsproblem eines Konsumenten darstellt. Kleiderkauf wird als ein komplexer Sachverhalt sichtbar.

In der analysierten Unterrichtssequenz schließt sich an das Vorlesen der OHP-Folie eine offene Kommentierungsphase an.

Gruppe *Schiller*, Sequenz: Probleme nach T-Shirt-Kauf, vv2, Min. 2.41-4.20

L   So kommentiert, was fällt euch ein, (3) (   ) ihr nehmt euch gegenseitig dran, Gf
Gf Ähm ja vielleicht hat die irgendwie ne Allergie gegen diese Farbe im T-Shirt oder so (.) gegen dieses chemikalische (.) (in den T-Shirt) (.) Nm
Nm Ja ich würd auch sagen vielleicht sinds auch irgendwie die generell die Farben oder so (.) weil das so billige Shirts sind die sie sonst wo bestellt hat (2) ähm dass da irgendwelche illegalen (.) Lösungsmittel oder sonst was drin is; was was (nicht so gesund ist) würde ich mal zum Arzt gehen; @(.)@
Am Ich würde (vielleicht mal beim Verkäufer) nachfragen; (.) wo was das jetzt was da genau ob der weiß woher er␣das hat, und was da genau alles drin is; (4)
?m [räuspert sich]
Bm (Wo   )
Am (Aus) (4)
L   Nichts mehr? (3) Eure Aufgabe ist es im Laufe der nächsten Stunden, ne Antwort
Me   /[Flüstern]
L   drauf zu kriegen was denn da jetzt passiert ist, (.) und ihr habt jetzt schon einige Fragen gestellt, (.) und denjenigen (.) versuchen (.) ähm (.) versuchen zu können das wir dem antworten (.) ähm jetzt kamen schon einige Fragen, (.) ähm ihr überlegt einfach mal, was müsste man, alles herausfinden (.) um ähm (.) dem diese Antwort zu schreiben, über was müssten wir uns jetzt alles informieren? (.) Ähm zwei drei Minuten Zeit (.) mal drüber nachzudenken ich teil mal in der Zeit ein paar (.) F-Kärtchen aus, da schreibt ihr die Fragen drauf, die wir auf jeden Fall beantworten müssten, damit wir (.) ähm (.) der Frau (.) oder dem Mann- wir wissens ja nicht genau wer es ist-eine Antwortmail schreiben zu können (.) °ja° (3) inhaltlich welche Sachen müssen wir abklären
Me /(Okay, okay gut)

Die Lehrkraft fordert auf, den Text zu kommentieren. Der Impuls der Lehrkraft ist offen gestellt. Das gegenseitige Aufrufen der Schülerinnen und Schüler untereinander delegiert die Organisation der Redebeiträge an das Plenum. Die erste Schülerin formuliert eine mögliche Diagnose: eine bestimmte Allergie gegen bestimmte Inhaltsstoffe. Nm bezieht sich, wie auch Gf, auf die im Text angesprochenen Farben oder illegalen Lösungsmittel, die mit dem Preis der Kleidung in Zusammenhang gebracht werden. Er begründet das mit dem Ort („sonst wo") und der Art der Herstellung („billig", „illegal") und rät, zum Arzt zu gehen. Am würde für genauere Informationen den Verkäufer der Kleidung befragen. Die Lehrkraft fordert auf Fragen zu formulieren, die beantwortet werden müssten, um auf den Forumseintrag antworten zu können.

Im Umgang mit der ersten Aufforderung zeigen sich Strategien der Schülerinnen und Schüler, Bezüge zwischen den Informationen aus dem Text herzustellen oder auch mögliche Handlungsoptionen vorzuschlagen. Die Schülerinnen und Schüler schließen an Vorwissen an, z.b. bezüglich der Qualität von Kleidung, und explorieren den Zusammenhang zwischen dem gestellten Problem und Alltagspraktischem. Sie agieren als „Erfahrene", die Ratschläge geben können. Der authentische Beitrag spricht sie in ihrer Rolle als Konsumentinnen und Konsumenten an und sie können Meinungen dazu entwickeln.

Die nächste Aufgabe der Lehrkraft für die Gruppenarbeit ist auf den Text und die bereits angestellten Hypothesen bezogen, die die Ausgangspunkte für die weitere Erarbeitung sind. Die Schüleräußerungen der Plenumsphase bilden den Anfang und sollen in der Gruppe fortgesetzt werden. Der Forumseintrag strukturiert die Auseinandersetzung und fordert, eine qualifizierte Antwort zu schreiben. Die Lehrkraft legt darüber hinaus keine Themen fest und kennzeichnet das Vorgehen als Nachforschungs- oder Suchprozess, dessen Schwerpunktsetzung offen ist und der von den Schülerinnen und Schüler selbsttätig initiiert werden soll. Bereits mit dem gewählten Text, mit der Art und Weise der Aufgabenstellung und der Delegation der Annäherung an die Schülerinnen und Schüler wird (möglichem) individuell unterschiedlichem Vorwissen Raum gegeben. Mit dem Fokus auf die inhaltliche Klärung wird mögliches Nicht-Wissen zu einem notwendigen Anhaltspunkt für die Entwicklung der Expertise. Die Vorgabe eines Alltagsproblems und die Rahmung des Wissenserwerbs als ein Explorieren und Entwickeln von Expertise sowie die Delegation der inhaltlichen Gestaltung initiieren einen Prozess, den die Schülerinnen und Schüler mitgestalten können. Nicht-Wissen wird konstruktiv zum Gegenstand und als ein Punkt in einem fortschreitenden Prozess gekennzeichnet. Die Partizipation der Schülerinnen und Schüler ist notwendig. In der Gestaltungsweise des Einstiegs zeigt sich im Vergleich zum Modus der Themenvermittlung damit hier eher ein Modus der Themen-Ko-Konstruktion, wie er im Folgenden bezeichnet wird. In diesem können die Schülerinnen und Schüler an der Konstruktion des Themas, hier an der Formulierung von Leitfragen für das Thema teilhaben. Sie erhalten inhaltliche und teilweise auch organisatorische Verantwortung und können eigene thematische Schwerpunkte entwickeln; sie sind gefragt, an der inhaltlichen Gestaltung zu partizipieren.

Im Vergleich mit der Sequenz „Die Frage nach dem Zusammenhang" der Lerngruppe *Fontane* (s. S. 108ff.) zeichnen sich trotz einer ähnlichen Struktur deutliche Unterschiede ab. Beide Einstiege sind zwar mit dem Input und der Kommentierungsphase sehr ähnlich aufgebaut, es wird aber unterschiedliches Material verwendet und auf verschiedene Art und Weise das Gespräch moderiert. Es dokumentieren sich unterschiedliche Lehrmodi. Während die Lehrkraft in der Sequenz der Lerngruppe *Fontane* das Gespräch steuert und den Einstieg nutzt, um Zuschreibungen von Nicht-Wissen vorzunehmen, lässt die Lehrkraft in dieser Sequenz die Schülerinnen und Schüler die Kommentare selbst organisieren. Darüber hinaus werden die Schüleräußerungen zum Ausgangspunkt für die folgende Gruppenarbeit. Die Ideen der Schülerinnen und Schüler sind ein Potential, dass einen ersten Zugriff auf das Problem erlaubt. Im weiteren Vergleich zum zweiten Teil der Sequenz „Die Frage nach dem Zusammenhang" (s. S. 108ff.), in dem durch das Austeilen des Statement-Arbeitsblattes eine Unterstützung an die Gruppen gegeben wird, wird auch deutlich, dass hier dagegen das Begonnene in der Gruppenarbeit fortgesetzt werden soll und kein weiterer inhaltlicher Impuls folgt. Der Wissenserwerb dient ausgehend von einem Kontext (Internetkommunikation), in dem eine komplexe Problemlage (physiologische Beschwerden) geschildert wird, der Lösung des Problems. Das zusätzliche Arbeitsblatt in der Gruppe *Fontane* bringt zusätzliche Informationen, die die Entwicklung von eigenen Fragen überlagern. Die Schülerinnen und Schüler der Lerngruppe *Schiller* dagegen werden durch das verwendete Material und die Herangehensweise als potentielle Experten adressiert, die einen Beitrag zu einer Problemlösung leisten können. Der Lehrmodus der Themen-Ko-Konstruktion zeichnet sich im Unterschied zum Lehrmodus der Themenvermittlung hier also dadurch aus, dass sich die Lehrkraft in Bezug auf das Schülerbild an den (potentiellen) Fähigkeiten der Jugendlichen orientiert und nicht an einem Defizit. Der Lernprozess wird nicht als Selbstzweck zur Kompensation von Nicht-Wissen gerahmt; er ist vielmehr ein Weg zur Lösung des Problems.

In der sich anschließenden Gruppenarbeit werden Strategien der Schülerinnen und Schüler zum Umgang mit dem eigenen Nicht-Wissen erkennbar. Sie beginnen, auf das Problem bezogene Fragen zu entwickeln. Der OHP bleibt angeschaltet und der Forumseintrag Bezugspunkt der Interaktion.

Gruppe *Schiller*, Sequenz: Probleme nach T-Shirt-Kauf, G1, Min. 4.22-5.10

```
?m   (Die   ) W-Fragen,
L    Ja ihr dürft ruhig W-Fragen stellen (    )
Af   W-Fragen (.)
Bf   (         )
Cf       /(Ich trau misch gar nich              )
Af   @(2)@ Wir müssen wissen was in der Kleidung drin ist und wir müssen wissen (
L       /Ja ihr (                               )
Af   auf welchen irgendwo wird      hergestellt) und wir müssen wissen (4)
L    könnt euch schon mal (         ) Gib mal die Blätter rüber (2) So
Cf   Ähm (3) Also (2) Warum (.) hat jemand eine Allergie (2) also warum, wer die
Df                                                       /Ja (3)
Cf   herstellt, wo die hergestellt werden, was da drin ist (2) was für ein Stoff (.) weil
     das ist-es gibt doch auch Baumwolle Synthetik und so oder?
Af              /Was für Chemikalien             /Ja
[(10) im Hintergrund und teilweise in der Gruppe durcheinander]
Cf   Ja und weil mein (    ) ist
Af           /Und sie sollte zum Arzt gehen (2) halt was das (für (.) tun)
Cf                                          /Ja
?f   @(.)@
[(5) im Hintergrund und in der Gruppe durcheinander]
Cf   (           ) durch diese Allergie (2)
Df   Vielleicht hatte sie irgendeine Allergie (         )
(...)³⁶
Af   W-Fragen haben wir doch auch oder? (2)
Cf   Also was zum Beispiel (2) ähm (.) wo werden die T-Shirts hergestellt,
Af   Ja
Cf   Soll ich das schreiben?
Af   Ja (3)
Df   Wo werden die T-Shirts (3)
?f   @(.)@
Df   Aus welchem Stoff (die bestehen)
Af   Was schreibst du (Cf)?
Df   Schreib lieber aus welchen Materialien
?f   Ja
Df   (Aus welchen Materialien sind die Kleidung)
```

Die Gruppenarbeit zeigt, dass die Mädchen umgehend mit einer Reihe möglicher Fragen einsteigen. Auf dem Video ist sichtbar, dass die Lehrkraft währenddessen noch Arbeitsmaterialien verteilt. Die angesprochenen Fragen, wie auf dem Video erkennbar, werden von der Gruppe auch aufgeschrieben.

---

36 Hier findet ein kurzer Exkurs statt, in dem sich die Gruppe um die nötigen Arbeitsmaterialen kümmert.

Für die Interpretation ist nicht nur von Bedeutung, dass zügig Fragen entwickelt werden, sondern auch die berücksichtigten inhaltlichen Aspekte: Die Fragen kennzeichnen das notwendige Wissen zur Beantwortung des Forumseintrages. Dabei werden explizit verschiedene W-Fragewörter, warum, wer, wo und was, verwendet. Die Schülerinnen generieren in dieser kurzen Zeit mehrere fachliche Fragen, was eine Anschlussfähigkeit des Themas deutlich macht. Sie sind sich über die Inhalte einig und zeigen eine effektive Aufgabenbearbeitung. Die Genese von Fragen steht als Gruppentätigkeit im Zentrum und wird nach einer kurzen Unterbrechung durch die Lehrkraft und Organisation der Arbeitsmaterialien wieder aufgenommen, indem sie sich über die Ergebnisse versichern und die bisherigen Fragen noch einmal zusammenfassen. Die Jugendlichen erschließen das Thema im Aufspüren des eigenen Nicht-Wissens anhand der Ausgangsfrage. Sie nutzen ihr Nicht-Wissen als Ausgangspunkt für die Bewältigung der Aufgabe, das Nicht-Wissen des Schreibers/der Schreiberin des Forumseintrages aufzuklären. Die Lehrkraft lässt den Prozess inhaltlich offen und steuert ihn darüber hinaus nicht weiter. Der Einstieg mit dem Text und die Aufgabenstellung evozieren so eine fachliche Auseinandersetzung. Die Schülerinnen realisieren eine Rolle als potenzielle Expertinnen, die einen Beitrag zu einer Problemlösung leisten können.

Im kontrastierenden Vergleich sowohl mit der Sequenz „Die Frage nach dem Zusammenhang" (s. S. 108ff.) als auch mit der Sequenz „Arbeitsblatt Nachhaltige Entwicklung" (s. S. 99ff.) zeigt sich, wie die Schülerinnen und Schüler in jeweils unterschiedlichen Rollen agieren. Die Gruppe *Fontane* kann sich den Fragen, die sie entwickeln sollen, aufgrund der Beschäftigung mit dem zusätzlichen Text noch nicht zuwenden und kennzeichnet sich in der Auseinandersetzung mit dem vorgegebenen Material als unwissend und auf Unterstützung angewiesen. Gleiches gilt für die Gruppe *Dürer*, wo die Schülerinnen und Schüler durch die Aufforderung zum Schätzen bereits als nichtwissend adressiert werden. Die Bearbeitung der Fragen und deren Auflösung nehmen sie nicht selbst vor, sondern berichten sich gegenseitig die Lösungen. Nicht-Wissen bedeutet in beiden Kontexten, die Aufgabe nicht wirklich bearbeiten zu können und sich die Inhalte nicht erschließen zu können. In der Gruppe *Schiller* hingegen wird das Nicht-Wissen zu einer Voraussetzung, zu einem Potential für die Bearbeitung der Aufgabe. Es ist perspektivisch in Expertise überführbar. Die Gruppe erfährt sich nicht als auf Hilfe angewiesen, sondern erarbeitet die Aufgabe selbsttätig. Die Anbahnung des Wissenserwerbs spannt sich nicht, wie in den anderen beiden Sequenzen, zwischen den Gegenhorizonten Wissen und Nicht-Wissen, sondern zwischen weniger und mehr (Experten-)Wissen auf. Diese Betrachtung ermöglicht einen konstruktiven Umgang mit der strukturell bedingten Begrenzung von Wissen. Für die Schülerinnen und Schüler der Gruppe *Schiller* kann damit ein Umgang mit Nicht-Wissen als Potential rekonstruiert werden. Er entwickelt sich offensichtlich in einer Lernumgebung, die durch den Lehrmodus der Themen-Ko-Konstruktion geprägt ist. Im Rahmen des problemorientierten Einstiegs wird den Schülerinnen und Schülern ein an einen Kontext gebundener inhaltlicher Freiraum gewährt, den sie nutzen.

Sequenz: Text zur Globalisierung

Der Umgang mit Nicht-Wissen als Potential findet sich auch in der Lerngruppe *Kästner,* einer 10. Klasse einer Gesamtschule. Zum Einstieg in das Thema „Globalisierung" wurden in dieser Lerngruppe zunächst Karikaturen interpretiert, die unterschiedliche Themenaspekte, wie den Klimawandel oder Kleiderkonsum, präsentierten. Diese Karikaturen konnten selbstständig ausgewählt werden und wurden in Partnerarbeit erarbeitet. Anschließend wurden die Interpretationen besprochen. Die Ergebnisse hängen als Mindmap unter dem Oberthema „Globalisierung" an der Tafel. Darauf bezieht sich die Lehrkraft bei ihrer Formulierung („Treibhauseffekt", „Umwelt", „Rohstoffabbau", „Telekommunikation"). Von diesen Themengebieten ausgehend formuliert die Lehrkraft den folgenden Arbeitsauftrag. Die Gruppe sitzt währenddessen noch im Sitzkreis.

Gruppe *Kästner*, Sequenz: Text zur Globalisierung, G3, 58.51-1.00.09

L	Ihr geht jetzt bitte (.) wieder an eure <u>Tischgruppen</u> (1) bekommt noch von mir einen (.) <u>Text</u> (.) der nochmal ähm (.) im Prinzip <u>versucht</u> zu klären was <u>ist</u>
Af	/°Kann ich wirklich den den Stift?°
L	<u>Globalisierung</u> (1) und eure Aufgabe ist es dann an den (.)<u>Tischgruppen</u> mit Hilfe von <u>Folien</u> und <u>Folienstiften</u> (.) eine <u>Mindmap</u> zu erstellen was eurer Meinung nach alles zu Globalisierung <u>gehört</u> in welche <u>Bereiche</u> man das (.) aufteilen kann (.) als <u>Vorgaben</u> (.) ähm (.) nicht mehr als fünf (.) <u>große</u> übergeordnete <u>Bereiche</u> (.) in die ihr des was <u>da</u> hängt (.) äh unter Globalisierung und was wir jetzt hier an der <u>Tafel</u> haben des werden wir noch dann (.) mit <u>dazu</u> hängen (.) äh also versucht das jetzt mal n bisschen zu <u>sortieren</u> (.) alle diese (.) <u>Bereiche</u>(.) <u>Treibhauseffekt</u> und ähm (1) <u>Umwelt Rohstoffabbau</u> <u>Telekommunikation</u> (.) ähm (2)
Af	/[seufzt]
L	( ) auch noch mal <u>Umwelt</u>- äh (.) Zerstörung (.) also kuckt des mal in <u>Bereiche</u> (.) zu fassen diese ganzen Einzelaspekte die jetzt auf Grund der Karikaturen entstanden sind (.) äh so dass wir am Ende so ne so ne <u>Übersicht</u> haben (.) werden vielleicht nicht <u>heute</u> schaffen aber: (.) mit beginnen (.) ähm (.) in <u>welchen</u> Bereichen (.) ähm (.) umfasst Globalisierung (.) so dass ihr (.)für <u>morgen</u> (.) auch

ne gute Ausgangsmöglichkeit habt um äh für euch (.) Spezialthemen quasi zu finden (.)
[leises Gespräch zwischen mehreren beginnt]
L   ja in welchem Bereich ist das verordnet was interessiert mich wo (.) kann ich weiter (.) forschen (.)

Der Stuhlkreis wird aufgelöst und die Schülerinnen und Schüler verteilen sich an die als Gruppentische angeordneten Sitzplätze und bearbeiten einen Text zum Thema „Globalisierung". Die Lehrkraft führt diesen Text zur Klärung des Begriffes Globalisierung ein und formuliert den Auftrag zur Erstellung einer weiteren Mindmap. Sie gibt die Anzahl der Bereiche und den Einbezug des bereits Erarbeiteten vor. Ziel ist eine Übersicht, aufgrund derer die Schülerinnen und Schülern ihre Spezialthemen finden sollen.

Es wird zunächst die Sozialform Kleingruppe für die Zusammenarbeit festgelegt. Die Gruppen sind durch die Tischordnung bereits festgelegt, dies entlastet die Situation von weiterer Organisation. Die Lehrkraft markiert die mit den Karikaturen herausgearbeiteten Aspekte als Referenzpunkte, die mit Hilfe des Textes (s. Abb. 11) geordnet werden sollen. Die von den Schülerinnen und Schülern bereits erstellten Plakate sollen einbezogen werden und haben die Funktion einer ersten exemplarischen Annäherung. Die Lehrkraft bietet zunächst eine Begriffsklärung an, die ausgehend von den konkreten Themen der Karikaturen auf eine höhere Abstraktionsebene führt.

In der Art und Weise der Aufgabenstellung legt die Lehrkraft das Vorgehen offen und weist den einzelnen Schritten eine Funktion in einem kumulativen Lernprozess zu. Das zu erwerbende Wissen erfüllt die Funktion des Strukturierens im Lernprozess. Das wird insbesondere im kontrastierenden Vergleich mit den Sequenzen „Arbeitsblatt Nachhaltige Entwicklung" (s. S. 99ff.) und „Die Frage nach dem Zusammenhang" (s. S. 108ff.) deutlich. Die Vermittlung des theoretischen Wissens wird dort als ein Selbstzweck gerahmt, der das Nicht-Wissen kompensieren soll. Hier hingegen sollen die erste Annäherung und das Vorwissen der Schülerinnen und Schüler fundiert sowie ihr Wissen zur selbsttätigen Strukturierung genutzt werden. Die Jugendlichen werden nicht in ihrer Eigenschaft als Nicht-Wissende adressiert, sondern durch den Hinweis auf die „forschende" Weiterarbeit als am Thema Interessierte und selbstständig Arbeitende angesprochen. Die Möglichkeit der Partizipation der Schülerinnen und Schüler an der inhaltlichen Strukturierung und die größere Offenheit der Aufgaben lässt sich, wie auch in der Lerngruppe *Schiller* (s. S. 119ff.), als ko-konstruktiver Lehrmodus beschreiben.

Was ist Globalisierung?

Quelle: unbekannt

Globalisierung ist das Ergebnis eines Internationalisierungsprozesses, der so alt ist wie die Geschichtsschreibung. Seit Anfang der Neunzigerjahre ist „Globalisierung" in aller Munde: Für die einen Verheißung, für andere ein Schreckenswort. Die Befürworter der Globalisierung beziehen sich auf die Funktionsfähigkeit der Märkte und die Vorteile der internationalen Arbeitsteilung. Man befürwortet das Grundprinzip des Freihandels, ist also weitestgehend gegen staatliche Eingriffe in die internationalen Wirtschaftsbeziehungen und sieht die Globalisierung der Märkte als eine Voraussetzung für Wirtschaftswachstum und zukünftigen Wohlstand in Industrie- und Entwicklungsländern.

Kritiker der Globalisierung stehen den Selbstregulierungskräften der Märkte skeptisch gegenüber. Man befürchtet u.a., dass die Schere zwischen Arm und Reich immer weiter auseinander geht, dass sozialstaatliche Errungenschaften und die Umwelt geopfert werden, dass immer weniger Großkonzerne und demokratisch nicht legitimierte internationale Institutionen Macht ausüben werden. Kritiker sehen einen internationalen Koordinations- und Harmonisierungsbedarf, insbesondere im Bereich des internationalen Kapitalverkehrs. Insgesamt geht es um die Angst vor der Dominanz kapitalistischer über demokratische Prinzipien.

Globalisierung betrifft nicht nur die Ökonomie, sondern fast alle Lebensbereiche: Konsum und Lebensformen, Politik, Recht, Technik. Die Märkte dieser Welt – egal, ob es um Sachgüter, Dienstleistungen, Arbeitskraft oder Kapital geht – wachsen zusammen, ökonomische Aktivitäten sind immer stärker weltweit vernetzt. Das Markenzeichen „Made in Germany" bedeutet immer seltener, dass Güter in Deutschland vollständig produziert werden. Denn Unternehmen können für unterschiedliche Aufgaben im Rahmen des Leistungsprozesses verschiedene Auftragnehmer im Ausland suchen – an jeweils geeigneten Standorten.

Globalisierung ist ein Prozess, der nationalstaatliche Grenzen überwindet, zur Ausweitung und Intensivierung wissenschaftlich-technischer, ökonomischer, politischer und soziokultureller Beziehungen zwischen den Kontinenten führt und schließlich den gesamten Erdball umspannt. In wirtschaftlicher Hinsicht geht es um die zunehmende Beschleunigung der Verflechtung globaler Märkte für Güter, Dienstleistungen und Kapital, die Liberalisierung und Deregulierung der nationalen und regionalen Märkte und das Zusammenwachsen dieser Märkte.

Die Globalisierung ist ein dynamischer Prozess, der nicht aufzuhalten ist. Über die Rahmenbedingungen und Gestaltungsmöglichkeiten der Globalisierung wird jedoch gestritten.

Abb. 11 Gruppe *Kästner*: Text zur Globalisierung

Der Text (s. Abb. 11), mit dem die Schülerinnen und Schüler in dieser Sequenz arbeiten, gibt Antworten auf die in der Überschrift formulierte Frage „Was ist Globalisierung?" und beschreibt von Beginn an zwei mögliche Betrachtungsweisen des Phänomens Globalisierung. Die abgebildete Karikatur hebt auf eine Gleichsetzung der Globalisierung mit dem Naturgesetz der Schwerkraft ab und zeigt eine globalisierungskritische Betrachtung.

Der erste Absatz des Textes gibt zunächst eine kurze allgemeine Einführung und geht dann auf die Argumente der Befürworter ein. Der zweite Absatz stellt die Perspektive der Kritiker dar. Die Argumente beziehen sich vor allem auf ökonomische Entwicklungen, die „Funktionsfähigkeit der Märkte" oder den „Kapitalverkehr". Dann werden die Konsequenzen der weltweiten Vernetzung, auch in Bezug auf die Herstellung von Produkten, deutlich. Zuletzt gibt der Text eine kurze Definition des Phänomens und konkretisiert sie „in wirtschaftlicher Hinsicht". Der Text endet mit dem Hinweis auf die „strittigen" Rahmenbedingungen und Gestaltungsmöglichkeiten.

Bereits die als Frage formulierte Überschrift legt die Klärung des Begriffs „Globalisierung" als Funktion des Textes nahe. Die einleitende Karikatur deutet die im Text fortgesetzte Kontroversität der Betrachtung des Phänomens von Befürworten und Kritikern an. Als Aussage der Karikatur wird deutlich, dass es unterschiedliche Betrachtungsweisen des Themas gibt. Der Text löst eine definitorische, aber ebenso kritische Stimmen berücksichtigende Darstellung ein, die u.a. ökonomisches Vorwissen verlangt (z.B. „Verflechtung der Märkte"). Er fasst mit geschichtlichen Daten, kontroversen Stimmen und dem Versuch einer Beschreibung die zentralen Punkte eines komplexen Phänomens zusammen. Für den Arbeitsauftrag der Lehrkraft stellt der Text explizite Hinweise im dritten Absatz zur Verfügung („Globalisierung betrifft (...)").

In der vergleichenden Analyse zum verwendeten Material in der Sequenz „Arbeitsblatt Nachhaltige Entwicklung" (s. S. 99ff.) und auch zur Sequenz „Die Frage nach dem Zusammenhang" (s. S. 108ff.) werden deutliche Unterschiede erkennbar. Der Text zur Globalisierung bildet eine Kontroversität des Themas ab. Dies unterscheidet sich von einem vermeintlichen Faktenwissen, das in den anderen beiden Materialien angeboten wird. Dort geht es um abstrakte Informationen, deren Bewertung nicht explizit wird, die nicht kontrovers sind oder Aspekte explizit offen lassen. Im Text zur Globalisierung werden hingegen die Bewertungen des Phänomens offen gelassen („Über die Rahmenbedingungen (...) wird jedoch gestritten"). Der Text „Was ist Globalisierung?" als Einführungsmaterial zeigt die unterschiedlichen Standpunkte mit ihren jeweiligen Argumenten auf, die anderen beiden Materialien nicht.

Die Lehrkraft formuliert die Aufgabe, die Bereiche der Globalisierung zu abstrahieren und zu kategorisieren. Sie gibt die Anzahl der Bereiche, das Medium Folie sowie die Methode Mindmap als Präsentationsform vor. Die Lehrkraft strukturiert somit organisatorisch und inhaltlich den Rahmen, in dem sich die Schülerinnen und Schüler Definitionswissen aneignen und das bisher Erarbeitete einordnen sollen. Das Ziel dieser Vorgehensweise ist die Organisation ihres eigenen Lernprozesses als ein „Weiter-Forschen". Die Lernschritte werden miteinander verbunden und bauen aufeinander auf.

Wie die Schülerinnen und Schüler mit dieser Aufgabe umgehen, zeigt sich in der folgenden Sequenz einer Gruppenarbeitsphase:

Gruppe *Kästner*, Sequenz: Text zur Globalisierung, G1, Min.1.08.46-1.10.09

Af	Eigentlich stehts ja hier schon (.) Ökonomie: Konsum Politik Recht und Technik (1) oder?
?m	/Genau
Bf	Also (3) Ökonomie? (5) °Konsum?°
?m	( )
Bf	Konsum wird das mit Ce geschrieben?
Af	°Nee ( ) Ka° (.) Politik (5) Recht (3)
Bf	Und Ordnung (1)
Af	Und Technik (5)
Bf	°Mit Ce Ka Technik?°
L	Macht euch erstmal auf normalem Papier (.) Gedanken ( ) Folie ( ) Folienstifte
?f	°( )°
L	Klärt (.) Begriffe aus dem Text der ist glaub ich nicht ganz einfach (3)
?f	Ham wir jetzt alle denselben Text,
L	Ja
Af	°Also (.) allgemein versteht man unter (.) unter Globalisierung Verknüpfung von verschiedenen Ländern auf dem Erdball (1) und unter verschiedenen Aspekten (.) wie Politik Konsum (.) wirtschaftliche (.) Handel was weiß ich was (.)°
Cm	/Wollen wir Konsum nicht lieber unter den (1) äh wirtalso Wirtschaft ( ) dazu
Bf	Ja (.) stimmt eigentlich
Af	Vielleicht Wirtschaft in Klammern Politik
Bf	Nee schreiben wir doch Konsum als Unterthema (.) weil die Wirtschaft wird dadurch angetrieben dass Leute konsumieren (.)
Af	Ja (1) gut das ist gut (6)

Nachdem die Gruppe gelesen hat, beginnen sie umgehend mit der Aufgabe. Die Gruppe nimmt die Begriffe des Textes bereits auf, während die Lehrkraft parallel dazu noch einmal das Ziel und das Vorgehen formuliert. Af initiert den Bearbeitungsprozess mit der Feststellung, dass die Antwort im Text gegeben ist und dem Vorlesen bestimmter Begriffe. „Lebensformen" werden nicht aufgegriffen, womit sie bereits eine Selektion vorgenommen hat. Die Gruppe nutzt das vorgegebene Material für die Bearbeitung der gestellten Aufgabe. Die Auswahl Afs wird von der Gruppe validiert, indem die Begriffe dokumentierend wiederholt und aufgeschrieben werden. Af gibt die Schreibung vor und ergänzt ihre weiteren Vorschläge. Es zeigt sich ein arbeitsteiliges Vorgehen: Af elaboriert die inhaltlichen Propositionen, die sich aus dem Arbeitsblatt ergeben, während Bf dokumentiert. Die eingeforderten Tätigkeiten des Ordnens und Kategorisierens werden von den Schülerinnen und Schülern selbstständig umgesetzt. Obwohl das Vorgehen weitgehend vorstrukturiert ist, erarbeiten die Gruppen eigenständig die thematischen Schwerpunkte.

Im Fortgang der Sequenz präzisiert die Lehrkraft die Arbeitsschritte, wodurch der Rahmen für das Vorgehen der Gruppen noch einmal verdeutlicht wird. Die Tatsache, dass alle den gleichen Text haben, wird durch die Nachfrage einer Schülerin hervorgehoben. Dies weist auf eine Praxis hin, in der nicht alle das gleiche Material haben, wie es bei der Interpretation der Karikaturen der Fall war. Der Lehrmodus der Themen-Ko-Konstruktion zeigt sich hier, indem die Schülerinnen und Schüler als kompetent in eigenständigem Erarbeiten angesprochen und die individuellen Unterschiede der Schülerinnen und Schüler berücksichtigt sowie ihre Beteiligung eingefordert werden.

Af nimmt den Vorschlag der Lehrkraft, Begriffe zu klären umgehend mit dem Versuch einer Definition von Globalisierung auf. Sie fasst den Begriff in ihre eigenen Worte („Verknüpfung von Ländern auf dem Erdball") und bestimmt Globalisierung dem Text entsprechend als weltweites Phänomen, das verschiedene Bereiche der Gesellschaft betrifft. Das Material ist für die Gruppe zur Bearbeitung der gestellten Anforderungen anschlussfähig.

Cm lenkt das Gespräch anschließend wieder auf die Aufgabe, die Bereiche anzuordnen, womit die Anforderung, die Begriffe zu klären, abgeschlossen wird. Cm setzt die Bearbeitung des ersten Arbeitsauftrages fort, worüber in der Gruppe Konsens herrscht, wenn Bf dem Vorschlag zu einer Hierarchisierung zustimmt. Af schlägt vor, Politik der Wirtschaft unterzuordnen, dem Cm widerspricht. Die Unterordnung erklärt er anhand der „Antriebsfunktion" des Konsums für die Wirtschaft, was Bf anerkennt, schriftlich festhält und damit konkludiert. Das Material wird hier als Quelle von Informationen und damit als Unterstützung verwendet. Inhaltlich wird erkennbar, dass die Schülerinnen und Schüler das Phänomen Globalisierung bereits in seinem Grundprinzip handhaben und ein Verständnis grundlegender ökonomischer Mechanismen einbringen. Über den Erwerb des definitorischen Wissens hinaus befassen sich die Schülerinnen und Schüler mit der Gewichtung von Begriffen sowie mit der

Systematisierung der Kategorien und konkreten Phänomene. Im kontrastierenden Vergleich mit der Sequenz „Arbeitsblatt Nachhaltige Entwicklung" (s. S. 99ff.), in der es um das Erraten von Informationen geht, werden hier bereits Argumentationen und eine Strukturierung des Wissens angeregt.

Zugleich zeigt die problemlose Identifikation der relevanten Textteile, dass von den Schülerinnen und Schülern eine Passung zur Aufgabe hergestellt werden kann. Dass diese nicht immer gegeben ist, zeigt der Vergleich mit der Unterrichtssequenz „Fragen zum Zusammenhang" aus der Gruppe *Fontane* (s. S. 108ff.). Die Dichte und Komplexität der unterschiedlichen Statements zum Thema „Fleischkonsum und Regenwald" führen dort zu Irritationen und viele Begriffe können von der Gruppe nicht eingeordnet werden. Gleiches stellt sich in der Sequenz „Arbeitsblatt Nachhaltige Entwicklung" in der Lerngruppe *Dürer* (S. 99ff.) dar, dort verweisen die Schülerinnen und Schüler auf die Auflösung durch die Lehrkraft als einzige Strategie zur Lösung der Aufgabe. Im Vergleich dazu unterstützt das Material in der Unterrichtssequenz hier die Schülerinnen und Schüler der Lerngruppe *Kästner* bei der Lösung der Aufgabe und die Gruppe konzentriert sich auf für sie wesentliche Ausschnitte. Auch die Tätigkeiten der Schülerinnen und Schüler im Umgang mit den Informationen unterscheiden sich. Die Jugendlichen der Lerngruppe *Fontane* und auch der Lerngruppe *Dürer* entnehmen den Texten Informationen. Die Schülerinnen und Schüler der Lerngruppe *Kästner* systematisieren darüber hinaus die Informationen und wenden das Wissen selbsttätig an. In dieser Auseinandersetzung hebt sich zudem eine klare Unterscheidung von richtig und falsch, von Wissen und Nicht-Wissen auf. Es geht um eine Gewichtung durch die Gruppen selbst, die dem Kriterium der Plausibilität unterliegt. In der Lerngruppe *Fontane* werden richtig und falsch hingegen durch die Lehrkraft bestimmt. Die Schülerinnen und Schüler der Lerngruppe *Kästner* haben Zugang zu differenziert dargestelltem Wissen. Sie zeigen nicht eine Strategie der Kompensation eines Defizits, vielmehr nutzen sie den Text und ihre eigene Bewertung, um die Aufgabe zu bearbeiten. Eine Legitimation durch die Lehrkraft ist in diesem Lehr-Lernarrangement für die Wissensaneignung der Jugendlichen nicht relevant.

In der weiteren Gruppenarbeit verhandeln die Schülerinnen und Schüler die Zuordnung der Aspekte an der Tafel zu den Kategorien aus dem Text:

Gruppe *Kästner*, Sequenz: Text zur Globalisierung, G1, Min.1.11.12-1.12.25

Bf So also (.) unter <u>Ökonomie</u> was könn wir <u>da</u> runter ordnen?
Cm °Ähm Klimaveränderung° (.) Treibhauseffekte ja (.) also des <u>kommt</u> dann aber unter Klimaveränderung

Af	/Okay (.) Umwelt wird <u>geopfert</u> (1) °Regenwälder werden abgeholzt (.) der Welt gehts <u>schlecht</u>° (5)
Cm	Äh:m Ausbeutung der Natur
Bf	/°Ausbeutung ( )°
Af	<u>Das</u> ist gut Cm (.) bin <u>stolz</u> auf dich (.)

(...)[37]

Af	@(.)@ (.) Ähm okay <u>Technik</u> (.)
Cm	Ähm (.) globale <u>Entwicklung</u>
Bf	/Ähm neue En- <u>Globale</u>
Af	/Hä, (.) des n bisschen <u>allgemein</u> oder?
Cm	/Aber da <u>ham</u> wir (.) ja <u>eben</u> aber (.)
Bf	<u>Insgesamt</u> die technische Entwicklung (.) also <u>Entwicklung</u> oder? (.) also ich mein es werden ja immer (.) es werden ja immer wieder neue <u>technische</u> Sachen entwickelt wodurch die <u>Wirtschaft</u> angekurbelt wird (.)
Af	Ja des hängt ja irgendwie <u>auch</u> zusammen ne?
Cm	<u>Verschnellerte</u> Entwicklung wenn man ne insgesamt (.) ja äh ja (.) @verschnellerte@ (.)
Bf	/Beschleunigte wenn schon (1) @<u>verschnellerte</u>@
Cm	Ähm <u>beschleunigte</u> Entwicklung (.) wenn man dann hier ( ) (.) aus aller Welt wird <u>gleichzeitig</u> entwickelt (.) und Forscher aus aller <u>Welt</u> kommen
Af	/Oder ( )
Bf	/Anhaltende? (1) <u>anhaltende</u>
Cm	zusammen
Bf	Entwicklung dass es nicht mehr gestoppt wird sondern es wird immer <u>weiter</u> gemacht, (1)

Bf setzt die Aufgabenbearbeitung fort, woran sich Cm und Af beteiligen. Sie sucht Unterbegriffe zum Bereich „Ökonomie". Cm wechselt allerdings das Thema und spricht ökologische Aspekte an, nämlich die Kategorie „Klimaveränderung". Af formuliert, dass die Natur „geopfert" wird, was eine Verbindung zum Bereich „Ökonomie" darstellen kann. Sie bringt Wissen zur Abholzung der Regenwälder ein, welches auch Thema einer der vorgestellten Karikaturen war. Dieser Aspekt wird von Cm in seinem Vorschlag „Ausbeutung" aufgegriffen und von der Gruppe validiert, obwohl unklar bleibt, wer die Natur ausbeutet und um welche Kategorie, ob Ökonomie oder Klimaveränderung, es geht. In der Gruppe wird der Themenwechsel bzw. die unklare Zuordnung nicht weiter thematisiert und ein gemeinsames Ergebnis festgehalten.

Obwohl der Text „Globalisierung" nur bedingt auf ökologische Veränderungen eingeht, spricht die Gruppe die Schädigung der Umwelt an. Sie wird als wichtiger Aspekt der Globalisierung angesehen und durch die Bezeichnungen „Natur als Opfer" und „Ausbeutung" kritisch wahrgenommen. Indem die Schü-

---

[37] Hier wird das Lob zum Formulierungsvorschlag noch weiter ausgeführt.

lerinnen und Schüler weitere Kategorien formulieren, leisten sie eine eigenständige Auseinandersetzung mit der Thematik „Globalisierung". Af bringt den Aspekt „Technik" ein, wozu Cm „Globale Entwicklung" vorschlägt, was als zu allgemein kritisiert wird. Der Versuch eines Widerspruchs von Cm wird durch den Vorschlag Bfs verdrängt. Bf bezieht den Entwicklungsaspekt auf den technischen Fortschritt, der auch für wirtschaftliche Entwicklung sorge. In der antithetischen Suche nach einem adäquaten Entwicklungsbegriff bzw. dessen Charakterisierung kommt Unsicherheit über Begrifflichkeiten zum Ausdruck, die eine genauere Klärung des Gemeinten erfordert. So kommen die Schülerinnen und Schüler von „beschleunigter" zu „anhaltender Entwicklung". Darin setzen sie zwei unterschiedliche Schwerpunkte: Cm bringt ein, dass die Beschleunigung durch die globale Vernetzung von Expertisen hervorgerufen wird und Af bezog sich zuvor auf das Wirtschaftsmodell „Wachstum". Bf bringt daraufhin den Begriff „anhaltend" ein, mit dem die Verhandlung konkludiert wird. Die Unsicherheit wird in der Gruppe ausgehandelt und die Aufgabe mit einem Fokus auf relevante Informationen eigenständig bearbeitet.

Diese Bewältigungsstrategie kennzeichnet einen zentralen Unterschied zu den Sequenzen in den Lerngruppen *Dürer* (s. S. 99ff.) und *Fontane* (s. S. 108ff.). Die Jugendlichen in diesen beiden Lerngruppen können die Unsicherheit über die Lösungen bzw. die Irritationen nicht auflösen. Ihre Unsicherheit bleibt ohne die Unterstützung der Lehrkraft bestehen. In der Lerngruppe *Kästner* hingegen wird die Unsicherheit in einem gruppeninternen, diskursiven Prozess bearbeitet. Die Gruppe verhandelt die Bedeutungen und leistet eine Verknüpfung der konkreten Themen der Karikaturen mit den abstrakten Kategorien des Arbeitsblattes. Die Schülerinnen und Schüler erschließen mit dem Material als anschlussfähiger Unterstützung sukzessive den Begriff der Globalisierung.

In der Lerngruppe *Kästner* zeigt sich im Zugang zur Thematik „Globalisierung" in einem ko-konstruktiven Lehrmodus ein konstruktiver Umgang mit Nicht-Wissen. Ausgangspunkt der Themenerschließung ist nicht das Nicht-Wissen selbst, sondern das Vorwissen der Schülerinnen und Schüler.

1.3 Zusammenfassung: Nicht-Wissen als Defizit oder Potential

Insgesamt zeigen sich in den vier vorgestellten Unterrichtssequenzen zwei unterschiedliche Formen des Umgangs mit Nicht-Wissen, die im Kontext zweier differenter Lehrmodi emergieren.

Die Lehrmodi als Bedingungen des Kompetenzerwerbs lassen sich durch eine je spezifische Gestaltung der Lehr-Lernarrangements, durch den Einsatz des Materials sowie entsprechender Arbeitsaufträge charakterisieren. Der Lehrmodus der Themenvermittlung, der in den ersten beiden Sequenzen „Arbeitsblatt Nachhaltige Entwicklung" S. 99ff.) und „Die Frage nach dem Zusammenhang" (S. 108ff.) der Lerngruppen *Dürer* und *Fontane* rekonstruiert wurde, zeichnet sich durch eine Rahmung des Lernprozesses als Vermittlung von Informationen aus. Die Schülerinnen und Schüler werden in der Eigenschaft als Nicht-Wissende adressiert. Die ersten Fragen des Arbeitsblattes zu nachhaltiger Entwicklung und die Bilder zum Einstieg sowie das Statement-Arbeitsblatt in den Lerngruppen *Dürer* und *Fontane* machen zudem eindeutige und eindimensionale inhaltliche Aussagen, die keine Kontroversitäten offenlegen. In diesen Sequenzen steuern die Lehrkräfte das Geschehen und legen die konkreten Inhalte und das konkrete methodische Vorgehen fest. Für die Schülerinnen und Schüler zeigt sich in diesen Lernumgebungen eine Form des Umgangs mit Nicht-Wissen, die sich an dessen Kompensation orientiert. Die vorgegebenen Informationen und Inhalte werden reproduziert und das Ziel der Aufgabenbearbeitung ist, die „richtigen" Lösungen zu finden. Darin spannen sich die Gegenhorizonte von Wissen und Nicht-Wissen, von „richtig" und „falsch" auf, die Nicht-Wissen als ein Defizit erscheinen lassen, das durch die gegebenen Informationen ausgeglichen werden kann. Die Unsicherheiten und Irritationen im Umgang mit den neuen Informationen können durch die Schülerinnen und Schüler nicht eigenständig aufgelöst werden. Die Gruppen nehmen sich als auf die Unterstützung durch die Lehrkraft angewiesen wahr. Die strukturelle Begrenztheit von Wissen wird in diesem Kontext nicht zum Gegenstand.

Der Lehrmodus der Themen-Ko-Konstruktion wurde in den Sequenzen „Probleme nach T-Shirt-Kauf" (s. S. 119ff.) und „Text zur Globalisierung" (s. S. 126ff.) ausgearbeitet. Die Schülerinnen und Schüler werden in diesen Sequenzen als potentielle Experten oder am Thema Interessierte angesprochen, die an der inhaltlichen Gestaltung des Unterrichts beteiligt werden. Auch kann die inhaltliche Darstellung der Themen als problemorientiert und kontrovers beschrieben werden. Der Lernprozess wird gerahmt als Weg zur Lösung eines Problems oder als Vorbereitung selbstständigen Arbeitens, das eine Vertiefung der eigenen Anknüpfungspunkte ermöglicht. Der Wissenserwerb erscheint als ein kumulativer Prozess von noch nicht vorhandenem zu möglichem (Experten-)Wissen. Im Fall der Schülerinnen und Schüler der Gruppen *Schiller* und *Kästner* zeigt sich in der Konsequenz ein konstruktiver und selbsttätiger Umgang mit Nicht-Wissen und der damit einhergehenden Unsicherheit. Beispielsweise macht die Genese eigener Fragen das Nicht-Wissen zu einem produktiven Ausgangspunkt, der für die weitere inhaltliche Auseinandersetzung genutzt werden kann. Der Anspruch, Nicht-Wissen als strukturellen Bestandteil von Wissen über globale Zusammenhänge zu betrachten, wird damit in der Organisation von Lernumgebungen als Themen-Ko-Konstruktion eher eingelöst.

Der Wissenserwerb der Schülerinnen und Schüler wird durch die organisatorischen und inhaltlichen Vorgaben insgesamt auf den Erwerb von theoretischem Wissen festgelegt. In den Lernumgebungen unterscheiden sich jedoch die Formen des theoretischen Wissens und die jeweiligen Aufgaben und Tätigkeiten. Das Erraten und Schätzen in der Gruppe *Dürer* und die Informationsentnahme in der Gruppe *Fontane* sind qualitativ andere Anforderungen, die vor allem auf eine Reproduktion „richtiger" Informationen zielen, als die Genese eigener Fragen vor dem Hintergrund des eigenen Vorwissens oder die Kategorisierung von erarbeiteten konkreten Themen. In der Sequenz „Text zur Globalisierung" (s. S. 126ff.) wird zudem das Thema kritisch dargestellt, während die Themen in den ersten beiden Unterrichtssequenzen vor allem einseitig bewertet präsentiert werden. In allen untersuchten Sequenzen geht es letztlich darum, Wissen zu erwerben. Der Unterschied liegt in der jeweiligen Bewertung der Informationen, ob das zu erwerbende Wissen prinzipiell als „vollständig" oder „richtig" angesehen wird oder nicht.

Im Vergleich der vier Unterrichtssequenzen zeigen sich auch Gemeinsamkeiten. Die Zugänge zu den Themen richten sich in allen vier Sequenzen auf eine Problematisierung von Phänomenen der Entwicklung, z.B. die Ungleichverteilung von Reichtum oder die Zerstörung des Regenwaldes. Dieser überwiegend problematisierende Zugriff auf Themen des Lernbereichs Globale Entwicklung präformiert die Themeneinstiege. Die Bewertung einer Entwicklung bleibt zwar mancherorts (Gruppe *Kästner*, s. S. 126ff.) noch weitgehend offen, indem sowohl kritische als auch befürwortende Stimmen aufgezeigt werden, aber es wird grundsätzlich ein Problem aufgezeigt.

2. Der Umgang mit Perspektivität

Perspektivität wird verstanden als Standortgebundenheit von Wissen, als ein möglicher Blickwinkel auf die Welt, der geprägt ist von der individuellen und kontextbedingten Lebenssituation, den Wertvorstellungen und Erfahrungen. Multiperspektivität stellt sich im Lernbereich Globale Entwicklung als eine besondere Herausforderung für die Gestaltung zukunftsfähiger Entwicklung dar (vgl. Asbrand/Martens 2013). In Anbetracht der weltweiten Vernetzung ist die Fähigkeit, unterschiedliche Perspektiven zu übernehmen oder zu berücksichtigen, zentral (vgl. BMZ/KMK 2007; AG Qualität & Kompetenzen des Programms Transfer-21 2007). Der Umgang mit kultureller Vielfalt und verschiedenen Sichtweisen auf globale Herausforderungen und damit die Eröffnung unbekannter, neuer Standpunkte oder Fragehaltungen wird in den einschlägigen Kompetenzmodellen und Konzepten mit unterschiedlichen Formulierungen umrissen. Im Orientierungsrahmen „Globale Entwicklung" wird im Kompetenzbereich „Bewerten" unter den Stichworten „Perspektivenwechsel und Empathie" gefordert, dass die Lernenden „(...) eigene und fremde Wertorientierungen in ihrer Bedeutung für die Lebensgestaltung sich bewusst machen, würdigen und reflektieren" (BMZ/KMK 2007, S. 77). Auch im Konzept der Gestaltungskompetenz, das der Bildung für Nachhaltige Entwicklung zugrunde liegt, finden sich entsprechende Anforderungen, wie zum Beispiel „weltoffen und neue Perspektiven integrierend Wissen aufbauen", „die eigenen Leitbilder und die anderer reflektieren können" oder „Empathie und Solidarität für Benachteiligte zeigen können" (AG Qualität & Kompetenzen des Programms Transfer-21 2007, S. 12). Umgang mit Perspektivität bezieht sich im Lernbereich Globale Entwicklung also einerseits auf das theoretische Erkennen der Standortgebundenheit von Wissen und Positionen, andererseits auf soziale Perspektivenübernahme[38] bzw. Empathie (vgl. Asbrand/Martens 2013). Selman (1997) definiert soziale Perspektivenübernahme als sozial-kognitive Fähigkeit, eine Vorstellung von der eigenen Perspektive und derjenigen Anderer zu entwickeln, voneinander unterscheiden und miteinander in Beziehung setzen zu können, Gefühle, Wünsche, Motive bzw. generell persönliche Eigenschaften Anderer zu verstehen sowie soziales Handeln als dadurch bestimmt wahrnehmen zu können (ebd., S. 226f.). Die soziale Perspektivenübernahme stellt – bezogen auf Menschen in globalen, räumlich weit entfernten und kulturell fremden Kontexten – eine schwieriger zu bewältigende Anforderung dar als die Perspektivenübernahme im sozialen Nahbereich (vgl. Scheunpflug/Schröck 2002). Für den Umgang mit Perspektivität, der sich im beobachteten Unterricht als relevant erwies, konnten zwei unterschiedliche Umgangsformen der Schülerinnen und Schüler rekonstruiert werden.

---

38 Der Begriff der Perspektivenübernahme wird hier bevorzugt, da ein Wechsel einer Perspektive suggerieren würde, seine eigene verlassen zu können und beliebig in eine andere zu schlüpfen. Die Übernahme macht deutlich, dass es ein Vorgehen ist, bei dem die eigene Person und die eigene Position erhalten bleibt und es ein zeitlich begrenzter Prozess ist, in dem eine andere Sichtweise übernommen wird.

2.1 Perspektivenreproduktion

Die erste Form des Umgangs der Schülerinnen und Schüler mit Perspektivität, die sich in der unterrichtlichen Interaktion beschreiben lässt, ist eine Perspektivenreproduktion. Dieser Modus zeichnet sich dadurch aus, dass die Darstellung und Interpretation eines Gegenstandes übernommen und als objektive Realität betrachtet wird. Die Jugendlichen, die Informationen reproduzieren, reflektieren deren Perspektivität der Darstellungen nicht. Informationen werden als Standpunkt wiedergegeben, unabhängig von ihrer Eindimensionalität. In dem gewählten Beispiel bestimmen dann beispielsweise Informationen aus einer Perspektive den Bericht über eine Situation in einem anderen Land. Dass Menschen eine spezifische Perspektive auf die Dinge haben, wird von den Jugendlichen nicht berücksichtigt. Es entfaltet sich in der Perspektivenreproduktion keine Komplexität, die die unterschiedlichen Motivationen oder Gefühle der Akteure berücksichtigt. Einzelargumente werden nebeneinander gestellt, die nicht differenziert oder belegt werden; es entsteht darin keine diskursive Auseinandersetzung über das jeweilig verhandelte Thema, anders als in der Umgangsform der Perspektivenkoordination. Die Schülerinnen und Schüler gewinnen in der Reproduktion keine Erkenntnis von Perspektivität, als theoretisches Erkennen bzw. Wissen, dass verschiedene Menschen unterschiedliche Sichtweisen haben, und es wird auch keine Perspektivenübernahme als Verstehen und Nachvollziehen fremder Perspektiven erkennbar. Die Reproduktion beschreibt eine Umgangsform, in der (einseitige) Informationen die Darstellung der Schülerinnen und Schüler präformieren, die unabhängig von ihrem Kontext als einzig mögliche Betrachtungsweise einer „Realität" erscheinen.

Sequenzen: Präsentation entwicklungspolitischer Organisationen

Die Aufgabe, entwicklungspolitische Organisationen vorzustellen, bearbeiten die Schülerinnen und Schüler des *Albrecht-Dürer-Gymnasiums*. Sie sollten sich von der Internetseite www.expedition-welt.de ausgehend für eine dort vorgestellte Nichtregierungsorganisation entscheiden und diese präsentieren. Die Internetseite war von der Lehrkraft festgelegt worden. Die Seite wurde von der Nichtregierungsorganisation *expedition welt* gestaltet. Sie stellen dort ausgewählte Nichtregierungsorganisationen mit sogenannten „Reportagen" vor, die Resultat der Beforschung der als Sozialunternehmen bekennzeichneten Organisationen sein sollen. In den Reportagen werden die Organisationen aus der Sicht deutscher Mitglieder von *expedition welt*, die diese besucht haben, dargestellt. Die Beiträge sind so gegliedert, dass erst die Probleme in dem Ort oder Land und anschließend die Arbeit der Organisation geschildert werden. Die Tätigkeiten der Organisationen werden durchgehend positiv bewertet. Die Darstellung in Form von persönlichen Berichten über Nichtregierungsorganisationen in unterschiedlichen Ländern des Südens, deren Arbeit bereits von den Berichtenden als erfolgreich eingestuft wurde, ist damit selektiv.

Die Jugendlichen wählten aus dieser Auflistung eine Organisation, die sie anschließend im Plenum präsentierten. Das ausgeteilte Arbeitsblatt (s. Abb. 12) enthielt die Aufgabenstellungen. Dort werden mit den Arbeitsaufträgen sowohl die Quelle, aus der die Themen ausgewählt werden sollen, als auch ein grobes Vorgehen festgelegt: Es soll in Kleingruppen gearbeitet, Leit- oder Verständnisfragen formuliert und eine Untersuchung durchgeführt werden. Die Vorgabe der Internetseite und deren spezifische Struktur als Auflistung erfolgreicher Sozialunternehmen legen die konkreten Inhalte und bereits deren Bewertung fest. Die Untersuchung hat zudem das spezifische Ziel, die Wirkungen der „Initiativen als Sozialunternehmer" auf die Gesellschaft anhand der drei Nachhaltigkeitsbereiche zu prüfen. Dabei werden den Schülerinnen und Schüler keine spezifischen Leit- und/oder Verständnisfragen an die Hand gegeben, obwohl die Art und Weise und das Ziel der Untersuchung schon festgelegt sind. Die beispielhafte Darstellung des Analyseschemas, nicht nur durch die Graphik, sondern auch durch die Tabelle anschaulich gemacht, legt ein konkretes Vorgehen fest. Die Schülerinnen und Schüler hatten für die Vorbereitung und Erarbeitung im Unterricht zwei Doppelstunden Zeit und konnten auch zuhause arbeiten.

Die Auswahl der Initiativen, die Vorbereitung in den Kleingruppen und auch die Wahl der Präsentationsform werden in die Verantwortung der Schülerinnen und Schüler gegeben. Die Dokumentation der Ergebnisse wird als letzter Schritt, ohne weitere inhaltliche (Ziel-)Vorgaben, angegeben. Weiter unten wird jedoch formuliert: Jede Organisation wird einen Schwerpunkt haben und es wird Zusammenhänge zwischen den Bereichen geben. In dem Beispiel sind die Bereiche jedoch in gleicher Form nebeneinander gestellt und jeweils gleich viele Punkte aufgelistet. In dieser Hinsicht stimmt das Material mit den Hinweisen, dass es einen Schwerpunkt gäbe, nicht überein. Die Untersuchung wird als Anwendung der Kategorien auf einen Gegenstand eingegrenzt und gibt so die inhaltliche Ausrichtung der Erarbeitung vor. Es wird kein darüber hinausgehendes Ziel erkenntlich, z.B. die Systematisierung von Organisationen oder die Identifikation von möglichen nicht-nachhaltigen Angeboten, die Konsequenz einer „Untersuchung" sein könnten. Die Informationen sollen sozusagen „überprüft" werden.

AB Expedition Welt – Arbeitsplan und Hinweise

(I) Initiative auswählen – das Thema bestimmen
Suchen Sie sich eine geeignete Initiative aus: www.expedition-welt.de

(II) Schüler bearbeiten in Kleingruppen die Initiativen der Sozialunternehmer
Für die Untersuchung der Auswirkungen der Initiativen auf die Gesellschaft müssen die für die Nachhaltigkeit wichtigen Bereiche **Ökologie, Ökonomie und Soziales** geprüft werden. Es sollen Leit- und/oder Verständnisfragen entwickelt werden.

(III) Dokumentation
Die Schüler dokumentieren ihre Recherchen in Form von Powerpoint Präsentationen, ausformulierten Worddokumenten, Bild, Ton, etc... und tragen die Ergebnisse in der Gruppe vor. Die Dokumentation sollte den Schülern größtmöglichen Freiraum bieten.

Für die **Untersuchung der Auswirkungen der Initiativen auf die Gesellschaft** müssen die für die Nachhaltigkeit wichtigen Bereiche **Ökologie, Ökonomie und Soziales** geprüft werden!

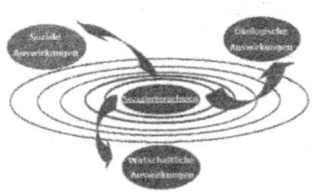

> Jede Initiative wird in einem der drei Aspekte Soziales, Ökologie oder Wirtschaft einen **Schwerpunkt** haben.
> Einige der **Einflüsse** werden andere Bereiche beeinflussen, diese gilt es herauszuarbeiten

>> beispielhaft einige Auswirkungen der Initiative
Abfall Management (Bangladesch/Dhaka) http://www.wasteconcern.org

Soziale Auswirkungen	Ökologische Auswirkungen	Wirtschaftliche Auswirkungen
> Schaffung von Arbeitsplätzen in Armenvierteln > Verbesserung der Hygienebedingungen durch eine geregelte Müllräumung fördert die Gesundheit der Stadtbewohner > etc...	> Die Müllbeseitigung schafft Bewusstsein bei der Bevölkerung im Umgang mit Müll > Minderung der Verunreinigung des Grundwassers durch Müllberge > etc...	> neu geschaffene Arbeitsplätze > Initiative kann Gelder einnehmen durch die Weiterverarbeitung des Mülls und dessen Verkauf als Produkt > etc. ...

Abb. 12   Aufgabenblatt der Lehrkraft zur Präsentation einer Organisation

Die inhaltliche Festlegung auf die Kategorien wird durch die Offenheit der Aufgabe, deren Ziel aber wiederum ebenfalls determiniert ist, konterkariert und eine Diskrepanz zwischen der geforderten eigenständigen „Untersuchung" und der Vorgabe der Inhalte wird deutlich.

Letztlich stehen den Schülerinnen und Schüler nur geringe organisatorische, aber keine inhaltlichen Gestaltungsräume offen, was einen eher themenvermittelnden Lehrmodus deutlich macht. Im Vergleich dazu werden in der Sequenz „Probleme nach T-Shirt-Kauf" (s. S. 119ff.) der Gruppe *Schiller* keine weiteren inhaltlichen Vorgaben durch die Lehrkraft gemacht. Das Ziel hier ist, das durch den Forumseintrag geschilderte Problem durch die Entwicklung entsprechenden Expertenwissens zu lösen, während in der Gruppe *Dürer* vorgegebene Informationen für eine Präsentation erarbeitet werden sollen. Es wird zwar jeweils eine selbstständige Erarbeitung eines Themas eingefordert, aber welche Informationen dabei relevant werden, bestimmen die Schülerinnen und Schüler in der Lerngruppe *Schiller* selbst; in der Lerngruppe *Dürer* sind diese festgelegt. Wie die Schülerinnen und Schüler des *Albrecht-Dürer-Gymnasiums* mit dieser Aufgabe umgegangen sind, wird anhand zwei Beispiele von Schülerpräsentationen dargestellt.

Sequenz: Präsentation der Organisation A

In der folgenden Sequenz halten eine Schülerin und ein Schüler ihr gemeinsam ausgearbeitetes Referat und stellen die von ihnen ausgewählte entwicklungspolitische Organisation vor, die sich mit der AIDS-Problematik in Südafrika befasst. Jm beginnt das Referat, das durch eine PowerPoint-Präsentation unterstützt wird (s. Abb. 13). Der Raum wurde für die Präsentation abgedunkelt und die beiden Vortragenden stehen vorne im Raum mit Blick auf das Plenum. Die Lehrkraft hat sich auf einen hinteren Platz gesetzt.

Abb. 13　Fotogramm Sequenz: Präsentation der Organisation A, vh (1), Min. 2.05

Die erste Folie (s. Abb. 14) wird eingeblendet und Jm erläutert die dargestellten Informationen. Die Blicke Jms gehen zwischen der Leinwand und dem Plenum hin und her. Es wird zunächst die Gliederung vorgestellt, von der die jeweiligen Punkte nacheinander eingeblendet werden.

Gliederung
- 1. Fakten zu HIV
    - 1.1 Schlimmer als gedacht
    - 1.2 vor Ort (Diskussion)
- 2. Die Organisation
    - 2.1 Allgemeininformationen
    - 2.2 Geschichte
    - 2.3 aktuelles Projekt
    - 2.4 Organisationskonzept
    - 2.5 Finanzierung
- 3. Quellen

Abb. 14　PowerPoint-Folie 4 der Präsentation

Die Folie zeigt das Logo der Organisation, das hier den Hintergrund für den Punkt „Gliederung" bildet. Der Schüler stellt eine Dreigliederung vor, die unterschiedlich viele Unterpunkte hat. Innerhalb des Gliederungspunktes „Die

Organisation" werden die meisten Unterpunkte aufgeführt und damit ein Schwerpunkt auf „die entwicklungspolitische Organisation" in der Präsentation gesetzt. Die Informationen über HIV und die Situation „vor Ort" leiten diesen als Kontexte, entsprechend den „Reportagen" auf der Internetseite, ein.

Mit dem Logo im Folienhintergrund wird in der Gestaltung der Folie deutlich, dass die entwicklungspolitische Organisation für die gesamte Darstellung den Leitfaden bildet, vor dem die Informationen, z.B. über die Situation „vor Ort", präsentiert werden. Jm erläutert die erste Folie:

Gruppe *Dürer*, Sequenz: Präsentation der Organisation A, vv(1), Min. 2.00-3.15

Jm   Ja äh wir stellen euch die Organisation heute vor; (3) ähm erst mal zur Gliederung; hier im Hintergrund seht ihr schon das ähm Symbol von der Organisation was auf dem Learning-Center ähm äh auch zu sehen ist; zu dem kommen wir auch noch; ähm wir fangen an mit den Fakten zu HIV; (2) ähm weil wir dachten es wär wichtig für euch im Allgemeinen zu wissen was (.) ähm (2) wie die Situation dort ist; dann werden wir vor Ort eine kleine Diskuss- äh über die Situation vor Ort eine kleine Diskussion mit euch führen; (2) ähm und dann zum eigentlichen Thema ähm (2) die Organisation selbst kommen; (2) ähm wir werden ein paar al- aallgemeine Informationen äh ü- berichten; und (2) ähm (.) Gela wird euch etwas über die Geschichte von der Organisation erzählen; ich werde ein=sie wird außerdem ein aktuelles Pr- Projekt der Organisation vorstellen; (2) und äh ich erkläre dann im Allgemeinen das Konzept der Organisation; (3) ja ähm zum Schluss wollen wir noch äh etwas genauer auf die Finanzierung eingehen; (3) ähm (.) ja; sind dazu Fragen erst mal? Ich glaube das ist soweit (.) klar; (3)

Jm stellt das Thema und die Gliederung des Referats vor. Er gibt damit einen Überblick über das Kommende. Er bezieht das auf den Folien Abgebildete explizit mit ein und markiert die Folie als Referenzpunkt für seine Ausführungen. Bevor referiert wird, was die Nichtregierungsorganisation ist, sollen Fakten zu HIV und die Situation vor Ort vorgestellt werden. Diese Punkte werden von den Vortragenden als wichtig zu wissen eingeschätzt. Sie antizipieren so einen themenbezogenen Kenntnisstand, von dem sie seitens der Mitschülerinnen und Mitschüler ausgehen. Ihrer Einschätzung nach kennen sie die Situation nicht. Die angekündigte Diskussion über die Situation „vor Ort" lässt die Inhalte offen. Gf erläutert die nächste Folie (s. Abb. 15).

Gruppe *Dürer*, Sequenz: Präsentation der Organisation A, vv(1), Min. 3.17-4.06

Gf   Ja ähm schlimmer als gedacht; zuerst (.) ähm wollten=will ich euch auf das ähm Bild ähm aufmerksam machen; (.) das haben wir gefunden und es hat uns ziemlich berührt; und ich finde es spielt die Situation in Südafrika ähm (.) ziemlich gut (.) ja wieder; (2) ja ähm (2) ähm in Afrika=also in Südafrika sind=gibt es im Moment äh 2,2 Millionen (.) ähm Kinder die mit HIV infiziert sind; (.) und das wird noch weiter steigen; man denkt dass ähm 2010 es schon auf 2,3 Millionen gestiegen ist; (.) und das wären 16 Prozent aller Kinder in Südafrika; (.) ähm das Problem ist dass ähm in Südafrika noch ein großer Aberglaube und Angst vor HIV in den (.) ähm Provinzen herrscht; (.) und dass manchmal die AIDS-Waisen ausgeschlossen werden wegen diesem Angst und diesem Aberglaube; (2)

Gf beginnt nach der Einführung durch Jm mit der Vorstellung des ersten Punktes „Schlimmer als gedacht" in Form der Erläuterung des Bildes auf der Folie. Sie verweist auf das Bild (die seitlichen Stichpunkte werden erst später eingeblendet) und führt im Anschluss aus, dass es die Situation in Südafrika gut widerspiegele.

Abb. 15   PowerPoint-Folie 5 der Präsentation

Das Bild zeigt eine Strichzeichnung eines Menschen auf einer Wiese und ist überschrieben mit „I have AIDS. Please hug me". Unter dem Bild steht „I can't make you sick". Diese Abbildung wurde 1987 als Plakat verwendet und warb für eine AIDS Hotline des Center für Attitudinal Healing[39]. In der durch die Strichzeichnung kindlichen Machart und den Inschriften als mögliche Worte des Kindes wird eine „Betroffenen-Perspektive", eine mögliche Innen-Perspektive abgebildet, aus der heraus Ansprüche an ein Außen, einen unbe-

---

39 Nähere Informationen zu dem Bild, s. http://profiles.nlm.nih.gov/ps/retrieve/ ResourceMetadata/VCBBHD (Zugriff: 19.07.2012).

stimmten Adressaten gerichtet werden. Zuerst wird die Krankheit angesprochen und dann eine Umarmung, also emotionale Zuwendung eingefordert. „AIDS" wird als Hinderungsgrund der Zuwendung gekennzeichnet und damit dem Adressaten eine entsprechende Annahme, dass die Umarmung eines Aids-Kranken gefährlich sei, unterstellt. Das Bild evoziert durch den Appell an Zuwendung einen emotionalen Zugang und macht eine Aussage über eine nicht informierte Zielgruppe, die die Ansteckungsmöglichkeiten nicht kennt. Eine Ausgrenzung von Aids-Kranken wird auch durch die Vereinzelung des Kindes, allein auf der Wiese, unterstrichen. Die Betroffenen werden als Einzelne, die nicht Teil einer Gemeinschaft sind, dargestellt. Das Bild wird zur Illustration der Formulierung „Schlimmer als gedacht" genutzt und kennzeichnet einen emotionalen Zugang und Bewertungshorizont für den Umgang mit Aids in Südafrika, wie Gf auch in ihren weiteren Erläuterungen ausführt.

Sie beginnt mit Bezug auf das gewählte Bild ihren ersten Beitrag mit der Thematisierung einer Differenzerfahrung, die sie als in der Vorbereitung selbst gemacht darstellt. Die Erwartungen über die Situation vor Ort und die Betrachtung entsprechender Zahlen, ergeben die „Empfindung" einer Differenz, die „schlimmer als gedacht" ist. Die Zahlen bilden demnach eine „objektive" Realität ab, mit der das eigene Vorwissen abgeglichen wurde. Die Vortragenden beanspruchen, in betonter Abgrenzung zu ihren Vorstellungen, die Darstellung der tatsächlichen Situation. Aus dieser Differenz wird die Relevanz für die Mitschülerinnen und -schüler abgeleitet. Die Vorstellungen über Afrika waren bereits vor der Auseinandersetzung mit dem Thema negativ. Die recherchierten Informationen haben ihnen aber vor Augen geführt, dass die Situation nicht nur schlimm, sondern „schlimmer als gedacht" ist. Sie setzen zugleich einen Maßstab für „nicht schlimm", vor dem sie die Lage negativ bewerten können. Die Vortragenden konstruieren so eine „objektive" Perspektive.

Nicht nur mit dem gewählten Bild wird der Ernst der Lage veranschaulicht, sondern auch anhand der Zahlen, die Gf danach dazu anführt. Sie belegt ihre Aussage über den Aberglauben sowie das Unwissen der südafrikanischen Bevölkerung, und verbindet dies mit numerischen Informationen, die unter den Spiegelstrichen aufgeführt werden. Der Aberglaube und das Unwissen der Menschen spielen in Gfs Erläuterungen eine wichtige Rolle. Mit diesem ersten Zugang dokumentiert sich eine defizitorientierte Perspektive auf die Menschen in Südafrika. Die Informationen legitimieren insgesamt die Einschätzung der Situation als „schlimmer als gedacht". Der Zugang zum Land Südafrika ist von der Thematik Aids bestimmt. Den Kontext für diese Art und Weise der Darstellung und Schwerpunktsetzung bildet die Aufgabe, eine entwicklungspolitische Organisation auf Grundlage der Informationen von der Internetseite vorzustellen. Die darin konstruierte defizitorientierte Sichtweise der Vortragenden setzt sich im Weiteren fort. Jm führt den nächsten Gliederungspunkt zur Situation „vor Ort in Südafrika" (s. Abb. 16) aus.

Abb. 16   PowerPoint-Folie 7 der Präsentation

Die Folie zeigt ein Bild einer hellhäutigen[40] Frau, die in der Mitte eines Kreises steht, den dunkelhäutige Jugendliche um sie herum gebildet haben. Die Jugendlichen sind zu der hellhäutigen Person gewandt. Sie stehen auf einem Sandplatz bei blauem Himmel und Sonnenschein. Das Bild legt nahe, dass es sich um einen Ort im Süden handelt. Es ist zudem eine Situation, in der die Dunkelhäutigen in einer rezeptiven Haltung einer Hellhäutigen gegenüberstehen. Mit der Überschrift „Vor Ort in Südafrika" zeigt dieses Bild eine Situation, in der eine hellhäutige Person im Zentrum des Geschehens steht. Dies beinhaltet eine Normalitätsvorstellung, dass „vor Ort" Dunkelhäutige von Hellhäutigen in der Regel etwas rezipieren. Jm erläutert den Kontext:

Gruppe *Dürer*, Sequenz: Präsentation der Organisation A, vh(1), Min. 5.40- 7.12

Jm   Ja äh jetzt komm ich zu der Situation vor Ort in Südafrika; ihr seht hier ein
     Bild=nee °bitte noch nicht;° (.) ähm (2) äh das ist äh meine große Schwester; die

---

40 Die Unterscheidung zwischen dunkel- und hellhäutig ist hier notwendig, um die Situation verständlich zu machen und verfolgt keinen anderen Zweck.

```
         grad selber in Südafrika ist; (.) ähm nicht (.) über diese Organisation; eine=über
         eine andere Organisation die wir=auf die wir jetzt aber nicht genau eingehen
         wollen; ähm sie macht dort ein (.) äh (.) eine (.) sie nennen es sportpolitische
         Entwicklungshilfe, und zwar geht sie an Schulen und äh (.) ähm (2) und in die
         Townships auch rein und gibt Unterricht; das heißt sie=sie bringt den Kindern
         beispielsweise Schwimmen bei oder (.) äh es geht darum ähm (.) aufeinander ähm
         achtzugeben miteinander umgehen zu können, im Sport allgemein; ähm ja ein
         Klick; (3) ja ähm (.) wir haben uns gefragt ähm (3) wie kommt es dass in
         Südafrika äh dass=dass die ganzen Bilder die ganzen Berichte die wir gesehen und
         gelesen haben, ähm es ging immer nur um=um schwarze Kinder; es ging immer
         nur um äh schwarze Kinder die ähm sich mit AIDS infiziert haben; die ähm (.)
         dessen Eltern sterben; es=es war nie von weißen Kindern die Rede und ich=wir
         wussten aber dass es äh (.) auch in (.) äh Afrika einen nicht unerheblichen Teil
         weiße Menschen gibt; (.) (         ) ich muss das jetzt so sagen; ich hoffe das ist okay
         Of; (.) ähm (2) und äh (.) dann haben wir (.) halt ähm weil ich=weil wir auch im
Me                                         /@(2)@
Jm       Kontakt mit meiner Schwester standen ähm (2) darüber gesprochen,
(...)
```

Der Gliederung folgend kommt Jm zu dem Punkt „Situation vor Ort", der in Verbindung mit dem entwicklungspolitischen Engagement seiner Schwester dargestellt wird. Mit diesem Vorgehen wird eine „hellhäutige" bzw. deutsche Perspektive auf die Situation eingenommen. Der entwicklungspolitische Kontext als karitatives Engagement ist, wie auch die Darstellungen und Reportagen auf der Internetseite, der Kontext der Erfahrungen der Schwester. Der entwicklungspolitisch und karitativ motivierte Blick bildet damit die doppelt leitende Perspektive auf das Land und die Menschen: Nicht nur das Thema des Referates selbst und die Internetseite, von der die Organisation ausgesucht wurden, auch die darin berichteten Erlebnisse einer Person stammen aus dem entwicklungspolitischen Zusammenhang. Die Verwendung des Begriffes der Entwicklungshilfe und auch die Beschreibungen der Tätigkeiten der Schwester machen implizite hierarchische Strukturen sichtbar, die in diesem Kontext konstruiert werden und das Gegenüber defizitär betrachten. Innerhalb der Präsentation wird diese Konstellation genutzt, um die Frage nach der Betroffenheit der „Schwarzen" mit dem Verweis auf authentische Informationen zu beantworten. Durch die Erfahrungen der Schwester und den Informationen aus „erster Hand" werden eine „authentische" Darstellung und damit eine Legitimation der Bewertung möglich.

Nach den Ausführungen zum Bild geht Jm dazu über, ein Erkenntnisinteresse („Wir haben uns gefragt...") zu formulieren. Das Vorwissen über „Weiße" in Afrika wird genutzt, um eine weitere beobachtete Differenz bei der Recherche zu thematisieren: Die Berichte handeln nur von „Schwarzen". Die Infragestellung der vermeintlich einseitigen Darstellung suggeriert einen kritischen Blick auf die Verhältnisse. Ein Hinweis an eine dunkelhäutige Mitschülerin im Raum deutet eine Sensibilität der „Farbunterscheidungen" von „weiß" und „schwarz" an, die im eigenen Nahbereich relevant ist. Er reflektiert den eigenen Sprachgebrauch vor diesem Hintergrund. Diese Sensibilität hat jedoch keine Auswirkungen auf die Reflexion der Darstellung des Sachverhaltes. In der Beantwortung der selbst gestellten Frage berichtet Jm von konkreten Erfahrungen der Schwester, die eine immer noch vorherrschende Diskriminierung der „Schwarzen" in Südafrika, z.B. durch getrennte Duschen in Schwimmbädern, beschreibt. Der Bericht bestätigt die eigene Perspektive mit dem Motto „Schlimmer als gedacht". Jm begründet die höhere Infektionsrate mit Aids unter den „Schwarzen" dann folgendermaßen:

Gruppe *Dürer*, Sequenz: Präsentation der Organisation A, vh(1) Min. 8.52-9.56

Jm Ja ähm (.) wir haben dann natürlich nach=nach Gründen gesucht äh warum dann trotzdem nur (also) vorwiegend bei Schwarzen (.) der ähm (.) die AIDS-Krankheit (2) verbreitet ist und äh das liegt wie Gf das eben auch schon angedeutet hat am äh teilweise auch am Wissensstand; es wird ihnen vermittelt dass (.) mit guter Ernährung ähm und sie=es wird sogar ein besonderer Beerensaft empfohlen äh man (.) kein AIDS bekommen kann; (.) und ähm (.) dass=dass sie=dass das eine Krankheit ist wie quasi (.) ne Grippe; (2) und also dass=dass sie un- dass das Thema ein sehr unaufgeklärtes äh auch heute noch ist; (.) ein weiteres Thema ist die Hygiene; ist ähm dass=dass ist tatsächlich noch so auch wenn es (2) uns sehr überrascht hat (.) ähm ich hatte das eben schon angedeutet; es gibt getrennte Duschen und äh die unterscheiden sich dann auch in der (2) ähm im Aussehen ähm (.) wie ob das=wie das gereinigt ist, und ähm (.) ja das hat uns sehr schockiert; (.)

Die „eigene Suche" nach Gründen bestätigt die vorherigen Zuschreibungen. Als Ursachen werden Aberglaube und Unwissen genannt. Diese Eigenschaften bestimmen letztlich den Blick auf die Menschen. Die Ursachen für schlechte Bildung und Hygiene werden nicht hinterfragt. Das Thema sei in Südafrika generell noch ein „Unaufgeklärtes". Diese Aussage ist allgemeingültig formuliert und impliziert die eigene Aufgeklärtheit als Gegenhorizont. In den Darstellungen von Jm und Gf wird im Kontext von Entwicklungshilfe durchgängig ein defizitärer, eurozentrischer Blick auf die Menschen in Südafrika geworfen, obwohl im Nahbereich eine Sensibilität für rassistischen Sprachgebrauch beobachtbar ist. Diese geht jedoch nicht mit der Reflexion der eigenen eurozentrischen, karitativen Perspektive einher. Das Bewusstsein liegt offenbar auf einer anderen Ebene und wird nicht auf die Betrachtung der Verhältnisse auf der Welt übertragen. Die Vortragenden nehmen damit eine spezifische, standortgebundene Perspektive auf das Land und die Menschen ein. Die Perspektivität der

Darstellung wird jedoch nicht relevant. Die Informationen aus den unterschiedlichen Berichten, die im Rahmen entwicklungspolitischen Engagements die Situationen schildern, werden als objektive Darstellungen der Realität übernommen. Die Vortragenden eignen sich eine karitative Betrachtungsweise an, die sich in der defizitorientierten Darstellung des Landes und dessen Einwohnern niederschlägt. Eurozentrismus und Stereotypisierung präformieren den thematischen Zugang. Der Prozess der Informationsreproduktion emergiert im Kontext der Aufgabe und im Zusammenhang mit den vorgegebenen Inhalten der Internetseite. Die Aufgabe lässt die Leitfragen offen, obwohl sie eine spezifische „Untersuchung" des Gegenstandes festlegt. Auch spielen die spezifische Perspektivität oder der Kontext der Informationen als Quellenreflexion in dem sich anschließenden Gespräch zum Referat keine Rolle. Der Modus der Reproduktion ist entsprechend durch die kritiklose Wiedergabe der Informationen gekennzeichnet. Diese Form des Umgangs mit Perspektivität zeigt sich im Kontext der gleichen Aufgabenstellung (Aufgabenblatt, s. Abb. 12) auch in der folgenden Präsentation, die sich mit einer anderen Organisation beschäftigt.

Sequenz: Präsentation der Organisation B

Die Schülerin Af der Lerngruppe *Dürer* hat sich eine andere Organisation ausgesucht und das Thema allein bearbeitet. Sie beginnt mit ihrem Referat, das ebenfalls durch eine PowerPoint-Präsentation begleitet wird, und stellt zunächst ihre Gliederung vor. Im Anschluss daran folgt die Folie mit der Überschrift „Motivation" (s. Abb. 17), auf der zwei Bilder zu sehen sind:

Abb. 17   PowerPoint-Folie 2 der Präsentation

Auf der Folie sind sowohl ein Luftbild von La Paz als auch eine Landkarte von Südamerika zu sehen, womit die Schülerin zunächst eine geographische Verortung jeweils aus einer „Vogelperspektive" vornimmt. Darin deutet sich bereits eine Betrachtung von einem übergeordneten Standpunkt an. Auf der nächsten Folie (s. Abb. 18) geht sie auf die Situation vor Ort ein:

Abb. 18   PowerPoint-Folie 3 der Präsentation

Die Überschrift der Folie macht deutlich, dass sich die Schilderungen auf das Land Bolivien beziehen. Es werden keine Unterschiede im Hinblick auf die Bevölkerung gemacht, sondern es werden allgemeine Zuschreibungen („Kleinbauern") formuliert. Kleinbauern spielen eine wichtige Rolle. Das Bild zeigt eine Gruppe von Menschen in einem Wald, die Kaffeefrüchte in die Kamera halten. Mit den exotischen Pflanzen und Früchten sowie der dunkleren Hautfarbe des Großteils der Abgebildeten wird, wie auch schon in der ersten Präsentation von Jm und Gf, eine Situation in einem südlichen Land abgebildet. Die Person am linken Bildrand hat ein eher europäisches Aussehen und hält zwei Früchte höher als die anderen in die Kamera. Dass jeder eine Frucht in der Hand hat und diese Person die Früchte besonders präsentiert, während zum Beispiel ein anderer im Bildhintergrund noch sortiert, kann eine erfolgreiche Ernte versinnbildlichen, in der derjenige besonders zum Erfolg beigetragen hat bzw. der Erfolg ein wichtiges Kriterium für die Dokumentation der Situation ist. Die Schülerin erläutert die beiden Folien folgendermaßen:

Dürer, Sequenz: Präsentation der Organisation B, vh(2), Min. 1.06.57-1.08.50

Af Okay? (2) Genau hier wo ihr äh wo dieses=dieser Pfeil da was auch immer das ist ähm dort äh liegt La Paz und dort wurde die Initiative gegründet; (2) okay (2) ja erst mal stell ich euch die Situation Boliviens vor; (.) ähm wie schon gesagt es ist halt ein Entwicklungsland; ähm die äh Menschen leben von der Landwirtschaft; (.) insgesamt sogar die Hälfte der Menschen äh ähm (2) also die Land- äh die Landwirtschaft ist deren Einkommensquelle; (.) ähm (2) dadurch äh dass (.) ist ein sehr schwieriger Punkt; (.) da ähm die Bevölkerung immer mehr wächst und ähm (.) ja die=die Menschen eigentlich auch nicht so sehr viel über Anbaumethoden wissen; und sie in der Wertschöpfungskette einen sehr schlechten ähm (.) Platz einnehmen; wisst ihr was Wertschöpfungskette ist? (2) Also die ähm (.) die Produkte die hergestellt werden (.) äh sie sind sozusagen der Anfang; sie ähm produzieren das und das wird dann weiter=also es wird ja dann in den=in der Fabrik verarbeitet (.) und dann am Ende verkauft; und sie äh stellen ähm ja sie haben ein sehr äh sehr schlechte (.) schlechten Platz sozusagen; weil sie=weil es so viele Menschen in Bolivien gibt die von der Landwirtschaft leben; und äh dadurch (.) werden die Preise natürlich immer geringer und sie verkaufen sie zu immer geringer äh wer- äh im- zu immer kleineren (.) ähm Preisen; (.) und dadurch ähm (2) ja äh ha-ha haben die Menschen es halt=sind sie sehr auf die Landwirtschaft angewiesen; (.) und ähm (.) Jose Miquel der Gründer der Initiative der stellt sich halt diesem Problem, (.) und will sich für die Bauern (.) ähm (2) also aus diesen Regionen einsetzen; (.)

Af stellt eine Organisation aus La Paz vor. Sie begründet die Relevanz der regionalen Einordnung in Bezug auf ihr Thema. Die Situation Boliviens wird mit der Kategorie Entwicklungsland beschrieben. Mit der Problematisierung der Abhängigkeit von der Landwirtschaft im Zusammenhang mit dem Bevölkerungswachstum wird die Situation in Bolivien mit einem negativen Fokus betrachtet. Die Menschen werden als unwissend dargestellt, was wiederum ein besser informiertes Gegenüber und damit eine defizitäre Sicht auf das Handeln der Menschen dort impliziert. Af übernimmt Bewertungsmaßstäbe, die das Wissen und Bewusstsein der Bauern als mangelhaft beurteilen. Die Menschen werden zudem in ihrer Eigenschaft als ökonomische Akteure, z.B. auf dem Bild als Kaffeeproduzenten, subsummiert. Die Beschreibung der Situation Boliviens ist thematisch auf die Wirtschaftslage bestimmter Akteure fokussiert und durch die Problematisierung einer Entwicklung, auch aufgrund der Unwissenheit der Menschen, defizitorientiert dargestellt. Die Menschen bedürften deshalb einer Unterstützung zur Veränderung der Lage, derer sich der Gründer der Organisation angenommen hat. Es wird eine ausschließlich ökonomisch- und problemorientierte Sichtweise konstruiert, die eine Unterstützung zur Verbesserung der Lage legitimiert. Von der Problematisierung der Bedingungen leitet die Vortragende zur Arbeit der Organisation über.

Ihre eingeschobene Nachfrage zum Begriff der Wertschöpfungskette und ihre Erläuterungen zeigen, dass sie dies als unbekannt voraussetzt. Ihre Erklärung zur Wertschöpfungskette umfasst aber lediglich, dass etwas hergestellt, verarbeitet und dann verkauft wird. Die Formulierungsschwierigkeiten und unvollständigen Sätze, die sich im Weiteren fortsetzen, zeigen, dass bei ihr selbst Unsicherheit über die Bedeutung der Begrifflichkeiten herrscht.

Die Vortragende fährt mit Begründungen der schlechten Stellung der Bauern fort: Es lebten so viele von der Landwirtschaft und die Preise würden deswegen geringer. Die Menschen seien aber auf die Landwirtschaft angewiesen. Af bleibt in ihren Erklärungen in der ökonomischen Systematik und steigert die Problematisierung. Der Gründer der Organisation stelle sich diesem Problem und setze sich für die Bauern ein. Obwohl Af keinen Bezug zum Bild herstellt, passen ihre Beschreibung dazu: Mittels Zeigen der Früchte in die Kamera wird für eine Außendarstellung der Erfolg der Arbeit präsentiert. Das Bild ist ebenfalls bei den Reportagen zu der Organisation auf der Internetseite zu finden. Die problematisierende Darstellung der Situation legitimiert die Existenz der Organisation und weist dem Gründer eine positive „Retter-Rolle" zu. Die karitative Sichtweise präformiert und strukturiert damit auch hier die Darstellung des Landes und der Menschen, noch bevor Af auf die Organisation selbst zu sprechen kommt. Auf diese geht sie im Anschluss (s. Abb. 19) ein.

Die Folie zeigt zwei Bilder, die ebenfalls auf der Internetseite zu finden sind, und mehrere Stichpunkte. Das obere Bild zeigt einen Mann mit weißem Kittel, der mit seinem Blick auf eine Sortiermaschine, einen Produktionsprozess zu überprüfen scheint. Das untere Bild zeigt eine Interviewsituation, in der ein hellhäutiger Mann eine eher dunkelhäutige Frau befragt.

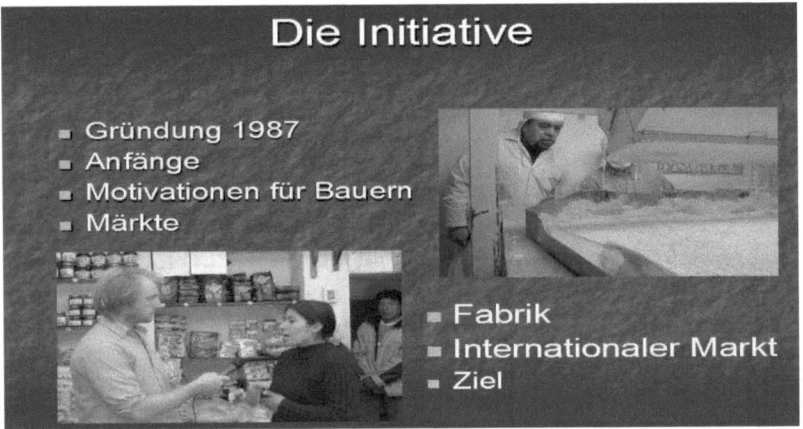

Abb. 19   PowerPoint-Folie 4 der Präsentation

Die Stichpunkte werden von der Vortragenden im Folgenden erläutert und das obere Bild kurz zugeordnet (es zeigt den Gründer):

Gruppe *Dürer*, Sequenz: Präsentation der Organisation B, vh(2), Min. 1.09.42-1.11.45

Af Gut dann komm ich jetzt zu meiner Organisation; sie wurde (.) 1987 dann gegründet; (.) ähm durch Jose Miquel; den seht ihr da im Bild; der wurde ähm von (.) sei- von einem Freund dazu sozusagen überredet; (.) ähm anfangs wars nur ein ähm (.) ja ein Kaffeeproduzent; äh die haben=sie haben Kaffee anbauen lassen von den Bauern und ähm das natürlich bio-organisch; also (.) ähm ohne chemische Dünger; das kannten (.) das kannten (.) die ähm (.) die Bolivianer waren sich einfach nicht bewusst, was das für die Produkte ausmacht; dass sie dadurch viel gesunder=gesünder sind; dass sie (.) ja ohne=wenn sie ohne diese=diese Dünger arbeiten (.) ähm (2) jetzt hat äh so (2) es wurde dann immer mehr zu einem größeren Unternehmen; was äh nicht nur Kaffee sondern auch Getreide Gebäck Honig und Früchte (.) ähm produziert; und ähm (2) ja die Bauern werden halt in=in diesen Anbaumethoden geschult; ähm (.) sie werden auch äh was denk ich ein sehr wichtiger Punkt ist, ernst genommen in ihrem Tun; also sie ähm werden (.) einfach unterstützt durch diese Initiative; ähm sie=die Motivation für die Bauern ist halt auch dass sie einfach (.) ähm ja sie=dass=sie=sie bekommen ja dadurch viel höhere Erträge; (.) und achten darauf natürlich viel mehr auf ihre=auf die Qualität ihrer Produkte; (.) und ähm ein ganz wichtiger Punkt ist denk ich dass ähm ja die Initiative sich da (.) damit aus- also sie setzt sich dafür ein dass die Bauern ein Drittel des gan- gesamten (.) ähm (.) ja des gesamten=also das gesamte Unternehmen da das hat=hat ja einmal die Bauern; dann die Fabrik und dann den Verkauf; und dieses Gel- dieser gesamte (.) Umsatz der äh der (.) der Produktion (.) der wird halt äh die Bauern bekommen davon ein <u>Drittel</u> des gesamten Geldes; und dadurch profitieren die natürlich <u>sehr</u>;

Die Schülerin beschreibt Details zur Entwicklung der Organisation. Der Gründer ist auf dem oberen Bild dargestellt. In ihrer Schilderung erscheint er bereits als „Vorreiter", der die Kaffeebauern aufgeklärt hat. Das Unwissen der meisten Menschen vor Ort wird erneut angeführt und die Seite des besser informierten Gegenübers als Standpunkt übernommen. Aus dieser Perspektive erscheint das Wissen der Bauern, z.B. über Anbaumethoden, als mangelhaft. Die Vortragende schildert die Arbeit der Organisation und übernimmt aus den vorgefundenen Bewertungsmaßstäben einen karitativen Blick auf die Situation der Menschen in ihrer Rolle als ökonomische Akteure. Dieser Logik folgt auch, dass die „Betroffenen" von der Zusammenarbeit Vorteile hätten. Sie hätten höhere Erträge, achteten auf die Qualität ihrer Produkte und bekämen ein Drittel des Umsatzes. Die Defizite der Menschen würden durch die Arbeit der Organisation behoben, ihr Unwissen ausgeglichen und ihre Arbeit besser standardisiert. Die Vortragende übernimmt Bewertungen und bleibt der Darstellungslogik von der durch die Lehrkraft vorgegebenen Internetseite verhaftet, ohne sie als eine mögliche Perspektive unter vielen zu reflektieren. Die positive Bewertung der Arbeit spiegelt sich auch darin, dass die Bauern in ihrem Tun ernst genommen würden, was wiederum in dem unteren Bild der Interviewsituation Entsprechung findet. Die Belange der „Betroffenen" werden von einem Hellhäutigen erfragt, der sein Gegenüber ernst nimmt. Dieses Bild wird allerdings nicht weiter erläutert und bleibt „Nebeninformation". In der Herausstellung des Ernstnehmens ist enthalten, dass dieser Anspruch oft nicht eingelöst würde. Das kann als eine Abgrenzung von der Arbeit anderer entwicklungspolitischer Organisationen verstanden werden. So werden nicht nur Bewertungsmaßstäbe für die Darstellung der Situation und der Menschen in Bolivien, sondern auch für „gute" entwicklungspolitische Maßnahmen von der Schülerin adaptiert. Die Informationen der Internetseite, auf der explizit ausgezeichnete Organisationen vorgestellt werden, als Abgrenzung zu anderen nicht ausgezeichneten Organisationen, werden übernommen und wiedergegeben.

Die positiven Bewertungen werden weiter ausgeführt. Es wird manifest, dass die Arbeit der Organisation ausschließlich fortschrittlich und von Vorteil für die Bauern ist. Aber auch hier werden Unsicherheiten über die wiedergegebenen Informationen und die Zusammenhänge in den Wiederholungen, Korrekturen und den unvollständigen Sätzen deutlich („dieses Gel- der gesamte Umsatz der äh der der Produktion"). Die Vorstellung der Organisation endet damit, dass die Bauern letztlich nur profitieren und die Organisation eine Legitimation hat, weil sie die prekäre Lage der Menschen in Bolivien verbessert.

Der Aspekt der Verbesserung wird im letzten Teil der Präsentation noch einmal explizit unter dem Punkt „Auswirkungen" ausgearbeitet. Die Schülerin beschreibt die Vorteile, die sich aus der Organisationsarbeit ergeben:

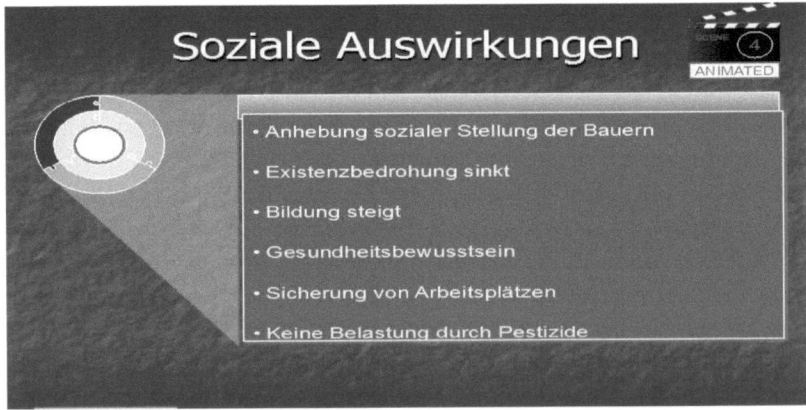

Abb. 20 PowerPoint-Folie 7 der Präsentation

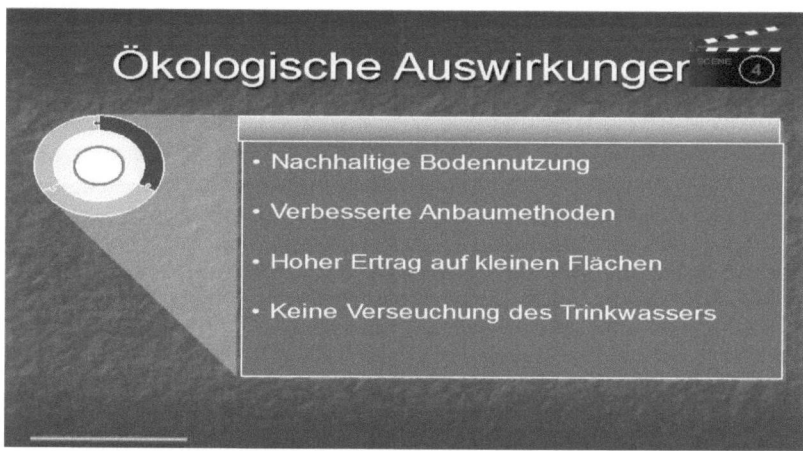

Abb. 21   PowerPoint-Folie 8 der Präsentation

Die Darstellung der Auswirkungen (Abb. 20) erfolgt in einer dreiteiligen Logik, was mit der Abbildung des geteilten Kreises links oben animiert wird. Der Kreis besteht aus drei Teilbereichen, wovon einer sich auf soziale Auswirkungen bezieht. Der andere Teilbereich repräsentiert die ökologischen Auswirkungen (es folgen zuletzt die ökonomischen Auswirkungen) (Abb. 21).

Die dreiteilige Systematik und die Bereiche Soziales und Ökologie entsprechen den Vorgaben des Arbeitsauftrages, der eine Analyse der Organisation unter den drei Dimensionen der Nachhaltigkeit forderte (s. Abb. 12). Die Schülerin hat im Aufbau der Präsentation die Nachhaltigkeitsdimensionen übernommen und eine jeweils entsprechend getrennte Darstellung der Bereiche realisiert. Sie verlässt damit erstmals die ökonomische Fokussierung. Die Form der Darstellung präsentiert die Bereiche als voneinander getrennt, aber in Form des Kreises auch wieder als Teil eines größeren Ganzen. Die Punkte der beiden Folien werden von der Vortragenden erläutert:

Gruppe *Dürer*, Sequenz: Präsentation der Organisation B, vh(2), Min. 1.17.17-1.19.30

Af   Gut jetzt komm ich zu den Auswirkungen; (.) viele hab ich jetzt natürlich auch schon genannt; (.) aber ähm ja noch mal alle auf ein- erst mal das Soziale; (3) hier haben wir ne schöne Grafik; hier sieht man (.) die Auswirkungen; (gut) @(.)@ (3) zuerst äh stell ich die sozialen Auswirkungen vor; (4) jetzt musst du gleich noch mal zurückklicken weil das gleich weitergeht; (3) genau (.) also (.) erst mal wie ich schon gesagt habe die Bauern ähm (.) ja haben eine viel höhere äh soziale Stellung; (.) das heißt sie werden ja in die=in den Anbaumethoden geschult; sie werden ernst genommen in ihrer Person; sie sind ähm (2) ja sie sind=sie werden zu

Kleinbauern befähigt und äh (.) ja (.) natürlich ähm (.) äh sind dadurch die Existenzbedrohung (.) und ähm (.) sie bekommen ein ganz anderes Bewu- Bewusstsein für ihre Gesundheit und für die Gesundheit von anderen; (.) ähm (.) sie (3) ähm (.) natürlich ähm (.) gibt die Initiative=gibt sie äh (.) Initiative auch Arbeitsplätze (.) und ähm (.) ja es gibt keine Belastung durch ähm Pestizide (.) weil äh sie ja ohne die chemischen Dünger handeln; (2) ja äh die <u>ökologischen</u> Auswirkungen (2) äh wie schon gesagt (.) ähm sie=sie nutzen halt den Boden <u>nachhaltig</u>; sie müssen keine chemischen Dünger verwenden; sie ähm (.) sind äh sie wissen einfach viel mehr über den Boden Bescheid; (.) ähm sie wissen auch wie man auf kleinen Böden äh kleinen Flächen ähm große Erträge erzielen kann; (.) ähm (.) sie ähm und auch (.) spielt hier die äh die eine Rolle; ähm dass das Trinkwasser nicht ver- nicht ver-<u>unreinigt</u> wird; nicht verseucht wird; dadurch dass ähm (.) sie halt diese chemischen Dünger nicht mehr verwenden (2)

Nachdem Af den Ablauf der Präsentation mit dem Schüler, der die Tastatur bedient, koordiniert hat, fährt sie inhaltlich mit den sozialen Auswirkungen fort. Die Schülerin greift mehrere Punkte aus ihrer vorherigen Beschreibungen der Arbeit der Initiative erneut auf. Sie ergänzt, dass die Bauern ein anderes Bewusstsein für die eigene Gesundheit und die Anderer bekämen. Die Initiative schaffe Arbeitsplätze und die Pestizid-Belastung werde geringer. Die Zusammenfassung der Auswirkungen auf sozialer Ebene, die in dem Vorhergehenden fast keine Rolle gespielt haben, spiegelt den ausschließlich positiven Bewertungshorizont wider. Die Auswirkungen werden als Gewinne der Arbeit der Organisation dargestellt und die Bauern sind dabei die Hilfsbedürftigen bzw. Lernenden. Die Unwissenheit der Menschen wird in Bezug auf mehrere Aspekte ausgeführt, z.B. auch im Hinblick auf den Bereich Gesundheit. Die Einordnung und Bewertung des „Outputs" der Organisation auf sozialer Ebene erfolgt aus einer karitativen Perspektive der Organisation, die das Nicht-Wissen der Menschen und die schlechte Situation zum Ausgangspunkt nehmen muss, um die eigene Existenz zu legitimieren. Ein den unterschiedlichen Aspekten gemeinsam zugrundeliegendes Kriterium, warum sie auf der sozialen Ebene verortet werden, wird nicht erkennbar und nicht expliziert. Der Arbeitsauftrag, die Organisation unter den drei Dimensionen der Nachhaltigkeit zu analysieren, trägt hier nicht zu einer Reflexion der Rolle der entwicklungspolitischen Organisation als spezifischer Akteur bei. Die „Analyse" forciert die defizitorientierte Sichtweise auf das Land und die Menschen.

Die ausschließlich positive Bewertung setzt sich auch in der Schilderung der ökologischen Auswirkungen fort. In der Zusammenfassung der ökologischen Auswirkungen werden erneut Bereiche angesprochen, die in der vorherigen Präsentation keine Rolle gespielt haben. Die Bewertung der Auswirkungen wird ohne eine Begründung oder als Schlussfolgerung aus den bisherigen Informationen vorgenommen und die positive Bewertung untermauert. Teilweise kann darin auch die Herstellung größerer Zusammenhänge vermutet werden (z.B. die Verunreinigung des Trinkwassers), die aber nicht expliziert werden. Die durch die Aufgabenstellung vorgegebene Analyse wird damit formal realisiert. Der Differenzierung von sozialen oder ökologischen Disparitäten wurde zuvor in der Präsentation nicht Rechnung getragen und im letzten Teil ohne eine weitere Einordnung gesetzt. Die Analyse wird dazu genutzt, die positive Einschätzung noch einmal systematisch darzustellen. Die Organisation ist in allen Bereichen ein vorbildliches Modell. Mögliche negative Aspekte finden darin keine Berücksichtigung und werden für die Bearbeitung der Aufgabe nicht relevant. Die Perspektive auf das Land Bolivien und dessen Einwohner wird ausschließlich von einem Standort, mit einem spezifischen, defizit- und problemorientierten und in der Folge karitativen Blick eingenommen. Die Gemeinsamkeiten mit der vorangegangenen Präsentation von Jm und Gf „Präsentation der Organisation A" (s. S. 141ff.) werden deutlich.

In beiden Präsentationen wird erkennbar, dass die Vorgaben zur Gestaltung des Vorgehens und der Inhalte durch die Internetseite eine Darstellung erlauben, die die Perspektivität von Informationen außer Acht lässt. Der Lehrmodus der Themenvermittlung zeigt sich in dem Arrangement in unterschiedlichen Aspekten, wie der Aufgabenstellung und der entsprechenden Vorgabe der konkreten Inhalte, die verhandelt werden sollen, aber auch in dem Format der Präsentation als Monolog von Informationen. Die Schülerinnen und Schüler reproduzieren Informationen, deren Perspektivität für die Darstellung nicht relevant wird. In der Wiedergabe der Informationen aus der vorgegebenen Perspektive durch die Internetseite manifestiert sich eine karitative und stereotypisierende Sichtweise auf Länder und Menschen des Südens. Auch in den Informationen aus „erster Hand" ist der entwicklungspolitische und karitative Kontext wirksam, der die Menschen defizitär erscheinen lässt. Das Kriterium „aus erster Hand" übernimmt eine Legitmationsfunktion für die Authentizität der Informationen und deren Glaubhaftigkeit.

Perspektivität wird hier weder als formales noch inhaltliches Kriterium relevant, obwohl explizit die Darstellung einer Akteursgruppe gefordert ist. Die Lehrkraft beteiligt sich in den jeweiligen Auswertungsgesprächen fast nicht und es findet eine lediglich formale Rückmeldung zur Gestaltung der Präsentationen statt. Die Wiedergabe der Perspektive der Organisationen und deren Selbstdarstellung und Legitimation sowie die Form der Rückmeldung ermöglichen hier eine Aktualisierung und Verfestigung eines hierarchisierenden, dichotomen Weltbildes, eine Unterscheidung zwischen Helfenden und Geholfenen. Die Präsentationen, die eine karitative Praxis abbilden, regen keine kritische Reflexion und Auseinandersetzung mit dem Präsentierten an. Gleichzeitig sind authentische Informationen als sicheres Wissen von Bedeutung für die Darstellung. Der Modus der Reproduktion lässt sich in einem weiteren didaktischen Arrangement, einer Podiumsdiskussion, beobachten.

Sequenz: Podiumsdiskussion[41] Steak und Regenwald

In der Podiumsdiskussion aus der Lerngruppe *Fontane* zum Thema „Steak und Regenwald" ließ sich ebenfalls ein reproduzierender Modus im Umgang mit Perspektivenvielfalt rekonstruieren. Die Podiumsdiskussion wurde zum Abschluss der Unterrichtseinheit durchgeführt. Zu Beginn der Unterrichtseinheit haben die Schülerinnen und Schüler in Gruppenarbeit Präsentationen zu den Themen „Ökosystem Regenwald", „Artenvielfalt" und „Futtermittelproduktion im Regenwald" über mehrere Stunden bearbeitet und präsentiert. In der vorletzten Stunde der Unterrichtseinheit, nachdem alle Präsentationen vorgetragen worden waren, wurde die Podiumsdiskussion vorbereitet. Dafür wurden mögliche Rollen festgelegt. Für eine dieser Rollen sollten sich die Schülerinnen und Schüler dann entscheiden. Erste Ideen für mögliche Argumente wurden in einem Plenumsgespräch gesammelt und sollten im Anschluss von den Schülerinnen und Schüler zur Vorbereitung des Rollenspiels notiert werden. Die ergänzende Vorbereitung für die je gewählte bzw. zugeteilte Rolle wurde als Hausaufgabe erteilt, ohne, dass vorher gesagt wurde, wer genau die Rolle in der Diskussion übernehmen sollte. Die tatsächlichen Rollenvertreter/innen, ausgenommen das Moderatorenteam, das die Lehrkraft zuvor festgelegt hatte, wurden von der Lehrkraft erst in der Stunde des Rollenspiels bestimmt. Die Teilnahme an der Podiumsdiskussion war demnach für die Schülerinnen und Schüler bis dahin ungewiss. Die konkrete Vorbereitung auf das Rollenspiel fand demnach unter den Bedingungen statt, dass die Teilnahme für die Zeit der Vorbereitung unbestimmt blieb, die inhaltliche Vorbereitung vor allem in einem Lehrer-Schüler-Gespräch stattfand, die durch ein weitergehendes Informieren als Hausaufgabe ergänzt werden sollte. Von der Lehrkraft wurden sowohl die Rollen als auch Argumente für die Rollen vorgegeben. Auf die vorher in den Gruppen erarbeiteten Themen wird in der Vorbereitung nicht verwiesen. Die Rollenverteilung findet davon unabhängig statt. Die Podiumsdiskussion wird entsprechend mit der Verteilung der Rollen durch die Lehrkraft eingeleitet:

---

41 Für die Beschreibung der Unterrichtssequenzen werden die Begriffe der Akteure verwendet. Die didaktischen Konzepte oder Begriffe, wie hier z.B. die Form der Podiumsdiskussion, sind in der Beschreibung des empirischen Materials nicht gemeint.

Gruppe *Fontane*, Sequenz: Podiumsdiskussion Steak und Regenwald, G3, Min. 9.27-10.26

L   So. Dann, (2) zurück zu unserer- zu unserer Ausgangsfrage, Steak, und Regenwald, und- ihr kennt das alle (.) aus dem; Fernsehen, da gibt es ja auch (.) solche (.) Podiumsdiskussionen, (2) und wir wollen ebenfalls, heute eine- solche- Podiumsdiskussion. Hören, öh ihr (.) das Thema (.) dieser Diskussionsrunde, öh- wird sein, ist (.) der Regenwald (2) zu retten? (.) Sollen wir alle; Vegetarier werden;
Me °Neee°;
L   Ah (.) unter diesem Gesichtspunkt, (2) möchte ich jetzt gern ihr habt euch ja als Hausaufgabe mit verschiedenen Rollen (.) beschäftigt, -es kann nicht jeder, bei der Podiumsdiskussion teilnehmen, als (.) Moderator, begrüße ich (2) Herrn Em; (2)

Die Lehrkraft rekurriert zunächst auf eine Ausgangsfrage „Steak und Regenwald", die aber eher das Thema der Unterrichtseinheit benennt. Sie vergleicht anschließend das Kommende mit einer Form, die sie als aus dem Fernsehen bekannt voraussetzt, und die sie „hören" wollen. Mit dieser Gleichsetzung erhält die Diskussion einen Aufführungscharakter. Dem Plenum wird über den Vergleich zu einem Fernsehpublikum und mit der Beschreibung der Aktivität als „hören" eine rezeptive Rolle zugewiesen. Bei der Ankündigung der Diskussion benennt die Lehrkraft wiederum ein Thema und formuliert dann Fragen, was erneut eine Inkonsistenz der Formulierungen aufzeigt. Die Formulierungen weisen daraufhin, dass der Ausgangspunkt der Unterrichtseinheit nicht eine Frage, sondern ein Thema war, welches es zu vermitteln galt (s. Sequenz „Die Frage nach dem Zusammenhang", S. 108ff.). Der Ausgangspunkt der Diskussion ist die Beantwortung von zwei Fragen, die mit Ja bzw. Nein beantwortet werden könnten und damit eine einfache Beantwortung nahelegen („Ist der Regenwald zu retten? Sollen wir alle Vegetarier werden?"), wie von Mehreren bereits eingelöst. Die Vorbereitung des Rollenspiels wird als Hausaufgabe vorausgesetzt. Die Form der Vorbereitung als Hausaufgabe macht die begrenzten Gestaltungsmöglichkeiten der Schülerinnen und Schüler sichtbar.

Mit der Transition, dass nicht jeder an dem Rollenspiel teilnehmen kann, wird ein Teil der Klasse ausgeschlossen, die Einführung der Podiumsdiskussion abgeschlossen und die Rollenverteilung eingeleitet. Dass die Lehrkraft die Rollenverteilung vornimmt und die Teilnahme am Podium nicht freiwillig gewählt ist, verdeutlicht, dass die Lehrkraft den Unterricht inhaltlich und organisatorisch steuert. Die Lehrkraft ruft daraufhin den Moderator mit Vornamen auf, was mit dem Vergleich zum Fernsehformat nicht konsistent ist.

Die ausgewählten Schülerinnen und Schüler werden aufgerufen und sollen nach vorne gehen. Es wurden die Rollen eines Metzgers, einer Vegetarierin, zwei deutscher Landwirtinnen, eines Landwirts im Regenwald bzw. Ureinwohners, einer Umweltschützerin und einer Biologin sowie die zwei Moderatoren besetzt. Das Vertreten von Perspektiven als Verlassen der Schülerrolle und Vertretung einer anderen Rolle wird damit organisatorisch hergestellt. Vorne war von der Lehrkraft zuvor ein Halbkreis aus Tischen aufgestellt worden, auf die sich die Schülerinnen und Schüler setzen bzw. an die sie sich anlehnen (s. Abb. 22). Der organisatorische und inhaltliche Rahmen ist durch die Vorbereitungszeit, die Rollenvorgabe, den Ablauf und die Vorbesprechung der Argumente vorstrukturiert.

Das Fotogramm (Abb. 22) zeigt die Podiumsteilnehmer/innen auf und an den Tischen lehnen bzw. sitzen. Sie haben keinen festen „(Sitz-)Platz", sondern einen provisorischen Platz im Raum. Das Sitzen oder Lehnen an und auf den Tischen gibt dem Podium eine erhöhte Position und macht es zu einer „Bühne".

Abb. 22 Fotogramm Sequenz: Podiumsdiskussion Steak und Regenwald, vh(1), Min. 29.38

Das Plenum oder Publikum ist auf diese „Bühne" ausgerichtet, auf der die „Aufführung" stattfindet. Dieses räumliche Arrangement ist mit dem Vergleich zu einem entsprechenden Fernsehformat nur geringfügig konsistent. Die provisorische Sitzposition auf den Tischen entspricht weder dem Fernsehformat, noch handelt es sich um eine Arbeitshaltung, in der z.B. etwas notiert werden könnte.

Die Podiumsteilnehmerinnen und -teilnehmer sind durch ihre Blickrichtung aufeinander bezogen. Die Lehrkraft sitzt hinten (außerhalb des Bildes) an einem Tisch. Die Moderatorenrollen werden durch den stehenden Schüler links und die neben ihm sitzende Schülerin eingenommen. Auffällig ist, dass alle – mit Ausnahme der beiden Moderatoren und der Schülerin links außen (die zweite Landwirtin) – grüne Karten in den Händen halten. Diese Karten hatte die Lehrkraft vor Beginn der Diskussion an die Teilnehmerinnen und Teilnehmer ausgeteilt. Die Karten enthielten, handschriftlich notiert, die jeweiligen Argumente für die Rollen; nur die Moderation hatte keine bekommen. Die Tatsache, dass die Moderatoren diejenigen ohne Karten sind, ist ebenfalls im Vergleich mit dem Fernsehformat inkompatibel: Im Fernsehen hat meist nur die Diskussionsleitung Karten in der Hand. In dem die Lehrkraft diese Karten verteilt hat, auf denen die jeweiligen Argumente für die Rollen vorgegeben sind, wird außerdem die schülereigene Vorbereitung hinfällig und die Rolleninhaber von der eigenen inhaltlichen Mitgestaltung entbunden. Die potenziell zu verhandelnden Argumente werden durch die Lehrkraft festgelegt. Die Vorgabe der Argumente hebelt zudem die Aufgabe der Moderation, inhaltliche Impulse zu setzen, aus. Die Verantwortung wird so organisatorisch begrenzt. Alle Podiumsteilnehmerinnen und -teilnehmer halten die Karten in der Diskussionssituation auch so, dass sie sie ablesen können. Die Lehrkraft gibt mit der Zuteilung der Rollen, auch die des rezipierenden Publikums, und mit der Vorgabe der Argumente die inhaltliche Ausrichtung der Diskussion vor und lässt damit den Schülerinnen und Schüler wenig Raum für eine eigene Gestaltung.

Im Vergleich zu der Unterrichtssequenz „Podiumsdiskussion Textilproduktion" in der Lerngruppe *Schiller* (s. S. 170ff.) ist die Vorbereitung der Diskussion hier weitgehend unabhängig von den zuvor im Unterricht erarbeiteten und präsentierten Themen. Durch eine längere Erarbeitungszeit und die Vergabepraxis werden den Schülerinnen und Schüler der Gruppe *Schiller* mehr Entscheidungen und inhaltliche Gestaltungsmöglichkeiten überlassen. Die Perspektiven verschiedener Akteure werden in der Gruppe *Fontane* erst mit den Rollen für die Podiumsdiskussion eingeführt, während die Schülerinnen und Schüler der Gruppe *Schiller* bereits in den vorhergehenden Unterrichtsstunden als „Experten" für ein Sachgebiet, wie Medizin, Chemie oder Textilindustrie, Informationen recherchiert und sich mit diesem perspektivengebundenen Wissen über einen längeren Zeitraum eingehender beschäftigt hatten. In der Lerngruppe *Fontane* wird die Entscheidung, wer im Rollenspiel einen Part übernimmt, von der Lehrkraft getroffen. Die Schülerinnen und Schüler des *Schiller-Gymnasiums* hingegen entschieden in den Expertengruppen selbst, wer aus der Gruppe ihren Standpunkt im Rollenspiel vertreten sollte. In der Art und Weise des Vorgehens der Lehrkraft an der *Theodor-Fontane-Schule* dokumentiert sich damit, wie auch in den Sequenzen „Die Frage nach dem Zusammenhang" (s. S. 108ff.) oder „Arbeitsblatt Nachhaltige Entwicklung" (s. S. 99ff.), ein themenvermittelnder Lehrmodus, indem sowohl auf organisatorischer Ebene, wie auch auf inhaltlicher Ebene vergleichsweise enge Vorgaben gemacht werden. Die Lehrkraft gibt zu Beginn der Diskussion das Wort an den Moderator.

Gruppe *Fontane*, Sequenz: Podiumsdiskussion Steak und Regenwald, G3, Min. 15.20-17.10

L	So. (2) Okay. Alle Herrschaften;
Me	/[°Murmeln°]
L	So Bitte. Herr- Em. (2)
Em	°Ja ähm; also. Erst die Frage- überhaupt mal; wie können wir überhaupt den Regenwald schützen?-N wie machen wir ihn (.) kaputt. °Frage(.)an Sie.°
Pf/Qf	/@(2)@
Pm	/@(.)@
Pf/Qf	/@(3)@
Fm?	/Da wird man so begrüße sagt man jo jo;
Cf?	Guten Tag,
Me	[Durcheinander(4)]
Df	/Oh der ist Vegetarier;-herzlich willkommen.-@(.)@,
Me	[Durcheinander(2)]
?m	/Guten Morgen.
Me	[Durcheinander(11)]
L	So. Das Publikum ist jetzt aber bitte; aufmerksam.
?m	[Äußerung (3)]
Df	/@(.)@
Lf	Äh- der Mensch, der zerstört den Regenwald hauptsächlich weil; (2) er (.) das Material das er daraus gewinnt; -verkauft, -und (.) in- also-es-geht wieder nur ums Geld,
?m	/@(.)@
Hf	Und ja. Eigentlich würde ja; das Holz aus unseren Wäldern würde ja reichen, nur weil das andere ist dann halt ein bisschen hochwertiger, und ähm Luxus, und
?m	/[°Unverständliches]
Hf	deswegen müssen wir (°meinen müssen wir°) den Regenwald abholzen, und dass
?m	/°Lauter°
Hf	(.) ja-ist billiger und; dadurch wird ja auch das Ökosystem zerstört dann,
Lf	/Vor allem ist es billiger, (5) ähm (2) wir verändern dadurch viel in der Natur und eigentlich dürfen wir es gar nicht weil die Natur- macht eigentlich das was sie will und wir können es nicht kontrollieren, (.)°ähm°(.) ja.
Hf	/Es ist ein Eingriff in die Natur. (.) (Was eigentlich nicht sein sollte;)

Die Lehrkraft grenzt die Diskussion vom Vorherigen ab und markiert ihren Beginn, indem sie das Plenum anspricht und das Wort an den Moderator gibt. Die Rolle der Moderation wird auf die konkrete Organisation der Diskussion festgelegt. Der Moderator Em formuliert umgehend die erste Frage, in der er das Thema der Lehrkraft, das sie zuvor durch die Frage nach der Rettung des Regenwaldes gesetzt hatte, übernimmt. Der Aspekt Schutz und Zerstörung des

Regenwaldes steht im Mittelpunkt. Den Einstieg gestaltet der Moderator durch eine zweiteilige Wie-Frage und richtet sie direkt an Lf. Dieser unvermittelte Einstieg wird von den Mitdiskutanten durch Lachen und Forderungen nach einer Begrüßung kommentiert. Darin zeigt sich im Vergleich mit einem entsprechenden Fernsehformat auch in der Durchführung des Rollenspiels neuerlich eine Inkonsistenz: Die Moderation stellt z.B., wie im Fernsehen üblich und wie offenbar erwartet, nicht die Gäste vor, begrüßt nicht das Publikum und formuliert auch nicht das Thema der Diskussion. Es werden so unterschiedliche Erwartungen an die Moderation sichtbar. Indem die Lehrkraft noch einmal regulierend eingreift, übernimmt sie die Verantwortung für die Einhaltung der Rahmenbedingungen des Rollenspiels und sorgt für eine störungsfreie Realisierung. Nachdem sich die Unruhe gelegt hat, elaboriert Lf, in der Rolle der Umweltschützerin, den Teil der Einstiegsfrage zur Zerstörung des Regenwaldes und begründet diese (die Karte der Umweltschützerin lag zur Analyse leider nicht vor). Ihre Beschreibung, dass das aus dem Regenwald gewonnene Material verkauft wird, führt zu dem Generalargument „Geldgier" („es geht wieder nur ums Geld"), das den Menschen allgemein eine schlechte Eigenschaft zuschreibt und im Fortgang wiederholt aufgegriffen wird. Lfs moralische Verurteilung schreibt allen Akteuren im Regenwald die gleiche Motivation zu und differenziert nicht. Der Verkauf der Materialien wird als Ursache der Zerstörung betrachtet und nicht die „Materialgewinnung". Ein nachhaltiges Wirtschaften mit Rohstoffen aus dem Regenwald wird beispielsweise ausgeschlossen. Die Schülerin kommt der Rolle einer Umweltschützerin nach, indem sie Anderen eine „Schuld" an der Zerstörung zuweist.

Hf als Biologin schließt sich an und stellt in den Raum, dass das heimische Holz für die Versorgung ausreiche und das tropische Holz nur aufgrund eines Wunsches nach Luxus importiert würde. Die Nutzung europäischer Bestände wäre die Lösung des Problems („Eigentlich würde das Holz aus unseren Wäldern reichen"). Lfs Ergänzung, dass das tropische Holz vor allem auch billiger sei, wiederholt Hf und stellt ohne eine weitere Erläuterung fest, dass das Ökosystem zerstört würde. Lf betont damit, dass es nur um das Geld gehe. Der Verweis Hfs auf die Zerstörung des Ökosystems wird nicht ausgeführt. Auf der grünen Karte für die Biologin steht: „Viele Arten sind notwendig, damit das Ökosystem intakt bleibt". Hf löst die Zerstörung des Ökosystems als Argument aus diesem Zusammenhang und führt es allgemein an. In der additiven Verwendung des abstrakten Arguments deutet sich eine Steuerung des Rollenspiels durch die Karte an, die sich im weiteren Verlauf noch deutlicher zeigt.

Lf schließt an den letzten Aspekt Hfs an, dass die Eingriffe in die Natur schädlich und nicht erlaubt seien. Die Beschreibung des Verhältnisses von

Mensch und Natur ist einerseits eine Zuordnung von Täter und Opfer, zeichnet andererseits aber auch ein romantisierendes Bild einer autarken, eigenwilligen Natur. Lfs Aussage, dass die Veränderungen eigentlich nicht erlaubt sein sollten, weil die Natur „macht, was sie will" ist widersprüchlich. Wenn die Natur unabhängig wäre, dann könnten die Menschen sie nicht so stark beeinflussen. Die Begründung ist in sich nicht schlüssig und weist auf fachliche Unsicherheit hin. Hf beendet die Ausführung mit der Validierung, dass Eingriffe des Menschen in die Natur nicht sein sollten. Der positive Gegenhorizont dazu ist, der Natur ihren freien Lauf zu lassen und sie zu respektieren. Die Umweltschützerin und die Biologin sind rollengemäß gegen die Zerstörung des Regenwaldes. Das Eingreifen durch den Menschen steht dabei im Vordergrund.

Im Kontrast zur Unterrichtssequenz „Podiumsdiskussion Textilproduktion" der Lerngruppe *Schiller* (s. S. 170ff.) zeigt sich hier, dass die beiden Schülerinnen der Gruppe *Fontane* bislang kaum eigenes rollenspezifisches Fachwissen einbringen. In der Lerngruppe *Schiller* führen die Diskutanten, die dort die Rollen der Vertreterinnen der Textilarbeiter übernommen haben, zum Beispiel eine Graphik zu Kinderarbeit an, an der sie ihre Argumentation belegen. Die Vertreterinnen der „Mediziner-Perspektive" weisen ihre Expertise aus, indem sie konkrete Krankheitsbilder beschreiben und sie z.B. auch durch Abbildungen erkrankter Menschen illustrieren. Sie agieren als Experten und entfalten komplexe Argumentationen. Die Schülerinnen der Lerngruppe *Fontane* bringen demgegenüber zwar ihren Rollen adäquate Argumente vor, aber sie entfalten kaum Argumentationsfiguren, die Argumente werden aneinandergereiht und die Zusammenhänge sind teilweise nicht schlüssig.

Nachdem der Schüler Ef, der den Metzger spielt, kurz auf die Frage, wie man den Regenwald schützen kann, eingegangen ist, thematisiert er, dass er auf den Verkauf billigen Fleischs angewiesen sei. Die Podiumsdiskussion setzt sich wie folgt fort:

Gruppe *Fontane*, Sequenz: Podiumsdiskussion Steak und Regenwald, G3, Min. 18.26-19.07

Ef   Äh (2) habt also; gibt es irgendwelche Argumente die ihr ähm (.) die ihr der- Menschheit geben könnt;- warum wir ähm;- Fleisch und Sojaprodukte aus dem Regenwald brauchen; (3)
Me   /[Leise Äußerungen der SuS auf den Sitzplätzen]
Pm   Damit ich mein Einkommen kriege. (.)
Me   @(.)@
Bf   /<u>Ja</u>.-Also wir brauchen billiges Soja,-äh (.) sonst werden die Produkte bei uns immer teurer und dann (.) will sie auch niemand mehr. (2)
Em   Ja aber (.) warum nimmt man da nicht Soja aus- deutschen Anbau- Gebieten?

If	Äh wenn man nur einheimisches Futter verwendet,-dann- äh- kann man weniger Tiere halten und das Fleisch wird teurer; (2) Außerdem können wir dann unsere
Em	/°Okay.°
If	Familie nicht ernähren weil wir nicht genug Geld haben. °@(.)@°

Die Nachfrage Efs, der Ko-Moderatorin, die sich hier erstmals einbringt, fordert an die „Menschheit" gerichtete Argumente, womit sie eine große Distanz des Themas auch zur eigenen Person ausdrückt. Die Argumente werden als beliebig („irgendwelche") gerahmt und es wird kein Podiumsteilnehmer direkt angesprochen. Das Thema ist für sie abstrakt und nicht anschlussfähig an eigene Erfahrungen.

Zuerst reagiert der Metzger (Pm), der auf seine ökonomische Existenz rekurriert, was die Landwirtin (Bf) aus Deutschland mit dem Blick auf die Konsumenten, die keine teuren Produkte kaufen wollen, unterstützt. Auf der Karte des Metzgers steht „Fleisch muss günstig sein" und „Alle Menschen müssen die Möglichkeit haben Fleisch zu kaufen". Pm bringt die in den vorgegebenen Argumenten enthaltene existentielle Abhängigkeit vom Fleischkonsum der Kunden ein und verbindet sie mit dem gleichgelagerten ökonomischen Interesse an günstigen Fleischpreisen und hohem Konsum. Er reproduziert so die vorgegebenen Punkte weitgehend und wird dem durch die Karte formulierten Anspruch an die Rolle, billiges Fleisch als notwendig zu postulieren, gerecht. Auf der Karte für die Vertreterinnen der deutschen Landwirte sind die beiden Argumente notiert: „Wir brauchen billiges Soja, sonst werden unsere Produkte <u>so teuer,</u> dass sie niemand kauft" und „Wenn ich nur <u>einheimisches Futter</u> verwende, dann kann ich nur wenige Tiere halten und das Fleisch wird teurer oder ich verdiene nicht genug um meine Familie zu ernähren"[42]. Bf und auf die Nachfrage von Em nach deutschem Soja, auch If, in der Rolle der Landwirtinnen, geben fast in genauem Wortlaut die beiden Argumente, die auf der Karte stehen, wieder. Der Wunsch nach billigen Produkten fließt inhaltlich als suggestive Perspektive des Konsumenten mit ein. Die Rolle und Perspektive des/r Konsumenten/in selbst ist allerdings nicht Teil der Podiumsdiskussion, obwohl die Schülerinnen und Schüler genau diese Rolle außerhalb des Spiels innehaben. Die Argumentation, dass alle nach Luxus streben würden, unterstellt wiederholt eine bestimmte Konsumentenperspektive. Die Argumente sind auf den Konsumentenwunsch ausgerichtet und die Diskussion bleibt dieser Perspektive, obwohl sie nicht personell repräsentiert ist, verhaftet. Die Konsumentenperspektive und entsprechende Zusammenhänge werden mit dem Inhalt der Karten gesetzt, den Pm, Bf und If teilweise wortwörtlich reprodu-

---

42 Die Unterstreichungen entsprechen der Gestaltung der Karte durch die Lehrkraft.

ren. Auch das Lachen von If am Ende ihres eigentlich dramatischen Arguments verdeutlicht eine Distanz und den „spielerischen" Charakter des Austausches.

Innerhalb des Austausches der Schülerinnen und Schüler auf dem Podium wird sichtbar, dass nicht nur das Publikum eine rezeptive Rolle hat, sondern dass auch diejenigen, die die Diskussion aufführen, sich rezeptiv verhalten. Die Podiumsteilnehmerinnen und -teilnehmer reagieren auf die Fragen der Ko-Moderatorin und des Moderators, indem sie die Punkte von ihren Karten mehr oder weniger wörtlich reproduzieren bzw. leicht abgewandelt vorbringen. Die Argumente werden nicht belegt oder weiter entfaltet. Inhaltlich ist der Zusammenhang zwischen dem billigen Soja und der eigenen existentiellen Abhängigkeit leitend. Alternative Handlungsmöglichkeiten werden durch die Existenzbedrohung grundlegend ausgeschlossen. Diese Sichtweise bestimmt den weiteren Diskussionsverlauf.

Em involviert als nächstes Gf, in der Rolle der Vegetarierin, die an dieser Stelle der Diskussion das einzige Mal zu Wort kommt.

Gruppe *Fontane*, Sequenz: Podiumsdiskussion Steak und Regenwald, G3, Min. 19.10-19.54

Em	(Was hier) eigentlich dann die Meinung vom Vegetarier hier;
Gf	Äh- ja also- ich hab eigentlich (.) also meiner Meinung nach ähm; bin- könnten wir den Regenwald schützen wenn alle; Vegetarier werden, weil dann gibt es auch in Deutschland genug zu Essen für uns und wir müssten auch- ähm (.) kein Platz in den Regenwäldern (scheffeln;) also- schaffen- für Sojaanbau, (°oder so,°) °und,- ja.° (2) Dann wür- °würden°(.)also- ich meine; man müsste ja jetzt nicht Vegetarier werden aber man könnte halt; zwei drei Mal die Woche vegetarisch,-
?m	/( )
Gf	Essen. (.)
Pm	/Naja wenn es aber nur (.) Vegetarier geben würde dann- würde ich kein Fleisch mehr verkaufen können und dann (.)° würd ich bankrott gehen.°
Me	@(2)@

Em bringt durch die direkte Ansprache die verschiedenen Rollen ein und realisiert die Aufgabe einer Gesprächsleitung. Die Schülerin, die die Rolle der Vegetarierin vertritt, rekurriert auf geringeren Fleischkonsum als Schutzmaßnahme für den Regenwald, weil dann die Produkte aus Deutschland ausreichen würden. Auf ihrer Karte steht das Argument: „Wenn alle Vegetarier werden, dann gibt es genug zu essen für alle Menschen, da man zur Aufzucht eines Rindes riesige Mengen an Soja u. Wasser benötigt". Sie bringt mit ihrer Antwort auf die Frage das fast gleiche Argument an und reproduziert den zentralen Gehalt der Karte, den sie auf Deutschland bezieht („in Deutschland würde dann das Essen reichen"). Sie grenzt die allgemeine Aussage der Karte auf den Nahbereich ein. Die Hypothese, dass die Produkte aus Deutschland ausreichen würden, bleibt ohne weitere Begründung. Die Handlungsanweisung, auf jeden Fall weniger Fleisch zu essen, steht entsprechend der Karte im Vordergrund und gibt eine explizite Antwort auf die von der Lehrkraft eingangs gestellte Frage, ob alle Vegetarier werden müssten. Darauf erwidert erneut der Metzger, dass dann die Insolvenz unvermeidbar wäre. Mit Rekurs auf dieses Generalargument der existentiell-ökonomischen Abhängigkeit, welches auch eine Einseitigkeit der Argumentation offenlegt, wird der Austausch ohne weitere Diskussion erneut beendet.

Im kontrastierenden Vergleich zu der „Podiumsdiskussion Textilproduktion" in der Gruppe *Schiller* (s. S. 170ff.) kommt es hier nicht zu einem diskursiven Austausch. In der Gruppe *Schiller* entwickelt sich ein Konflikt zwischen den Textilunternehmern und den Textilarbeitern, den die Schülerinnen und Schüler mit unterschiedlichen Argumentationsstrategien bestreiten. Hier, in der Gruppe *Fontane,* sind es die vorgegebenen Argumente, die reproduziert werden. Die Schülerinnen und Schüler bringen rezeptiv, auf die Moderation reagierend, ihre Argumente ein, was z.B. auch an der je einmaligen Beteiligung der Vegetarierin und des Ureinwohners aus dem Regenwald, der in der folgenden Sequenz zu Wort kommt, deutlich wird. In der Gruppe *Schiller* ist es dagegen ein ernster, inhaltlich selbstläufiger und interaktiv dichter Austausch zwischen den Schülerinnen und Schülern, der von der Lehrkraft, die die Funktion der Moderation übernommen hat, angeleitet wird. Sie interveniert dann, wenn zum Beispiel eine „Partei" aufgrund der Selbstläufigkeit lange nicht zu Wort gekommen ist und erteilt ihr das Wort. Die Podiumsdiskussion der Gruppe *Fontane* wird demgegenüber – trotz der Schülermoderation – eher in einem Frage-Antwort-Modus ausgeführt, wie auch im nächsten Ausschnitt der Sequenz.

Gruppe *Fontane*, Sequenz: Podiumsdiskussion Steak und Regenwald, G3, Min. 21.07-21.31

Em Und als (.) Einwohner aus Amazonien will man da nicht seine Heimat schützen, - oder (.)
Fm Bei uns ist es die einzigste Möglichkeit; äh eigentlich aufs (eigene Einkommen zu kommen und;) Tss- der einzige Weg wie ich meine Familie ernähren kann. (3)
If   /°@(6)@°
Em Was pflanzen sie an?
Fm Soja.
Pm? /°Mmm.°
Em Und,- haben Sie Rindviecher?
Fm Nix
Lf? <u>Rind</u>viecher; (.) Nix;
Me   /@(2)@

Der Moderator Em fragt den „Einwohner aus Amazonien", ob er nicht seine Heimat schützen wolle und unterstellt so bereits eine bestimmte Motivation. Die Familien könnten aber nur mit dem Sojaanbau ernährt werden. Damit führt Fm, als Ureinwohner, das analoge Existenz-Argument an, das der Metzger und die Landwirtin zuvor als allgemeine Legitimation verwendeten (seine Karte stand für die Analyse nicht zur Verfügung). Auch er bezieht sich damit allein auf eine ökonomische Abhängigkeit, die nicht ausgeführt wird. Weitere Informationen, die der Moderator erfragt, werden einsilbig beantwortet. Der kurze Austausch ist nach dem Lachen beendet.

Fach- oder Expertenwissen, das die Rolle weiter füllen könnte, wird nicht eingebracht und die Rolle nicht weiter entfaltet. Dass die Thematik für die beiden Schüler weit entfernt und nicht anschlussfähig ist, wird deutlich. Zudem ist die Anlage der Rolle selbst bereits fachlich inkonsistent: Der Sojaanbau in den Regenwaldgebieten wird vor allem von Großgrundbesitzern in Monokulturen betrieben und die Anwohner arbeiten bestenfalls als Angestellte, häufig als Tagelöhner. Das Bild des Kleinbauern, der seine eigenen Felder bewirtschaftet, wurde abgelöst durch groß-industrielle Verhältnisse, in denen die einheimischen Landbewohner in Abhängigkeit geraten sind bzw. sogar bedroht werden durch den zunehmenden Landraub[43]. Die inhaltliche Konzeption der Rolle ist damit sachlich falsch und kann vom Schüler nicht bearbeitet werden.

Insgesamt entstehen über die Diskussion hinweg keine interaktiv dichten Passagen. Im Vergleich zu der Unterrichtssequenz in der Gruppe *Schiller* (s. S. 170ff.), in der die Schülerinnen und Schüler intensiv einen Konflikt ausarbeiten, in welchem sie klar Partei ergreifen und diskutieren, entfaltet sich hier keine Argumentation, die die Komplexität und Kontroversität des Sachverhalts abbildet. Das Argument des Selbsterhalts wird von den unterschiedlichen Rollenvertretern wiederholt und erübrigt eine weitere Diskussion. Im Vergleich zur Gruppe *Schiller* wird deutlich, dass kein weitergehendes Wissen aus der Pespektive der jeweiligen Akteure eingebracht wird. Es wird kein den Rollen entsprechendes Expertentum entfaltet, sondern die vorgegebenen Argumente werden wiedergegeben, bleiben abstrakt und unverbunden nebeneinander stehen. Dem Grundtenor, dass der Regenwald schützenswert ist, wird aus einer ökonomischen Perspektive heraus das existentielle Argument der Abhängigkeit von Sojaprodukten als Rechtfertigung gegenüber gestellt. In ihren Rollen reproduzieren die Schülerinnen und Schüler hier, wie auch die Jugendlichen der

---

43 Nähere Informationen z.B. auf http://www.spiegel.de/wissenschaft/natur/brasilien-die-gier-nach-soja-frisst-den-regenwald-a-456376.html oder http://www.zeit.de/wissen/umwelt/2013-07/regenwald-amazonas-abholzung (Zugriff 27.01.2014)

Lerngruppe *Dürer* in ihren Präsentationen der entwicklungspolitischen Organisationen (s. S. 138ff.), einzelne Argumente und entwickeln kaum eigene Konstruktionen, die z.b. die Argumente oder Bewertungen konkretisieren.

Die Übernahme einer Rolle im Rahmen der Podiumsdiskussion hat für den Wissenserwerb keine beobachtbaren Konsequenzen. Die Wiedergabe der Argumente führt hier nicht dazu, die Perspektivität von Informationen zu erkennen oder zu reflektieren, was für die Bewältigung der Aufgabe zudem nicht relevant ist. Die Unterschiedlichkeit der Perspektiven wird nicht thematisiert, mögliche Widersprüche oder Interessengegensätze, die sich daraus ergeben können, nicht verhandelt. Perspektivenübernahme oder auch die theoretische Einsicht in Perspektivität lassen sich letztlich auch in dieser Unterrichtssequenz nicht beobachten und sind durch die Vorgaben der Lehrkraft nicht erforderlich.

Durch die Aufgabenstellungen, die Vorgabe der konkreten Inhalte und deren spezifische Charakteristik durch die Gestaltung der Lehrkräfte, die die Schülerinnen und Schüler auf die Perspektiven festlegt, haben die Jugendlichen in den analysierten Arrangements kaum inhaltliche Gestaltungsmöglichkeiten. Perspektivität als Kriterium von Informationen wird hier nicht zum Gegenstand. Im Gegenteil transportieren die vorgegebenen Informationen eine karitative, eurozentrische Perspektive, die so implizit eingeübt wird.

2.2 Perspektivenkoordination

Der Umgang mit Perspektivität als eine Perspektivenkoordination ermöglicht einen diskursiven Austausch über den zu verhandelnden Gegenstand und unterscheidet sich damit deutlich von der zuvor beschriebenen Umgangsform. Der Begriff der Koordination umfasst, dass der Perspektivität inhaltlich in der Entfaltung von Argumentationsfiguren oder im theoretischen Nachvollzug von Gefühlen oder Motiven Anderer Rechnung getragen wird. Die Schülerinnen und Schüler setzen verschiedene Standpunkte in ein Verhältnis zueinander und entwickeln in der Komplexität der Sachverhalte eine Expertise, die verschiedene Argumentationsstrategien oder einen Einblick in die unterschiedlichen Motivationen erlaubt. Diese Schülerinnen und Schüler zeigen unter bestimmten Bedingungen Ansätze einer Perspektivenübernahme. Die Koordination stellt damit die in dieser Studie rekonstruierte komplexere Umgangsform mit Perspektivität dar, die aber nicht mit einer Perspektivenübernahme gleichzusetzen ist, da die Perspektivenkoordination auf der Ebene des theoretischen Wissens verbleibt und die empathische Komponente der Perspektivenübernahme nicht beobachtet werden kann.

Sequenz: Podiumsdiskussion Textilproduktion

In der Unterrichtssequenz „Podiumsdiskussion Textilproduktion" der Lerngruppe *Schiller* wurde, wie auch in der Lerngruppe *Fontane* (s. S. 158ff.), gegen Ende der Unterrichtseinheit eine Podiumsdiskussion als Rollenspiel durchgeführt. In der komparativen Analyse ließ sich für die Schülerinnen und Schüler des *Schiller-Gymnasiums* die Perspektivenkoordination rekonstruieren.

Zu Beginn der Unterrichtseinheit wurde ein Alltagsproblem dargestellt. In einem Eintrag aus einem Internetforum stellte der Verfasser auftretende Krankheitssymptome nach dem Tragen eines neuen T-Shirts dar (vgl. Sequenz „Probleme nach T-Shirt-Kauf", S. 119ff.). Diese Probleme sollten im Unterricht aus Expertensicht eingeschätzt und bearbeitet werden. Die Schülerinnen und Schüler hatten sich über fünf Unterrichtsstunden in Kleingruppen mit einem jeweiligen Expertengebiet (Medizin, Chemie, Textilunternehmen, TextilarbeiterInnen), also mit einer bestimmten Perspektive auf das Thema Kleiderproduktion, beschäftigt. In der Podiumsdiskussion sollten sie ihre jeweils erarbeitete Akteursgruppe vertreten. Die Gruppen konnten dafür jeweils zwei Mitglieder bestimmen, die am Podium teilnehmen sollten. Die Gewählten agierten damit als Stellvertreter und -vertreterin ihrer Gruppe bzw. ihres Gruppenergebnisses und die Teilnahme wurde gruppenintern entschieden. Die Podiumsdiskussion schloss an das bisher Erarbeitete an, indem sie auch wesentliches Element der Ergebnispräsentation war. Die Freiwilligkeit, die für das Gruppenergebnis stellvertretende Funktion und die lange Vorbereitungszeit sind zentrale Unterschiede zu der „Podiumsdiskussion Steak und Regenwald" (s. S. 158ff.) aus der Lerngruppe *Fontane*.

Zum Auftakt der Podiumsdiskussion in der Lerngruppe *Schiller* wurde der Film „Schön! Färber!"[44] gezeigt. Der Film stellt ein Vier-Augen-Gespräch zwischen einem Firmenchef und seinem PR-Berater „Färber" dar. Sie besprechen den Umgang mit den Arbeiter/innen in den Billiglohnländern, wobei die Missstände (u.a. „Löhne unter dem Existenzminimum", „Arbeitszeiten bis zu achtzig Stunde die Woche") klar benannt werden. Firmenchef und PR-Berater entscheiden sich im Sinne des Firmenimages dafür, eine Werte-Kampagne durchzuführen und ein „soziales Projekt" zu unterstützen. Als „Billig-Variante" schlägt der PR-Berater vor, an die Arbeiter[45] Vitamintabletten zu verteilen, um das Image kostengünstig aufzupolieren. Klagen könnten die Arbeiter in Europa

---

44 Das Video ist abrufbar unter http://www.youtube.com/watch?v=2JomPtm00yU (Stand 8.10.2012). Die Kampagne für „saubere Kleidung" ist unter http://www.saubere-kleidung.de/. (Stand 08.10.2012) zu finden.

45 Im Video werden keine geschlechterdifferenten Formen verwendet.

nicht, weil sie dort keine Rechte hätten. Der Stundenlohn könne so bei 10 Cent gehalten werden. Im Abspann des Films wird unter dem Motto „Billig hat seinen Preis" die Forderung formuliert, dass den Arbeitern Rechte zugestanden und den Unternehmern Regeln auferlegt werden sollen. Der Film entstand im Rahmen einer Kampagne für „saubere Kleidung".

Fasst man die Aussage des Films zusammen, wird der Unternehmer als profitorientierter Taktiker, der auf Kosten der Arbeiter und Arbeiterinnen in Billiglohnländern agiert, dargestellt. Der professionell erscheinende Film identifiziert und enttarnt die Branche als moralisch verwerflich im Spiel um Kostenminimierung und Imagepflege. Die Ambivalenz des unmoralischen Handelns wird vor allen Dingen durch die (eigene) Benennung der Missstände deutlich: Es wird ein zielgerichtetes, ausschließlich profitorientiertes Handeln gegen die „Menschlichkeit" zum Ausdruck gebracht. Die Textil-Unternehmen werden für die schlechten Bedingungen in der Textilproduktion verantwortlich gemacht. Somit wird eine eindeutige Rollenverteilung der Akteure in Opfer und Täter vorgenommen und moralisch Position bezogen. Die Frage der „Schuld", die bis dahin in der Vorbereitung, gebunden an die Expertenbereiche, nicht thematisiert wurde, wird an dieser Stelle zum Gegenstand und im Sinne einer Dichotomie von Gut und Böse entschieden. Es wird eine ethische Position mit klarer Botschaft und fachlichen Argumentationen vorgegeben.

Im Fotogramm (s. Abb. 23) ist das räumliche Arrangement des Rollenspiels in der Lerngruppe *Schiller* kurz nach dem Einspielen des Films zu sehen. Die Teilnehmerinnen und Teilnehmer der Podiumsdiskussion sitzen nebeneinander hinter der vorn aufgestellten Tischreihe und sind zum Plenum gewandt. Sie haben im Vergleich zur bereits analysierten Unterrichtssequenz „Podiumsdiskussion Steak und Regenwald" der Lerngruppe *Fontane* (s. S. 158ff.) einen festen Platz im Raum, der einer Arbeitshaltung gleicht. Sie sitzen hinter den Tischen und haben ihr Material vor sich liegen. Das Podium ist mit dem Plenum auf Augenhöhe und gleicht weniger als in der Gruppe *Fontane* einer „Bühne".

Das Plenum ist auch hier auf das Vorne ausgerichtet und in einer rezipierenden Rolle. Bei dem Material, dass die Podiumsteilnehmerinnen und -teilnehmer vor sich liegen haben, handelt es sich um eigene Notizen, es ist – anders als die grünen Karten in der Lerngruppe *Fontane* – selbst gewähltes und vorbereitetes Material. Das Lehr-Lernarrangement ist formal durch die Vorgabe von Expertenrollen und inhaltlich durch den Film „Schön! Färber" vorstrukturiert. Die Lehrkraft sitzt vorne am Rand und übernimmt die Moderation. Sie hat damit während des Rollenspiels eine steuernde Rolle inne.

Abb. 23 Fotogramm Sequenz: Podiumsdiskussion Textilproduktion, vh(1), Min. 17.00

Der wesentliche Unterschied zu der analysierten Sequenz der Lerngruppe *Fontane* besteht darin, dass sich die Schülerinnen und Schüler die inhaltlichen Argumente ihrer Rollen in den vorangegangenen Stunden mit der Recherche-Aufgabe selbst erarbeitet und die Teilnahme am Rollenspiel selbst gewählt haben. Als Diskussionsleitung beginnt die Lehrkraft das Gespräch:

Gruppe *Schiller*, Sequenz: Podiumsdiskussion Textilproduktion, vh (1) Min. 16.49-17.18

L So in diesem kurzen äh: <u>Spot</u> sind ja ganz viele Punkte <u>aufgetreten</u> die ihr ja <u>auch</u> ähm <u>erstmal</u> so (.) im Unterricht kurz <u>behandelt</u> habt (.) ähm <u>wir</u> haben jetzt hier die <u>einzelnen</u> äh <u>Vertreter</u> (.) wir- es wurden ja eben die <u>Unternehmen</u> schon
Me /[Gemurmel setzt ein]
L angesprochen (.) ähm (.) wir haben jeder einen kurzen **Ausschnitt gesehen** (.) ähm natürlich (.) wahrscheinlich <u>alles</u> übertrieben **aber** dazu haben wir ja unsere <u>Experten</u> (.) der <u>Unternehmer</u> äh aus der <u>Textilbranche</u> ähm (.)
(...)
L Wenn Sie sich kurz dazu <u>äußern</u> würden (1) (...)

Die Lehrkraft stellt formale Bezugspunkte zu dem Film her und adressiert die Schülerinnen und Schüler als Expertinnen und Experten. Sie schließt an den bisherigen Unterricht an. Die Punkte werden inhaltlich offen gelassen und die Vernetzung den Schülerinnen und Schüler selbst überlassen. Der Verweis auf die eigenen Experten, die zur wahrscheinlich übertriebenen Darstellung Stellung nehmen sollen, setzt ein entsprechendes Fachwissen voraus, das eine Positionierung ermöglicht. Die direkte Ansprache der beiden Schüler in der Rolle der Unternehmer fordert eine rechtfertigende Stellungnahme heraus, indem ein expliziter Zusammenhang zwischen der Thematik der Diskussion und der Position durch den Film hergestellt wird. Die Lehrkraft folgt der Logik des Films und validiert dessen Inhalt als Vorwurf, der eine Reaktion erfordere. Der Film wird zum konkreten Bezugspunkt für den Diskussionsauftakt und strukturiert diesen. So sind sowohl der thematische als auch der organisatorische Rahmen durch die Moderation der Lehrkraft vorgegeben.

Der Lehrmodus, der den Unterricht hier vor allem bestimmt, ist trotzdem überwiegend ein Modus der Themen-Ko-Konstruktion. Er zeichnet sich hier dadurch aus, dass zwar die Themen und der Gegenstand vorgegeben sind, innerhalb dessen aber eine Mitgestaltung der Schülerinnen und Schüler gefordert und möglich ist. Die Schülerinnen und Schüler sollen auf der Basis ihrer selbst erarbeiteten Argumente und Materialien, ihrer Expertise, in der sie angesprochen werden, agieren. Die Aufgaben, hier die Stellungnahme und die Vorbereitung auf das Rollenspiel, forderten eine selbstständige Erschließung des Themas „Textilproduktion", deren Ergebnisse sie jetzt einbringen können. Das Rollenspiel gibt Raum für unterschiedliche Inhalte und Argumente, die angeführt werden können. In der Podiumsdiskussion kommen aber auch Aspekte eines Lehrmodus der Themenvermittlung zum Tragen. So kommuniziert der Film eine eindeutige moralische Einordnung des Gegenstandes.

Der nächste Ausschnitt der Sequenz zeigt die erste Stellungnahme des Vertreters der Textilunternehmen, der sich in Opposition zum Gehalt des Films und zur Ansprache der Lehrkraft positioniert:

Gruppe *Schiller*, Sequenz: Podiumsdiskussion Textilproduktion, vh(1), Min. 17.23-18.39

Hm Ja also zu allererst (1) das (.) stimmt alles nicht was in dem Video vorkommt (2)
Me   /[Murmeln]
Hm ( ) unsere (.) Arbeiter haben Rechte (2) und (.) jeder Arbeiter is frei wir zwingen
    niemanden da zu arbeiten in Bangladesch (...) und auch n Stundenlohn von zehn
    Cent, des is (1) des is schwachsinnig; (...)
L   Ähm Herr Ebers vielleicht können Sie kurz sich ähm nochmal als ähm
Me   / @(2)@
L   Unternehmer vorstellen was äh (1) warum äh produzieren Sie ihre T- Shirts im
    Ausland, und was sind Ihre Beweggründe, (.) ähm (.) was sind vielleicht aber auch
    Ihre Probleme; (2)
Cm Ähm das Problem ist ganz einfach dass ne Produktion in Deutschland oder in der
    EU viel zu teuer wär, (2) die Kosten für ein T-Shirt was vielleicht so, zwanzig
    Euro kosten würd wären dann (.) bei (.) gut hundert, oder mehr; (1) und ich denk

173

dass keiner hier im Raum soviel für n normales T-Shirt bezahlen wollte, (1) wobei die Qualität dann auch nicht besonders steigt, (.) sondern das (.) geht alles nach Standard (.) und ähm (.) wir als Textilhersteller sehn uns gezwungen im Ausland zu produzieren, wo die Arbeitskräfte billig sind weil wir sonst selber nicht mehr mit unserm Geschäft leben können; (...)

In der Reaktion der beiden Schüler, die die Rolle der Unternehmer inne haben, wird erkennbar, dass sie den Gehalt des Films und die Nachfragen der Lehrkraft als Anklage aufnehmen. Die in dem Film gegebenen Informationen werden negiert und die Kennzeichnung als „Bösewichte" wird abgestritten. Hm bewertet die Informationen als unwahr und rekurriert auf die Freiheit der Arbeitskräfte, womit er eine mögliche Verantwortung abweist. Er grenzt sich von der Darstellung ab und verteidigt seine Position. Die Nachfrage der Lehrkraft an den zweiten Vertreter der Unternehmen („Herr Ebers"), Gründe für die Verlagerung der Produktion ins Ausland zu schildern, ist von dem Film losgelöst und enthält keine Bewertung. Sie eröffnet die Möglichkeit, eine eigene Argumentation zu entfalten. Die Möglichkeit einer eigenen Darstellung nutzt Cm dazu, die Produktion in der EU bzw. Deutschland zu problematisieren. Cm argumentiert ähnlich wie die Landwirte in der „Podiumsdiskussion Steak und Regenwald" (s. S. 158ff.): Sein wesentliches Argument ist die ökonomische Existenzsicherung, die im Zusammenhang mit dem Interesse der Konsument/innen an niedrigen Preisen steht. Die Mitschülerinnen und -schüler im Plenum werden explizit als potenzielle Käufer/innen von Textilien angesprochen. Die eigene Konsumentenperspektive, die in beiden Rollenspielen nicht durch eine Rolle vertreten ist, wird auch hier zentral und – wie sich im weiteren Verlauf zeigt – zu anderen Perspektiven ins Verhältnis gesetzt. Auch Cm, der die Rolle des Unternehmers inne hat, grenzt sich von etwaigen Vorwürfen ab, indem er auf Standards verweist, die unabhängig vom Ort der Produktion eingehalten würden. Er argumentiert, dass die Unternehmen gezwungen seien so zu handeln. Das im Film als unmoralisch gekennzeichnete Verhalten der Unternehmen gilt es jetzt, aufgrund dieser expliziten Anklage, in einem anderen Licht darzustellen. Die Frage nach der Verantwortung für die schlechten Bedingungen in der Textilproduktion, die „Schuldfrage", kann mit dem Mangel an Alternativen negiert werden. Hm und Cm gehen zu der filmisch präsentierten Position, die noch dazu sehr professionell erscheint und im Rahmen einer Kampagne produziert wurde, in Opposition. Der moralische Gehalt des Films bestimmt so die Art und Weise der Auseinandersetzung mit dem Thema und den Modus der Argumentation der beiden Schüler. Zwar öffnet die Lehrkraft in der Moderation durch eine zweite sachliche Frage diesen Auftakt, doch eine Diskrepanz wird erkennbar: Inhaltlich wurden auf einer ethisch-moralischen

Ebene durch den Film eindeutige Verhältnisse bestimmt, die der Diskussion eine Entscheidung zugrunde legen, die nicht mehr verhandelbar ist, und die dem Anspruch einer sachlich offenen Diskussion widerspricht. Die daraus folgende Bearbeitung einer Dichotomie von Gut und Böse zieht sich durch die weitere Diskussion.

An dieser Stelle, etwa in der Mitte der Diskussion, nachdem alle Positionen zu Wort gekommen sind, mögliche Krankheiten, der Chemikalieneinsatz in der Produktion und die chemische Belastung von Kleidung dargelegt wurden und die Unternehmer sich auch gegen den Vorwurf von schädlichen Substanzen in Kleidungsstücken positioniert haben, wendet sich die Lehrkraft an die Vertreterinnen der Textilarbeiter. Diese schneiden daraufhin das Thema Kinderarbeit an. Cf erläutert dazu eine Graphik[46], die auf der Leinwand eingeblendet wird. Nach der Beschreibung, konstatiert sie, dass von der chemischen Belastung in der Textilproduktion auch Kinder betroffen seien. Daran schließt sich folgender Austausch an:

Gruppe *Schiller*, Sequenz: Podiumsdiskussion Textilproduktion, vh (2), Min. 30.27-32.10

Cf	Und (.) @(.)@ (1) also da sieht man halt ähm wie viele Kinder ähm halt arbeiten
?m	/ @(.)@
Cf	in welchem Alter, (.)
(...)	
Cf	Und ähm für die ist das halt auch schädlich wegen diesem ganzen Azurfarbstoffen und so (.) ja
Kf	Ähm vor allem auch Pestizide sind ein großes Thema da viele Leute die mit Pestiziden in Kontakt kommen eine (.) Pestizidvergiftung also unter einer Pestizidvergiftung leiden, (.) und dies führt dann schließlich zu Krä:bs- äh Krebs (.) Nervenschäden (.)Atemwegserkrankungen, Geburtsfehlern, und auch
Me	/ @(.)@
Kf	Unfruchtbarkeit, (.) und schon zehn Milli- zehn Milliliter Pestizide reichen aus um bei direkter Berührung eines M- also einen Menschen zu töten (2)
Hm	Aber äh (.) du hast gesagt, (.) zweitausendneunhundert wenn ich das richtig verstanden hab, starben an einer Vergiftung (.) Deutschland hat achtzig Millionen Einwohner (.) und zweitausend starben- (.) rund achtzig Millionen wie viele auch
Cf	/ Zweiundachtzig
?f	/@(.)@
Hm	immer; (1) und äh Deutschland hat
Cf	/ Werd nicht aggressiv
Me	@(2)@
L	Psch::::

---

46 Internetquelle der Graphik: www.welthungerhilfe.de/1056.html (Zugriff 11.12.2012).

Hm   / Wenn da zweitausend dran sterben, (1) dann heißt das nicht dass die zweitausend Kinder an der (Vergiftung) gestorben sind (.) und nicht jeder der ein T-Shirt kauft (.) reagiert allergisch auf irgendeinen Stoff der vielleicht in dem T-Shirt vorhanden ist und stirbt gleich da dran (2)

Die Vertreterinnen der Textilarbeiter gehen hier auf ein neues Thema ein: Kinderarbeit. Die ausgewählte Graphik wird als Anschauungsmaterial und Beleg für die Argumentation elaboriert. Cf stellt das Problem dar, dass dadurch auch Kinder gesundheitlich gefährdet seien. Dass die Schülerin mit der Graphik, die sie ausführlich beschreibt, einen Beleg in die Argumentation einbindet, zeigt eine Expertise an. Die langfristige und perspektivengebundene Vorbereitung erlaubt eine Argumentation mit entsprechendem Fachwissen. Die Argumente werden, wie im kontrastierenden Vergleich zu der Sequenz „Podiumsdiskussion Steak und Regenwald" in der Lerngruppe *Fontane* (s. S. 158ff.) deutlich wird, nicht reproduziert, sondern ausgearbeitet und konkretisiert.

Der Verweis von Cf auf die Azofarbstoffe greift ein Argument der „Medizinerin" (Kf) auf, die die Azofarbstoffe zuvor als Gefahr für den Verbraucher angeführt hatte, und integriert es in die eigene Argumentation. Sie entfaltet in der Darstellung der Arbeitsbedingungen eine Expertise für die „Betroffenen", die es zu verteidigen gilt. Sichtbar wird so eine eigenständige Vernetzung von Argumenten und Sachverhalten. Die „Medizinerin" (Kf) knüpft mit Erläuterungen zu anderen möglichen Erkrankungen an und zeigt umfassendes Wissen über Krankheitsbilder, die durch den Kontakt mit Pestiziden entstehen könnten. Der Fokus wird auf eine allgemeine Problematisierung verschoben, der sowohl für die Arbeiter/innen als auch die Verbraucher/innen gelten kann. Kf agiert ebenfalls als Expertin, die Fachwissen einbringt, und knüpft an die vorherige Argumentation an.

Auch der „Unternehmer" (Hm) reagiert auf eine vorherige Äußerung von Kf, die darstellte, dass knapp 3000 Menschen durch Schadstoffe in Kleidungsstücken gestorben seien. Inhaltlich verschiebt er den Fokus wieder auf die Verbraucher/innen. Er negiert, dass allein eine Vergiftung ursächlich für den Tod der Menschen sein soll und verweist generalisierend auf einen Durchschnittskonsumenten/in, der/die nicht auf entsprechende Stoffe reagiere. Er agiert aus der Perspektive des Unternehmers, für den es im Sinne des Images bedeutsam ist, die Anschuldigungen bezüglich der Verbraucher/innen von sich zu weisen. Der Schüler ist wieder im Modus der Verteidigung. Es werden von den Podiumsteilnehmerinnen und -teilnehmern Argumentationsstrategien des Hinterfragens der Glaubwürdigkeit, des Negierens, Abstreitens oder Generalisierens genutzt und die Perspektiven auf das Problem miteinander in ein Verhältnis gesetzt. Der eingelagerte Kommentar Cfs zur Aggressivität Hms zeigt die

Involviertheit der Schülerinnen und Schüler, die wahrgenommen wird, und einen sich ändernden Modus des Gesprächs. Es dokumentiert sich in dem Opponieren der jeweiligen Rollen, der interaktiven Dichte und dem Meta-Kommentar zum Diskussionsverhalten die Relevanz des Konfliktes, der mit dem Film initiiert wurde. Der Konflikt setzt sich weiter fort:

Gruppe *Schiller*, Sequenz: Podiumsdiskussion Textilproduktion, vh(2), Min. 32.11-33.06

Hm	(…) und äh von: (.) um nochmal auf Cf zurück zu kommen; (.) dann die Kinder können- (.) erstens wir beschäftigen wir keine Kinder (1) und zweitens selbst
Cf	/ ( )
?m	/ Nee ich wird ( )
Hm	wenn es so wäre (.) könnten die gehen (.) ich hab vorhin gesagt unsere Arbeiter
Cf	/Äh (.) ja
?f	/Ja aber die müssen ja irgendwie leben
Hm	sind frei die können gehen wann sie- (.) wann sie wollen
Cf	Ähm ihre Arbeiter sind nicht frei (2) Und ähm ( )
Cm	/( ) (2) Wir (.) haben die nicht angestellt
[Durcheinander Gemurmel, unverständlich]	
L	( ) bitte ausre- ( ) bitte dann mit Ausreden
Cm	(Wir lassen (.) wir lassen die Unternehmen) produzieren (.) was (die mit ihren Arbeitern machen können wir nicht kontrollieren- (.) also)
Cf	/Ja (2) aber Sie als Unternehmer haben eine Verantwortung für die Arbeiter, (.) und eine- mh ne Verantwortung besteht daraus (.) zu achten ob die ( ) - Hygienezustände in Ordnung sind, (.) und dass keine Menschen an irgendwelchen Farbstoffen und Chemikalien erkranken, (.)
Cm	Ähm (.) was soll ich denn bitte da dran machen wenn ich (.) jemanden (.) in seiner Firma (.) der das produziert, (.) in unserem Auftrag (1) das nicht so macht wies in
Me	/ ( )
?f	/Ja
Cm	Deutschland Standard ist (.) da muss ich in Deutschland produzieren lassen und keiner von euch will so teure Kleidung kaufen,
Cf	Ja des ist doch-
?m	/Ja:

Hm nimmt in seiner weiteren Argumentation den Vorwurf zum Thema Kinderarbeit auf und weist diesen, wie auch die bisherigen, pauschal von sich. Er hebt zudem wiederholt den Aspekt der Freiwilligkeit der Arbeiter hervor. Die Vertreterinnen der Arbeiter rekurrieren auf einen ethischen Anspruch auf Leben. Cm, in der Rolle des Unternehmers, unterstützt Hm und weist letztlich überhaupt die Verantwortung für die Arbeiter von sich, die nicht bei ihnen angestellt sind, woraufhin Unruhe entsteht und die Lehrkraft interveniert. Wiederholt wird sichtbar, wie involviert die Schülerinnen und Schüler in die Diskussion sind. Die Lehrkraft übernimmt in der Situation eine ordnende Funktion. Cm macht sein Argument fortsetzend ein anderes Rollenverständnis als das von Hm deutlich, das sie aus der Verantwortung entlässt, da sie nur Zwischenhändler seien. Die Zulieferbetriebe werden als eigentliche Verantwortliche identifiziert. Er nutzt mit der Darstellung einer internationalen Arbeitsteilung in der Textilproduktion ein ökonomisches Argument und delegiert die Verantwortung. Wieder opponiert die Vertreterin der Arbeiter und appelliert an ihr Verantwortungsbewusstsein. Die moralische Grundfrage von Schuld und Verantwortung wird explizit gemacht. Für die Gruppe ist diese Frage aber nicht offen, sondern entschieden: die Unternehmen sind für die Missstände haftbar zu machen. Cm verweist wiederholt auf die eingeschränkten Einflussmöglichkeiten vor Ort. Die einzige Lösungsmöglichkeit sei die kostenintensive Produktion in Deutschland, die der Kleiderkonsument aber nicht bezahlen wolle. Damit wird diese Alternative wiederholt ausgeschlossen und das Agieren der Unternehmer erscheint als alternativlos. In der allgemeinen Adressierung der Schülerinnen und Schüler im Plenum („euch") als Kleiderkonsumenten löst Cm kurzzeitig die Rollen auf und spricht alle an. Er sieht sich einer Allgemeinheit („alle") gegenübergestellt, gegen die er argumentieren muss. An diese Allgemeinheit delegiert er ebenfalls die Verantwortung, indem er das Kaufverhalten thematisiert. Die Perspektive des/r Konsumenten/in wird pauschalisiert und ist leitend für seine Argumentation, die darin besteht, dass er als Unternehmer abhängig von der Nachfrage ist. Cf wird in ihrem Versuch, zu widersprechen, unterbrochen. Es ist deutlich, dass sich die Diskussion in dem oppositionellen Modus fortsetzt. Auf sprachlicher Ebene ist in dieser Sequenz noch auffällig, dass der Bezug auf die Personengruppe der Arbeiter in der Diskussion überwiegend mit „die" hergestellt wird. Es dokumentiert sich eine Distanz aller Beteiligten, auch der Vertreterinnen dieser Gruppe selbst. Sie ergreifen zwar für sie Partei, aber konstruieren eine Außensicht. Mit der Verwendung der dritten Person wird die Abstraktheit der Akteursgruppe „Textilarbeiter in Bangladesch" erkennbar. Die kulturelle und auch ökonomische Distanz ist nicht überbrückbar. Die anderen Expertengruppen konstruieren ihre Rollen hingegen in der ersten Person mit einem „uns" oder „wir", was eine größere Nähe herstellt.

In der Selbstläufigkeit, der Intervention der Lehrkraft, dem Opponieren und den unterschiedlichen Argumentationsstrategien zeigt sich nicht nur die Relevanz dieses ethischen Konfliktes, sondern auch eine Anschlussfähigkeit und Bedeutsamkeit des Themas selbst. Die Beteiligten diskutieren den Konflikt, der durch den propositionalen Gehalt des Films initiiert wurde und die Diskussion präformiert. Die Unternehmer müssen gegen die anderen Teilnehmerinnen und Teilnehmer der Podiumsdiskussion argumentieren, während sich diese über den „Sündenbock" einig sind. In der Podiumsdiskussion entsteht durch die Vorgaben, durch die Moderation der Lehrkraft und die Koordination der Perspektiven etwas Neues, ein Konflikt mit klaren Linien, der vor dem Hintergrund des angeeigneten Wissens ausgetragen wird. Die Schülerinnen und Schüler können das erarbeitete Wissen in der Situation einbringen, es entfaltet Relevanz. Dass die Rollenkonstellation von Gut und Böse und der Konflikt bis zuletzt nicht aufgelöst werden können, zeigt sich am Ende der Diskussion.

Gruppe *Schiller*, Sequenz: Podiumsdiskussion Textilproduktion, vh(2), Min. 36.16-38.46

Dm	Ihr sagt ja ihr habt damit nichts zu tun mit den Kontrollen in den Ländern aber das (.) dann (.) ma- man kann ja da man kann ja trotzdem da drauf achten weil es ist ja
Cf	/ Die sind verpflichtet ( )
Dm	(.) ihr zahlt dahin Geld dass ähm (.) die für euch diese: (.) T-Shirts herstellen, (.) aber dann sterben da die Arbeiter weil se: was weiß ich irgendwelche Chemievergiftungen haben (.) und hier kriegen die Leute Allergien das ist doch (.)
?f	/ ( )
Cm	Ey aber (.) wenn wir das Doppelte bezahlen (.) für son T-Shirt (.) dann leg da auch das doppelte Geld hin (.) dass aber das Geld (.) in eine Verbesserung der Standards
Me	/ @(2)@
Cm	und einer (.) besseren Produktion und mehr Sicherheit (.) und in mehr Lohn für die Arbeiter geht (.) das können wir überhaupt nicht bestimmen (.) weil hinterher steckt sich das wieder der Chef von der ganzen Firma in die Tasche und die andern arbeiten so weiter, (1) wir können da dran einfach nix machen (.) jetzt wenn wir jetzt sagen (.) wir kaufen dort keine T-Shirts mehr (.) dann (.) kann niemand mehr dort T-Shirts kaufen (1) und wenn wir wieder alles in Deutschland produzieren und dann sind wir wieder bei dem alten Thema dass das einfach viel zu teuer wird (.) für die Verbraucher; (.) nicht für uns
L	Ähm vielleicht kommen ähm nochmal auf die Chemiker vielleicht habt- gibt es denn Alternativen (.) ähm wie man ähm (.) wie man das denn äh dass man weniger Chemikalien produzieren könnte? Oder seht ihr da irgendwelche Möglichkeiten,
Pm	/ Ja (4) ja (.) zum Beispiel ähm (.) man kann auch (.) äh nicht mit normaler Baumwolle sag ich jetzt mal produzieren, sondern mit Biobaumwolle, (.) da wird (.) komplett auf äh Dünger also chemischen Dünger oder Pflanzenschutzmittel Pestizide und so weiter (.) ( )
	/[Stundenklingeln]
[Durcheinanderreden setzt ein bis zum Ende der Aufnahme]	
L	Danke euch für die angeregte Diskussion wir müssen auf jeden Fall glaub ich noch ein bisschen weiter diskutieren oder?

Dm als Vertreter der Chemiker bezieht deutlich Position. Er greift auf, dass die Unternehmer die Verantwortung negieren und findet die Situation, dass dort Arbeiter und in Deutschland Konsumenten erkranken, unverständlich.

Erstmals werden hier die Arbeiter in Bangladesch mit dem Verbraucher in Deutschland in Beziehung gesetzt und ihre Betroffenheit durch das gleiche Problem festgestellt. Dass für die Arbeiter die gleiche Gefahr wie für den Konsumenten erkannt wird, deutet in der gleichzeitigen Berücksichtigung der eigenen Perspektive und der anderer Personen eine Perspektivenübernahme an. Die Möglichkeit der Erkrankung sowohl von Produzent als auch von Konsument stellt im Ansatz ein verbindendes Element dar, welches kurzzeitig die scheinbar nicht überwindbare Distanz zwischen den Akteuren schmelzen lässt.

Auch gegen diesen Vorwurf bezieht Cm wieder Stellung und verweist neuerlich auf eine entsprechende Verantwortung des Konsumenten durch sein Kaufverhalten. Darüber hinaus führt er ein weiteres Argument gegen die Option „mehr für Kleidung zu bezahlen" an: die Qualität der Produkte. Cm findet weitere Verantwortliche für die Situation: Die korrupten Chefs in den produzierenden Firmen. Auch Korruption verhindere, dass ein höherer Endpreis bei den Textilarbeitern als Lohnsteigerung ankommen würde. Die Option, unter besseren Bedingungen im Ausland zu produzieren, sei keine Alternative; erneut wird so die Schuldfrage abgewiesen. Es bleibt letztlich wieder nur der Verweis auf die Produktion in Deutschland und die damit einhergehende Preiserhöhung. Die Herstellung in Deutschland wird als grundsätzlich unbedenklich eingestuft und fungiert als positiver, aber unrealistischer Gegenhorizont. Die Parteien stehen sich in dem Konflikt einander unversöhnlich gegenüber und können keinen Konsens über die Frage der Schuld und Verantwortung herstellen. Die Anklage gegenüber den Unternehmern lässt die drei Parteien der Textilarbeiterinnen, der Medizinerinnen und auch der Chemiker gemeinsam argumentieren, während die Unternehmer sich verteidigen müssen. Die Lehrkraft versucht noch einmal mit einer fachlichen Frage nach alternativen Produktionsmöglichkeiten, die Diskussion zu steuern und den Fokus in eine andere Richtung zu lenken. Der Chemiker führt Biobaumwolle als Alternative an, die mit weniger Schadstoffen behandelt sei, womit erst jetzt, am Ende der Podiumsdiskussion, das Wissen auch für mögliche andere Lösungswege eingebracht wird. Das Thema kann mangels Zeit aber nicht fortgesetzt werden.

Insgesamt zeigt sich, dass das Thema „Kleiderkonsum" und der darin entfaltete Konflikt für die Schülerinnen und Schüler anschlussfähig und relevant sind. Auch die Komplexität der Argumentationen, die mit Daten belegt und durch Beispiele veranschaulicht werden, und die realisierte fachgebundene Perspektivität dokumentieren die Relevanz des Themas und zeigen den elaborierten Umgang mit Perspektivität der Schülerinnen und Schüler in dieser Lerngruppe. Der Umgang mit Perspektivität kann in der Lerngruppe *Schiller* zusammenfassend als Perspektivenkoordination beschrieben werden und zeichnet sich dadurch aus, dass in der Übernahme einer Rolle, in der Entfaltung von perspektivischer Darstellung und der Koordination verschiedener Standpunkte ein diskursiver Austausch entsteht. Die Perspektivität gewinnt inhaltlich Bedeutung für die Entwicklung von Argumentationsfiguren.

Von der Unterrichtssequenz „Podiumsdiskussion Steak und Regenwald" der Lerngruppe *Fontane* (s. S. 158ff.) unterscheidet sich die Art und Weise der Auseinandersetzung im Hinblick auf die inhaltliche Intensität der Interaktion, die Selbstläufigkeit, die fachliche Komplexität der Argumentationen und die emotionale Involviertheit der Schülerinnen und Schüler. Perspektiven werden nicht explizit und unreflektiert wiedergegeben, sondern die Perspektivität der Experten/innen in der Lerngruppe *Schiller* ist für die inhaltliche Auseinandersetzung bedeutsam. Sie aktualisiert sich in der Aushandlung des ethisch-moralischen Konflikts und wird durch die Moderation der Lehrkraft unterstützt.

Ein weiterer Unterschied der Unterrichtssequenzen besteht in den Lehrmodi, die die beiden Arrangements der Podiumsdiskussionen, trotz der scheinbaren Ähnlichkeit der Situationen, bestimmen. In der beobachteten Unterrichtssequenz „Podiumsdiskussion Steak und Regenwald" aus der Lerngruppe *Fontane* (s. S. 158ff.) zeigte sich ein Lehrmodus der Themen-vermittlung. Die Vorgaben durch die Lehrkraft erstrecken sich bis auf die Argumente, die Vorbereitungszeit ist kurz und fordert keine eigenständige Erarbeitung der Argumente durch die Schülerinnen und Schüler. Der Vergleich mit einem Fernsehformat wird in der praktischen Umsetzung in der Lerngruppe *Fontane* konterkariert. Das gegenüber der Gruppe *Schiller* weniger offene und stark durch Material und Lehrkraft gelenkte Setting lässt lediglich die Reproduktion von Perspektiven zu. Die vorgegebenen Argumente entheben die Schülerinnen und Schüler von der Verantwortung einer eigenen Erarbeitung und werden wiedergegeben, das Einüben einer Perspektivenübernahme ist für die Bewältigung der Aufgabe nicht notwendig. Vielmehr bleiben die Schülerinnen und Schüler ihrer eigenen Rolle als Fleischkonsumentinnen und -konsumenten in Europa verhaftet.

Dagegen zeigt sich in der „Podiumsdiskussion Textilproduktion" der Gruppe *Schiller* überwiegend ein Lehrmodus der Themen-Ko-Konstruktion. Die räumliche Anordnung wirkt im Vergleich zur Gruppe *Fontane* „stabiler", die Schülerinnen und Schüler sitzen in einer Arbeitshaltung an den Tischen, was mit der Rahmung als Podiumsdiskussion eher konsistent ist. Die Podiumsteilnehmerinnen und -teilnehmer werden als Experten adressiert. Die unterschiedlichen Perspektiven der von einem globalen Problem Betroffenen werden in der Diskussion relevant. Die Schülerinnen und Schüler nutzen ihr Expertenwissen und arbeiten sich an der moralischen Verurteilung der Unternehmer durch den Film ab. Es wird sehr gut erkennbar, dass nicht allein die Methode der Podiumsdiskussion für den Lernprozess der Schülerinnen und Schüler entscheidend ist, sondern deren konkrete unterrichtliche Ausführung.

Gerade der Vergleich der beiden Rollenspiele, die auf der didaktischen Ebene und auch in der (räumlichen) Organisation (s. Abb. 22 und Abb. 23) sehr ähnlich erscheinen, hebt hervor, dass der Einsatz bestimmter Methoden sich in der situativen Ausgestaltung deutlich unterscheiden kann. Die Rollenspiele differieren hier im Hinblick auf die inhaltlichen Vorgaben, die Rolle der Schülerinnen und Schüler und deren Teilnahmebedingungen deutlich. Für den Lernprozess der Schülerinnen und Schüler ist demnach die Art und Weise, wie eine Methode durch die Anwesenden gestaltet wird, ausschlaggebend.

Gemeinsam ist den beiden Rollenspielen, dass die Rolle des/der Konsumenten/in, welche die Schülerinnen und Schüler im Alltag inne haben, nicht vertreten ist. Gleichzeitig ist die Perspektive des/der Konsumenten/in aber mit dem Wunsch nach billigem Fleisch und in der Möglichkeit der durch Textilien verursachten Erkrankung in beiden Sequenzen von zentraler Bedeutung und leitend in den Argumentationen. Es zeigt sich, dass es den Schülerinnen und Schülern – vor allem in der Lerngruppe *Fontane* – schwer fällt, von der eigenen, europäischen Perspektive zu abstrahieren. Perspektivenübernahme kann hier nicht rekonstruiert werden, vielmehr entspricht auch die in der Lerngruppe *Schiller* rekonstruierte Perspektivenkoordination dem von Asbrand und Martens (2013) herausgearbeiteten theoretisierenden Umgang mit Perspektivität. Erste Ansätze von Perspektivenübernahme werden in der „Podiumsdiskussion Textilproduktion" sichtbar, als für die Schülerinnen und Schüler offensichtlich wird, dass die Textilarbeiter/innen durch den Kontakt mit Farbstoffen und Pestizid-Rückständen von ähnlichen gesundheitlichen Problemen betroffen sein könnten, wie die Verbraucher/innen in Europa. Hier erkennen sie bei den Menschen in einem anderen Kontext vergleichbare Erfahrungen zu ihren eigenen (vgl. auch Asbrand/Martens 2013). Ähnliches lässt sich in einer Unterrichtssequenz der Lerngruppe *Frank* zeigen.

Sequenz: Auswertung Schlingenspiel[47]

In dieser Sequenz aus der Lerngruppe *Frank* wurde in der zweiten Doppelstunde der Unterrichtseinheit das sogenannte „Schlingenspiel" durchgeführt. Der Einstieg in die Unterrichtseinheit war ein fiktiver Schulkonferenzbeschluss, der forderte, dass Klassenfahrten aus ökologischen Gründen nur noch an nahegelegene Orte führen sollten. Die Schülerinnen und Schüler sollten dies diskutieren und ihre Ergebnisse festhalten.

In der folgenden Stunde schloss sich das Schlingenspiel zum Thema Ressourcenverbrauch an. Es ist als eine Art „Reise nach Jerusalem" organisiert, nur dass die Stationen für unterschiedliche Ressourcen auf der Erde (Wasser, seltene Erden, Öl) stehen, die mit jeder Runde „verknappt" werden bis nur noch eine Ressource übrig ist und die meisten Spieler/innen ausgeschieden sind. Es gibt Bewegungsphasen mit Musik, in denen die Schülerinnen und Schüler um die Tische herum im Kreis laufen. Beim Stoppen der Musik müssen sie sich so schnell wie möglich in eines der Felder stellen, dürfen sich aber auch gegenseitig helfen im Feld zu bleiben. Die Lehrkraft hatte für die beobachtenden Schülerinnen und Schüler unterschiedliche Aufträge vergeben, die Verbales, Nonverbales und einen allgemeinen Eindruck des Spielablaufs dokumentieren sollten. Die Auswertung der Beobachtungsaufträge erfolgte im Plenum und wurde von der Lehrkraft auf einer großen Papierwand festgehalten. Das Fotogramm (Abb. 24) zeigt die Situation der Nachbesprechung des „Schlingenspiels".

Der Klassenraum wurde für das Spielen so gestaltet, dass in der Mitte eine Tischinsel aufgebaut wurde, um die herum die Schülerinnen und Schüler sich für das Spiel bewegen mussten. Die räumliche Ordnung blieb während der Auswertung so bestehen. Auf dem Boden des Klassenraums klebt noch die letzte Station, die während des Spiels die Ressource „Wasser" repräsentiert hatte. Die Schülerinnen und Schüler, die an dem Spiel teilgenommen hatten, sitzen hauptsächlich auf der Tischinsel und die Zuschauerinnen und Zuschauer sitzen auf ihren Tischen außen herum. Die Schülerinnen und Schüler sind in der Auswertungsphase zur Lehrkraft gewandt, die hinten an der Wand auf einem Stuhl neben der Pinnwand sitzt. Auf den weißen Flipcharts wurden die Beobachtungen des Plenums für die Bereiche „verbal", „nonverbal" und „allge-

---

47 Die Lehrkräfte hatten sich in der Entwicklung der Unterrichtseinheit mit dem GTZ-Material „Großer Fuß auf kleiner Erde? Bilanzieren mit dem Ecological Footprint. Anregungen für eine Welt begrenzter Ressourcen" (Beyers/Kus/Amend/ Fleischhauer 2010) beschäftigt (verfügbar unter: http://www2.gtz.de/dokumente/bib-2010/gtz2010-0073de-footprint.pdf (Zugriff: 26.11.2012)). Die dort vorgeschlagene Idee des Schlingenspiels (ebd., S. 88) haben sie laut Selbstauskunft übernommen.

mein" von der Lehrkraft gesammelt und festgehalten. Zwei Schülerinnen melden sich und die Lehrkraft zeigt auf eine der beiden, was verdeutlicht, dass jetzt ein Lehrer-Schüler-Gespräch mit entsprechenden Regeln des Meldens und Aufrufens stattfindet, in dem die Lehrkraft die zentrale Rolle innehat.

Abb. 24   Fotogramm Sequenz: Auswertung Schlingenspiel, vv(2), Min. 8.29

Die Lehrkraft formuliert anschließend die Aufforderung, das Gesammelte in Beziehung mit dem fiktiven Gesamtkonferenzantrag zur Distanzverkürzung der Klassenfahrten zu setzen. Die Schülerinnen und Schüler generieren in diesem Zusammenhang vor allen Dingen bereits Optionen für ein mögliches ökologischeres Handeln bei der Planung von Klassenfahrten und konkrete Handlungsvorschläge. Die Lehrkraft fordert dann, ohne auf die Vorschläge weiter einzugehen, noch einmal die Auswertung der verbalen Anteile, weitere Zusammenhänge und mögliche Interpretationen ein. Die Punkte, die die Lehrkraft im Gespräch mit den Schülerinnen und Schülern zur Kategorie „verbal" gesammelt hatte, sind auf der Abbildung 34 zu sehen. Die Punkte auf dem Plakat umfassen sowohl deskriptive Elemente, wie die Punkte „Lachen, wenig Spr.[ache]" oder „später mehr Komm.[unikation]" als auch Zitate, „Du bist zu fett" oder „Ich geh einfach raus", der Schülerinnen und Schüler während des Spiels. Gerade die Zitate vermitteln einen Eindruck zum Erleben einer Situation, in der die Jugendlichen unterschiedliche Rollen übernommen hatten.

Inhaltlich umfassen sie unterschiedliche Aspekte. „Ich geh einfach raus" thematisiert beispielsweise ein Zurückziehen aus einer Situation, während „Du bist zu fett" oder „Du hast kein Platz mehr" Vorwürfe oder Ausschlussstrategien anzeigen, welche auf die eigene „Rettung" in einem Ressourcenfeld zielen könnten. Die Beobachtungen und das Erleben der Schülerinnen und Schüler werden so zum Gegenstand des Unterrichts.

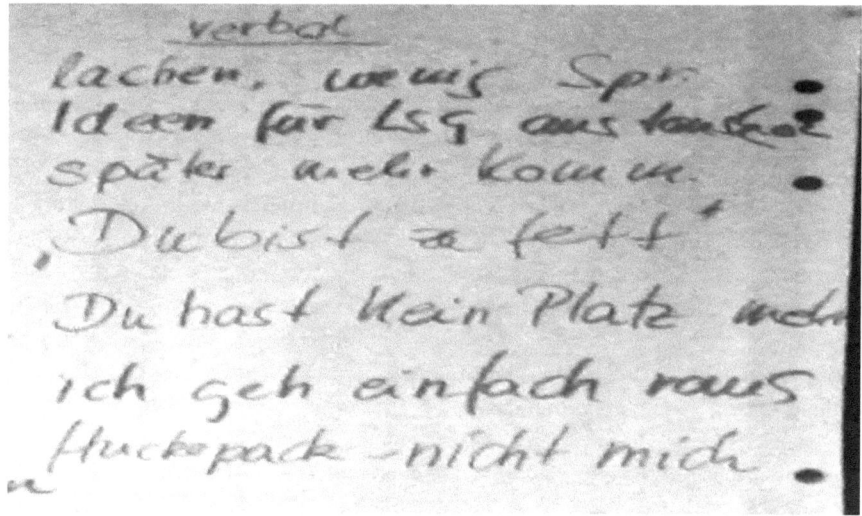

Abb. 25　Fotogramm Sequenz: Auswertung Schlingenspiel – Beobachtungen zu den verbalen Äußerungen im Spiel

Die Lehrkraft fordert die Schülerinnen und Schüler auf, sich die Aspekte noch einmal anzuschauen:

Gruppe *Frank*, Sequenz: Auswertung Schlingenspiel, vv(2), Min. 37.19-38.35

L　　Ich würd ganz <u>gern</u> noch (.) bevor ich einen Schritt weitergehe auf <u>das</u> kommen was ihr gesagt habt ihr habt einen <u>Teil</u> (.) jetzt schon schön interpretiert aber ihr habt <u>so viel</u> mehr gesagt was ihr noch interpretieren könnt (.) werft ihr da nochmal einen Blick drauf? (4) So ähnlich wie (.) Mf das mit dem- mit dem- f- und zwar mit <u>Anführungsstrichen</u> fetten Jm gemacht hat (.)
Me　　@(3)@
Jm　　Ich hab das nur <u>gesagt</u> das war nicht auf mich <u>selbst</u> bezogen,
Me　　@(.)@
L　　Naja die anderen haben es ja dann auch gemacht (2)
Ff　　°Also (.) die nachdenklichen Gesichtsausdrücke vielleicht ähm° dass wir uns schon (.) <u>bewusst</u> sind ähm <u>dass</u> wir den- die Umwelt damit verschmutzen wenn wir jetzt zu viel mit dem <u>Auto</u> fahren oder (.) die ganzen Billigflüge und das alles andere wir <u>sind</u> uns dessen <u>bewusst</u> aber wir sind vielleicht zu <u>faul</u> oder uns ist das

| | zu umständlich einfach (1) wir wollen uns diesen Luxus eben gönnen (.) u:nd
| | nehmen dann dafür (.) das wohl in Kauf und aber vielleicht (.) im Mo-ment
| L | /M-hm
| Ff | weil die Folgen noch nicht so: schlimm sind, (3)
| Gf | Ähm (.) ( ) das mit dem du hast kein Platz dass man ziemlich egoistisch da
| | handelt erstmal so ja du hast kein Platz ich bin hier schon du: weg (.) so dass man
| | da irgendwie nicht so wirklich an andere denkt und (.) ja dass man das einfach ein
| | ganzes Stück merkt (2)

Die Lehrkraft gibt zur Illustration der Forderung ein Beispiel und setzt das Lehrer-Schüler-Gespräch fort. Sie gibt so dessen inhaltlichen Rahmen vor. Bezugspunkt ist das durch die Schülerinnen und Schüler Erarbeitete, das zum Gegenstand des Gesprächs wird und Bedeutung entfaltet. Sie macht einen Erwartungshorizont deutlich, die Kommunikation noch stärker zu berücksichtigen, aber sie lässt offen, welche Punkte thematisiert werden sollen. Die Steuerung des Gesprächs durch die Lehrkraft, aber die relative inhaltliche Offenheit bzw. die selbst erarbeiteten Inhalte machen über das Spiel hinaus deutlich, dass es Raum für die Mitgestaltung der Schülerinnen und Schüler gibt. Die Jugendlichen werden zudem als durch das Spiel „Erfahrene" angesprochen.

Der Schüler, der mit dem Beispiel gemeint ist, muss zunächst abweisen, dass er gemeint sein könnte und klarstellen, dass der Kommentar allgemein gemeint war. Die Zuschreibung „fett sein" ist nicht tolerabel, aber die Lehrkraft stellt fest, dass das auch Andere übernommen haben. Ein hohes Körpergewicht wird damit in der Auseinandersetzung mit Ressourcen und Platzmangel auf der Erde als Einschränkung oder Ausschlusskriterium erfahren. Die situative Erfahrung des Platzmangels, auf den Feldern des Spiels, lässt so eine Beleidigung bzw. körperbezogene Diskriminierung zu. Der Kontext ist dabei nicht die persönliche Ebene, sondern die Bedingungen der Spielsituation.

Die nächste Schülerin geht auf die „nachdenklichen Gesichtsausdrücke" ein, womit sie sich auf einen nonverbalen Aspekt bezieht, obwohl die Lehrkraft nach den verbalen Aspekten gefragt hatte. Die Schülerin wählt ein Thema, das für sie selbst relevant ist. Die Nachdenklichkeit resultiere aus der Diskrepanz zwischen theoretischem Wissen über die negativen Folgen des Handelns und tatsächlichem Handeln. Sie rekurriert dabei vor allem auf umweltschädigendes Verhalten (Autofahren, Flugzeugfliegen), das man sich als „Luxus" gönne, weil die Folgen als noch nicht so schlimm eingeschätzt würden. Diese Bewertung bleibt der lokalen, eigenen und derjenigen Perspektive verhaftet, die sich den Luxus gönnen. Die Erfahrungen, Beobachtungen und Reflexionen beziehen sich auf die Teilnehmenden und deren Verhalten. Die Auswertung der Situation regt zur Reflexion des Widerspruchs zwischen Theorie und Praxis an und evoziert eine Infragestellung und negative Bewertung des eigenen Lebensstils auf kommunikativer Ebene. Dem schließt sich auch Gf an, wenn sie den Egoismus der Menschen an dem Zitat „Du hast keinen Platz mehr" festmacht. Darin zeichnet sich eine Wahrnehmung von „Einzelkämpfertum" im Verhalten der Spielerinnen und Spieler ab, das andere Menschen nicht berücksichtigt.

Die konkreten Erfahrungen aus dem Spiel werden als Motive oder Eigenschaften abstrahiert. Die Erfahrungen der Veränderung von Verhalten werden in einer (experimentellen) Situation nicht nur selbst gemacht, sondern werden auch der Reflexion zugänglich. Die unterschiedlich leitenden Motive und Gefühle einer Person in einer bestimmten Situation werden sichtbar und nachvollziehbar. Im direkten Anschluss an die Äußerung Gfs fragt die Lehrkraft nach:

Gruppe *Frank*, Sequenz: Auswertung Schlingenspiel, vv(2), Min. 38.42-40.01

L   Wer ist denn wohl mit- oder **könnte** mit ich gemeint sein bei dem ( ) (4) wenn ihr das übertragt (4)
?m (   )(8)
L   Dazu?
Df °Ich weiß nicht° (.) vielleicht mit ähm du hast kein Platz die ärmeren Länder also dass erst die reichen Länder mit ich (.) gemeint sind die sich auch leisten können (   ) zu verwenden (1)
L   Bf (.)
Bf Ja und dann auch bei Nonverbales grinsen und lustig also (1) ähm so lange äh (.) wie noch alle Felder da waren äh (.) ja war es noch schön und (.) jeder konnte sich aufteilen und (.) waren alle noch glücklich und so aber (.) dann haben sie ja gemerkt dass es nicht mehr so lustig ist als dann (.) plötzlich nur noch so ein kleines Minifeld da war und die sich alle zusammen da rein tun mussten (2)
Cf Naja das wollte ich auch mit dem äh bei verbal steht ja ziema- äh z- (.) ziemlich dasselbe mit Lachen (.) äh:m dass man bis jetzt noch so locker nimmt (.) und äh später dann die (.) dass die Gesichtsausdrücke dann wirklich so nachdenklich waren und anstrengend (.) dass man dann vielleicht äh das so auf die Zukunft äh sieht dass man dann eben vielleicht zurück denkt und denkt Mist warum (.) haben wir das damals nicht so ernst genommen und ähm (.) wäre es doch- und es wär vielleicht besser gewesen(.)

Die Lehrkraft fragt nach dem Adressaten oder konkreten Akteur, der von Gf gemeint sein könnte, was eine Abstrahierung verlangt. In der Intervention der Lehrkraft zeigt sich erneut die Gesprächsorganisation als lehrergeleitet, indem sie das Thema setzt und das Rederecht zuteilt. Dass aber die Formulierung der Schülerin aufgegriffen wird und immer noch die eigenen Ergebnisse, Gefühle und Motive der Schülerinnen und Schüler Ausgangspunkt sind, die damit den Zugang bestimmen, zeigt Aspekte eines Lehrmodus der Themen-Ko-Konstruktion. Mit der geschlossenen Gesprächsorganisation zeigen sich aber auch Aspekte eines themenvermittelnden Lehrmodus.

Df versucht eine erste Übertragung der Erfahrungen im Spiel („du" und „ich") auf arme und reiche Länder, deren Machtverhältnis sich im Platzmangel zeige. Die reicheren Länder könnten es sich leisten, die ärmeren zu vertreiben. Inhaltlich kommen jetzt neben dem ökologischen Fokus, den Ff eingebracht hatte, auch ökonomische Verhältnisse zum Tragen. Der Versuch der Zuordnung wird in den nächsten beiden Redebeiträgen allerdings nicht mehr aufgegriffen, stattdessen werden darin wieder eigene Schwerpunkte gesetzt. Bf und Cf verschieben das Thema auf eine Beschreibung der Entwicklung im Spiel von Spaß zu Ernst. Bf schildert, dass in der großzügigen Platzsituation noch alle „glücklich" gewesen seien und es erst ernst geworden wäre, als alle sich ein Feld teilen mussten. Die Möglichkeit der Separierung und ausreichend Platz zu haben, werden als Faktoren erkannt, die für Wohlgefühl bedeutsam sind. Es werden konkrete Beobachtungserfahrungen beschrieben, die einen Einblick in Maßstäbe komfortablen Lebens ermöglichen, die zudem der Reflexion zugänglich werden. Cf wiederholt Bfs Beschreibung und auch Ffs Aspekt der nachdenklichen Gesichter. Sie expliziert den Standortwechsel in eine Zukunft, der ermögliche, auf das Geschehen zurückzublicken. Die Zukunft wird als durch das Handeln in der Gegenwart beeinflusst deutlich. Die Betrachtung der Standpunkte der Akteure in der Zukunft verändere den Blick auf das derzeitige Verhalten, das auf kommunikativer Ebene negativ bewertet wird. Mögliche Gefühle und Gedanken zukünftiger Akteure werden antizipiert. Die Schülerinnen denken das beobachtete Verhalten weiter, womit auf einer theoretisch-kommunikativen Ebene ein neuer Blickwinkel auf eine mögliche Zukunft eröffnet wird.

Dass die Schülerinnen und Schüler diese unterschiedlichen Motive und Gefühle thematisieren, charakterisiert hier den Modus der Perspektivenkoordination. Im Arrangement des „Schlingenspiels" und in der Beobachtung des Spiels werden Ansätze zur Perspektivenübernahme durch die emotionalen Erfahrungen der Schülerinnen und Schüler in einer zeitlichen Dimension erkennbar. Die Kommentierung des Spiels wird noch weiter fortgesetzt:

Gruppe *Frank*, Sequenz: Auswertung Schlingenspiel, vv(2), Min. 40.06-41.32

L   M-hm (.) Jm (.)
Jm Ja ich wollte noch was sagen mit dem ähm (.) von vorhin mit dem du hast keinen Platz mehr also das <u>du</u> ist- (.) bezieht sich ja eigentlich auf - auf <u>jeden</u> anderen weil (.) wir sind ja eigentlich alle egoistisch und (.) in so einer Situation da ist man dann ja doch <u>sehr</u> (.) <u>selbstbezogen</u> und dann könnte man dieses du eigentlich auf jeden <u>anderen</u> beziehen Hauptsache man selbst (.) hat noch <u>genug</u> vom benötigten °Material° (1)

Gf	Vielleicht noch mit dem ich geh einfach <u>raus</u> also dass viele halt sagen ähm (.) ja wenn ich was <u>ändere</u> das (.) bringt sowieso nix weil die anderen alles machen dass man (.) halt so schnell <u>aufgibt</u> (2)
L	°Gut° (.)
Hf	Ähm ich wollte einmal des ähm Huckepack ähm mich <u>nicht</u> dass man so ähm (.) ( ) sich <u>weigert</u> sozusagen ähm was zu ändern und lieber denken och (.) dann sollen es doch einfach <u>andere</u> machen (.) und ich misch mich da nicht ein (.)
L	M-hm (.) hat es sich erledigt jetzt? (.) Okay (.) ich habe es gesehen (.) Mf dann noch;
?f	/Ja
Mf	Ja also ähm ich denk noch <u>nicht</u> mal dass ähm <u>viele</u> so denken ja ähm (1) also dann so <u>zurück</u> schauen und denken ja wenn <u>ich</u> das doch bloß anders gemacht hätte sondern (.) eher dass die <u>Zukunft</u> also vielleicht <u>unsere</u> Kinder oder (.) <u>Enkel</u> (.) Kinder dass <u>die</u> dann sagen ja warum hat (.) mein- also warum haben <u>meine</u> Großeltern nicht ein bisschen darauf geachtet weil <u>ich</u> <u>lebe</u> <u>jetzt</u> und <u>die</u> halt <u>nicht</u> mehr vielleicht und ähm (.) dass wir vielleicht noch nicht mal so einen großen <u>Schaden</u> daraus äh haben sondern eher unsere (2) <u>Enkelkinder</u> vielleicht dann oder so (.)
L	Enkelkinder oder Kinder (.) Enkelkinder ist- (.) ich glaub bei deinen Enkelkinder schon bisschen weit (.) ne? Ähm (1) gut
?f	/Ja

Die Lehrkraft validiert mit ihrem „Hm" die vorangegangenen Anmerkungen der Schülerinnen und ruft den nächsten Schüler auf. Jm greift die Frage der Lehrkraft explizit wieder auf und versucht, eine Antwort auf die Frage nach der Bedeutung des „Du" und des „Ichs" zu geben. Er bezieht es im Zusammenhang mit dem verallgemeinerten Egoismus von Gf auf „jeden anderen". Er drückt neuerlich das „Einzelkämpfertum" oder eine Mentalität des „Jeder ist sich selbst der Nächste" aus. In der Generalisierung werden alle Menschen auf eine Stufe gestellt, wenn es um die Nutzung von Ressourcen geht. Die Lehrkraft lässt den Kommentar stehen und die nächste Schülerin geht auf das Zitat ein: „Ich geh einfach raus". Sie interpretiert, dass individuelle Handlungsänderungen schnell aufgegeben werden, weil die Mehrheit es anders macht. Mit diesem Argument, das auch in der Argumentation der Sequenz „Podiumsdiskussion Textilproduktion" (s. S. 170ff.) eine wichtige Rolle spielt, wird das individuelle Nicht-Handeln legitimiert durch das Nicht-Handeln der Anderen. Die Auswertung des Spiels ermöglicht die Thematisierung von Nicht-Handeln und Egoismus unabhängig von der eigenen Person. Es müssen keine individuellen Motive preisgegeben werden, sondern es werden Hypothesen über Motive anderer aufgestellt. Das Spiel erlaubt letztlich eine Distanzierung von der eigenen Person und auch von der eigenen Verantwortung, zugleich ergeben sich gedankenexperimentell Einblicke in mögliche Motive und Gefühle anderer Personen. Das Verhalten der Spielenden wird als verallgemeinerbar betrachtet.

Die Schülerin (Hf) kommentiert die Verweigerung, sich Huckepack nehmen zu lassen, und deutet es als eine Delegation von Verantwortung und auch Unwillen zur Veränderung. Damit validiert sie die Äußerung von Ef und unterstreicht die Legitimation des Nicht-Handelns. Egoistische Motive und Gefühle werden wieder zum Fokus der Betrachtung und leitend für die Reflexion. Mf geht zum Abschluss der Interpretationsversuche neuerlich auf die zeitliche Dimension ein, die sie als einen größeren Zeitraum als das eigene Leben betrachtet. Sie nimmt dafür die Perspektive der Enkelkinder ein, die auf die Gegenwart der „Großeltern" zurückblicken. Es bestätigt sich darin erneut, dass das „Schlingenspiel" eine Koordination unterschiedlicher Perspektiven in einer zeitlichen Dimension evoziert. Perspektivität wird als situativ gebundenes Empfinden, in dem unterschiedliche Motive und Gefühle vorrangig sind, beispielsweise auch die Entstehung diskriminierenden Verhaltens aufgrund des Körpergewichts, erkannt und auf einer theoretischen Ebene reflektiert.

Im Vergleich mit der „Podiumsdiskussion Textilproduktion" (s. S. 170ff.) der Lerngruppe *Schiller* werden Gemeinsamkeiten in Bezug auf den Umgang mit Perspektivität deutlich. Die Schülerinnen und Schüler erkennen in beiden Sequenzen unterschiedliche Standpunkte und die Perspektivität gewinnt inhaltliche Relevanz. Während in der Podiumsdiskussion ein fachlicher Schwerpunkt und die Expertise der Schülerinnen und Schüler im Mittelpunkt stehen, teilen die Schülerinnen und Schüler hier unmittelbare Erfahrungen im Spiel. Die Perspektivität wird im „Schlingenspiel" überwiegend für den Bereich Gefühle und Motive sowie in einer zeitlichen Dimension bedeutsam. Im Auswertungsgespräch der Gruppe *Frank* geht es um die Zukunftsfähigkeit ökologischer Entscheidungen, während es in der Gruppe *Schiller* um die Verhältnisse in der Textilherstellung geht. Die Gegenstände sind damit sehr unterschiedlich, die Umgangsform mit Perspektivität aber ähnlich. Der Modus der Koordination von Perspektivität erlaubt in beiden Lerngruppen, verschiedene Blickwinkel auf einen Sachverhalt einzunehmen. In beiden Unterrichtssequenzen sind die Schülerinnen und Schüler an der inhaltlichen Gestaltung beteiligt und die Arrangements weisen Aspekte des Lehrmodus der Themen-Ko-Konstruktion auf. Das Unterrichtsgeschehen ist durch ein Spannungsverhältnis zwischen Freiräumen und Vorgaben sowie der Beteiligung der Jugendlichen an der Konstruktion der Themen geprägt. Wie für den Modus der Themenvermittlung werden auch hier Variationen als situative Aushandlung der Vorgaben und Freiräume sichtbar. In der „Podiumsdiskussion Textilproduktion" der Lerngruppe *Schiller* (s. S. 170ff.) erschließen sich die Schülerinnen und Schüler selbstständig die Expertise für ihre Rollen, die sie vertreten sollen. Im „Schlingenspiel" können die Jugendlichen konkrete Erfahrungen in einer vorstrukturierten Situation machen, die sie dann, geleitet durch die Lehrkraft, auswerten. Das eigene Empfinden und Erleben wird in der Auswertung zum Gegenstand gemacht und damit bedeutsam. In beiden Lehr-Lernarrangements gehen Erfahrungen der Jugendlichen in einem themen-ko-konstruktiven Lehrmodus voraus, die dann in einem stärker strukturierten Vorgehen weiter ausgearbeitet werden.

2.3 Zusammenfassung: Perspektivität und Wissen

Im Vergleich der fünf Unterrichtssequenzen zeigen sich nicht nur zwei unterschiedliche Umgangsformen mit Perspektivität, sondern es zeigt sich auch, wie die Gestaltung der Lehr-Lernarrangements auf unterschiedliche Art und Weise zum Kompetenzerwerb beiträgt.

Der empirische Vergleich macht in den dargestellten Unterrichtssequenzen auf der einen Seite einen themenvermittelnden Lehrmodus sichtbar, der sich durch genaue Vorgaben zum Vorgehen und den Themen auszeichnet. In den Sequenzen zur „Präsentation entwicklungspolitischer Organisationen" (s. S. 138ff.) und „Podiumsdiskussion Steak und Regenwald" (s. S. 158ff.) haben die Schülerinnen und Schüler zwar gewisse Freiräume, aber die gestellten Aufgaben strukturieren jeweils das Vorgehen inhaltlich stark vor. In der Vorstellung entwicklungspolitischer Organisationen oder in der Vertretung der Rollen in der Podiumsdiskussion werden standortgebundene Informationen verhandelt, deren Perspektivität wird aber nicht thematisiert und auch nicht für die inhaltliche Auseinandersetzung bedeutsam. Sie wird nicht als Eigenschaft der Informationen berücksichtigt. Die Schülerinnen und Schüler präsentieren die Informationen als „objektive" Realität und geben das entsprechende perspektivengebundene Wissen lediglich wieder. Die Jugendlichen bleiben letztlich der eigenen Konsumentenperspektive verhaftet. Diese Form des Umgangs wurde als Modus der Perspektivenreproduktion beschrieben.

In der Analyse der Sequenzen „Podiumsdiskussion Textilproduktion" (s. S. 170ff.) und „Auswertung Schlingenspiel" (s. S. 183ff.) konnten auf der anderen Seite eher Aspekte eines Lehrmodus der Themen-Ko-Konstruktion rekonstruiert werden. In der Vorbereitung der Podiumsdiskussion wurde den Schülerinnen und Schüler eine selbstgeleitete, inhaltlich offene Auseinandersetzung und im Schlingenspiel eigene Erfahrungen ermöglicht. Die Lehrkräfte agieren vor allem moderierend. Die Schülerinnen und Schüler können als Expertinnen und Experten agieren, die mit ihrem Fachwissen einen Konflikt austragen oder ihre jeweiligen Beobachtungen und Erfahrungen einbringen. Hier entstehen im Gegensatz zur Perspektivenreproduktion ein diskursiver Austausch und eine theoretische Einsicht in Perspektivität. Ansätze von Perspektivenübernahme lassen sich ebenfalls beobachten. Die vergleichenden Analysen zeigen, dass die Auswahl und die Art und Weise des Einsatzes des inhaltlichen Inputs (z.b. der Film „Schön! Färber!") bzw. des Unterrichtsmaterials (z.b. Rollenkarten) für das Einüben einer Kompetenz von entscheidender Bedeutung sind. Für die Bedingungen von Kompetenzerwerb sind deshalb nicht allein bestimmte Unterrichtsmethoden, sondern vor allem deren situative Ausgestaltung durch die Akteure von Bedeutung.

In allen Unterrichtsarrangements findet allerdings keine soziale Perspektivenübernahme statt, die im Kontext des Lernbereichs Globale Entwicklung dazu befähigen soll, ein differenziertes Weltbild zu entwickeln (vgl. BMZ/KMK 2007, S. 77). Im Gegenteil aktualisiert sich vor allem im Modus der Perspektivenreproduktion ein defizitorientiertes und stereotypisierendes Bild der Länder und Menschen im globalen Süden. Im Modus der Perspektivenkoordination entstehen zwar ein diskursiver Austausch sowie eine Einsicht in Handlungsmotive und Gefühle, aber auch hier emergiert nur ein theoretisches Verständnis von Perspektivität. Die Schülerinnen und Schüler betrachten beispielsweise die Rollen in der Podiumsdiskussion als Vertretung von bestimmten Expertisen, konstruieren sie aber nicht als Übernahme einer individuellen Sicht vor dem Hintergrund von unterschiedlichen Bedürfnissen, Fähigkeiten oder Gefühlen. Offensichtlich ist demnach das Erkennen von Perspektivität eher möglich, wenn ein Lehr-Lernarrangement Ko-Konstruktionsprozesse der Schülerinnen und Schüler und den diskursiven Austausch zu verschiedenen Positionen zulässt. Ansätze von Perspektivenübernahme zeichnen sich dann ab, wenn für die Schülerinnen und Schüler erkennbar wird, dass andere Menschen vergleichbare Erfahrungen wie sie selbst machen (vgl. auch Asbrand/Martens 2013).

3. Der Umgang mit Handlungsaufforderungen

Der Umgang mit Handlungsaufforderungen stellte sich in dem beobachteten Unterricht als dritte große Herausforderung dar. Dass der Umgang mit den ungewissen Folgen und Risiken des Handelns für die handlungsleitenden Orientierungen von Jugendlichen zentral ist, zeigt sich bereits in der Studie Asbrands (2009a, S. 35). In dem hier beobachteten Unterricht werden aus den behandelten Themen heraus Aufforderungen formuliert, die auf die Veränderung bisherigen (Konsum-)Verhaltens zielen und die Schülerinnen und Schüler in einer Rolle als potentielle „Umsetzer" bestimmter ethischer oder ökologischer Maßstäbe adressieren. Sie rücken vornehmlich als Konsumentinnen und Konsumenten, aber auch als politische Individuen in den Vordergrund. Das durch die Lehrkräfte geforderte Handeln bezieht sich auf Bereiche außerhalb von Schule und Unterricht, vor allem auf den Privatbereich der Schülerinnen und Schüler. Im empirischen Material zeigt sich, dass die Handlungsoptionen im unterrichtlichen Kontext überwiegend bewertet und die Möglichkeiten der Umsetzung abgeschätzt werden sollen. Die Auseinandersetzung der Schülerinnen und Schüler mit den Aufforderungen läuft auf die Erörterung theoretischer Handlungsoptionen hinaus. Die Aufforderungen der Lehrkräfte zielen aber auf eine Veränderung von Handeln oder auf ein Aktiv-Werden und stellen spezifische Anforderungen an die Jugendlichen. Im Umgang der Schülerinnen und Schüler mit diesen Handlungsaufforderungen ließen sich drei Formen im Zusammenhang mit unterschiedlich strukturierten Lernumgebungen beobachten: der Umgang mit Handlungsaufforderungen als zu reproduzierendes Thema, als Reflexion von Nicht-Handeln und als Reflexion im politischen Modus.

Handeln spielt auch in den Kompetenzkonzepten des Lernbereichs eine zentrale Rolle. In ihnen geht es vor allem um eine Befähigung zur gesellschaftlichen Partizipation und um das Anliegen, gesellschaftliche Veränderungen mitzugestalten (vgl. de Haan/Harenberg 1999). Der Orientierungsrahmen (BMZ/KMK 2007) z.B. subsummiert unter dem Kompetenzbereich „Handeln": „Solidarität und Mitverantwortung", „Verständigung und Konfliktlösung", „Handlungsfähigkeit im globalen Wandel" und „Partizipation und Mitgestaltung" (ebd., S. 78). Ausgangspunkt dieses Anspruchs sind globale Probleme, „die das Überleben der Menschheit als Ganzes ernstlich in Frage stell[en]" (Scheunpflug/Schröck 2002, S. 17). Mit den Problemen gehen die Dringlichkeit der Veränderungen und damit die Notwendigkeit zu handeln einher. Der Anspruch Handeln zu ändern, findet sich im beobachteten Unterricht wider.

3.1 Handlungsaufforderungen als zu reproduzierendes Thema

Wenn Schülerinnen und Schüler mit Handlungsaufforderungen als einem zu reproduzierenden Thema umgehen, bedeutet das, dass sie die Handlungsaufforderungen mit einem Unterrichtsinhalt gleichsetzen, der als solcher verhandelt und reproduziert wird. Handeln wird zu einem theoretischen Gegenstand. Aufforderungen, die jemanden ansprechen und gegebenenfalls zu etwas bewegen sollen, werden nicht wirksam. Der potentielle Bezug zur eigenen Lebenswelt, indem diese Veränderungen umgesetzt werden könnten, wird nicht hergestellt. Die von den Lehrkräften formulierten Handlungsaufforderungen enthalten moralisch-ethische Ansprüche, die nicht thematisiert und von den Schülerinnen und Schülern übernommen werden. Es findet demnach keine explizite Auseinandersetzung oder Reflexion darüber statt, was Handlungsaufforderungen sind, welche Maßstäbe sich dahinter verbergen oder in welchem Verhältnis sie zur eigenen Lebenswelt stehen.

Sequenz: Meinungsbarometer

In der Unterrichtssequenz „Meinungsbarometer" aus der *Theodor-Fontane-Schule* zeigte sich dieser Modus eines reproduktiven Umgangs mit Handlungsaufforderungen. Die Sequenz stammt aus der letzten Stunde der Unterrichtseinheit zum Thema „Fleischkonsum und Zerstörung des Regenwalds". Die Lehrkraft führte ein sogenanntes „Meinungsbarometer" am Anfang und am Ende der Stunde durch. Zwischen den beiden Durchführungen des „Meinungsbarometers" fand die „Podiumsdiskussion Steak und Regenwald" statt, anhand derer der Modus der Perspektivenwiedergabe rekonstruiert wurde (s. S. 158ff.). Die Lehrkraft leitete die erste Durchführung des „Meinungsbarometers" ein:

Gruppe *Fontane*, Sequenz: Meinungsbarometer, vv(1), Min. 3.51-6.16

L   Wir haben jetzt (.) ne ganze Zeit uns mit Regenwald; mit-Futtermittel; mit-Landwirtschaft; mit- uns hier als Verbrauchern beschäftigt, uund (.) ich hätte jetzt ganz gern, mal (.) eure (.) Meinung als erstes abgefragt, (.) können wir. (2) wie wer jetzt hier- im Raum sind. Können wir, etwas tun, um den Regenwald (.) zu retten. (2) Uuund- dazu, möcht ich gern eure Meinungen bisschen (.) festhalten,
Pm   /°Nöö;°
L   ah- ihr habt euch jetzt- alle- grade so schön auf euren Plätzen eingerichtet, ihr (.) geht jetzt bitte aufn Fluur, (2) alle, °erstmal zuhören.° Alle die glauben. (2) Dass
Me   / [Unruhe]
L   es- etwas bringt, was(wenn)wir, als Personen.-Etwas tun, ah stellen sich- im Flur an dieser (.) Wand (.) Richtung; Schulhaus, (2) aalso von hier aus gesehn- auf die;-linke Seite,-alle die denken das bringt nichts,-auf die;-rechte Seite,-und (.) dazwischen- liegen so die Abstufungen,-ob- ich jetzt (.) glaube;-ja vielleicht,-oder nicht allzu viel, uund- jeder, klebt dann,-an der Stelle, °kleinen- Moment,° an der
Me   / [leise Gespräche, die mehr und lauter werden (20)]
L   Stelle an der er sich hingestellt hat, ein kleines Zettelchen aufn, Fußboden, uund dann werden wir ne kleine Diskussion durchführen,-Und- dann mal kucken ob euch durch dieses Zusammen (.) führn,-eure Meinung noch mal ein bisschen (.) äh- geändert- haben- könnte. So. Du hattest ne Frage.
Ef   Ja also solln wir jetzt ähm(.)des- äh uns-Hinstellen wo wir denken dass wenn-ääh(.)halt wenn alle was- dagegen machen dass es dann was bringt oder nur- einer halt also;
L   Wenn du denkst dass-es-was-bringt,-wenn du °etwas- tust.°

Me	[°Gespräche°(3)]
?f	/ °Ja aber ( )°
L	So. Dann, (3) alle- in den Flur,-also (.) von hier aus gesehn auf der linken Seite; bringt (.) ganz viel,-auf der rechten Seite es bringt (.) nichts. (3) Und aufn; Boden;
Me	/ [Geräusche und Gespräche] (33)

Die Lehrkraft nennt hier zu Beginn der Stunde das bisher behandelte Thema und möchte ein Meinungsbild der Schülerinnen und Schüler abfragen. Die Meinungen sollen vor dem Hintergrund des in der Unterrichtseinheit erworbenen Wissens sowie in ihrer Rolle als Verbraucher abgegeben werden. Die Meinungsabfrage wird auf das „individuelle Handeln" festgelegt. Die Frage nach der Möglichkeit zu handeln, wird von einem Schüler direkt mit „Nö" beantwortet. Eigene Handlungsmöglichkeiten werden von ihm spontan verneint. Die Lehrkraft leitet aus der vorangegangenen Behandlung des Themas einen Handlungsanspruch ab, der nicht verhandelbar ist. Sie führt keine konkreten Maßnahmen an, sondern fragt eine generelle Einschätzung der möglichen Wirkkraft des eigenen Handelns ab: „Könnt ihr etwas tun?" Die Einschätzungen sollen „festgehalten" werden, was mit einem Raumwechsel verbunden ist, für den die Schülerinnen und Schüler aktiv werden sollen. Das „Bequem-Eingerichtet-Sein" wird dazu als ein Gegenhorizont gekennzeichnet, der jetzt geändert werden soll. Bereits in dieser körperlichen Aktivierung spiegelt sich ein Anspruch auf ein „Aktiv-Werden", sich aus seiner Bequemlichkeit lösen.

So wird nicht nur das methodische und organisatorische Vorgehen vorgegeben und ausführlich beschrieben, sondern auch die konkrete, inhaltliche Frage wird vorher festgelegt. Wie auch in der Sequenz „Podiumsdiskussion Steak und Regenwald" aus derselben Klasse (s. S. 158ff.) zeigt sich hier eine Strukturierung des Lehr-Lernarrangements durch den Lehrmodus der Themenvermittlung. Die Lehrkraft steuert das Unterrichtsgeschehen und die Jugendlichen haben einen genau festgelegten Gestaltungsraum. Das Vorgehen mit dem „Barometer" bietet inhaltlich lediglich die Möglichkeit, Abstufungen vorzunehmen, die zwischen den beiden Polen „man kann nichts tun" oder „man kann etwas tun" liegen und erfordert eine eindeutige Positionierung der Schülerinnen und Schüler auf dieser Skala. Dass die Lehrkraft ein spezifisches Anliegen hat, deutet sich in der Hoffnung an, durch die Diskussion vielleicht etwas zu ändern. Die Ankündigung der zweiten Abstimmung offenbart, verbunden mit dieser Hoffnung, den Anspruch die Schülereinstellungen zu beeinflussen. Implizit ist darin eine Bewertung einer besseren oder schlechteren Meinung vor dem Hintergrund des vermittelten Wissens enthalten.

Für die Einschätzung der Handlungswirksamkeit wird, wie die Nachfrage der Schülerin zeigt, der konkrete Akteur bedeutsam: Ist es ein „alle" oder ein

„ich"? Die Nachfrage weist auf eine Unterscheidung zwischen möglichen Handlungsebenen und Verantwortlichkeiten hin und zeigt an, dass in der Auffassung der Schülerin das Handeln von „allen" eine andere Einschätzung zur Folge hätte. Zugleich ist in der einschränkenden Formulierung „*nur* einen" enthalten, dass die individuelle Handlungsebene als weniger bedeutsam wahrgenommen wird. Die Nachfrage beinhaltet auch die Möglichkeit einer Delegation von Verantwortung: Individuelles Handeln bedeutet, individuelle Verantwortung anzunehmen. Wenn nur ein Kollektiv Wirkungen erzielen kann, ist nicht das Individuum verpflichtet, sondern die Verantwortung liegt bei der anonymen Masse. Die Lehrkraft legt allerdings Wert darauf, dass es um die individuelle Handlungsebene geht, woraufhin sich ein Versuch des Widerspruchs bei ?f zeigt. ?f kommt aber nicht zu Wort. Die Verhandlung von Handlungsmöglichkeiten und die Einschätzung von deren Wirksamkeit werden bereits zu Beginn hinterfragt, aber durch die Aufforderung der Lehrkraft, auf den Flur zu gehen, abgebrochen. Die Lehrkraft stellt die Handlungsnotwendigkeit als gesetztes Thema in den Raum und fordert die Einschätzung von Handlungswirksamkeit, für deren Bearbeitung zunächst, trotz der ersten Schülerreaktionen, keine weiteren Klärungsprozesse als notwendig erachtet werden. Es dokumentiert sich der Lehrmodus der Themenvermittlung in der Steuerung der Lehrkraft, die den Rahmen, in dem sich die Jugendlichen bewegen sollen, klar konturiert. Die Meinungen der Schülerinnen und Schüler werden in diesem geschlossenen Format gegenständlich und „bearbeitbar".

Die Schülerinnen und Schüler stellen sich entsprechend der Aufforderung, wie auf den Abbildungen (s. Abb. 26 und 27) erkennbar ist, im Flur auf.

Abb. 26   Fotogramm Sequenz: Meinungsbarometer vorne im Flur, vv(1), Min.7.52

Abbildung 26 zeigt eine Gruppe von Schülerinnen und Schüler im oberen Teil des Flures, der eher Zustimmung (ca. 60%, wenn 100% volle Zustimmung sind) repräsentiert. Sie kleben gerade ihre Zettel auf den Boden, eine Schülerin geht nach hinten aus dem Bild.

Abb. 27   Fotogramm Sequenz: Meinungsbarometer hinten im Flur, vv(1), Min.8.22

Auf Abbildung 27 ist die Lehrkraft zu sehen, auf ihrem Weg zu der Gruppe, die an dem Ende des Flures steht, das Ablehnung repräsentiert. Diese beiden Gruppen sind die größten Gruppen. Vier Schüler stehen in der Nähe des Bereiches von mehr Zustimmung, dort haben aber nur zwei davon ihren Zettel auf den Boden geklebt. Die Lehrkraft steht zu Beginn an dem Ende des Flures, das Zustimmung repräsentiert, womit auch sie sich bereits positioniert, ohne das explizit zu machen. Diejenigen Schülerinnen und Schüler, die eher zustimmen, sind der Lehrkraft damit räumlich deutlich näher, als diejnigen, die sich ablehnend aufgestellt haben. In der Aufstellung zeigt sich eine relative Zweiteilung der Klasse und ein geringes Spektrum an Positionen. Es gibt keine einheitliche Position zu der Frage und sie positionieren sich fast gegensätzlich.

Der Flur repräsentiert einen Spielraum zwischen zwei Polen, in dem sich die Schülerinnen und Schüler bewegen können. Ihre Aktivität ist auf das Aufstellen und Zettel Aufkleben festgelegt. Die Zettel auf dem Boden lassen die Positionen dabei als Figuren auf einem Spielbrett erscheinen, die sich für einen Zug entschieden haben. Das unterstreicht nicht nur die steuernde Rolle der Lehrkraft, die das Spielfeld, die Regeln und die darin möglichen Positionen festlegt, sondern auch die reproduktive, reaktive Rolle der Schülerinnen und Schülern, die sich lediglich auf diesem „Spielfeld" bewegen können. Das „Aktiv-Werden" beschränkt sich auf den Schulflur und eine einmalige Positionierung zur Rettung des Regenwaldes. Weder die Formulierung der Motive für die Entscheidung, noch eine Auseinandersetzung mit unterschiedlichen Handlungsmöglichkeiten ist für die Erfüllung der Aufgabe notwendig. Die Handlungsaufforderung, den Regenwald zu retten, bleibt in der Aufstellung auf dem Schulflur gänzlich abstrakt.

Im kontrastierenden Vergleich mit der Sequenz „Umsetzungsideen zum Umwelthaus" (s. S. 239ff.) der Lerngruppe *Kästner* wird dieser reproduzierende Umgang mit Handlungsaufforderungen deutlich. Die Schülerinnen und Schüler der *Erich-Kästner-Schule* können im Rahmen einer Zukunftswerkstatt selbst Probleme identifizieren und bearbeiten, die sie im Globalisierungsprozess sehen. Für eines dieser Probleme, für das sie sich selbst entscheiden, sollen sie potentielle Lösungsideen erarbeiten, die wiederum im Hinblick auf konkrete Umsetzungsmöglichkeiten überprüft werden. Schülerinnen und Schüler der Gruppe *Kästner* erörtern in der Auseinandersetzung mit Handlungsaufforderungen sowohl ihre Motive als auch die Genese von eigenen Umsetzungsvorschlägen sowie die eingeschätzte Wirksamkeit und diskutieren diese, was in der Gruppe *Fontane* nicht möglich ist.

Im Fortgang der Sequenz der Lerngruppe *Fontane* kommentiert die Lehrkraft das Ergebnis kurz und geht dabei von einem (Abb. 26) zum anderen Ende des Flurs (Abb. 27):

Gruppe *Fontane*, Sequenz: Meinungsbarometer, vv(1), Min. 8.07-8.46

L   So. Ihr seid die Optimisten;
Rm?   Ich bin kein Optimist,-ich hab mich ei-irgendwo hingestellt.
Lf   Ts- Rm.
Em   / (   )
If   / Wir sind die (.) (Realisten.)
L   Ihr seid die Realisten meint ihr?
Mef   Ja.
Em?   (Wieso sind die da drüben?)
Gf   Weil @se Pessimisten sind.@
[Unverständliches]
L   /Okay.(2) Dann, lasst einen Zettel aufm Boden, und kommt bitte-alle (.) wieder zurück;
[Gespräche(11)]
L   So. (.) Wieder rein ins (.) Klassenzimmer,-und (.) °setzt euch wieder hin;
      °(Am Ende machen wir das Ganze nochmal.°)

Mit der Zuschreibung als „Optimisten" wendet sich die Lehrkraft denjenigen Schülerinnen und Schüler zu, die mit ihr an dem Ende des Flures stehen, das die Meinung „etwas tun zu können" repräsentiert. Schon die Aufstellung der Lehrkraft an diesem Ende des Flurs enthält eine Bewertung, die sie durch die Kategorie „Optimisten" stärkt. Die Zuweisung der Lehrkraft wird von einem Schüler abgewehrt, worin sich andeutet, dass die Abfrage auch unterlaufen werden kann, indem man sich einfach „irgendwohin stellt". Damit „erledigt" man zwar die Aufgabe, aber entzieht sich ihr inhaltlich. Die Annahmen der Schülerinnen und Schüler, die hinter der Aufstellung stehen, bleiben dem Beobachter, also auch der Lehrkraft, verborgen. Die Schülerinnen und Schüler in der Mitte des Flurs (s. Abb. 26) setzen die Kategorisierung der Lehrkraft durch die Selbst- und Fremdbezeichnung „Realisten" und „Pessimisten" fort. Sie konstruieren sich so auch jeweils als Gruppe. Die Einordnung der Ergebnisse wird von der vorgegebenen Kategorie der Lehrkraft geleitet. Die Betrachtung individueller Positionierungen, obwohl nach dem individuellen Handeln gefragt ist, ist nicht notwendig. Die Handlungsaufforderung ist ein Thema, zu dem man eine Position einnehmen kann, aber auch nicht muss, da beispielsweise eine Begründung nicht gefragt ist.

Die Rückkehr ins Klassenzimmer und der Verweis auf die zweite Abstimmung beenden die Auswertung der Ergebnisse. Die Funktion des Barometers wird mit dem „numerischen" Ergebnis vor allem auf die Herstellung eines möglichen Kontrastes zwischen „Vorher" und „Hinterher" festgelegt. Die Meinungsbildungsprozesse der Schülerinnen und Schüler werden nicht sichtbar und es gibt keine Möglichkeiten der Diskussion oder Differenzierung. Sie werden auf den Zettel limitiert. Die eigene Position der Lehrkraft gibt einen ethisch-moralischen Anspruch implizit vor. Die Meinung, die sich abbildet, soll unabhängig davon, wie sie sich abbildet, verändert werden. Der gesetzte Handlungsanspruch ist damit ein Thema, das behandelt wird.

Die Podiumsdiskussion, die anschließend stattfindet, zeichnet sich dadurch aus, dass die von der Lehrkraft vorgegebenen Argumente für die jeweiligen Rollen reproduziert werden. Die Argumente bleiben nebeneinander stehen und es entfalten sich keine komplexen Argumentationen. Handeln wird dabei auf die Möglichkeit, weniger Fleisch zu essen, festgelegt (s. S. 158ff.). Im Anschluss an die Podiumsdiskussion wird am Ende der Stunde, und damit auch am Ende der Unterrichtseinheit, das Meinungsbarometer, wie angekündigt, noch einmal durchgeführt und von der Lehrkraft folgendermaßen eingeleitet:

Gruppe *Fontane*, Sequenz: Meinungsbarometer, vv(1), Min. 37.12-37.55

L   Okay. Ääh (2) ich hoffe,-dass ihr (2) angeregt weiterdenkt,-was (2) man tun kann,
    um zum Beispiel den Regenwald-zu retten, dass ihr (.) überhaupt nachdenkt, was

	(2) wir (.) täglich essen, was (.) die Hintergründe sind, und jetzt hätt ich gerne nochmal dass ihr euch nochmal im Flur aufstellt, uund(.)wir nochmal gucken, äh
Gm?	/°Oaaah°
L	(.) ob eure Meinung, sich jetzt nochmal ein bisschen geändert hat;
	[Geräusche und Gespräche / durcheinander und unverständlich]
?f	Aber (...)
L	Bitte? (3) Ah die- Taschen bleiben hier; (6)
?f	/Man kann als einzelne Person-
?f	/Ah da würd ich mich in die Mitte stellen;
(25)	

Mit der erneuten Ankündigung des „Barometers" formuliert die Lehrkraft zunächst Lernziele: angeregtes Weiterdenken, ein Entwickeln von Handlungsoptionen zur Rettung des Regenwaldes und einen reflektierten Konsum. Handeln soll auf der Grundlage des Wissenserwerbs („weiterdenken") erfolgen. Zugleich offenbaren diese Zielformulierungen explizit den Anspruch, bestimmten Maximen zu folgen. Die Handlungsaufforderungen, die die Lehrkraft formuliert, beziehen sich auf den individuellen Konsum und delegieren damit die Verantwortung an die Schülerinnen und Schüler als Privatpersonen im außerschulischen Bereich. Ein Transfer des Wissens auf die Handlungs- und Entscheidungssituationen und eine entsprechend erkannte Notwendigkeit werden vorausgesetzt. Die Frage, die mit dem Barometer beantwortet werden soll, zielt auf die Meinungsveränderung, ob die Schülerinnen und Schüler jetzt, nach der Diskussion, glauben, etwas ändern zu können. Dabei geht es um ein sichtbares Ergebnis („gucken ob sich die Meinung verändert hat"), einen erkennbaren Output der Wissensvermittlung. Die Schülerinnen und Schüler und ihre Meinungen werden erneut vergegenständlicht: Sie sollen sich auf dem Flur aufstellen und es soll sich eine Veränderung zeigen. Dabei sind Kriterien, die an ein Handeln angelegt werden oder das Nachdenken über unterschiedliche Handlungsmöglichkeiten, nicht gefragt. Die Art und Weise der Durchführung als Vorher-Nachher-Vergleich und die kurze Auswertung folgen der Annahme, dass innerhalb der Unterrichtsstunde eine Meinungsänderung hätte erzielt werden können.

Bereits bevor sich die Schülerinnen und Schüler auf dem Flur aufstellen, wird mit dem Versuch eines Widerspruchs durch ?f wiederholt eine mögliche Nicht-Passung zwischen der von der Lehrkraft vorgesehenen Art und Weise der Durchführung und dem Stimmungsbild einiger Schülerinnen deutlich. Der Versuch der Nachfrage („als einzelne Person") thematisiert das (immer noch) unklare Verhältnis von individuellem und kollektivem Handeln. Die Skala des Barometers bietet keine Möglichkeit, Handeln als gemeinschaftliche Verantwortung abzubilden, wenn individuelles Handeln als nicht wirksam eingeschätzt wird. Der Vorschlag einer Schülerin daraufhin, sich in die Mitte zu stellen, verweist auf die Möglichkeit einer indifferenten Positionierung. Die mögliche Vielfalt der Motive, warum man sich in die Mitte stellen könnte, lässt sich darin nur erahnen. Die Antwort der Mitschülerin folgt dem Modus der Reproduktion, indem der Versuch einer Differenzierung oder eines Widerspruchs mit dem vorgegebenen Rahmen in Passung gebracht wird (einfach „in die Mitte stellen"). Der Widerspruch zum „Barometer" wird neuerlich von der Lehrkraft nicht aufgenommen oder thematisiert. Die Schülerinnen und Schüler stellen sich ein zweites Mal im Flur auf (Abb. 28).

Abb. 28   Fotogramm Sequenz: Meinungsbarometer, Wiederholung, vv(2), Min. 38.56

Die erneute Aufstellung der Schülerinnen und Schüler im Flur zeigt, dass sich mehr Schülerinnen und Schüler in den „Zwischenräumen" zwischen den beiden Polen Ablehnung und Zustimmung positioniert haben. Im Vergleich zu der vorherigen Aufstellung ist die Gruppe, die eine komplette Ablehnung (hinten im Flur) repräsentierte (s. Abb. 27), kleiner geworden und es sind mehr Schülerinnen und Schüler, die vorher in der hinteren Gruppe waren, in die Mitte aufgerückt. Der vordere Teil und auch die Gruppe der selbst ausgewiesenen „Realisten" haben sich hingegen nicht verändert. Der Vorher-Nachher-Vergleich macht eine Veränderung sichtbar. Die Gruppe derer, die die Mitte bzw. ein „Vielleicht" wählen, ist größer geworden und die, die eher „Realisten" oder „Optimisten" sind, sind bei ihrer Position geblieben. Das von der Lehrkraft angekündigte Ziel einer „Änderung" wird erreicht und numerisch dokumentierbar. Die Konsistenz dieser Veränderung kann allein durch das Aufstellen im Flur allerdings nicht näher bestimmt werden. Es muss zum Beispiel offen bleiben, inwiefern das Ergebnis die soziale Erwünschtheit abbildet. Dass sich der Teil nahe der Lehrkraft nicht verändert hat, bedeutet, dass keiner der Schülerinnen und Schüler sich mehr in Richtung Ablehnung bewegt hat. Die Gruppe, die sich verändert hat, ist diejenige, die am weitesten von der Lehrkraft weg stand. Das Ergebnis einer „Überzeugungsarbeit" ist die Bewegung in eine Richtung. Die Motive bleiben weiterhin unklar. Dies löst sich auch in der Auswertung durch die Lehrkraft nicht auf:

Gruppe *Fontane*, Sequenz: Meinungsbarometer, vv(2), Min. 37.12-38.53

L So. Also. (2)
Gf? Also allein können wir es nicht. Aber als Gruppe.
L Zwei vier, es hat sich doch, die Gruppe die- sagt man kann nichts tun;-hat sich doch °ziemlich (.)° verkleinert. (2) Als Ergebnis,-die (.) Mitte ist ziemlich stark vertreten;-die so ein bisschen (2) noch am Zweifeln sind aber; (2) das Ganze ist ein bisschen weiter nach links gerückt; (2)
?m (°Ah ja aber eigentlich sind wir alle stehn geblieben;°)
L Nein, seh ich so nicht.-Du vielleicht;
If @(2)@
[Vereinzelte Äußerungen, Klatschgeräusche (10)]
L Okay. Äh-°fertig?°
Y Mhm,
L Dann könnt ihr wieder reinkommen,

Bevor die Lehrkraft das Ergebnis zusammenfasst, betont eine Schülerin erneut, dass sie nicht individuelles, sondern eigentlich kollektives Handeln meine. Diese Differenz hat keine Entsprechung im Barometer, aber ist für die Schülerinnen und Schüler, wie durch diesen neuerlichen Hinweis ersichtlich, bedeutsam. Eine Diskrepanz zwischen dem gesetzten individuellen Bezug der Meinungsabfrage und den Meinungen der Schülerinnen und Schüler bzw. die mangelnden Differenzierungsmöglichkeiten deuten sich an, haben aber keinen Raum. Die Form ist vorgegeben und es gilt, eine Passung herzustellen.

Die Lehrkraft hebt die sichtbaren Veränderungen hervor: Die Verkleinerung der „Pessimisten"-Gruppe und die Vergrößerung der mittleren „Zweifler"-Gruppe. Sie fasst es als ein „Nach-Links-Rücken" zusammen, also in Richtung der Meinung, dass man etwas tun könne, unabhängig von den Ergänzungen und Einschränkungen der Schülerinnen. Abgesehen von dem sichtbaren, numerischen Ergebnis und den möglichen, nicht thematisierten Motiven der Schülerinnen und Schüler, die sich umgestellt haben, wird der Zuwachs derjenigen, die zweifeln, also möglicherweise eine größere Unsicherheit über Handlungsoptionen haben, als positive Veränderung fremdgerahmt. Dabei könnte ein gewachsener Zweifel oder zunehmende Unsicherheit, die Entscheidung zu handeln, genauso unwahrscheinlich machen wie die grundsätzliche Ablehnung. Die Veränderung wird als ein Resultat des Unterrichts festgehalten. Der Einspruch zu den von ihr konstatierten Veränderungen wird von der Lehrkraft abgewiesen. Sie behauptet damit die eigene Deutungshoheit.

Der Modus der Reproduktion beschreibt hier das, was in der Bewältigung der Situation von den Schülerinnen und Schülern sichtbar wird. Die Veränderung, die gezeigt werden sollte, zeigt sich. Der Umgang mit Handlungsaufforderungen bleibt für die Schülerinnen und Schüler in der Repräsentation des Aufstellens auf einer kommunikativen, gegenständlichen Ebene. Bezüge zur eigenen Lebenswelt oder allein der Charakter einer Aufforderung können nicht aufgegriffen oder diskursiv verhandelt werden.

Dies wird insbesondere im kontrastierenden Vergleich zum Umgang mit Handlungsaufforderungen als Reflexion im politischen Modus in der Lerngruppe *Kästner* deutlich. Die Schülerinnen und Schüler beschäftigen sich dort im Rahmen der Zukunftswerkstatt zum Thema „Globalisierung" (s. S. 229ff.) mit Handlungsmöglichkeiten. Ihre Auseinandersetzung ist durch das selbst gewählte Thema bestimmt und durch die Anerkennung der Schülerinnen und Schüler als ein Problem gerahmt. Die Einsicht, dass Handeln nötig wäre, entsteht demnach aus einer eigenen Bewertung heraus und legitimiert die Handlungsnotwendigkeit. Sie generieren dabei eigene Umsetzungsmöglichkeiten. Die Jugendlichen entwickeln zur Lösung eines globalen Problems am Beispiel der Klimaerwärmung zahlreiche Handlungsmöglichkeiten auf politischer Ebene. Der Prozess ist insgesamt durch die Themen und Ideen der Schülerinnen und Schüler bestimmt. Die Lehrkraft hat hier lediglich den organisatorischen Rahmen vorgegeben, in dem sie sich eigenständig mit den Themen auseinandersetzen. In der Gruppe *Fontane* dagegen suggeriert die Struktur des „Meinungsbarometers" klare und eindeutige Pole von Handlungswirksamkeit, zu denen man sich verhalten kann und legt auch eine klare Unterscheidbarkeit von wirksamen Handeln und Nicht-Handeln zugrunde. Durch die Anmerkungen der Schülerinnen und Schüler wird deutlich, dass diese vereinfachte Darstellung nicht ausreicht. Auch Handlungsebenen jenseits des individuellen (Alltags-)Handelns können für die Jugendlichen im Umgang mit Handlungsaufforderungen relevant werden, wie im Beispiel „Umsetzungsideen zum Umwelthaus" (s. S. 239ff.) sichtbar wird. Dort werden Handlungsmöglichkeiten auf der politischen Handlungsebene verhandelt. Der Rahmen des Meinungsbarometers hingegen legt die Schülerinnen und Schüler auf ihre individuelle Verantwortung fest. Die Positionierung der Lehrkraft gibt zudem einen moralischen Maßstab vor. Das Thema Handlungswirksamkeit wird von Seiten der Schülerinnen und Schüler lediglich als ein weiteres zu vermittelndes Thema aufgenommen. Während im Modus der Reflexion über Nicht-Handeln (s. S. 210ff.) die an die Schülerinnen und Schüler herangetragenen Handlungsaufforderungen abgewiesen und die eigene Passivität legitimiert werden, gibt es im Arrangement des Barometers keinen Raum dafür.

Allerdings weist der wiederholte Versuch der Differenzierung durch die Jugendlichen der Gruppe *Fontane*, dass mit der Position nicht individuelles Handeln gemeint sei, ebenfalls auf eine Verantwortungsdelegation an ein Kollektiv hin. In der Delegation individueller Verantwortung und in der Betrachtung von Handlungsaufforderungen auf einer kommunikativen Ebene bestehen Gemeinsamkeiten zwischen allen hier betrachteten Gruppen: Die Verantwortung für Handeln wird weitgehend an ein Kollektiv, in der Gruppe *Kästner* zum Beispiel an die politischen Akteure (s. S. 229ff.), delegiert. Individuelle Handlungsmöglichkeiten kommen nicht in den Blick. Die Bedingung, dass Handeln nur wirksam ist, wenn Alle etwas tun, verschiebt die Verantwortung in eine unbestimmte Zukunft und entlastet von der individuellen Verantwortung.

In der Zusammenschau mit der Sequenz „Podiumsdiskussion Steak und Regenwald" (s. S. 158ff.) aus der gleichen Stunde zeigt sich durchgängig eine Strukturierung im Lehrmodus der Themenvermittlung. Die Lehrkraft lässt durch die engen Vorgaben wenig Raum für eine Mitgestaltung durch die Jugendlichen. Sie positioniert sich zudem eindeutig. Handlungsaufforderungen können nicht diskutiert und reflektiert, Motive und mögliche Hinderungsgründe für individuelles Handeln nicht thematisiert werden. Die in der Podiumsdiskussion beschriebene Umgangsform der Schülerinnen und Schüler mit Perspektivität als Reproduktion, setzt sich in dem hier beschriebenen reproduzierenden Umgang mit Handlungsaufforderungen fort. Der Lehrmodus der Themenvermittlung scheint hier den Reproduktionsmodus zu bedingen.

Der Kompetenzerwerb der Schülerinnen und Schüler wird auf der Ebene einer „Testperformanz", also wie sie sich im Flur aufstellen, sichtbar und diese entspricht der Reproduktion des vermittelten moralisch-ethischen Maßstabs, dass man etwas tun müsste. Eine Aussage über eine Orientierung der Schülerinnen und Schüler ist in diesem Setting nur einschränkt möglich, da kaum schülerseitige Prozesse erkennbar werden. In der Gruppendiskussion nach der Unterrichtseinheit zeigt sich jedoch auch, dass die Themen keine Relevanz entfalteten. Es entstanden weder zum Thema der Unterrichtseinheit selbst, noch zu möglichen Handlungsoptionen selbstläufige Passagen, die auf eine mögliche Bedeutungszuschreibung schließen ließen. Die Reproduktion von Handlungsaufforderungen wird auch in der folgenden Sequenz anschaulich.

Sequenz: Präsentation Nahrung

In dieser Unterrichtssequenz findet eine Schülerpräsentation im Rahmen der Unterrichtseinheit „Ökologischer Fußabdruck und Klassenfahrten" am *Anne-Frank-Gymnasium* statt. Die Schülerinnen und Schüler hatten sich als Einstieg in die Gruppenarbeiten mit Berechnungsbeispielen des ökologischen Fußabdrucks auseinandergesetzt. Aus der Systematik der Berechnungsbeispiele wurden unterschiedliche Themenbereiche (z.B. Nahrung, Mobilität) abgeleitet, den sich die Gruppen zuordnen konnten. Die Schülerinnen und Schüler sollten diese Themen selbstständig anhand eines von der Lehrkraft vorgegebenen Readers in zwei Doppelstunden und als Hausaufgabe erarbeiten und anschließend präsentieren. Für die Schülergruppen waren die Inhalte so weitgehend vorgegeben.

Die Schülergruppe, die im Folgenden ihre Ergebnisse präsentiert, hat das Thema „Nahrung" bearbeitet. Während der Präsentation pinnen die Vortragenden Karten mit entsprechenden Stichpunkten an eine Pinnwand (das „Endergebnis", s. Abb. 31).

Gruppe *Frank*, Sequenz: Präsentation Nahrung, vh(1), Min. 5.42-6.35

```
Am    Also. Wir haben (Nahrung), Statistiken haben halt gezeigt dass (.) de-i dass
      Nachfragen nach Biolebensmittel immer mehr steigt, da stellt sich natürlich die
      Frage- warum sollen wir Biolebensmittel kaufen. (4) Ähm des liegt daran, dass
      Biole- äh Lebensmittel einfach viel umweltfreundlicher sind, es werden bei der
      Produktion keine.-Düngemittel oder pflanzliche Behandlungsmittel (.) verwendet,
      (6) zudem ist der CO-Zwei-Ausstoß bei der Produktion viel geringer, (3) und (.)
      [schnieft] das ist halt auch besser für den Menschen, da eben bei den Lebensmittel
      keine Schadstoffe oder;-(ähnliche) vorkommen.
Mef              / °@(2)@
?f               / °@Aha-okay.@ ° (5)
?m/f  [murmeln unverständlich(2)]
```

Der Bereich „Nahrung" wird über den Schwerpunkt „Bio-Produkte" eingeführt. Der Konstatierung des steigenden Konsums schließt sich ohne eine weitere inhaltliche Erläuterung eine rhetorische Frage aus der Perspektive des Konsumenten an, der nach Gründen für den Kauf von Bio-Lebensmitteln fragt. Die Frage leitet eine Legitimation des Kaufes von Bio-Produkten ein und wird an ein „wir" gerichtet. Damit steht die individuelle Handlungsaufforderung Biolebensmittel einzukaufen im Raum. Diese wird anhand der genannten Argumente plausiblisiert: Die Lebensmittel seien letztlich besser für den Menschen. Das Thema ist damit nicht „Nahrung" oder „Biolebensmittel", sondern die Legitimation des Kaufes von Biolebensmitteln, der als „richtige" Handlungsweise dargestellt wird. Das entspricht der inhaltlichen Aussage des Materials, das den Schülerinnen und Schülern für die Gruppenarbeit zur Verfügung gestellt wurde:

> **Bioprodukte bevorzugen:**
> Biolebensmittel sind durch die klimaschonende Anbaumethode klar im Vorteil. Im Vergleich zu konventionell angebauten Lebensmitteln ist der CO2-Ausstoß bei der Produktion von Biolebensmitteln geringer. Der Grund liegt zum Beispiel im Verzicht auf chemisch-synthetische Pflanzenbehandlungs- und Düngemittel, deren Herstellung sehr energieaufwendig ist. Außerdem sind ökologisch bewirtschaftete Böden aufgrund des höheren Humusgehalts in der Lage, mehr Treibhausgase zu binden (circa 35 bis 50 Tonnen Kohlendioxid pro Hektar!). Biolebensmittel essen bedeutet auch unbelastet genießen, denn sie weisen erheblich weniger Rückstände von Schadstoffen auf.

Abb. 29   Auszug aus dem vorgegebenen Material (Quelle: http://www.oekolandbau.de/ jugendliche/thema-des-monats/februar-2011-klima-im-wandel-retter-gesucht/)[48]

Die genauen Zusammenhänge werden nicht wiedergegeben, abstrahiert wird die Forderung Bio-Lebensmittel zu konsumieren.

Bm, der zweite Vortragende, beschäftigt sich direkt im Anschluss mit ökologischer Landwirtschaft und der Bedeutung regionaler Herstellung:

Gruppe *Frank*, Sequenz: Präsentation Nahrung, vh(1), Min. 8.00-8.54

Bm   So dann haben wir noch, regionale- Erzeugnisse-und keine-Flugtransporte-das-heißt (2) warum regionaler Anbau? Ganz einfach deswegen (.) da der Ertrag, - also- da man halt (.) durch die Flugzeuge und (energiereichen) Transport- sehr viel Energie verbraucht, werden immer-°m° (.) durch den Anbau von regional, ähm- Leben- Lebensmitteln (.) viel mehr Energie sparen kann. Ein gutes Beispiel ist die Gurke, (.) damit man-s sich vorstellt, ein Kilogramm Gurken, da brauchen- wenn
?   /[Beginn lauter werdendes, brummendes Geräusch]
Me   /°@(.)@°
Bm   wir-jetzt-ganz normal aufm Feld anbauen hundertsiebzig (.) erzeugen; hundertsiebzig Gramm,- CO-Zwei, wenn man an- hingegen aber- diese Gurken im Treibhaus anbaut (.) verbraucht man zweitausenddreihundert Gramm.
Af   /[flüstert(3)]
Me   °[Murmeln im Klassenraum (16)]°

Bm stellt die regionale Produktion vor und leitet mit der Frage nach dem Warum eine Legitimation ein: Man kann Energie einsparen. Als Beispiel dient die Gurke. Während der regionale Anbau vor allem die Einsparungen der Trans-

---

48 Ganzer Artikel im Anhang (Anhang 3).

portkosten ermögliche, bezieht sich das gewählte Beispiel auf den Vergleich von Freiluftanbau und Treibhaus. Dieses Beispiel findet sich auch im vorgegebenen Material für die Gruppenarbeit (s. Abb. 30).

> **Das saisonale und regionale Angebot an Obst und Gemüse nutzen:**
>
> Klimaschützer kaufen möglichst regional und saisonal. Sehr deutlich wird das am Beispiel von Gurken. Wächst die Gurke zum Beispiel im Winter im beheizten Treibhaus oder unter dem Folientunnel heran, verursacht ein Kilogramm des beliebten Gemüses einen CO_2-Ausstoß von 2.300 Gramm. Im Freiland bringt es die gleiche Menge Gurken lediglich auf 170 Gramm. Wenn die Gurke dann noch auf dem ökologisch bewirtschafteten Acker um die Ecke wächst und nicht schon um die halbe Welt gereist ist, fällt die Bilanz noch günstiger aus. Je regionaler und saisonaler wir einkaufen, desto kürzer und damit klimafreundlicher ist der Transportweg.

Abb. 30   Auszug aus dem vorgegebenen Material (Quelle: http://www.oekolandbau.de/jugendliche/thema-des-monats/februar-2011-klima-im-wandel-retter-gesucht/)[49]

Der vergleichbare Aspekt ist der CO2-Ausstoß, der aber in der verkürzten Wiedergabe der inhaltlichen Aspekte aus dem Material auf unterschiedliche Entstehungsursachen, den Transport und den Anbau, zurückgeht.

Die Aufforderung zum Handeln wird an keinen konkreten Adressaten gerichtet, sondern wird als ein Thema, ein Inhalt, präsentiert und über ein Beispiel veranschaulicht. Die Gründe für den Konsum regionaler Produkte und das Beispiel werden dem Material entnommen. Der CO2-Ausstoß fungiert als allgemeines Argument und wird in den Ursachen nicht differenziert. Die allgemeine, leitende Maxime ist, die CO2-Produktion zu reduzieren.

Die dritte Vortragende ergänzt im Anschluss an Bm, dass man saisonales Gemüse und frische Produkte, keine Tiefkühlprodukte kaufen solle, das sei weniger klimabelastend. Auch dieses Thema ist im Material enthalten. Anschließend führt das vierte Mitglied der Gruppe aus:

Gruppe *Frank*, Sequenz: Präsentation Nahrung, vh(1), Min. 10.34-12.18

Cf   Also dann noch ne andre Weise um ähm den Zeh-Oh-Zwei-Ausstoß zu verringern- das ähm- energieeffiziente Haushaltsgeräte zu benutzen;-ähm- es heißt (.) ähm (2) also-es- beim- bei der Neuanschaffung gibt es ähm- zwei Varianten von (Küchen)geräten, einmal die die mit nem ähm- Ah-Plus-Plus gekennzeichnet sind, das sind die ähm (.) umweltschonenden, ähm (.) Waren,-und dann °die- mit- nem; °Geh,-gekennzeichnet sind, (8)

---

49   Ganzer Artikel im Anhang (Anhang 3).

Me	@(2)@
Cf?	/Hat überhaupt keine (@Spitze@). °@(.)@°,
?m	/°Hm?° (3)
Me	@(2)@ (3)
Cf	Und dies is die eher die-ähm- umweltungünstigste Variante.-ähm bei-der-Neuanschaffung soll mehr darauf geachtet werden dass diese- bessere Variante gewählt wird; und ähm (.) die Geräte sollten auch erst ähm- ausgetauscht werden
?	/[hustet]
Cf	wenn sie wirklich nicht mehr funktionieren und auch nicht mehr zu reparieren sind. (5) Und dann eben sollte noch berücksichtigt werden dass man bei der ähm- Einkaufsfahrt- ähm (2) mit dem Auto ähm (.) nee mit- eher zu Fuß oder dis
Mef	/@(.)@
Cf	Fahrrad nimmt weil ähm- das mit dem Auto das verschlechtert eben die Klimabilanz erheblich, und ähm (.) ja;- und dadurch werden die ganzen Anfänge die vorher beim Kauf von Bionahrung oder so- ähm an- (.) betätigt wurden (.) werden somit zunichte. (.) [Klopfgeräusche (8)]
Am?	/Dankeschön;

Cf führt in ihrem Beitrag eine weitere Möglichkeit an, den CO2-Ausstoß zu verringern: Energieeffiziente Haushaltsgeräte. Sie stellt damit ebenfalls Handlungsweisen vor, die darauf zielen CO2-Ausstoß zu vermeiden. Auch ihre Ausführungen entstammen dem Material, das der Gruppe für ihre Recherche zur Verfügung gestellt wurde. Die Gründe für dieses Ziel werden nicht explizit; die Thematisierung der Handlungsmöglichkeiten ist leitend für die Präsentation. Was die Bezeichnungen der Geräte genau bedeuten, wird nicht ausgeführt. In der Schilderung zum Kauf neuer Haushaltsgeräte wird ein „man", ein abstrakter Adressat („es sollte darauf geachtet werden") angesprochen. Das Thema wird nicht in Bezug zum eigenen Erfahrungsraum gesetzt, aber die Kategorisierungen A++ oder G werden als Orientierungsmöglichkeiten für energiesparendes Verhalten dargestellt.

Handlungsmöglichkeiten, die im Material formuliert werden, werden in dieser Präsentation aneinander gereiht und reproduziert, nicht näher beleuchtet oder hinterfragt. Die möglichen Handlungsaufforderungen werden dem zentralen Ziel „CO2 einzusparen" zugerechnet. Siegel oder Klassifizierungen werden übernommen. Die Reihung der Handlungsotpionen und der Fokus darauf bilden sich auch in der Präsentationsform der Gruppe ab: Die nebeneinander aufgereihten Sechsecke stehen für die jeweiligen Handlungsmöglichkeiten: „Bio-Lebensmittel", „ökologisch erzeugte Lebensmittel", „saisonales Gemüse und Obst aus dem Freiland" oder allgemein „einkaufen auf ökologische Weise". Darunter sind auf den Kreisen zu der Frage „warum" („Warum Ökobetriebe?") jeweils die Argumente oder wichtige Aspekte aufgeführt, wie beispielsweise die unterschiedlichen Energieeffizienzstufen der Haushaltsgeräte.

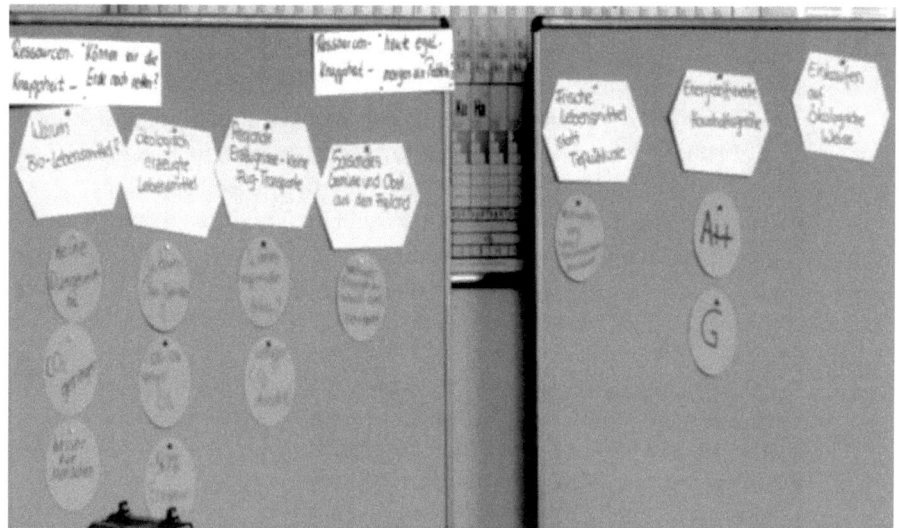

Abb. 31　Präsentation Nahrung Endergebnis[50]

Die Zusammenschau dieser Punkte und ihre inhaltliche Strukturierung folgt weitgehend einem der vorgegebenen Artikel[51]. Die Punkte fokussieren das Kaufverhalten als Thema. Die Schwerpunkte des Materials, jemanden zu einer Verhaltensänderung zu bewegen, werden übernommen und reproduziert. Der Adressat bleibt abstrakt und es werden keine Bezüge zum eigenen Verhalten, zur eigenen Lebenswelt hergestellt. Handlungsaufforderungen als solche werden hier nicht relevant. Auch eine Bewertung oder kritische Auseinandersetzung ist nicht beobachtbar.

Dies wird im kontrastierenden Vergleich zu der Sequenz „Diskussion Kleiderkonsum" der Gruppe *Schiller* (s. S. 213ff.). Dort setzen sich die Schülerinnen und Schüler in einer lehrergeleiteten Diskussion mit möglichen Veränderungen des Konsumverhaltens vor dem Hintergrund der Probleme der Textilarbeiter/innen in Bangladesch kritisch auseinander. Handlungsoptionen innerhalb des Themengebietes Textilproduktion werden nach der Durchführung eines Rollenspiels (s. S. 170ff.) entwickelt und im Verlauf weiterer Diskussionen von den Jugendlichen als nicht umsetzbar bewertet. Das eigene Nicht-Handeln wird vor dem Hintergrund der erarbeiteten Expertise legitimiert. Letztlich kommen sie durch einen eigenen Bewertungsprozess und die Ausarbeitung

---

50　Vergrößertes Bild mit Inschriften, s. Anhang 4.
51　Artikel verfügbar unter http://www.bfeoe.de/hintergrund/eif_0507_130_137_1U.pdf (Zugriff 10.01.2013).

anderer, wichtigerer Motive zu einer Ablehnung der Handlungsaufforderungen. Die Handlungsmöglichkeiten werden in der Auseinandersetzung entwickelt und die Entscheidung, ob und inwiefern sie handeln können oder nicht, eigenständig getroffen. In dieser Präsentation hingegen werden die Handlungsmöglichkeiten, unabhängig von ihrer konkreten Umsetzbarkeit, vom Material ausgehend gesetzt, also nicht selbst exploriert, und nicht weiter verhandelt.

In der sich direkt anschließenden Rückmeldung durch das Plenum wird die Leistung der Präsentationsgruppe betrachtet:

Gruppe *Frank*, Sequenz: Präsentation Nahrung, vh(1), Min. 12.21-13.41

Ff Ja ich fand euren Vortrag eigentlich ganz gut, und ich fands auch gut dass ihr euch so (abgewechselt) habt,-weil (.) da hat man- besser zugehört, weil bei mir isses oft so dass ich dann wenn ich- eine Person die ganze Zeit höre °dass (ich dann auch ma;°) abschalte, und ähm (.) was mir aber aufgefallen is is dass ihr ähm (.) ziemlich- bei jedem (.) ähm (Topoi) wenn ich das mal so sagen darf,-überall steht (.) Zeh-Oh-Zwei geringer (dann) Zeh-Oh- Zwei;- weniger-Zeh-Oh-Zwei; äh- das hätte man vielleicht irgendwie zusammenfassen können; ganz als- wie so ein Folgepfeil-°dann so°.(.) Aber sonst wars gut.°(2)
Am? °(@(.)@)° (2)
?f   (Habt ihr noch was zu sagen?)
Me   °@(.)@°
Bm   Ja
Ef   Ahm- ja ich fands auch gut dass die ähm Überschriften so da nochmal in so kleinere Teile gegliedert waren. (2)
Bm   Ja,
Gf   Ja ich-fands gut verständlich und fands gut dass ihr erst gesagt habt, also erst ähm (.) alles beschrieben habt und dann ähm- erst die- runden;-die Kreise drangehängt habt-°da°;-weil- das hat man °euch°-äh zugehört,-und da konnte man es nochmal nachvollziehen; (3)
Bm   °Ja°
?m   Von weiter weg war das ein bisschen schwer zu lesen;-°dass mit den°(.) äh (.) (Weißen da °(3) rote Schrift   .)° (2) aber sonst war gut-
Af?   /°(Is komisch.)° (2) Mmm? (7)

Die Rückmeldungen der Mitschülerinnen und -schüler koordiniert die Gruppe eigenständig. Der erste Kommentar bewertet die Abwechslung der Sprecher positiv, die einen Nachvollzug der inhaltlichen Ausführungen erleichterte. Die Inhalte der Präsentation selbst werden nicht thematisiert, nur die Art und Weise der Gestaltung zur Darbietung der Inhalte. Das gilt auch für die nachfolgenden Rückmeldungen, die die Verständlichkeit, Nachvollziehbarkeit und die zeitliche Abfolge der Präsentationsschritte ansprechen. Mit dem Hinweis auf die schwere Lesbarkeit der Karten aus der Entfernung, ist die schülerinterne

Rückmeldung beendet. Deutlich wird, dass die Kommentare des Plenums die formale und organisatorische Präsentation der Informationen zum Gegenstand haben und diese bewerten. Die Bewertung fällt insgesamt sehr positiv aus und schätzt die methodische Gestaltung wert. Die Inhalte selbst rücken in den Hintergrund. Die formulierten Handlungsaufforderungen als normativ-moralische Forderungen werden entsprechend nicht als solche thematisiert und bleiben im Raum stehen. Sie werden im Vergleich zu den Diskussionen in den Sequenzen „Diskussion Kleiderkonsum" (s. S. 213ff.) und „Erkenntnisse aus dem Schlingenspiel" (s. S. 223ff.) nicht in ein Verhältnis zur eigenen Lebenswelt gesetzt. Für das Plenum wird damit ein Fokus auf die Qualität der Vermittlung deutlich.

Handlungsaufforderungen reproduktiv zu bearbeiten, zeigt sich in den beiden vorgestellten Sequenzen „Meinungsbarometer" (s. S. 194ff.) und „Präsentation Nahrung" (s. S. 205ff.) gleichermaßen, unabhängig von den Inhalten. In beiden Sequenzen beziehen sich die durch die Lehrkraft oder das Material kommunizierten Handlungsaufforderungen auf das individuelle Konsumieren, für das ethisch-moralische Maßstäbe gesetzt werden. Seitens der Lehrkräfte findet damit eine moralische Kommunikation statt, die den „richtigen" Weg aufzeigt. Auf Seiten der Schülerinnen und Schüler bleiben diese Aufforderungen abstrakt und entfalten keine handlungspraktische Relevanz. Der reproduzierende Umgang mit Handlungsaufforderungen zeigt sich in weitgehend geschlossen strukturierten Bedingungen, die durch den Lehrmodus der Themenvermittlung bestimmt sind, in dem die konkreten Inhalte und Vorgehensweisen durch die Lehrkräfte und das Material vorgegeben werden. Der Modus der Reproduktion lässt sich von der Reflexion über Nicht-Handeln sowie der Reflexion im politischen Modus abgrenzen.

3.2 Reflexion über Nicht-Handeln

Der Umgang mit Handlungsaufforderungen als Reflexion über Nicht-Handeln zeichnet sich dadurch aus, dass der Handlungsanspruch zwar auch auf einer kommunikativen Ebene verhandelt wird, dass aber im Unterschied zum reproduktiven Umgang die Notwendigkeit, etwas zu verändern, aufgrund von bekannten Missständen geteilt wird und die Schülerinnen und Schüler den Handlungsanspruch anerkennen. Gleichzeitig werden die Gründe für das eigene Nicht-Handeln ausgearbeitet und die moralischen Ansprüche im Hinblick auf den individuellen Handlungsraum abgewiesen. Diese Umgangsform wurde auch im Rahmen der Studie von Asbrand (2009a) herausgearbeitet. In dieser Studie sind es Gymnasialschülerinnen und -schüler, die den moralischnormativen Ansprüchen, z.B. in der Auseinandersetzung mit den Problemen in der Bananenproduktion, auf der Ebene theoretischer Bewertungen zustimmen und auch mögliche Handlungsoptionen theoretisch diskutieren. Die Handlungsoptionen können aber nicht enaktiert werden. Vielmehr arbeiten sie demgegenüber ihre eigene Handlungspraxis aus, wie auch die Schülerinnen und Schüler in dieser Studie, die geleitet ist von anderen Motiven, wie z.B. dem Interesse an preiswerten Produkten. Die eigene Handlungspraxis ist aber geprägt von Unsicherheit und Passivität (vgl. auch Asbrand 2009a, S. 70ff.).

Die durch die Lehrkräfte formulierten moralischen Appelle können theoretisch als Strategie der Komplexitätsreduktion betrachtet werden (vgl. zu Strategien der Komplexitätsreduktion, Asbrand 2009a, S. 238ff.). Die Moral legt nach Luhmann (1984) die Bedingungen für gegenseitige Achtung oder Missachtung fest und die Moralisierung von Themen ermöglicht auch „(...) zu zeigen, daß man auf die Achtung bestimmter Partner keinen Wert legt" (ebd., S. 216). Sie ermögliche zudem „Distanzgewinne" zu akzentuieren. Die Moralisierung stellt damit in sozialer Dimension eine Struktur zur Reduktion von Komplexität dar, die allerdings zunehmend dysfunktional wird. In der heutigen Gesellschaft stößt die Vorgabe einer Moral an Grenzen. „Für komplexer werdende Gesellschaften wird eine Gesamtprogrammierung der Sozialdimension in der Form von Moral zunehmend inadäquat – teils, weil die Toleranzzone der Moral zu weit gedehnt werden muss, und teils, weil alles Ausgeschlossene moralisch diskreditiert werden muß; und praktisch: weil beides zugleich geschieht und die Moral dadurch pluralisiert wird" (ebd., S. 122). Die Reflexion über Nicht-Handeln und die Abweisung individueller Verantwortung durch die Schülerinnen und Schüler können als Reaktion auf die Vorgabe eines moralischen Maßstabs in Form von Handlungsoptionen beschrieben werden. Das Konsumverhalten diskutieren die Jugendlichen entsprechend in moralischen Kategorien, wie z.B. Schuld. Sie konstatieren aber die Umsetzung abstrakter Prinzipien in der eigenen Handlungspraxis als nicht umsetzbar und entwickeln Entschuldigungsstrategien, um das eigene Nicht-Handeln zu legitimieren (vgl. Asbrand 2009a, S. 70ff.). Die Charakteristik einer Handlungsaufforderung wird als Anfrage an das eigene Handeln und die persönlichen Maßstäbe und Gewohnheiten wahrgenommen. Diese Infragestellung evoziert eine Auseinandersetzung mit ethischem Konsum sowie eine Rechenschaftslegung für das eigene Handeln.

Sequenz: Diskussion Kleiderkonsum

Die Umgangsform mit Handlungsaufforderungen als Reflexion von Nicht-Handeln zeigte sich u.a. in der Lerngruppe *Schiller*. Die Unterrichtssequenz, die hier zur Veranschaulichung herangezogen wird, findet in der Unterrichtsstunde nach der Podiumsdiskussion statt (vgl. Sequenz „Podiumsdiskussion Textilproduktion", S. 170ff.). Es ist die vorletzte Stunde der Unterrichtseinheit. Die zuvor begonnene Podiumsdiskussion wurde zunächst fortgesetzt, anschließend übernimmt die Lehrkraft die Moderation des Gesprächs und lenkt es auf das Thema Handeln. Hier, wie beispielsweise auch in der Unterrichtssequenz „Meinungsbarometer" (s. S. 194ff.), wird gegen Ende der Unterrichtseinheit das Thema Handeln zum Gegenstand. Das Fotogramm (Abb. 32) zeigt das Arrangement der Unterrichtssituation kurz nach der ersten Frage der Lehrkraft.

Abb. 32   Fotogramm Sequenz: Diskussion Kleiderkonsum, vh(2), Min. 30.02

Das räumliche Arrangement legt für das Plenum eine rezipierende Haltung nahe. Die Rederechtverteilung ist an dieser Stelle durch Melden organisiert und damit die Situation der Podiumsdiskussion aufgelöst, da sich auch die vorne sitzenden Schülerinnen und Schüler melden. Das Gespräch wird wieder durch die Lehrkraft gesteuert; sie ist Adressat der Meldungen und hat eine leitende Funktion inne. Die Ausrichtung der Schülerinnen und Schüler auf die Lehrkraft unterstreicht ihre wieder zentrale Rolle und markiert die Differenz zur Podiumsdiskussion (zum Arrangement der Podiumsdiskussion, s. Abb. 23). Die Neu-Organisation durch die Lehrkraft etabliert ein Lehrer-Schüler-Gespräch.

Die Rolle der vorn sitzenden Schülerinnen und Schüler verändert sich. Sie werden wieder zu einem Teil des Plenums, für das bestimmte Regeln gelten und an die die Frage der Lehrkraft in gleicher Weise wie an die anderen gerichtet ist. Drei Schülerinnen und Schüler aus dem Podium melden sich, aber auch eine Schülerin aus dem „Publikum". Gleichzeitig sitzt die Lehrkraft vorne auf einer Höhe mit den Schülerinnen und Schülern, womit die Situation noch an die Podiumsdiskussion gebunden bleibt. Die Teilnehmer/innen der Podiumsdiskussion bleiben in ihrer exponierten Stellung, haben also trotz des Meldens noch Aspekte ihrer Rollen inne. Die Beteiligung mehrerer Schülerinnen und Schüler zeigt eine gewisse Relevanz und Anschlussfähigkeit des Themas an. Die Sequenz wurde durch die folgende Frage der Lehrkraft eingeleitet.

Gruppe *Schiller*, Sequenz: Diskussion Kleiderkonsum, vv (1), Min. 28.45-30.49

L   Ähm kommen wir mal weg von diesem ähm (.) von dieser medizinischen Auswirkung oder von dieser Allergieauswirkung von den Kleidern, ihr habt ja gesehen (.) dass das also man muss nicht unbedingt jetzt ne Allergie äh von bekommen, (.) nichtsdestotrotz sind ja immer noch die gleichen Unt- äh Probleme da, nämlich (.) äh die Probleme der öhm der Arbeiter in den Ländern, (2) ähm (2) was habt ihr damit zu tun? (.) Was könnt ihr ähm (2) was hat das für eu- für euch für Konsequenzen als (.) Verbraucher oder als als Käufer, ich mein ihr geht (.) ähm (.) wenn ihr wenn ihr überlegt wie oft ihr (.) ähm jetzt Klamotten kaufen geht, (.) was hat das Problem mit euch zu tun? Hat das überhaupt was mit euch zu tun? [räuspert sich] °Gf°

Gf Ja ich denk mal irgendwie profitieren wir ja alle davon, dass es den Arbeitern da unten so schlecht geht und wir hier unsere Klamotten billig kaufen können, (.) aber im Endeffekt (2) gibts ja heutzutage eigentlich so ziemlich kein Geschäft mehr, (.) wo man sich sicher sein kann dass die irgendwie (.) fair oder so hergestellt wurden; (.) und deswegen (2) kann man ja so als normaler Käufer denk

Im   / (   )

Gf ich nicht viel dagegen machen, (.) weil man einfach nicht weiß, (2) wo man seine Klamotten sonst kaufen kann

L   (   )

Cf Ja wir unterstützen das ja auch praktisch(.) wenn die wenn die ähm (.) T-Shirts oder so die werden ja billig da produziert-die Arbeiter kriegen wenig Lohn, und wir (.) kaufen uns hier (.) was weiß ich (.) ne Hose für dreißig Euro, (.) und damit unterstützen wir ja die ganzen Aktionen immer

L   Dann kann kauf ich mir halt ne Hose für fünfzig Euro (5) Pm

Me   /[durcheinander (4)]

Pm Wenn man sich dann die Hose für fünfzig Euro kauft, (.) dann macht halt einfach der Unternehmer zwanzig Euro mehr Gewinn an der Hose; also das ändert eigentlich auch nichts

Me   Ja genau
[durcheinander]
L   Ja °(   )°
?f   Ja das Problem ist dass man (.) halt (2) dass es wirklich kein (so Siegel
     gibt) wo man halt sicher sein kann ( ) dann denken sich die Leute auch warum
     soll ich mehr ausgeben, wenn ich mir sowieso nicht sicher bin?
L   Ist halt die Frage obs dis gibt (2) weiß es jemand? (2) Gibts so ein Siegel wo man
     sagen kann ja wenn ich dis (.) äh (.) wenn ich dis kaufe dann, (2) is besser Am,
Am   Ja wenn made innn Deutschland oder (.) EU drauf steht oder so was, aber eben
     nicht Bangladesch

Die Lehrkraft wechselt das Thema, von den medizinischen Auswirkungen hin zu den aufgezeigten Problemen der Textilarbeiter[52]. Der globale Bezug wird damit umgehend als Problem markiert. Indem sie dieses Problem mit den Schülerinnen und Schülern als Verbraucher/innen verknüpft, leitet sie einen Handlungsanspruch ab und fordert eine soziale Perspektive auf das Thema „Kleiderkonsum" ein. Die Fragen der Lehrkraft unterstellen einen Zusammenhang zwischen den Problemen der Textilarbeiter und dem Kleiderkonsum der Jugendlichen, der nicht zur Diskussion steht („was habt ihr damit zu tun?"). Die Entscheidung, ob sie etwas damit zu tun haben, ist im Prinzip getroffen und wird mit einem moralischen Anspruch verbunden. Die Rahmung des Unterrichtsgegenstands als ‚Problem' führt zwangsläufig dazu, dass auch Problemlösung, Handlungsmöglichkeiten und Verantwortung thematisiert werden. Problematische Verhältnisse erfordern Veränderungen zum Besseren. Aus den geschilderten Problemen sollen entsprechend Schlussfolgerungen über das eigene Handeln gezogen werden. Eine Tendenz zur Moralisierung wird offenbar, wenn das Thema Handeln angesprochen wird.

Die Lehrkraft appelliert an das Verantwortungsbewusstsein und die Involviertheit der Jugendlichen als Konsumenten, verbunden mit der Erwartung, das eigene Verhalten zu reflektieren („wie oft geht ihr Einkaufen?" und „was hat das mit euch zu tun"). Die geschlossenen „W-Fragen" zielen auf eine Stellungnahme. Die Probleme der Arbeiter in den Ländern werden zum Ausgangspunkt für die Adressierung als „Verbraucher" und „Käufer", was bereits eine Verantwortung kennzeichnet. Der Fokus ist konkret auf das individuelle Handeln gerichtet, womit die Lehrkraft die Jugendlichen nicht mehr in der Rolle als bestimmte Experten/innen, die sie zuvor innehatten, anspricht (s. S. 170ff.), sondern in ihrer Eigenschaft als Konsumenten/innen. Die Lehrkraft gibt mit ihrer Nachfrage und der Organisation des Gesprächs die Art und Weise

---

52 Wenn im Text nur die männlichen Formen verwendet werden, ist dies die Beschreibung des Gesagten der Akteure, hier von der Lehrkraft, die nicht die geschlechtsdifferenzierenden Formen verwenden.

der Verhandlung sowie das konkrete Thema des Gesprächs vor. Es deutet sich damit, anders als in der Podiumsdiskussion (s. S. 170ff.) ein Lehrmodus der Themenvermittlung an, in dem ein spezifischer moralischer Maßstab durch die Lehrkraft gesetzt wird.

Gf, die zuerst aufgerufen wird, stellt heraus, dass „alle" davon profitierten, dass es den Arbeitern schlecht gehe, weil sie preiswerte Kleidung kaufen könnten. Sie thematisiert mit dem Hinweis auf fehlende Angebote, bei denen man sich über die Herstellungsbedingungen sicher sein könne, unsicheres Wissen über Handlungsalternativen. Ethischer Konsum wird als eine Sicherheit über die Herstellungsbedingungen konkretisiert, die aber nicht gewährleistet werden könne und deswegen das Nicht-Handeln im Sinne ethisch orientierten Konsums als Konsequenz mit sich bringt. Unsicherheit und fehlende Handlungsalternativen legitimieren die eigene Passivität. Cf elaboriert eine Ambivalenz zwischen dem Wissen um die schlechten Bedingungen der Arbeiter einerseits und dem eigenen Handeln andererseits. Sie weist dem Konsumenten eine klare Mitverantwortung zu. Das eigene Handeln wird als Gegenhorizont zu ethisch orientiertem Einkaufen erkannt. Die Verantwortung gegenüber den Arbeitern wird aber nicht handlungsleitend. Dass grundsätzlich Handlungsbedarf besteht, wird auf einer theoretisch-generalisierenden Ebene geteilt. Die eigene Schuldzuweisung führt in der Konsequenz dazu, dass sie sich für ein nicht ethischen Maßstäben entsprechendes Handeln „entschuldigen". Der ethische Konsum als Positivfolie ist nicht umsetzbar. Es geht um Schuld und deren Abweisung, um Legitimationsstrategien, die vor dem theoretischen Hintergrund des Wissens über die Arbeitsbedingungen notwendig werden.

In den beiden Antworten der Mädchen zeigt sich zudem, wie auch schon für die Lerngruppe *Dürer* beschrieben (vgl. z.B. die Sequenzen zur „Präsentation entwicklungspolitischer Organisationen", S. 138ff.), ein dichotomes Weltbild, in dem es auf der einen Seite die Profiteure, zu denen sie sich zählen, und die aktiven „Unterstützer" gibt und auf der anderen Seite die Verlierer, die Ausgelieferten oder „Opfer" der Umstände. Diese dichotome Betrachtung zeigt ein Bewusstsein über die eigene Zugehörigkeit zu den Profiteuren und die bestehenden hierarchischen Strukturen. Ethischem Konsum wird ein Enaktierungspotential abgesprochen und die Veränderung des eigenen Kaufverhaltens explizit zurückgewiesen.

Daraufhin interveniert die Lehrkraft mit dem Aufzeigen der Handlungsoption, teurere Kleidung zu kaufen, womit sie auf die Ausführung Cfs zum Kauf preiswerter Kleidung eingeht. Pm und ?f arbeiten auch zu diesem Vorschlag vor dem Hintergrund des erarbeiteten Wissens Gründe aus, die dagegen sprächen. Die Lehrkraft initiiert einen Widerspruch zu den Legitimationen der

Schülerinnen. Die Formulierung dieser Handlungsalternative als Lösung der Probleme fordert Argumente ein und die Ausführungen des Nicht-Handeln-Könnens heraus. Die einsetzende divergente Interaktion spannt sich zwischen den Schülerinnen und Schülern, die diese Verantwortung zwar erkennen, aber daraus keine für sich adäquaten Handlungsalternativen ableiten, und der Lehrkraft auf, die eine konkrete Handlungsoption vorschlägt. Pm und ?f führen die Legitimation des Nicht-Handelns fort und finden weitere Argumente, wie die Gewinnorientierung der Unternehmer, die unabhängig von der Marke und dem Preis der Kleidung vorherrsche. Die Beiden nutzen das erworbene Wissen zur Legitimation und Reflexion des Nicht-Handelns. Auch in ihren Ausführungen scheint die Unsicherheit als grundlegendes Motiv auf: Sie nehmen keine Hinweise, die ihnen sicheres Wissen über die Produktion der Kleidung vermitteln könnten, wahr bzw. formulieren die Unkenntnis eines geeigneten Siegels, an dem sich der Verbraucher orientieren könne. Das unsichere Wissen ist zentrales Element der Legitimationsstrategien für das eigene Verhalten. Die Schülerinnen und Schüler stellen sich als Teil eines Systems der Ungleichverteilung zwischen Profiteuren und Ausgebeuteten und gleichzeitig an die Angebote gebunden dar. Über das „Nicht-Handeln-Können" sind sie sich einig.

Die Aufforderung der Lehrkraft, sich in der Rolle als potentiell Handelnde zu begreifen, die durch ihr Verhalten Einfluss nehmen könnten, führt zu einer divergenten Interaktion, in dem der normative Anspruch einer Verhaltensänderung die Thematisierung von Handlungsaufforderungen leitet. Die Lehrkraft spricht Moral und Verantwortungsbewusstsein an und gibt eine inhaltliche Orientierung in Form von Handlungsoptionen vor, was mit der moralischen Kommunikation der Lehrkraft z.B. in der Sequenz „Meinungsbarometer" (s. S. 194ff.) vergleichbar ist. Die Steuerung durch die Lehrkräfte bestätigt hier wie dort einen Lehrmodus der Themenvermittlung, der die Unterrichtssequenzen strukturiert. Die Jugendlichen der Gruppe *Schiller* zeigen aber, anders als die Jugendlichen in der Sequenz „Meinungsbarometer", im Umgang mit den an sie gestellten Anforderungen keinen reproduzierenden, sondern einen reflektierenden Modus vor dem Hintergrund ihrer erworbenen Expertise. Sie erkennen die eigene Verantwortung oder auch Schuld auf der kommunikativen Ebene an und das Thema Handeln entfaltet hier eine Relevanz. Diese Anerkennung forciert aber das Entwickeln einer Legitimationsfigur, eine Entschuldigungsstrategie des Nicht-Handeln-Könnens, für die sie wiederum die Expertise, die sie sich in der Gruppenarbeit zuvor erarbeitet haben, nutzen. Obwohl in beiden Sequenzen seitens der Lehrkräfte moralische Appelle formuliert werden, gehen die Schülerinnen und Schüler aufgrund des unterschiedlichen Wissens, der differierenden Vorbereitung anders mit den Handlungsaufforderungen um. Die Schülerinnen und Schüler des *Friedrich-Schiller-Gymnasiums* haben in der Diskussion außerdem den Raum, die Auseinandersetzung mitzubestimmen und ihre Darstellungen zu differenzieren oder Motive darzulegen. Die Lehrkraft in der Gruppe *Schiller* identifiziert im Folgenden das Entschuldigungsmotiv des unsicheren Wissens, hier über ein Siegel, und gibt die Frage danach wieder ins Plenum. Sie verweist damit auf „Wissenslücken", die es zu schließen gälte. Ein Schüler gibt als Möglichkeit ethischen Konsums die Beachtung der Herstellungsländer an. Es wird deutlich, dass generell die europäische Produktion als gut reglementiert wahrgenommen wird und einen Gegenhorizont zu Bangladesch darstellt. Die Option eines Siegels, das über die Grenzen Europas hinweg Standards sicherstellen könnte, wird beispielsweise nicht aufgegriffen und kann damit nicht als Orientierung für ethischen Konsums fungieren.

Etwas später in der Diskussion, nachdem durch die Initiation der Lehrkraft auch das europäische Ausland im Hinblick auf die Produktionsbedingungen problematisiert wurde und noch einmal die Unsicherheit über ein entsprechendes Siegel angesprochen wird, fasst die Lehrkraft diesen Punkt zusammen.

Gruppe *Schiller*, Sequenz: Diskussion Kleiderkonsum, vv (1), Min. 32.50-35.21

L Ja also ist das ein Punkt was ihr auf jeden Fall in der nächsten Stunde rausfinden müsst, gibts irgendwie nen Siegel oder gibts irgendwelche Klamotten die (.) ähm (.) wo ich sicher sein kann das die Arbeitsbedingungen stimmen; (.) ja wir wissens ja jetzt noch nicht oder gibts ein Siegel wo ich sagen kann naja da guck ich halt mal drauf, (.) vielleicht <u>hat</u> H und M so was ja auch (.) ja? Oder ähm vielleicht gibt es ja bei anderen Firmen die vielleicht da irgendwelche Standards einhalten?
Me   /[leise durcheinander]
L Ja (.) müssten wir halt jetzt mal (2) müssten wir irgendwie <u>raus</u>finden ja (.) Em hat gesagt <u>weiß</u> ich nicht also ähm irgendwie die anderen <u>auch</u> nicht, (.) da war jetzt eben hinten noch eine Meld<u>ung</u>, (.) ähm war des (.) Bm °war des ja°
Bm Ja ich wollt nur sagen dass (.) wenn es irgendein Siegel geben würde, die würden ja erstens mehr kosten die T-Shirts dann (.) wenn die Arbeiter mehr Lohn bekommen, (.) und die (   ) mehr kaufen und wenn sie zum Beispiel jemand der nicht so viel Geld hat (.) (und wir   )
Em   /Ob das (.) ob das T-Shirt jetzt äh (.) zwanzig Euro kostet oder, (2) dann kauf ich mir auch notfalls dann dann ein T-Shirt für fünfundzwanzig oder dreißig Euro; (.) wenn da wenigstens (.) das Siegel dann da drauf (steht)
L Also ich mein-
Em   /Also die fünf bis zehn Euro machen da jetzt auch net son Unterschied
Me [durcheinander]
Bf (Em   )

L	/Wart mal grad (2) scht (2) könnt ihr (3) wart mal **ich hör nichts wenn ihr durcheinander quatscht**, (.) ich glaub Bm hatte was ( )
Me	[weiter durcheinander] /[wieder leise]
L	und dann noch der Gm und die Cf, könnt ihr nacheinander reden, dann weg- wegen auch wegen den Aufnahmegeräten (2)

Die Lehrkraft macht deutlich, dass die Unsicherheit durch fehlendes Wissen bedingt ist. Die Schülerinnen und Schüler sollen herausfinden, ob es ein entsprechendes Siegel gäbe, das Aussagen über die Herstellungsbedingungen macht. Sie greift damit die institutionalisierte Form des Siegels als Möglichkeit für ethischen Konsum auf. Die Kompensation des Nicht-Wissens wird als konkrete Aufgabe an die Jugendlichen gestellt und kennzeichnet es als bearbeitbar. Die Lehrkraft nimmt die thematisierte Unsicherheit auf und gibt die Bearbeitung in die Verantwortung der Schülerinnen und Schüler als Teil des Lernprozesses. Sie sollen weitere Handlungsmöglichkeiten selbst erkunden. Erkennbar wird eine Ambivalenz zwischen einer didaktisch-methodischen Offenheit und der damit verbundenen Verantwortung der Schülerinnen und Schüler, den Erkenntnisprozess selbstständig fortzusetzen, einerseits und dem gleichzeitigen Anspruch, konkrete Handlungsansprüche und -möglichkeiten aufzuzeigen, andererseits. Die Festlegung des Handlungsanspruches selbst und die Vorgabe konkreter Handlungsoptionen strukturieren letztlich die Gesprächsführung.

Bm entwickelt für die theoretische Möglichkeit, dass es ein solches Siegel geben könnte, bereits ein weiteres Legitimationsmotiv für das nicht ethisch orientierte Handeln: den Preis. Dass die Diskussion nahtlos weitergeht und erneut Motive für eine Abweisung von Handlungsalternativen aufgegriffen werden sowie die interaktive Zuspitzung zeigen die Bedeutsamkeit der Legitimation und gemeinschaftliche Abweisung des Handlungsanspruchs. Em widerspricht dem Preisargument und verweist darauf, dass eine geringe Preissteigerung vertretbar sei, woraufhin zu einem späteren Zeitpunkt – die Lehrkraft interveniert hier – eine antithetische Interaktion unter den Beteiligten entsteht. Ems Vorstoß arbeitet die unterschiedlichen Pole der Orientierung an der Reflexion von Nicht-Handeln der Gruppe aus. Zunächst wird die weitere Reihenfolge der Redner fortgesetzt:

Gruppe *Schiller*, Sequenz: Diskussion Kleiderkonsum, vv (1), Min. 34.07-35.21

L	Äh Bm du hattest grad ( )
Bm	/Ja aber (.) bei den T-Shirts die ( ) meistens oder hauptsächlich nur Marken ( ) oder so und da kosten dann fünf Euro oder so (.) und wenn dann ( )

Cm	/( )
Bm	( )
L	Ja also der Einwand von Cm ist richtig; (.) es ist egal von welcher Marke; [durcheinander]
L	Erstmal also
Cm	/Es ist genau dasselbe
Bm	Ja aber es macht auch einen Unterschied (.) ( ) Preisunterschied (kann mir keiner) sagen (dass
Cf	/( )
Bm	es egal is fünfzig Euro mehr)
L	Ja das müsste man rausfinden, (.) äh vielleicht die Unternehmer direkt da drauf, und dann dann bitte Pm, Sm, Gm und Cf, von auch direkt noch zu von Em
Cm	( ) Adidas für (.) fünfzig sechzig ( ) Euro T-Shirt kaufe, (.) ( ) oder eins von Kik für fünf Euro (2) und äh (.) sieht das Kik T-Shirt wahrscheinlich nicht so toll aus, (lachen mich ein paar Leute auch aus aber) letztlich hat nur der ähm der Kerl (.) also der Unternehmer
Me	/@Oah@
Cm	beziehungsweise die Händler, (.) haben dann da dran fünfzig mehr Gewinn gemacht (.) und da has- denen hats dann geholfen, aber den Leuten in Bangladesch denen is das (2) grad (2) egal, ob die jetzt da noch drei Streifen drauf nähen, oder ob sies so lassen wie es is; (3)

An dieser Stelle wird argumentiert, dass Marken-Kleidung unter den gleichen Bedingungen wie andere Kleidung hergestellt würde und der Unternehmer nur die Marke bezahlen ließe. Der Profit käme ausschließlich dem Unternehmer zugute, was auch Cm in seiner Rolle als Unternehmer-Experte bekräftigt. Die Lehrkraft bestätigt die Aussage des Experten. Kurz darauf nimmt sie allerdings auch die Unsicherheit darüber von Bm auf, wenn sie wiederholt darauf verweist, dass herauszufinden sei, ob es einen Unterschied macht. Es emergiert neuerlich die Diskrepanz zwischen didaktischer Offenheit und der Vermittlung und Beurteilung von Handlungsoptionen. Die Lehrkraft delegiert diese Aufgabe zunächst an die „Unternehmer". Cm führt fast beiläufig ein Motiv, trotzdem mehr Geld in Kleidung zu investieren, an: Der soziale Druck bzw. die Möglichkeit, dass man ausgelacht werden könnte. Die Legitimation wird so durch weitere Aspekte, die individuelles Handeln nach ethischen Maßstäben unmöglich machen, untermauert und der Preis sowie die Peerkultur werden als leitende Motive von Konsum deutlich, trotz des Bewusstseins, dass es den Profit der Unternehmer steigert. Die Arbeiter hätten in keinem Fall etwas von der teureren Kleidung. Die Unsicherheit des Wissens über die Wertschöpfungskette in der Textilbranche wird durch die Lehrkraft nicht aufgelöst, was die Schülerinnen und Schüler mit ihrer Unsicherheit konfrontiert. Die Lehrkraft bleibt jetzt in einer moderierenden Rolle und setzt keine zusätzlichen thematischen Schwerpunkte. Die durch die Intervention der Lehrkraft zunächst unterbundene Diskussion zu Ems Aspekt, Kleidung mit einem Siegel als Möglichkeit zu erwägen, wird dann wieder aufgegriffen und es entfaltet sich eine antithetische Interaktion unter den Diskutanten, der die Option eines „sicheren Siegels" zum Thema hat.

Gruppe *Schiller*, Sequenz: Diskussion Kleiderkonsum, vv (2), Min. 35.27-36.31

L	Ähm (.) zum nochmal zu der Aussage vom Em da hatte sich ja Gm und Cf direkt drauf gemeldet, (.) wisst ihr des noch?
Cf	Ich glaub dem kein Wort;
L	Wem kein Wort
Cf	Dem Em @(.)@ (.) das er dann so was mit Siegel kaufen würde, (.) und dann wär (2) (Nee glaub ich nicht)
Em	/ Ey die fünf Euro
Bf	/ (@Nee machste nich@)
Cf	Das glaub ich dir nicht
Em	Wenn das das wenn das das dasselbe T-Shirt ist ; (.) oder n T-Shirt d-d-das von mir aus ( )
Cm	/ Dasselbe T-Shirt ( )
Me	[durcheinander, Lachen]
Bf	/(Glaub ich dem trotzdem nicht)
Cf	/ (@das Gleiche@) (2) Also wenn da zwei T-Shirts hängen, ja, und das eine fünf Euro (.) teurer is, (.) dann kauf ich mir doch nicht das mit dem Siegel dann kauf ich mir eher das Billigere (.) oder?
Bf	Das ist doch normal ( ) also ( ) aber ( )
Cf	/Wenn das das Gleiche ist (2) ob da diese zwei Streifen drauf sind, (.) außerdem sind diese kleinen Streifen dann (auch fällig) und dann findest du das eh nicht schön (und dann)
Cm	/ Drei Streifen hat vor allem @von Adidas gell@
Me	@(2)@ [durcheinander]
Em	Wenns aussieht (.) wenns aussieht da- (.) wenns aussieht wie Klopapier ist klar dass ich das nicht kaufe (2) ja aber es muss ja nicht unbedingt aussehen, wie
Cf	/ Nee das Siegel ( ) (2) Ja siehste
Em	Klopapier, (2) ja bestimmt (.) alle alle Klamotten mit so nem Siegel sehen aus
Cf	/ Doch (.) (wetten)
Em	wie Klopapier (2) das Obst das so n Siegel hat ist alles vergammelt, (2) is einfach alles scheiße (2) das einzige (was noch dran is is das Siegel)
Me	/@(2)@ / [durcheinander]
Cf	So sozial wärst noch nicht mal du

Em hatte angedeutet, dass er mehr Geld für Kleidung mit einem Siegel ausgeben würde. Er hat damit das soziale Motiv, das Kriterium für einen ethischen Konsum, als ein potentiell leitendes bewertet, was hier in Frage gestellt wird. Die Lehrkraft bringt Ems Aussage in die Diskussion, indem sie diejenigen, die sich dazu gemeldet hatten, aufruft. Cf hebt den Stellenwert der Motive Preis und Peerkultur hervor und schließt aus, dass andere Motive für den Kleiderkauf bedeutsam werden könnten. Zwischen Cf und Em entsteht eine antithetische Interaktion, in dem die Orientierung deutlich hervortritt: sie teilen die Einsicht in die Handlungsnotwendigkeit, wüssten, was man tun könnte, aber letztlich wird wieder das Nicht-Handeln ausgearbeitet. Die beiden entwerfen gedankenexperimentell Bedingungen, unter denen so gehandelt oder anders gehandelt werden würde. Cf betont die Bedeutung des Preises beim Kauf und fügt ein ästhetisches Argument hinzu, dem Em zustimmt, dass die Kleidung nicht aussehen dürfe „wie Klopapier". Dieser metaphorische Vergleich betont die Wichtigkeit des ästhetischen Aspektes. Darin sind sich Cf und Em einig, nur dass Cf ausschließt, dass die Kleidung den Ansprüchen entsprechen könne. Die Kleidung muss zwar nicht „wie Klopapier" aussehen, aber tut es meistens. Em steigert diese Unterstellung zuletzt ins Absurde. Die metaphorische Dichte der Passage zeigt die Relevanz des Themas für die Schülerinnen und Schüler. Em greift auf den Bereich der Lebensmittel zurück, für den zuvor bereits besprochen wurde, dass dort solche Siegel bekannt sind. Er nutzt den Vergleich als Argumentationsstrategie, um den Generalverdacht von Cf zu widerlegen. Cf expliziert in der rituellen Konklusion den zentralen Aspekt: In der Erwägung Ems wäre enthalten, dass er sich gewissermaßen besser darstellen würde, als „sozialer" als die Anderen. Der inhaltliche, moralische Anspruch, der sich aus den Problemen der Arbeiter ergibt, würde von ihm angenommen werden, während die anderen, die dagegen argumentiert haben, nicht so verantwortungsvoll wären. Selbst die theoretische Erwägung, diesem Anspruch nachzukommen, wird von Cf abgelehnt. Damit endet die Auseinandersetzung und es bleibt, dass letztlich nicht gehandelt werden kann.

Der Umgang mit Handlungsaufforderungen zeichnet sich im Vergleich zu den Sequenzen, in denen ein Modus der Reproduktion rekonstruiert wurde (s. S. 193ff.), in dieser Lerngruppe dadurch aus, dass das ethisch orientierte Handeln als Thema relevant und anschlussfähig ist und sich eine interaktiv dichte Auseinandersetzung, in der Expertenwissen eingebracht werden kann, entwickelt. Weitere Kennzeichen sind, dass zwar auf der einen Seite die Verantwortung, die die Schülerinnen und Schüler als Konsumenten tragen, anerkannt und auf theoretisch-kommunikativer Ebene geteilt wird. Dieses Wissen ist aber auf der anderen Seite nicht handlungsleitend und der damit verbundene Anspruch wird vor dem Hintergrund des angeeigneten Wissens um wirtschaftliche Zusammenhänge sowie aufgrund bedeutsamerer Motive, wie Preis, Aussehen und Akzeptanz in der Peergruppe, explizit abgewiesen. „Sozialeres" Verhalten wird selbst in der allein theoretischen Erwägung nicht akzeptiert, womit eine potentielle Handlungsfähigkeit kategorisch ausgeschlossen wird. Es bleibt das Fazit, dass der/die Konsument/in allein nichts bewirken kann. In der Auseinandersetzung mit Handlungsaufforderungen wird ein reflektierender Modus sichtbar, der über Legitimations- und Entschuldigungsstrategien der Komplexität, die sich beim Kauf von Kleidung eröffnen könnte, ausweicht. Handlungsaufforderungen werden hier in einer Weise relevant, mit der es sich auseinanderzusetzen gilt und vor deren Hintergrund unterschiedliche Möglichkeiten thematisiert werden. Die Fragen der Lehrkraft verbunden mit einer eindeutigen moralischen Positionierung und das Arrangement der Diskussion führen hier zu einer Auseinandersetzung, zu der die Schülerinnen und Schüler aufgrund der zuvor gewonnen Expertise in der Lage sind und die ihnen eine reflexiv-argumentative Auseinandersetzung und Positionierung erlaubt. Das Spannungsverhältnis zwischen dem methodisch-didaktischen Anspruch der Offenheit und der Partizipation der Schülerinnen und Schüler auf der einen Seite und dem Anspruch, „richtiges" Verhalten, „richtigen" Konsum sowie Maßstäbe dafür zu vermitteln, auf der anderen Seite, legt die Gefahr einer „Überwältigung" der Schülerinnen und Schüler offen.

Diese Form der Thematisierung von Handlungsoptionen zeigt sich auch bei Asbrand (2009a, S. 70 ff.). Die Jugendlichen des Gymnasiums verweisen in der Rolle als Konsument/innen ebenfalls auf die handlungsleitenden Motive „Preis" und „Ästhetik", während sie moralische Kategorien für die Bewertung des eigenen Handelns verwenden und Schuld bzw. Verantwortung thematisieren. Die Frage nach Möglichkeiten ethisch orientierten Konsums beschäftigt sie zwar, aber das schulisch vermittelte Wissen über problematische Entwicklungen bleibt auf einer kommunikativ-theoretischen Ebene und der Konsumpraxis äußerlich. Asbrand beschreibt, dass dieses Spannungsverhältnis zwischen dem vermittelten Wissen über ethischen Konsum und der davon abweichenden Handlungspraxis nicht aufgelöst werden kann (ebd., S. 72), zumal keine entsprechenden Angebote in Kaufhäusern wahrgenommen werden. Gleiches beschreibt die Gruppe hier in der ersten Passage. Die Dysfunktionalität der Moral und die damit einhergehende, notwendige Abweisung moralischer Setzungen werden deutlich. „Die Unsicherheit über Handlungsoptionen" (ebd., S. 75) teilen die Jugendlichen.

Sequenz: Erkenntnisse aus dem Schlingenspiel

Eine weitere Sequenz, in der sich der Umgang mit Handlungsaufforderungen als Reflexion von Nicht-Handeln zeigt, stammt aus der Unterrichtseinheit zum

Thema „Ökologischer Fußabdruck und Klassenfahrten" der Lerngruppe *Frank*. Der Einstieg in das Thema war eine fiktive Konferenzvorlage, in der vorgeschlagen wird, aus ökologischen Gründen die Distanz für Klassenfahrten zu verringern. In der zweiten Doppelstunde hat die Lehrkraft ein sogenanntes „Schlingenspiel" (vgl. Sequenz „Auswertung Schlingenspiel", S. 183ff.) durchgeführt, ähnlich der Reise nach Jerusalem, nur mit sich von Runde zu Runde verknappenden Feldern, die natürliche Ressourcen repräsentieren[53]. Die Beobachter sollten den Gesamtablauf des Spiels, das nonverbale und verbale Geschehen analysieren. Die Auswertung wird hier von der Lehrkraft abgeschlossen und die Aufgabe für das weitere Vorgehen formuliert:

Gruppe *Frank*, Sequenz: Erkenntnisse aus dem Schlingenspiel, vv(2), Min. 32.23-33.54

L   Das wars soweit? (5) Okay (.) gut ähm (.) von dem Ergebnis her (.) von dem was ihr jetzt alles gesagt habt (.) bin ich also ganz- ganz glücklich und zufrieden (.) und ähm find das auch ungeheuer spannend (.) was ihr gesagt habt (2) ihr wisst jetzt von der ersten Stunde her hatten wir die Gesamtkonferenzvorlage (.) und jetzt hattn wir die:s ähm (2) ja diese Aktion, (2) wie gehtn das jetzt zusammen? (8)
?m   /@(.)@
Em   Ja wenn jetzt jeder weiter so (.) gehen möchte wie die (.) ähm es jetzt machen und tut (.) dann wird es irgendwann kein Platz mehr weil (.) wir ham ja gesehen dass die einzelnen Rohstoffe sich aufbrauchen und dann ha- können wir uns am Schluss nur noch auf einen (.) verlassen und der reicht dann am Schluss nicht mehr für jeden aus; (.)
L   M-hm (.) (   )
Am   Ja und ein (.) ähm Anfang diesem Effekt ist das alle (.) dass diese Rohstoffe aufgebraucht werden oder eben Erdöl mit dem- das ( ) diese (.) die Klassenfahrten die mit dem Bus oder so organisiert werden (.) ähm wäre dann halt äh die Geschwindigkeit zu verlangsamen oder halt was halt (.) die-der Vorschlag dieser- dieser ähm (.) ähm fiktiven Konferenz war ähm ja (.) nur noch irgendwie in nem bestimmten Umkreis (.) einzuschränken (.) also um so was zu sparen (.)
L   M-hm also (.) ihr setzt das jetzt ziemlich genau (.) in Beziehung des könnt ihr auch machen (.) ihr könnt im Prinzip all das was ihr jetzt gesammelt habt, an so (.) Erfahrungen und an Beobachtungen (.) übertragen auf dieses Problem das wir haben (1) des geht (.) mit jedem einzelnen Punkt (2) (   )

Die abschließende Nachfrage der Lehrkraft leitet eine neue Gesprächsphase ein. Sie bewertet zunächst die Rückmeldungen, dass sie zufrieden sei und die Ergebnisse spannend fände. Im Anschluss sollen die Schülerinnen und Schüler das Gesagte mit dem Konferenzbeschluss vom Beginn der Unterrichtseinheit in

---

[53] Die entsprechende Spielanleitung zum „Schlingenspiel", an der sich die Lehrkräfte laut Selbstauskunft orientierten, findet sich im Anhang 5.

Verbindung bringen. Die Lehrkraft markiert so unterschiedliche Erarbeitungsphasen, legt das Thema fest und steuert das Geschehen.

Em stellt einen allgemeinen Zusammenhang zwischen Ressourcenverbrauch und Platzmangel her und verweist auf das Erleben im Schlingenspiel. Ihm wurde deutlich, dass das jetzige Verhalten von Menschen in eine Verknappung und zur Exklusion Anderer führen würde. Es müsse demnach etwas verändert werden. Er bleibt auf einer allgemeinen, abstrakten Ebene, unabhängig von den Klassenfahrtausflügen.

Am zieht hingegen eine konkrete Schlussfolgerung und formuliert praktische Handlungsvorschläge für die Planung einer Klassenfahrt. Theoretisch teilt auch er die Ansicht notwendiger Einsparungen. Das ökologisch orientierte Handeln wird aber an ein unbestimmtes „man" delegiert („die Geschwindigkeit wäre zu verlangsamen") und bleibt damit von individueller oder konkreter Verantwortung losgelöst. Die Rechtfertigungsfigur, dass man selbst nichts machen könne, weil die Alternativen fehlten, oder die Delegation an andere Akteure, obwohl man sich der Probleme bewusst ist, wird auch in der Sequenz „Diskussion Kleiderkonsum" der Lerngruppe *Schiller* (s. S. 213ff.) auf der theoretisch-kommunikativen Ebene herangezogen.

Mit der Vorwegnahme, dass die Konkretisierung in allen Punkten möglich sei, lässt die Lehrkraft den Fortgang des weiteren Gesprächs offen und deutet weitere Möglichkeiten des Zusammenhangs an. Die durch die Schülerkommentare eingeschlagene Richtung wird zugelassen, obwohl sie „nur" eine Möglichkeit aufzeigen.

Gruppe *Frank*, Sequenz: Erkenntnisse aus dem Schlingenspiel, vv(2), Min. 33.58-35.25

Cf	Äh:m (.) ja ich hab noch gedacht als äh: der Rm des gesagt hat dass erst nach Lösungen gesucht äh: worden ist praktisch nachdem schon einige (.) äh ausgeschieden sin und ähm da denk ich mir jetzt ist es noch nicht ganz so: schlimm vielleicht mit dem Klima (.) dass man da eben jetzt schon mit kleineren Schritten (.) wie mit äh: diesem Beispiel jetzt äh des wir letzte Stunde hatten ähm (.) anfangen dagegen zu wirken ähm (.) und ja dass wir des nicht (.) warten bis es dann zu spät ist;
L	Hast du n Grund warum du das jetzt auf Klima eingrenzt? (2)
Cf	Nee s muss eigentlich nich nur Klima eingrenzen also es gibt noch mehr
L	/Sondern was noch alles? (3)
Kf	°Mit den Rohstoffen aufpassen nicht (.) zu verschwenderisch benutzen°
L	H-mh (.) also im Prinzip könnt ihr das denn schon öffnen ne? Klima und (.) all das was auf diesem (.) auf den Feldern stand; Bf
Bf	Ja auch mit dem äh:m (.) Zitat du bist zu fett also (.) wie die Kf auch jetzt grad
?m	/@(.)@

Bf   eben äh gesagt hat dass mit in manchen Ländern (.) ähm mit den Rohstoffen viel zu verschwenderisch umgegangen wird ich mein (.) bei uns in Deutschland isses (.) so dass wir eigentlich (.) alle bissl drauf achten dass unser Auto zum Beispiel- also jetzt zum Beispiel es Auto wenn ich mir nen Auto kaufe (.) acht ich drauf dass es schon auch umweltschonend ist und vielleicht nicht so viel verbraucht (.) und wenn ich dann des jetzt mit (.) der A- mit den Amerikanern vergleich die ähm eigentlich ziemlich alle so die dicken Autos fahren (.) äh: ja: also (.) wie die Kf eigentlich gesagt hat es gibt Länder (.) die schaun nicht so auf den Verbrauch; und da wird schon richtig verschwenderisch damit umgegangen (.)
L   H-mh

Im direkten Anschluss an den Kommentar der Lehrkraft überträgt Cf die Beobachtung, dass die Spielteilnehmerinnen und -teilnehmer erst nach Lösungen gesucht haben, nachdem schon einige ausgeschieden waren, ebenfalls in eine Handlungsaufforderung, die dieser Entwicklung im Hinblick auf den Klimawandel entgegenwirken soll, z.B. die Einsparungen bei den Klassenfahrten. Auch Cf teilt mit den Anderen die Einsicht in eine Entwicklung mit wenig wünschenswerten Folgen und in die Konsequenz, dass etwas geändert werden müsse. Bei der Beurteilung der jetzigen Klimaveränderungen ist sie in der Rolle derjenigen, die davon (noch) nicht betroffen sind, aber theoretisch in der Verantwortung wären. Die Verantwortung wird damit zwar theoretisch geteilt, aber an ein abstraktes Kollektiv delegiert. Generell wäre es auch notwendig, mit den Ressourcen hauszuhalten, aber diese Forderung ist ebenfalls an einen abstrakten Adressaten gerichtet. Die Lehrkraft validiert dies mit dem Hinweis, dass alle Felder des Spiels relevant seien, nicht nur das Klima. Sie „korrigiert" damit das Vorangegangene. Die Lehrkraft übernimmt so im Gespräch immer wieder eine einordnende, bewertende Rolle. Es lässt sich zunehmend eine inhaltliche Steuerung beobachten, die einen themenvermittelnden Lehrmodus offenbart. Ähnlich wie in der Sequenz „Diskussion Kleiderkonsum" der Gruppe *Schiller* (s. S. 213ff.) lässt sich bei vorheriger Offenheit eine sukzessive Schließung und Ambivalenz zwischen der offenen Beteiligung der Schülerinnen und Schüler auf der einen und dem Anspruch einer Genese von „richtigen" Interpretations- oder Handlungsweisen auf der anderen Seite beschreiben.

Eine weitere Schülerin bezieht sich auf das Zitat eines Mitschülers „Du bist zu fett". Sie geht auf ihre Vorrednerin ein und führt die Aufforderung zum sparsamen Ressourcenverbrauch aus. Der Vergleich zum verschwenderischen Amerika wird dazu genutzt, deutsches, sparsames Verhalten als vorbildlich hervorzuheben. Die eigene Zuordnung zu den bereits „Handelnden" wird konditional („wenn"), also gedankenexperimentell dargestellt. Sie schreibt ihre möglichen Motive auch anderen Deutschen zu und zeigt auf, dass zuerst andere, die „richtig" verschwenderisch seien, handeln müssten. Verantwortung wird jetzt explizit zum Thema und global delegiert. Das schon vergleichsweise „gute" Handeln als nationales „Selbstbild" entlastet von individueller Verantwortung. Diese Delegation „enttarnt" auch das Beispiel des Autokaufs als Handlung in einer Stellvertreter-Funktion. Die Schülerin verteidigt „die Deutschen" mit ihrem bereits weiter ausgebildeten Umweltbewusstsein. Der Modus der Reflexion von Nicht-Handeln, in dem die Einsicht zum Handeln geteilt, aber eine konkrete individuelle Verantwortung abgelehnt wird, tritt deutlich hervor. Die Delegation der Verantwortung ist, wie auch in der Sequenz „Diskussion Kleiderkonsum" (s. S. 213ff.), ein leitendes Motiv der Auseinandersetzung mit möglichen Handlungsformen.

Nach der Validierung durch die Lehrkraft geht Em im Fortgang der Sequenz auf die Ausführungen Bfs ein:

Gruppe *Frank*, Sequenz: Erkenntnisse aus dem Schlingenspiel, vv(2), Min. 35.29-36.33

Em Also ich muss jetzt aber (.) sagen dass wir auf den Verbrauch des Autos achten wegen dem Preis das denk ich mal hauptsächlich jetzt nicht weil wir da (.) unbedingt wollen dass wir die Umwelt schonen sondern des macht ja auch n enormen Preisunterschied ob ich jetzt (.) drei Liter weniger die ähm auf hundert Kilometer verbrauch des (.) kann ja dann geht ja auch dann um hundert-Euro-Beträge (1) ja und (.) man geht ja auch wenn ich jetzt jemanden Huckepack nehm kann man des ja damit vergleichen dass ich (.) also für zwei Personen den Platz von einem benutze des heißt (.) ich würde- mit zwei also wenn ich jetzt zu zweit wär (.) dürft ich nur das verbrauchen was einer eigentlich jetzt verbraucht (.) das heißt jeder müsste sich hier um die Hälfte halbieren also wenn man sich des mal vorstellt (.) ich dürfte nur noch halb so lange duschen (.) nur noch ha- irgendwie ha- (.) also ich darf jetzt nicht mehr so oft auf Toilette gehen oder so (.) dann
Me /@(.)@
Em @(.)@ ja des- das braucht verbrauch ich ja überall Wasser ich dürf-dürfte jetzt auch ähm (.) mitm Auto dürft ich nur noch halb so lange fahren oder (.) und des ist ja (.) nicht unbedingt umsetzbar jetzt für uns;(.) weil wir müssen ja eigentlich fast (.) w- wir müssen uns ja duschen und gut man jetzt vielleicht bisschen darauf @ach-@ achten dass man da

Em widerspricht der Verallgemeinerung seiner Vorrednerin über das umweltbewusste Verhalten der Deutschen und stellt eher eine „Spar-Mentalität" dagegen. Er stellt damit auch den Vergleich zu Amerika in Frage, indem er den nachhaltigen Konsum nicht als von ethischen, sondern von ökonomischen Motiven geleitet darstellt. Stattdessen führt Em am „Huckepack-Nehmen" aus, dass es um das Handeln jedes Einzelnen ginge, der sich in seinem Verbrauch reduzieren müsste und bezieht sich auf konkrete Alltagsbeispiele (Duschen, WC-Gang, Autofahren). Nachhaltiges Handeln wäre demnach den Benzin- und

Wasserverbrauch zu reduzieren. Diese Konsequenz ist aber für ihn nicht vorstellbar („nicht mehr so oft auf Toilette gehen") und wird als nicht umsetzbar abgewiesen. Routinen seien ein Muss. Letztlich besteht demnach Konsens darüber, dass sie nicht ökologisch orientiert handeln könnten.

Wie in der Lerngruppe *Schiller* (s. S. 213ff.) werden die Aufforderungen, ökologisch zu handeln, als Infragestellung des eigenen Handelns oder eigener Routinen und Motive bedeutsam. Vor dem Hintergrund der eigenen Beobachtungen und des Vorwissens der Schülerinnen und Schüler zeigt sich in beiden Sequenzen ein Modus der Legitimation des Nicht-Handelns. In beiden Sequenzen wird zudem seitens der Lehrkräfte moralisch kommuniziert und das Lehrer-Schüler-Gespräch im Modus der Themenvermittlung gestaltet. Ziel ist explizit eine Veränderung der Einstellungen bzw. des Verhaltens der Jugendlichen. Die Jugendlichen teilen zwar grundsätzlich die Auffassung, dass etwas verändert werden müsste. Ausgearbeitet wird aber, warum die Verhaltensänderungen unmöglich sind. Entweder fehlten die Angebote, andere seien verantwortlich oder die Veränderung sei nicht vorstellbar. Die konkreten Legitimationsstrategien in den Gruppen sind unterschiedlich, in beiden werden aber letztlich aufgrund der Möglichkeit zur Diskussion und des eigenen Wissens oder der Erfahrungen mögliche Handlungsaufforderungen abgewiesen. Im Unterschied zu den Lehr-Lernarrangements, für die ein reproduzierender Modus beschrieben wurde (s. S. 193ff.), gibt es hier Möglichkeiten der Differenzierung und Diskussion. Gleichwohl zeigt sich der Umgang mit Handlungsaufforderungen als Reflexion über Nicht-Handeln ebenfalls im Kontext eines themenvermittelnden Lehrmodus. Die konkreten Themen werden im Verlauf des Lehrer-Schüler-Gesprächs durch die Lehrkräfte vorgegeben und die Jugendlichen in ihrer Verantwortung adressiert. In der dritten Umgangsform mit Handlungsaufforderungen werden Handlungsoptionen erörtert, ohne eine direkte Abweisung nach sich zu ziehen.

3.3 Reflexion im politischen Modus

Diese Form des Umgangs mit Handlungsaufforderungen zeichnet sich vor dem Hintergrund der beiden ersten rekonstruierten Umgangsformen dadurch aus, dass Handlungsaufforderungen auf einer politischen Ebene thematisiert werden. Für politische Akteure erscheint ein nachhaltiges Handeln als potentiell möglich bzw. die politische Macht ist Voraussetzung dafür. Handeln wird von der individuellen, alltagspraktischen Ebene abstrahiert und als ein Thema, eine Aufgabe politischer Akteure verhandelt. Die Schülerinnen und Schüler entwickeln vielfältige Handlungsoptionen unter Bedingungen politischer Macht, wobei darin zugleich das Moment der eigenen Ohnmacht, in einer Position, die keine entsprechende Macht hat, aufscheint (zur Ohnmacht und Passivität, vgl. Asbrand 2009a). Die Gemeinsamkeit der ersten beiden Umgangsformen, dass Handlungsaufforderungen auf der kommunikativen Ebene verhandelt werden, trifft auch für diese Schülerinnen und Schüler zu. Eine weitere Gemeinsamkeit zwischen den drei Umgangsformen ist, dass individuelle Handlungsmöglichkeiten im Sinne ethischer oder ökologischer Kriterien kaum in den Blick kommen. Unterschiedlich ist aber bei der Reflexion im politischen Modus, dass Handeln, wie in der Reflexion von Nicht-Handeln, als Thema bedeutsam wird, aber im Unterschied dazu positiv verhandelt wird und unterschiedliche Optionen ausgelotet werden.

Sequenz: Probleme der Globalisierung

Die Unterrichtssequenz „Probleme der Globalisierung" stammt aus der Lerngruppe der *Erich-Kästner-Schule*. Im letzten Teil der Unterrichtseinheit zum Thema Globalisierung wird eine Zukunftswerkstatt durchgeführt, die insgesamt an zwei Schulvormittagen mit jeweils etwa vier Zeitstunden stattfand. Die Lehrkraft stellte zu Beginn des ersten Tages den Ablauf der Zukunftswerkstatt vor und legte einige Regeln fest, die zu einer Zukunftswerkstatt gehören, wie die Abfolge bestimmter Phasen (Kritik-, Fantasie- und Umsetzungsphase)[54]. Nachdem die Lehrkraft diese Phasen allgemein beschrieben hat, gibt sie die Möglichkeit, Nachfragen zu stellen. Diese Sequenz wird hier dargelegt, um die erste Reaktion auf die mit der Zukunftswerkstatt gestellten Ansprüche nachvollziehen zu können. Die Lehrkraft führt die Ziele der Zukunftswerkstatt aus:

Gruppe *Kästner*, Sequenz: Zukunftswerkstatt, vh(1), Min 3.00-4.15

L   Ähm (.) das zweite Ziel ist dass es ein Problembewusstsein gibt (.) für das was (.) euch momentan betrifft was (.) äh euch (umtreibt) welche (.) Ängste ihr habt welche Befürchtung (.) ich bin da eingeschlossen (u:nd) (.) und (.) es sollte auch für euch eine Handlungsbewusstheit (.) (ähm) viele von euch (.) denken mehr so irgendwie na ja (.) die richtigen Probleme der Welt die können wir eh nicht lösen das machen Politiker oder (.) hast du ne Frage Mm?

---

54 Die Methode der Zukunftswerkstatt wurde von Robert Jungk, Rüdiger Lutz und Norbert Müllert begründet. Gegenwärtige Probleme sollen im Rahmen basisdemokratischer Strukturen kreativ bearbeitet und Lösungen dafür gefunden werden. Die Methode verfolgt die Idee einer weitergehenden Bürgerbeteiligung an politischen Entscheidungsprozessen, die die Bürger selbst betreffen (vgl. Jungk/Müllert 1993).

(...)⁵⁵
L   Ja? (.) Also ne Handlungsbewusstheit ähm (.) schaffen dass ihr (.) die Idee
    bekommt dass man die (.) Probleme der Welt vielleicht doch mit kleinen Schritten
    verändern kann oder anfangen kann und nicht so dieses (.) äh ja so diese
??   / °@(.)@°
L   Ohnmacht und diese Obrigkeitsgläubigkeit ja wir können ja eh nix dran ändern (.)
    äh alles was passiert bei uns auf der Welt is Schicksal (.) äh äh unveränderbar und
    ist einfach hinzunehmen (.) ich hoffe und wünsche dass (.) äh die
    Zukunftswerkstatt da n kleines äh (2) Änderung eures (.) Denkens hervorruft und
    wie gesagt euch (.) klarmacht dass auch ihr (.) handeln könnt
?? °Ja und (   )°

Die Lehrkraft formuliert das Ziel, „Problembewusstsein" und damit auch „Handlungsbewusstheit" zu entwickeln. Es ginge darum, sich nicht als passiv wahrzunehmen, sondern das Denken zu verändern und selbst aktiv zu werden.

Die Thematisierung von Handeln wird hier, wie auch in den vorherigen Sequenzen, durch die Lehrkraft als individuelle Verantwortung der Schülerinnen und Schüler initiiert. Mit der Durchführung der Zukunftswerkstatt wird explizit gefordert, eigene Aktivitäten zu entwickeln, um die Probleme, die man sieht, zu bearbeiten. Die Delegation der Verantwortung an das „Schicksal" oder „die Politiker" wird als Gegenhorizont zu einem eigenen Aktiv-Werden entworfen. Die Entscheidung, dass es um eine individuelle Verantwortung geht, wird durch die Lehrkraft getroffen. Sie lässt keinen Zweifel daran, dass sie Handeln für möglich und wünschenswert hält, und dass es ihr um eine entsprechende Bereitschaft der Schülerinnen und Schüler geht. Die Lehrkraft macht die Ziele des Unterrichts gegenüber den Schülerinnen und Schülern transparent. Die Möglichkeit, angesichts weltgesellschaftlicher Probleme handlungsfähig zu sein, wird explizit auf einer Metaebene thematisiert, d.h. die Lehrkraft formuliert hier nicht bestimmte Handlungsoptionen, sondern thematisiert Handeln unter der Bedingung von Unsicherheit. Im Anschluss an ihre Einführung fordert die Lehrkraft zu Rückfragen auf:

Gruppe *Kästner*, Sequenz: Zukunftswerkstatt, vh(1), Min 4.19-5.35

L   Fragen? (.) Ff.
Ff Ist das jetzt dafür da dass Sie gegen die Globalisierung sind?
L   Nein
Ff Und wieso müssen wir dann handeln? (.) (   )
?? °(Ja gäh?)°

---

55 Ausgelassen ist eine Frage von Mm, die ein klasseninternes Thema (Abschluss-T-Shirts) betrifft und die die Lehrkraft auf später verlegt.

L	Ähm
Ff	/@(.)@ ( ) machts und dann weiterhin den Thunfisch (.) aus der Dose essen und (3)
??	/@(.)@
??	/(Ja: ähm)
Mm	Gegen die negativen ( ) (der Globalisierung)
Ff	und dann ist
?m	/Sowas wie ( ) AIDS (schützt) (.) ( )
?m	/Ja
Lf	/( )
L	/Also Globalisierung an sich beschreibt ja nur erst mal ein Phänomen der Vernetzung und der der (.) äh zunehmenden (.) ( ) ähm (.) Abhängigkeit
Ff	/Ja (1) aber Sie haben gesagt wir sollen dieses dieses Projekt heute soll unsere (.) unser Bewusstsein auf dieses Thema ähm (.) noch mal verstärken (.) also sollen wir uns eine Meinung drüber noch mal bilden und dann entwickeln (.) ob wirs gut finden oder vielleicht
Am	/Ja es soll uns zeigen dass es sowas
Ff	(schlimm) und danach handeln
Bm	Ja (.) gibt ja Vorteile und Nachteile
L	/Ja
Ff	/Aha
?m	(Bäh)
Ff	Okay
L	Globalisierung hat ja immer zwei Aspekte ja? Das sind (.) die Entwicklung äh (.) also an sich kann man nicht aufhalten aber man kann sie gestalten (.) und ich möchte euch Mut machen ähm (.) Globalisierung unter diesem Prozess
??	/ ( )
L	mitzugestalten denn eben die Probleme die ihr seht die ihr ja auch dargestellt habt dann eventuell so zu wandeln dass man das als Positives (.) herausziehen kann (3) also das sind diese (.) drei Ziele (.) Perspektivwechsel (.) Handlungs- und Problembewusstheit (.)

Die Entscheidung der Lehrkraft, individuelles Handeln zu thematisieren, wird von der Schülerin Ff hinterfragt. Sie unterstellt, dass das Interesse an Handlungsmöglichkeiten der politischen Einstellung der Lehrkraft gegenüber dem Phänomen Globalisierung geschuldet sei. Sie expliziert damit eine moralische Dimension, die für sie noch nicht nachvollziehbar ist. Dies setzt eine Reflexion der Schülerinnen und Schüler über die implizite Normativität des Themas in Gang. Sie problematisieren, dass die Lehrkraft möglicherweise eine eigene Meinung zu den Themen vorgeben wollte und fordern die Möglichkeit ein, sich selbst eine Meinung über die globale Entwicklung zu bilden.

Der Versuch der Lehrkraft, das Phänomen der Globalisierung noch einmal neutral zu beschreiben, wird mit dem Hinweis auf eine verstärkte Bewusstmachung wieder als Anspruch entlarvt. Ff fordert eine freie Entscheidung und wird von Mitschülerinnen und -schülern unterstützt. Sie legen Wert darauf, dass die Bewertung noch offen ist („Vorteile und Nachteile") und sie sich selbst positionieren können. Nachdem das geklärt ist (auch Ff validiert die Interaktionseinheit mit einem „Okay"), wiederholt der Lehrer zum Abschluss der Passage die Kompetenzziele, die mit dem Unterricht verfolgt werden, und bleibt damit bei der anfänglichen Zielvorgabe. Es wird erkennbar, dass Ff die Bewertung eines Phänomens als „Problem" als Voraussetzung für Handlungsaufforderungen erkennt. Erst die Bewertung der Globalisierung als problematisches, nicht wünschenswertes Phänomen würde ein Handeln notwendig machen. In dieser Sequenz kann wiederholt nachvollzogen werden, dass die Rahmung der Lehrkraft von Themen als „Problem" entsprechende Handlungsansprüche nach sich zieht. Die weiteren Entwicklungen im Rahmen der Zukunftswerkstatt zeigen zudem, dass die explizierten Gegenhorizonte der Lehrkraft der individuellen Ohnmacht und der Delegation an Politiker propositionale Gehalt sind, die in den Gruppenarbeiten im Anschluss ausgearbeitet werden (vgl. S. 239ff.).

Die Nachfrage von Ff und die anschließende Aushandlung, die darin mündet, dass sich die Jugendlichen eine Entscheidungsfreiheit wünschen, weist nicht nur auf die Sensitivität der Schülerinnen und Schüler der *Erich-Kästner-Schule* für die an sie gestellten Anforderungen und eine entsprechende Reflexionsfähigkeit hin, sondern auch auf eine Offenheit des Unterrichts, in dem diese Infragestellung emergiert. Der Unterricht der Lerngruppe *Kästner* ist durch den Lehrmodus der Themen-Ko-Konstruktion bestimmt, in dem die inhaltliche Gestaltung den Schülerinnen und Schülern weitgehend obliegt. Die Lehrkraft gibt zwar den thematischen Rahmen und die übergeordneten Ziele vor, strukturiert Zeit und Raum, die Schülerinnen und Schüler sollen sich aber selbst für Themen, die sie berarbeiten möchten, entscheiden.

Die Nachfrage Ffs wirft zudem eine grundlegende Problematik der Thematisierung von Handeln im Rahmen von schulischem Unterricht auf: Die Formulierung einer Handlungsaufforderung ist immer schon mit einer Bewertung verknüpft, die den Schülerinnen und Schüler nicht selbst überlassen oder überhaupt transparent wird. Dies wird beispielsweise auch in den Sequenzen „Diskussion Kleiderkonsum" (s. S. 213ff.) oder „Präsentation Nahrung" (s. S. 205ff.) deutlich, in denen ebenfalls die Entscheidung, dass etwas getan werden müsse, von der Lehrkraft vorausgesetzt wird. Dies wird aber von den anderen Gruppen im Unterschied zu der Lerngruppe *Kästner* von den Schülerinnen und Schülern nicht angefragt. Aus dieser Setzung ergibt sich auch die bereits beschriebene Diskrepanz zwischen dem Anspruch an methodisch-didaktische Offenheit und Partizipation der Schülerinnen und Schüler einerseits und dem Anspruch, bestimmte Anliegen zu vermitteln, andererseits. Selbstbestimmung und die Wahrnehmung der eigenen Verantwortung (vgl. z.b. auch die Sequenz „Diskussion Kleiderkonsum", s. S. 213ff.) sind z.b. solche Anliegen. Entgegen dem Wunsch der Schülerinnen und Schüler, die Entscheidung „für" oder „gegen Globalisierung zu sein" selbst zu treffen, hält die Lehrkraft am Ende doch fest, dass es darum ginge, von Problemen auszugehen, etwas zu verändern und positiv zu wenden. Dass dies aber transparent und auf einer Metaebene thematisiert sowie die Entscheidungen für bestimmte Themen und deren Bewertungen in die Verantwortung der Schülerinnen und Schüler gegeben wird, verdeutlicht im Vergleich mit den bisherigen Sequenzen eine Offenheit für die Mitgestaltung der Jugendlichen im Lehr-Lernarrangement. Die inhaltliche Gestaltung der Schülerinnen und Schüler wird eingefordert, was auch in der ersten Phase der Zukunftswerkstatt deutlich wird. Die erste Phase ist die Kritikphase, die die Lehrkraft hier einleitet:

Gruppe *Kästner*, Sequenz: Probleme der Globalisierung, vh(1), Min. 6.05-8.56

L   Die erste Phase is die Kritikphase (.) da werden (.) die Sachen die euch (.) äh (3) negativ (.) auffalln (.) also die Fragstellung wäre wovor habt ihr Angst was macht euch (.) äh (.) was macht euch Stress was macht euch Sorge (.) ähm (2) was findet ihr richtig mies alles zum Thema Globalisierung aber (.) da nicht weiter eingegrenzt (.) ähm (.) was macht euch wi- wütend was findet ihr nicht richtig was (.) würdet ihr gern ändern an den Sachen die (.) ihr zum Globali- zur Globalisierung (.) äh herausgefunden recherchiert (.) und als Produkt (   ) dann bitte auch andere Themen. (2) Die (.) erste Phase Kritikphase ungefähr jetzt

??   /Ja

L   äh (.) würde ich mal sagen eine halbe dreiviertel Stunde (.) die ersten zwanzig Minuten habt ihr Zeit (.) draußen quasi in unsre Ausstellung zu gehn es sind noch

Ff   / (Sprechen wir dann)

L   Produkte aus (.) der Klasse 10a dazugekommen (.) ihr (.) könnt im (.) euch das in Gruppen überlegen ihr könnt euch das einzeln überlegen ihr geht durch die Ausstellung sammelt noch mal für euch Anregung was aus dem (.) großen Bereich der Globalisierung stinkt euch richtig was macht euch Angst was macht euch wütend was stört euch (.) wo sagt ihr irgendwie also hier müsste man (...)[56]

L   Bitte nur ein (.) Problem (.) oder oder ähm (2) negative Sache (.) also irgendeinen Sachverhalt der euch Angst macht pro Blatt also nicht irgendwie da jetzt fünf draufschreiben (.) wir wollens am Ende (.) dass es an die Tafel und die Sachen son bisschen clustern also (.) äh alles das was zusammengehört auch auf eine Seite schieben (.) wenn dann verschiedene (.) Kritikpunkte oder verschiedene Probleme auf einem Blatt (sind) kann mans nicht schieben ja dann muss mans teilen (.) also

---

56 In der Auslassung innerhalb des Transkriptes wurde eine Unterbrechung durch eine Schülerin kommentiert und hervorgehoben, dass bestimmte Regeln, wie das einander ausreden lassen, eingehalten werden müssten.

ein (.) ein Problem pro Blatt (.) bitte nur Stichpunkte (.) keine Romane da drauf schreiben (.) Anregungen aus der Ausstellung (.) holen oder auch (.) T- Themen, wichtig aber zum (.) Oberbereich Globalisierung (.) da von mir aus auch die überhaupt draußen nicht vorkommen aber wenns euch unter den Nägeln brennt aufschreiben (.) zwanzig Minuten Zeit bis (.) halb

Die Lehrkraft erläutert mit unterschiedlichen Formulierungen die Fragestellung und Aufgabe dieser Phase: Es geht um Dinge, zu denen die Schülerinnen und Schüler im Rahmen des Themas „Globalisierung" negative Emotionen haben. Die verschiedenen Formulierungen der Lehrkraft bieten mehrere Zugänge an, durch welche Art von Emotionen sich die Schülerinnen und Schüler leiten lassen können. Es obliegt ihnen, welche der aufgezeigten Möglichkeiten sie nutzen wollen. Sie bezieht sich auf bis dahin von der Gruppe erarbeitete Produkte, die im Flur ausgestellt sind. Die Ergebnisse des bisherigen Lernprozesses werden so noch einmal einbezogen und haben Bedeutung für den Fortgang. Das, was die Jugendlichen zuvor präsentiert haben, kann damit wieder zum Gegenstand werden. Hervorgehoben werden für die Bearbeitung der Aufgabe der individuelle Bezugsrahmen und die eigene Gewichtung durch die Schülerinnen und Schüler. Die Sozialform lässt die Lehrkraft offen und stellt auch diese Entscheidung, neben der Entscheidung für den Inhalt, den Jugendlichen frei. Die Lehrkraft setzt den organisatorischen Rahmen und das Ziel der Aufgabe, um am Ende mit den Ergebnissen weiterarbeiten zu können.

In der Aufgabenstellung der Lehrkraft, die die inhaltliche Gestaltung weitgehend an die Schülerinnen und Schüler delegiert, zeigt sich damit konsistent ein Lehrmodus der Themen-Ko-Konstruktion. Die Schülerinnen und Schüler können die eigenen Interessen und Gedanken einbringen. Die Lehrkraft stellt ihren Bedürfnisse in den Vordergrund und gibt lediglich den großen thematischen Rahmen vor. Wie Schülerinnen und Schüler diesen Rahmen gestalten, zeigt sich in der folgenden Gruppe, die sich der Aufgabe zuwendet:

Gruppe *Kästner*, Sequenz: Probleme der Globalisierung, G2, Min. 6.35-8.03

Cf Was was mich richtig abfuckt
Af Was?
Cf Dass alle Menschen so naiv sind
?m Fm (.) Bm (.) (   )
Af   /Inwiefern?
Cf Es gibt so (.) zum Beispiel jetzt ganz aktuell (.) die sagen [nachäffend, mit verstellter Stimme] ja sofortiger Atomausstieg (.) wenn wir aber sofortigen Atomausstieg machen (.) dann wäre es aber so dass wir unsere ganzen Energie (   ) nicht mehr decken können deswegen (.) deswegen irgendwie (.) deswegen ne Energie aus (.) keine Ahnung aus: (.) aus der Schweiz aus (.) China oder wie auch immer Russland importieren und die dafür noch fünfzig mehr

	Atomkraftwerke bauen (.) statt langsam [mit verstellter Stimme, nachäffend:] nein wir machen <u>sofort</u> (.) ja witzig wie soll das denn <u>funktionieren</u>? (.) Weißte so <u>Naivität</u>
Af	Ja vor allem (.) man müsste da müssten da <u>alle</u> mitmachen
Cf	Ja (.) jetzt baun wir unsere <u>ab</u> und die Franzosen bauen <u>neue</u> (.) wenn in <u>Frankreich</u> eine hochgeht (.) sind wir <u>genauso</u> tot also (.) was <u>solls</u>?
Bf	/Was <u>ich</u> (.) was ich richtig <u>krass</u> finde Menschen erbauen
Af	/Hmm
Bf	immer Sachen für die wir keine <u>Lösung</u> haben für die Konsequenzen (.) solche Sachen wie <u>Atomkraftwerke</u> die haben vorher nicht gedacht (.) ja wo komm- was
Cf	/Dass die nicht (.)
Bf	machen wir denn mit denn mit dem <u>Atommüll</u>
Cf	dass die nicht drüber <u>nachdenken</u> (.) wofür ham die denn so viele Spezialisten und ( ) was Energie angeht
?f	Hey (1)
Af	Okay
?f	/( )sagen?
Cf	Ja
Df	Japan hat <u>dreiundfünfzig</u> Atomkraftwerke des ist ne <u>Insel</u> ist <u>kleiner</u> als <u>Deutschland</u> (.) Deutschland hat <u>sechzehn</u> (.) Amerika hat ist ein Riesen- USA
Cf	/Ja
Bf	/Siebzehn
Df	ist ein Riesenland (.) hat grad ma: (.) <u>vierunddreißig</u>?
Cf	Ja des <u>Problem</u> ist aber kuck mal wenn du- (2) ich <u>weiß</u> (.) aber kuck mal (.) wenn
Df	/Japan hat dreiundfünfzig
Ef	/Vierunddreißig was?
Cf	wir jetzt bei uns alle <u>abbauen</u> würden ja? (.) Dann würden wir die Energie aus (.) keine Ahnung aus <u>China</u> importieren und die dafür noch fünfzig <u>mehr</u> damit sies alles decken können (.) des doch <u>scheiße</u> (1) also (2)

Cf beginnt umgehend mit der Kritikphase und prangert die Naivität der Menschen an. Beispiel dafür sei die aktuelle Debatte um den Ausstieg aus der atomaren Energiegewinnung. Sie realisiert in einer veränderten Intonation („nachäffend") eine Imitation des politischen Tenors, von dem sie sich auf diese Weise deutlich distanziert. Der sofortige Atomausstieg wird mit notwendigen Energieimporten aus anderen Ländern, die dann wiederum Atomkraftwerke bauen, in Verbindung gebracht. „Alle Menschen" und auch die politische Agenda werden als naiv bezeichnet. Der Ausstieg müsse stattdessen langsam und geordnet verlaufen. Cf positioniert sich gegenüber der Regierungspolitik. Es geht aber nicht um die grundsätzliche Infragestellung des Atomausstiegs, sondern um die Art und Weise der Durchführung. Der Bezugsrahmen für die persönlichen negativen Emotionen in der Kritikphase ist ein politischer und politisches Handeln. Die Entwicklung von Kritikpunkten macht hier bereits eine Vorstellung über besseres, weniger naives (politisches) Handeln sichtbar.

Das Thema wird von der Gruppe aufgenommen und weitere Bedingungen werden ausgearbeitet, die für eine sinnvolle Umsetzung nötig wären. Der Bau neuer Kraftwerke stünde dem politischen Ziel des Atomausstiegs entgegen. Mit den möglichen Folgen einer Explosion eines Kraftwerkes wird die angebliche Naivität unterstrichen. Die Gruppe arbeitet so eine gemeinsame Position aus. Sie wendet sich der Verhandlung politischer Themen und politischen Handelns zu und exploriert mit der Konstatierung problematischer Entwicklungen auch politische Handlungsbedingungen. Die weitere, interaktiv dichte Verhandlung des Themas „Atomkraftwerke" zeigt nicht nur die Relevanz des Themas für die Gruppe sowie bestimmtes Fachwissen darüber (z.B. Anzahl pro Land), sondern endet zudem in der Übernahme der Perspektive nationaler Politiker. In dieser Rolle werden gedankenexperimentell Handlungsmöglichkeiten für das angesprochene Problem abgewogen. Der Abbau der Kraftwerke hätte den Energieimport zur Folge, der als nicht erstrebenswert erachtet wird und vermieden werden sollte. Dinge zu entwickeln, für deren Konsequenzen man keine Lösung hat, wird abermals als naiv bezeichnet und der Anspruch an die entsprechenden Personen formuliert, diese Konsequenzen immer schon abschätzen zu können. Insgesamt wird die Verantwortung für problematische Entwicklungen im Hinblick auf Atomenergie bei den politischen Akteuren oder auch anderen Verantwortlichen gesucht, von denen sich die Schülerinnen und Schüler mit dem „Die" deutlich distanzieren („die haben vorher nicht gedacht", „dass die nicht darüber nachdenken"). Die Konsequenzen werden aber kollektiviert und betreffen immer das „Wir" („sind wir genauso tot", „was machen wir mit dem Atommüll"). Ursache und Wirkung werden voneinander getrennt. Die Schülerinnen und Schüler selbst gehören zu denjenigen, die mit den Folgen umgehen müssten. Probleme und mögliche Lösungen werden auf einer politisch-gesellschaftlichen Ebene eruiert. Individuelle Verantwortung und Handlungsoptionen im eigenen Möglichkeitsraum bleiben ausgeklammert. Die Schülerinnen und Schüler beurteilen das Geschehen insgesamt aus einer Position heraus, die informiert und nicht naiv ist. Gemäß ihrem Selbstbild sind sie diejenigen, die die Konsequenzen überschauen.

Nachdem die Gruppe die unterschiedlichen Typen von Atombomben und deren Auswirkungen besprochen hat, bringt Cf einen neuen Aspekt an:

Gruppe *Kästner*, Sequenz: Probleme der Globalisierung, G2, Min. 9.17-10.00

Cf Ach <u>weißt</u> du was mich <u>noch</u> nervt (   )?
Af Ja (.) sags mir (   )
Cf   /Kuck mal (.) bei der Globalisierung dass wir so von so vielen Ländern auch <u>abhängig</u> sind (2) so Öl und so (.) nervt mich <u>da</u> dass daher dass wir so

	abhängig zum Beispiel von <u>Libyen</u> sind dass da Deutschland nicht <u>einschreitet</u> (.) ich mein des ist nicht offiziell aber des kann sich ja jeder <u>denken</u> (1) dass durch diese <u>Verknüpfung</u> einfach solche <u>Rechte</u> außer dass die dann (.) sozusagen für des <u>größere Wohl</u> weißt du?
Af	/Dass politische (.) dass politische Beziehungen dann ( )
Cf	So: <u>Rechte</u> beeinflussen (.) des fuckt mich <u>übertrieben</u> ab (.) des können wir aber nicht so schreiben
Af	°Okay wie formuliert man das° (.)
Cf	Ähm politische (.) <u>durch</u> politische Kontakte eingeschränkte <u>Handlungen</u> oder sowas (1) des können wir ja dann <u>erklären</u> (2) weißt du?

Cf „nervt" die Abhängigkeit von bestimmten Rohstoffen, was sie mit dem Libyen-Konflikt in Beziehung setzt, in den Deutschland deswegen nicht eingreifen würde. Dieser Zusammenhang sei „nicht offiziell". Es zeigt sich ein kritisches Bild politischer Maßstäbe, in denen das „größere Wohl" zähle. Die politischen Beziehungen beeinflussten die „Rechte" der Menschen. Auch dieser Punkt, den Cf und Af untereinander aushandeln, liegt auf einer politischen Ebene, die sie selbst auch als solche explizit machen. Sie stellen globale Zusammenhänge her und beurteilen wiederholt das politische Handeln, für das sie sich einen gerechteren Maßstab vorstellen. Aktuelles politisches Geschehen, der Atomausstieg und der Libyen-Konflikt werden als relevante Themen erkennbar. Af und Cf verhandeln so bereits in der Kritikphase politische Themen und entsprechende (politische) Handlungsoptionen. Darüber, wie sie das formulieren könnten, sind sie sich schnell einig und schließen den Punkt ab. Die Schülerinnen nehmen die Rolle des politisch informierten und kritischen Beobachters ein, der politisch-wirtschaftliche Zusammenhänge berücksichtigt und bereits Ideen zu besseren Lösungen aufzeigen kann.
Nachdem eine Schülerin von Kohle-Schwelbränden „irgendwo" erzählt und sie festgestellt hat, dass der Ausdruck „für das größere Wohl" aus Harry Potter stamme, bringt Af noch einen weiteren Kritikpunkt ein:

Gruppe *Kästner*, Sequenz: Probleme der Globalisierung, G2, Min. 11.53-14.03

Af	Ähm (.) Überfischung der Meere ist auch n Kritikpunkt
Cf	/Für das größere Wohl
?f	[singt] Verschmutzung der Meere (4)
Af	Überfischung der Meere
Cf	Nee (.) was äh ja (.) aber des ist ja (.) ich weiß nicht (.) also ich würd des vielleicht nicht so hinschreiben sondern ich würd weil des ist so dass dadurch wirds halt (.) warum machst dus denn auch so ab warum drehst du ihn denn nicht auf und machst einfach ganz langsam?
Bf	/Ich hab (.) ich hab (.) ich hab so: jetzt weg gehalten alles okay Mama
Af	/Ja (.) was noch?

Cf	Ähm (.) ich würde (.) vielleicht (.) ähm
Af	Des ist doch des (.) Problem (.) oder? (2)
Cf	Also was (.) ich de- ja des Grundproblem ist einfach dass (.) wir wo- wie die ganze Zeit was aus dem Meer ziehen (.) kümmern uns aber nicht um unsere Qu- Quelle (.) sozusagen weißt du dass wir das irgendwie so sagen so (.) ähm (.) weil des ist ja genauso wie im Regenwald (2) die holzen des Ganze ab und wollen dass
Af	/Ähm:
Cf	immer mehr kommt aber wenn wir einfach nicht genug nachbauen dann (.)
Af	Ausnutzung der Natur? (2)
Cf	Ohne genügend (.) ohne genügend Reserven oder oder nicht Reserven sondern nach Nachbau wie heißt es denn (.) äh Neuzüchtung (.) wie auch immer (.) @ist wunderschön Bf@ (3)
Af	Ich schreib jetzt erstmal Ausnutzung der Natur hin

Af nennt als weitere Probleme die Überfischung und ?f die Verschmutzung der Meere. Die Gruppe versichert sich anschließend darüber, was genau das Problem ist: Auf die Ressourcen, die genutzt werden, wird keine Rücksicht genommen. Mit dem Beispiel „Ausnutzung der Natur" wird die Naivität der Menschheit neuerlich illustriert. Ausgehend von dem Beispiel Überfischung abstrahiert die Gruppe eine ökologisch problematische Entwicklung. Das Wissen darum wird auf den Bereich Regenwald transferiert und sie fokussieren so ein globales Problem. Diese abstrakte Ebene der Betrachtung verschiebt auch hier die Verantwortung an unbestimmte Akteure, die zu den Entwicklungen beitragen. Dem „Wir" als ein „Menschheits-Wir" wird der Vorwurf gemacht. Die individuelle Handlungsebene oder der Nahbereich, z.B. der Verzehr von Fisch, kommen nicht in den Blick. Die politisch-gesellschaftliche Ebene ist die Ebene, auf der kritische, für die Gruppe relevante Punkte verhandelt werden. Zu allen Kritikpunkten, werden immer auch schon Vorstellungen darüber entwickelt, wie es besser ginge. Damit werden bereits Handlungsaufforderungen bedeutsam. In diesen interaktiv dichten und selbstläufigen Gesprächen der Gruppe zeigen sich Handlungsaufforderungen und -möglichkeiten als politisch-gesellschaftliche Themen mit globalem Bezug, sie werden nicht als Aufforderungen an ein individuelles Handeln wirksam. Die offene Strukturierung des Lehr-Lernarrangements im Sinne des Lehrmodus der Themen-Ko-Konstruktion gibt der Gruppe den Freiraum, eigene Interessen und Gefühle einzubringen und zu verhandeln.

In der komparativen Analyse, z.B. zur Sequenz „Meinungsbarometer" (s. S. 194ff.), werden die Unterschiede sichtbar. Die Freiräume, die hier anders als in der Lerngruppe *Fontane* zur Verfügung stehen, erlauben eine eigene Gewichtung von Themenschwerpunkten und einen interessengebundenen Austausch. Die Freiräume werden durch die Schülerinnen und Schüler strukturiert und entsprechend gestaltet. Ohne eine explizite Aufforderung der Lehrkraft, wie in der Sequenz „Meinungsbarometer", wird aus den selbst benannten Problemen der Schülerinnen und Schüler ein Handlungsanspruch auf politischer Ebene generiert, mit dem sie sich auseinandersetzen. Die Schülerinnen und Schüler treffen die inhaltlichen Entscheidungen, während es in den anderen bisher analysierten Sequenzen um von der Lehrkraft vorgegebene konkrete Fragen ging. Wichtig zu ergänzen, ist, dass in der *Erich-Kästner-Schule* von der fünften Klasse an das selbstständige Arbeiten durch Freiarbeit oder Projektarbeit eingeführt und mit den Kindern eingeübt wird. Es ist demnach eine gewachsene Routine an der Schule, die zu diesem Grad der Selbstständigkeit beigetragen haben wird. Die Durchführung einer umfangreichen Projektarbeit im Gesellschaftslehreunterricht der 10. Klasse ist zudem fest etabliert und weist aus, dass dem Fach Gesellschaftskunde selbst in der Schule auch eine hohe Wertigkeit zugeschrieben wird.

Ein zentraler Unterschied zu den bisherigen Sequenzen ist demnach die Selbstständigkeit der Jugendlichen sowie die Art und Weise, wie der Handlungsanspruch erörtert wird. Zwar expliziert die Lehrkraft auch hier einen übergeordneten Handlungsanspruch; dies geschieht aber auf einer Metaebene und die Ziele werden transparent gemacht. Auf welches Problem sich der Handlungsanspruch bezieht, liegt in der Verantwortung der Schülerinnen und Schüler. Die Lehrkraft gibt, anders als die bisher betrachteten Lehrkräfte, noch keine konkreten, „richtigen" Handlungsoptionen vor. In einer weiteren Unterrichtssequenz aus der Zukunftswerkstatt der Lerngruppe *Kästner* lässt sich die politisch orientierte Reflexion konsistent zeigen.

Sequenz: Umsetzungsideen zum Umwelthaus

Diese Sequenz aus der *Erich-Kästner-Schule* wurde am zweiten Tag der Zukunftswerkstatt in der letzten Phase aufgenommen. Diese zielt auf die Entwicklung von Umsetzungsmöglichkeiten ausgehend von den in der vorherigen Phantasiephase entwickelten eigenen Ideen der Schülerinnen und Schüler. Für die Orientierung in der Umsetzungsphase verteilt die Lehrkraft ein Arbeitsblatt (s. Abb. 33) an die Schülerinnen und Schüler.

Das Arbeitsblatt beschreibt die Ziele, das methodische Vorgehen und die zu klärenden Fragen. Es enthält strukturierende Schritte für die Arbeitsphase und richtet den Fokus auf Handlungsoptionen („Können wir eine Aktion planen?"). Das Beantworten der aufgelisteten Fragen ist optional und unabhängig von einem konkreten Thema.

M 5

Die Verwirklichungsphase

Ziel der Verwirklichungsphase:

Die utopischen Zukunftsentwürfe mit den realen Verhältnissen der Gegenwart verknüpfen und konkrete Forderungen und Lösungskonzepte zur Realisierung entwickeln.

Leitfrage

Wie lässt sich unser utopischer Zukunftsentwurf aus der Fantasiephase in der Realität verwirklichen, um der Wunschvorstellung, ▬▬▬▬▬, näherzukommen?

Vorgehensweise:

1. Schritt:
Kritische Überprüfung der utopischen Entwürfe
Hier solltet ihr utopische Entwürfe auf ihre Realisierbarkeit überprüfen; beachtet dabei folgende Überlegungen:
- Inwieweit lassen sich die Entwürfe schon in Angriff nehmen?
- Gibt es bereits Ansätze in die gewünschte Richtung?
- Welche Hindernisse/Widerstände gibt es?

2. Schritt:
Entwicklung von Strategien zur Durchsetzung des Entwurfs
Entwickle konkrete Strategien, wie der Zukunftsentwurf realisiert werden könnte! Dabei können folgende Überlegungen mit einbezogen werden:
- Welche Teile des Zukunftsentwurfs sind unverzichtbar?
- Welche gesellschaftlichen, ökonomischen und politischen Voraussetzungen wären nötig?
- Gibt es Bündnispartner?
- Können wir eine Aktion planen?
- Wie können wir die Öffentlichkeit informieren?

3. Schritt:
Präsentation der Verwirklichungsstrategien
Bereitet eine Präsentation vor, in der ihr eure Strategien vorstellt. Wichtig ist hierbei, dass die Strategie den Teilnehmerinnen und Teilnehmern auch anschaulich „vor Augen geführt" wird. Stellt deshalb zusätzlich auch ein Hand-Out für die Teilnehmerinnen und Teilnehmer bereit.

Abb. 33 Arbeitsblatt „Verwirklichungsphase" der Zukunftswerkstatt[57]

Wie in der ersten Phase der Zukunftswerkstatt (s. S. 229ff.) werden mit dem Arbeitsblatt keine bestimmten Handlungsoptionen thematisiert, sondern Handeln unter der Bedingung von Unsicherheit (hier: Zukunftsoffenheit) – beispielsweise mit den Leitfragen zu Chancen und Grenzen der Aktionsideen und Bedingungen für ihre Umsetzbarkeit. Die Lehrkraft leitet die Verwirklichungsphase ein:

---

[57] In der auf dem Arbeitsblatt formulierten Leitfrage hat die Lehrkraft die Vorlage verändert und die Formulierung „mehr Demokratie zu wagen" weg gestrichen.

Gruppe *Kästner*, Sequenz: Umsetzungsideen zum Umwelthaus, vv(1), Min. 6.02-7.17

L Okay. Die erste [klatscht] (.) bitte zuhören; für alle; die erste zentrale Frage; ist in-
  der Verwirklichungsphase. (2) Gäb es jetzt zwei Möglichkeiten. Die erste
Me   /[reden durcheinander]
L Möglichkeit is jede- Gruppe die einen utopischen Entwurf gemacht hat, prüft ihren
  eigenen utopischen Entwurf, jetzt auf Verwirklichungen, äh hin, unter-unter der
  Frage was davon (.) äh (.) is wirklich machbar,-was is uns zentral,-was müssten
  wir am-eventuell Ende anpassen verändern damit- der Realität standhalten kann;
  (3) entweder jeder- Gruppe- mit ihrem eigenen utopischen Entwurf,-sodass wir im
  Prinzip dann auch; ähm eins-zwei-drei vier fünf, sechs, äh-
  Verwirklichungsprojekte hätten, oder (.) wiir (.) reduzieren das en Stück weit,
  entweder durch ne Punktabfrage, ja, soo also-auf-drei Themen zum Beispiel, wie-
  wir das eben nach der Kritikphase gemacht ham, °mit- den- bestimmten-Sachen°;-
  oder wir einigen uns sogar im Plenum auf einen;-zentralen utopischen Entwurf
  den wir alle gemeinsam,-gut kann man dann auch in Kleingruppen arbeiten, ähm
  verschiedenen Ansätzen einer Verwirklichung zuführen. (2) Des is jetzt ne
  Entscheidungsfrage an die Gruppe

Die leitet die nächste Phase ein und stellt dafür verschiedene Möglichkeiten des weiteren Vorgehens zur Wahl. Die utopischen Entwürfe sollen in umsetzbare Ideen überführt werden, die „der Realität standhalten". Der Handlungsanspruch wird mit Blick auf die schülereigenen Ideen expliziert. Die Jugendlichen werden dabei als Verantwortliche für die Weiterentwicklung der Ideen adressiert.

 Der Vergleich mit der Gruppe *Schiller* in der Sequenz „Diskussion Kleiderkonsum" (s. S. 213ff.) beispielsweise zeigt, dass die Schülerinnen und Schüler hier selbst einschätzen, ob sie etwas tun können und wenn ja, was sie tun können. Sie werden von der Lehrkraft nicht explizit in ihrer Rolle als Kleiderkonsumenten angesprochen und in eine Verantwortung genommen. In welcher Rolle sie sich wahrnehmen oder welche Handlungsmöglichkeiten sie entwickeln wollen, liegt in ihrer Verantwortung. Die Rahmung durch die unterschiedlichen Phasen der Zukunftswerkstatt gibt zwar Ziele vor, die Jugendlichen sind aber für die inhaltliche Schwerpunktsetzung verantwortlich. Die inhaltliche Flexibilität der Zukunftswerkstatt erfordert die Mitgestaltung. Der Vorgehensweise liegt zudem eine basisdemokratische Idee zugrunde, die es notwendig macht, über die Inhalte mit zu entscheiden. Die Schülerinnen und Schüler agieren als Mitverantwortliche für das Lerngeschehen, worin die Strukturierung durch einen themen-ko-konstruktiven Lehrmodus deutlich wird. Der in der Sequenz „Probleme der Globalisierung" (s. S. 229ff.) bereits rekonstruierte Lehrmodus setzt sich hier homolog fort. Die demokratische Grundidee einer Zukunftswerkstatt wird durch die Lehrkraft enaktiert und bietet die Möglichkeit demokratisches Verhalten einzuüben. Die Lehrkraft organisiert und strukturiert die Zeiträume, aber nimmt keine Wertungen oder konkreten Vorgaben vor. Sie moderiert vielmehr die demokratischen Abstimmungen. Im Vergleich dazu sind in den Sequenzen „Meinungsbarometer" (s. S. 194ff.) oder „Diskussion Kleiderkonsum" (s. S. 213ff.) die konkreten Themen und das Vorgehen vorgegeben. Die Zukunftswerkstatt schafft einen (politisch) vorstrukturierten Raum. Die Schülerbeteiligung selbst ist bedeutsamer Bestandteil des Prozesses und wird als demokratisches Handeln eingefordert. Der Verlauf ist damit von ihrem Interesse und Engagement abhängig.

Die Gruppe, die in der Umsetzungsphase näher betrachtet wird, hat sich als Schwerpunkt die Klimaproblematik ausgewählt und daraufhin als mögliche Lösung die Idee eines Umwelthauses entwickelt. Die Idee umfasst, dass alle Menschen der Welt in einem Haus mit bestimmten Ausstattungsmerkmalen leben sollen und, dass das Haus seinen eigenen Energiebedarf, z.B. durch Solarenergie, abdeckt. Die Gruppe arbeitet im Folgenden einen von dem Arbeitsblatt vorgegebenen Punkt, die Identifikation von möglichen Hindernissen, aus.

Gruppe *Kästner*, Sequenz: Umsetzungsideen zum Umwelthaus, G3, Min. 23.53-25.01

Af[58]	Okay Hindernis sind die Kosten.
Cm	Ja.
Cf	Mhm,
Gf	Hach ja.
Af	Und vermutlich der Aufwand jedes einzelne Haus auf der ganzen Welt (.) äh so umzubauen.
Cm	Weil du kannst ja eigentlich so gut wie kein Haus umbauen du müsstest abreißen und neue Häuser hinsetzen.
Cf	Ja das-se-ge (.) geht doch auch von den Kosten.
Cm	Mm
Gf	Ja
Af	Und der Aufwand.
Gf	Der Aufwand is vor allem das schlimmste. (2) Ja eigentlich lohnt sichs überhaupt nicht aufzuschreiben ihr schreibt ja schon auf (.) ich komm ja gar nicht hinterher. (.) Ja dann (3) @(.)@
Af	/Wieso? (.) Für dich.
Cf	Aber ganz ehrlich in solchen Ländern wie (3) keine Ahnung (.) in solchen ganz kleinen (.) da ist es sowieso scheiß egal weil die alle keinen Storm verbrauchen
Cm	/China (.) Afrika
Cf	weil die keinen Stromanschluss haben.
Cm	Was is mit (.) kleinen Ländern also die armen Länder die so (.)
Gf	/Häh?

---

58 Af und Cf tauchten auch in der Sequenz „Probleme der Globalisierung" (s. S. 229ff.) auf. Sie haben hier mit Gf und Cm eine neue Gruppe gebildet.

Cf	Weil das (2) diese kleinen <u>Käffer</u> (.) die ham doch alle keinen Strom.
Gf	Wohoo (.) ich würd <u>sterben</u>.
Cm	/Du kannst aber nicht <u>klein</u> mit (.) gleich (.) <u>stromlos</u> vergleich-äh (.) ziehen.
Gf	Neein ich rede jetzt von diesen <u>ganzen</u> die jetzt in der <u>Wüste</u> hausen (.) weißt du? (2)
Cf	Da müsste man sich den Aufwand dann natürlich auch nich <u>machen</u>.
Gf	/@(2)@ (3)
Af	Okee

Das Thema der Gruppe sind hier die Hindernisse, die es für eine Umsetzung der Idee geben könnte. Zwei Hindernisse werden umgehend genannt: Die Kosten und der Aufwand. Über beide Aspekte sind sich die Beteiligten inhaltlich einig. Die Identifikation von Hindernissen fällt der Gruppe offenbar leicht. In der Erläuterung, dass überall auf der Welt neue Häuser gebaut werden müssten, wird die Umsetzung der Idee auf einer politisch-ökonomischen Ebene betrachtet. Bei der Überprüfung der eigenen Idee werden gleich zu Beginn zwei grundlegende Gegenargumente gefunden, die die Umsetzung grundsätzlich in Frage stellen. Die Idee des Umwelthauses wird damit als theoretischer Vorschlag, als Gedankenexperiment deutlich.

Die kurze Uneinigkeit in der Gruppe über das Dokumentieren wird mit dem Verweis „Für dich" aufgelöst; das Aufschreiben ist eine individuelle Aufgabe. In der weiteren Auseinandersetzung mit den Hindernissen erörtert die Gruppe, dass der Bau des Hauses in vielen kleinen Ländern hinfällig sei, weil dort kein Strom verbraucht werde. Sie differenzieren die Zuschreibungen „klein" und „arm" und unterscheiden, dass „klein" nicht „stromlos" bedeute. Bei Ländern in der Wüste müsse man den Aufwand nicht betreiben. Die Gruppe stellt mit Blick auf die globale Umsetzung eine „westliche" Spezifität der Idee fest, die nicht für alle Länder und unter allen Bedingungen gleichermaßen gelten kann. Die Idee berücksichtigt Probleme bestimmter Länder, in denen der hohe Stromverbrauch gesenkt oder anders bedient werden müsse. Die weltweite Dimension wird in der theoretischen Erwägung anderer Lebensbedingungen deutlich, die von einer generalisierenden Darstellung als die „Käffer", die alle keinen Strom hätten, in einer antithetischen Interaktion ausdifferenziert werden als Wüstenorte. Genauere geographische Zuschreibungen werden nicht vorgenommen. Die Gruppe lässt durch die Differenzierungen eine ihnen zu allgemeine, stereotypisierende Darstellung nicht stehen. Der Auflösungsgrad der Generalisierung wird auf spezifische Bedingungen heruntergebrochen und z.B. nicht auf ganz Afrika oder China bezogen. Die Vorstellung, ohne Strom leben zu müssen, wird als „Hausen" entworfen. Andere Lebensbedingungen werden den eigenen gegenübergestellt. „Hausen" ist negativ assoziiert und unterstellt ein primitives, weniger reinliches Leben. Es scheinen darin Vorstellungen über andere Lebensweisen auf, die als den eigenen unterlegen bewertet werden.

Im Umgang mit Handlungsaufforderungen wird deutlich, dass die Argumente zur Einschätzung der Hindernisse in ihren weltweiten Konsequenzen betrachtet werden. Ein individuelles Handeln und ein eigener Handlungsraum, wie sie in der Gruppe *Schiller* zum Kleiderkauf explizit thematisiert werden (s. S. 213ff.), kommen hier nicht in den Blick. Im Zentrum der Auseinandersetzung steht das gesellschaftliche Handeln, wie die Unterstützung des Hausbaus. Dies zeigt sich auch im nächsten Ausschnitt, in dem es trotz der Gegenargumente, die zuvor noch weiter ausgearbeitet wurden, um das Planen einer (konkreten) Aktion geht.

Gruppe *Kästner*, Sequenz: Umsetzungsideen zum Umwelthaus, G3, Min. 36.58-38.27

Af	Ok (.) <u>Können</u> wir eine Aktion planen.
Gf	Äh (.) ja. Was?
Af	Können wir eine Aktion planen. Wie können wir die Öffentlichkeit informieren.
Gf	/Oooh <u>Goodness</u> (.) ich will die nicht planen.
Af	@(.)@ Tjaa (.) Gf dann kannste ma <u>gehn</u> hier ne?
Cm	/Aha?
Gf	Dazu braucht man mindestens <u>Abi</u>. (.) Hab ich nich @(.)@
Cm	Du brauchst (.) ähm (.) <u>etwas</u> höheres als nurn Abi. (.) Du brauchst ne <u>hohe</u> Position du brauchst <u>Macht</u> du brauchst ein- (.) ähm ja (.) einflussreiche <u>Partner</u> (.) Schmiergeld (.) ( ) auch.
Cf	/Keine <u>Sorgen</u> weil des <u>haben</u> wir.
Af	Naaaa Cf wird Bundeskanzlerin.
Cf	Nää des will ich nich
Gf	/Ohhh des wär cool. @(2)@
Af	Doch du wä-du wärst <u>richtig</u> gut als Bundeskanzlerin. (.) Doch,
Cm	/Ich komm dich besuchen.
Cf	/Glaub ich nich
Gf	/Jaa (.) du kannst dich so schön präsentieren.
Cf	Des würd mich voll <u>abfucken</u>.
Gf	@(2)@ Dann kann <u>ich</u> sagen ich war mit der <u>Bundeskanzlerin</u> in einer <u>Klasse</u>. @(2)@ Und mit der Freundin (.) äh mit der Schwester bin ich <u>auch</u> befreundet
Af	/Du kannst gut <u>reden</u> und du kannst so
Cf	/( )
Gf	@(.)@
Cm	Und? Und dann fragen sie dich <u>und</u>? Warum bist <u>du</u> keine Bundeskanzlerin geworden?
Af	Ja (.) ich hab mein <u>Abi</u> leider nicht.
Gf	@(.)@ Ähh (.) weil ich des <u>nie</u> werden wollte.

Cf	/Aaah (.) na und am (.) und am <u>Klassentreffen</u> (.) muss ich dann mit <u>Bodyguards</u> vorfahrn (.) alle
Cm	/Ich weiß nich ob des so <u>gut</u> is ( ) (.) so <u>ein</u> Ring (.) man sieht dich kaum (.) nur noch deine Hand guckt raus damit du jemand die Hand schütteln kannst
Gf	/Haaallooo (.) ich <u>kannte</u> dich mal kennst du mich noch? @(.)@
Cf	Oh Gott.
Gf	@(2)@
Cf	<u>Securitiy</u>
Gf	@(2)@ Das ist die <u>Verrückte</u> (.) mach <u>weg</u>. @(.)@
Cm	Ich werd ( ).
Gf	Ich stell mir das grad vor. (.) @(2)@
Cf	[Reaktion auf Nachbargruppe] Wer hat sich aufm Klo eingeschlossen? (3) Wer ist der Vm?

[(9) Reaktion der anderen Gruppe am Nachbartisch, unverständlich]

Die Gruppe greift mit der Planung einer Aktion einen weiteren Aspekt des Arbeitsblattes auf (s. Abb. 33; unter dem Stichwort „Entwicklung von Strategien zur Durchsetzung des Entwurfs"). Af verbindet diese Aufforderung mit der Frage, wie die Öffentlichkeit informiert werden könnte. Das konkrete Handeln soll sich aus den vorherigen Arbeitsschritten ableiten. Die Gruppe steckt für die Planung einer möglichen Aktion entsprechende Parameter ab: „Abitur", „Bildung" bzw. eine „hohe Position", „Macht", „einflussreiche Partner" und „Schmiergeld". Formale Bildung ist ein geteilter Wert, der als Voraussetzung für politische Teilhabe betrachtet wird. Zudem stehen die Schülerinnen und Schüler in der 10. Klasse einer Gesamtschule kurz vor dem Schulabschluss, was die Relevanz des Themas Bildungsabschlüsse und Berufsmöglichkeiten unterstreicht.

Mit dem Verweis auf Schmiergeld zeigt sich ein kritisches Gesellschaftsbild, in dem Macht, Beziehungen und Korruption als Gründe für im politischen Sinne erfolgreich eingeschätztes Handeln angesehen werden. Im Hinblick auf diese Parameter entwickeln sie ein Gedankenexperiment, welches insbesondere durch die Verortung in einer Zukunft und in der Konklusion Gfs, dass sie es sich vorstelle, explizit wird. Cf soll Bundeskanzlerin werden. Die konstatierten Voraussetzungen werden in diesem Bild, Bundeskanzlerin zu werden, im Modus einer Exemplifizierung ausgearbeitet. Die Gruppe spricht der Mitschülerin die nötigen Fähigkeiten zu, womit die Ebene des politischen Handelns als prinzipiell möglich betrachtet wird. Der individuelle Möglichkeitsraum besteht hier darin, eine Position anzustreben, die ein wirksames Handeln ermöglicht. In den weiteren Ausführungen zur Vorstellung einer zukünftigen Bundeskanzlerin, die zu einem Klassentreffen kommt, zeichnen die Schülerinnen und Schüler ein Bild von Politikern, das ihnen Distanz und Abgehobenheit bescheinigt. Die Akteursebenen, die sich durch das Klassentreffen berühren könnten, sind deutlich voneinander entfernt und können sich nur im Sonderfall überschneiden. In dem interaktiv dicht ausgearbeiteten Gedankenexperiment lässt sich ein theoretisierender Zugang der Gruppe zu der Aufgabe, Handlungsmöglichkeiten zu generieren, rekonstruieren. Die Handlungsaufforderungen werden nicht im eigenen Alltag verortet, sondern auf einer abstrakt-politischen Ebene verhandelt. Dieses Vorgehen elaboriert den explizit formulierten Gegenhorizont der Lehrkraft, die darauf hingewiesen hat, die Verantwortung nicht zu delegieren und sich nicht in einer eigenen Ohnmacht zu konstruieren (s. S. 229f.). Dies unterstreicht, dass die Reflexion der Lehrkraft und die Explizierung dessen nicht unbedingt Konsequenzen für die Reflexionen der Schülerinnen und Schüler haben müssen. Der politische Rahmen bestimmt das Vorgehen und die Themen der Schülerinnen und Schüler. In der gedanklichen Realisierung, in der inneren Vorstellung dieser Szene wird das Gedankenexperiment beendet und Ideen zu Aktionen anderer Mitschülerinnen und -schüler drängen in die Gruppe. Die im obigen Ausschnitt dargestellten Erwägungen werden danach wie folgt fortgesetzt:

Gruppe *Kästner*, Sequenz: Umsetzungsideen zum Umwelthaus, G3, Min. 38.35-40.58

Cf   Okay.
Af   Okee ähm (.) wir-wir sollten noch was hinschreiben was dazu passieren (.) äh sollte also (.) zum Beispiel Abblasen des Eurovien Song @Contest@
Gf   @(.)@
Cm   Einsparungen machen.
Cf   Ahh ganz ehrlich es gibt also ich mein (.) natürlich gibts solche Sachen wo man sich denkt okay (.) da musste eigentlich schon mehr Geld investiert werden so Bildung und sowas aber (2) soviel Sachen die wir (.) in Deutschland organisieren die so unnötig sind (.) ich mein wir hatten jetzt erst die Fußball WM bei uns jetzt
Gf   /Ja
Cf   ham wir schon wieder die Frauenfußball WM-die Frauenfußball WM bei uns (.) jetzt ham wir (.) ich mein wir müssen auch die ganze Unterbringung von den andern Ländern bezahlen (.) (   ) des kannst du alles (.) des kannst du
Af   /Mhm.
Cf   einfach alles weglassen, (.) und die Merkel könnte auch mal Steuern bezahlen. Das fand- (.) das die keine Steuern bezahlt.
Gf   /Und wir ham doch auch für die (2) @(.)@ (2) Ja alle alle Promis oder sowas könnten man bisschen was abgeben. (.)
Cf   /Alle Promis müssen Steuern zahlen.
Cm   /Fm (.) sei vorsichtig mit der
Gf   Und was (.) ähm (.) es wurden doch auch Stadien gebaut für 2006 für die WM.
Cm   Jacke. (2) Der der se (.) Der der sie kaputt macht musse bezahlen.

Gf	Oder? (.) In denen spielen jetzt (.)fünft oder viert klassige Mannschaften (.) in riesen Stadien wo die WM stattgefunden hat. (.) Also ich kenn eins. (.) In Leipzig zum Beispiel.
Cf	/Ja des heißt einfach das Geld (.) des (.) und vor allem du musst des ja auch alles aufrecht erhalten du musst des immer putzen und so (.) das kostet so viel Kohle.
Gf	Ja
Cm	Was denn?
Cf	Die Stadien.
Gf	In Leipzig wurde doch eins gebaut für die WM 2006 da spielt Leipzig Dynam- ne nicht Dynamo Leizpig das heißt Dynamo Dresden also da spielt Leipzig drin die spielen in der vierten fünften Liga.
Cm	Dafür ist es en geiles Stadion.
Cf	Toll was und? Also isses voll?
Gf	/Toll (.) da spielen die gar nicht drin weil die des Stadion gar nicht voll kriegen.
Cm	/Das schlimmste Stadion is einfach das von Dortmund die ham Rasen den können
Gf	/Stimmt
Cm	se rausfahren (.) vors Stadion (.) und wieder reinfahren. (.) Der ganze Rasen kann
Af	/Ein Rasen?
Cm	rausfahren.
Gf	/Der Rasen (.) ja.
Cf	So was glaubst du nicht. (.) Es gibt einfach solches (.) was so Hobbys angeht sind die Deutschen so verschwenderisch
Gf	Jaaa das sind sie.
Af	Oder z-wa-( ) wann war dieses (.) äh Stadion in Düsseldorf da (.) den ganzen Raden-Rasen ab-abzutragen um dann da andern Boden hinzuverlegen (.) damit da
Gf	/Jaaa (.) umzubauen. (4) /Jaa (.) diese ganze Technik (.) alles. (2)
Af	die ganzen Leute reinpassen. (2) Jaaa da waren über (.) über zweitausend Scheinwerfer in dieser Halle
Gf	Die ganzen Leute die da gearbeitet haben.
Cf	/Ja (3) diese zehn Kilometer Kabel und so (2) und dann (.) weißt du und dann (.) und dann kommt so was wie (.) so was wie (.) wir schalten die Atomkraftwerke sofort ab (.) wie willst du dann so ein Sch-(.)tadion unter Licht setzen.
Gf	/Ja (.) du brauchst ja fast ein Atomkraftwerk für das @ganze Stadion@.
Cf	Okay also sagen wir Einschränkungen (.) keine Veranstaltungen mehr organisieren, (.) zumindest vorläufig (...)

Es wird festgestellt, dass noch Ergebnisse zu dem Punkt, was zur Umsetzung passieren müsse, festgehalten werden sollten. Damit wird eine klare Ergebnisorientierung der Gruppe deutlich, die eines sichtbaren Ergebnisses bedarf. In der Formulierung, „was passieren muss" scheint darüber hinaus die eigene Passivität auf. „Passieren" ist aus einer lediglich teilnehmenden Perspektive desjenigen formuliert, der das Geschehen nicht direkt beeinflussen kann, und steht dem Terminus „Aktion planen" gegenüber. Es verweist zudem auf eine höhere Ebene, auf der die Schülerin entsprechende Voraussetzungen für Veränderungen lokalisiert. Das Gruppengespräch verlagert sich auf eine Erörterung von Handlungsmöglichkeiten, z.B. den Eurovision-Song-Contest abzusagen. Die politische Agenda müsse notwendige Einsparungen von Ressourcen umsetzen. Die Möglichkeit zur Entscheidung gegen den Contest obliegt, wie die Gruppe bereits abgesteckt hat, aber Entscheidungsträgern, die nicht sie selbst sind. Es wäre eine Entscheidung auf internationaler Ebene. Auf nationaler Ebene stellen die Gruppenmitglieder fest, dass z.B. mehr in Bildung investiert werden müsse. Der Wert von Bildung, der bereits als notwendige Voraussetzung und Bedingung zum Handeln hervorgehoben wurde, bestätigt sich hierin erneut. Das Thema ‚Einsparungen' führt die Gruppe zu weiteren, in ihren Augen „unnötigen Sachen": Fußball-Großveranstaltungen und die Stadien. Die Entwicklung der Handlungsmöglichkeiten werden jetzt explizit aus der Perspektive eines abstrakten „wir" formuliert. Solche Veranstaltungen könne man alle weglassen. Die Diskutierenden bewerten die Politik erneut kritisch. Grundlage der Bewertung sind Maßstäbe, die sich an ihren Wertigkeiten oder Vorlieben orientieren und aus denen das „Spardiktat" abgeleitet wird. Die Perspektive auf die Themen ‚Fußball' und ‚Stadien' ermöglicht die Beurteilung als „unnötig" und die Ableitung notwendiger politischer Maßnahmen. Die Gruppe arbeitet an den Freizeitbeispielen jeweils eine Figur des „Zuviel", des „Unnötigen" aus und hält fest, dass die Deutschen bei ihren Hobbys verschwenderisch seien. Das „Zuviel" wird als umweltschädliches Verhalten markiert, das den politischen Forderungen entgegenstünde, worin die erwünschten Gegenhorizonte des Maßhaltens und auch einer konsequenten Politik aufscheinen.

Der politisch-ökonomische Fokus vermengt sich mit einer individuellen Interessenlage, wird aber als Möglichkeitsraum, in dem sie sich bewegen, exploriert. Kritisiert wird vor allem die Verschwendung von Kapital. In einer weiteren Wendung wird die Steuerbeteiligung der Bundeskanzlerin und weiterer Prominenter problematisiert. Dem liegt ein sozialpolitisches Modell der Umverteilung von Vermögen zugrunde. Die politische Konkretisierung bewegt sich in einer sozial und ökologisch orientierten Denktradition, in der die Schülerinnen und Schüler komplexe Zusammenhänge z.B. zwischen Klimawandel und politischem Handeln herstellen. Die Gruppe konkludiert letztlich, dass die Großveranstaltungen eingeschränkt werden sollten. Das Orientierungsschema ‚Macht' wird weiter im Modus der Exemplifizierung bearbeitet. Es bedarf politischer Macht, um die angeführten Forderungen umzusetzen. Die Relevanz und Anschlussfähigkeit des Anliegens wird abermals in der interaktiv dichten Auseinandersetzung erkennbar.

Die Art und Weise, wie die Schülerinnen und Schüler der Gruppe *Kästner* mit dem Thema ‚Handeln' umgehen, zeichnet sich im kontrastierenden Vergleich zu den knappen, abstrakten Erläuterungen in den Gruppen, die Handlungsaufforderungen als Thema reproduzieren (s. S. 193ff.), durch die vielen Beispiele, die Differenzierung und der Thematisierung von politischer Aspekte aus. Die Rolle, die die Schülerinnen und Schüler in der Umsetzung ihrer Idee selbst wählen, ist nicht die Rolle des/r Konsumenten/in, sondern eine Metaperspektive im Sinne politischer Handlungsspielräume.

Die Umsetzungsideen der Gruppe wurden anschließend im Plenum vorgestellt. In der Anmerkung einer Mitschülerin nach der Präsentation der Gruppe setzt sich der politische Modus im Umgang mit Handlungsaufforderungen homolog fort. Gf beendet zunächst die Präsentation.

Gruppe *Kästner*, Sequenz: Umsetzungsideen zum Umwelthaus, vh(6), Min. 9.57-11.54

Gf	(...) So wär das für Deutschland gesehen, (.) und dann müsste man dieses ganze Konzept auf die restlichen Länder der Erde ausweiten;
Me	[Klatschen (4)]
?m	Yeah
L	Habt ihr noch ne Idee zu ner konkreten Aktion?
Cf	Also ich bin ehrlich gesagt der Meinung, dass man das nicht verwirklichen kann, das alle dieses Haus haben werden wollen wie auch immer (2) ähm (2) ähm
Gf	/Also es ist theoretisch schon <u>möglich</u>, aber es
Dm	/Das gibts
Gf	ist sehr unwahrscheinlich, dass das vor allem auf die ganze Welt übertragen wird
Dm	ja schon
Bf	Ja
Ef	Also ich finde man könnte es jetzt zum Beispiel festlegen, (.) als deutsches (.)
Em	/(Wieso ein Haus)
Ef	Gesetz ähm (.) dass Menschen also (.) bevor man ja ein Haus äh ein Grundstück
Me	/ [Kichern]
Ef	kauft oder ein Haus baut muss man ja ein Bauantrag stellen, (.) und dann muss man ja dann irgendwie ein detaillierten Plan hinschicken, wie genau das aussehn wird, und nicht (entscheiden Hausbau) mit zweihundert Quadratmeter, (.) mit zwei Stockwerken, (.) wenn man einfach <u>dort</u> schon im im im Ministerium festlegt dass der Bauantrag nur gestattet wird wenns ein Umwelthaus ist mit so was; (.) und so einfach dann (.) und so einfach schon nach und nach für die nächsten Jahrzehnte
Fm	/( )
Em	/( )
Fm	/(Du musst ja haben)
Ef	(.) diese ganzen entstehenden Neubauten als Umwelthäuser zu gestalten, (.) und dann so alle wie (B-Stadt oder so) abreißen, wo die ganzen äh alten Asbest-Häuser rumstehen, (2) (ergänzen)
Gm	/Sacht die hier
?m	/Scht

Ef	und noch ein eine (Verordnung) auf historische Innenstädten von Städten wie X-Stadt und dann hat mans ja dabei;
Me	/ [Unverständliches Murmel (4)]
Fm	Tschüss Bm
Me	@(2)@
Cf	(B-Stadt) @gehört zu den teuersten Vororten von X-Stadt@
L	/Ok (2) vielen Dank
Me	@(2)@ [durcheinander (3)]
Cf	Ah aber man könnte noch dieses Solar- insgesamt diese ganze Solarindustrie fördern, (.) zum Beispiel indem man sich auch in die Richtung bewegt oder sowas (2) beruflich mein ich
L	/Eine Solaranlage aufs eigene Hausdach, (2) ok
Cf	/Ja
Gf	/Das wäre schon mal ein Anfang
L	Vielen Dank (2) Af, Ff, Df (3) Lf (.) is danach noch ne Gruppe?

Nach der Gruppenpräsentation schließt sich eine kurze Plenumsphase an, die durch die Frage der Lehrkraft nach einer konkreten Aktion eingeleitet wird. Die Frage zeigt, dass dies dem Erwartungshorizont entspricht. Die Lehrkraft hält sich anschließend im Hintergrund und es entsteht ein selbstläufiges Schülergespräch. Es entsteht keine moralisierende Kommunikation, wie sie z.b. für die Sequenzen „Diskussion Kleiderkonsum" (s. S. 213ff.) und „Erkenntnisse aus dem Schlingenspiel" (s. S. 223ff.) rekonstruiert werden konnte. Stattdessen schließt sich eine Schülerin mit einer weiteren Idee für die Umsetzung an. Die Lehrkraft macht weder die Vermittlung eines ethisch-moralischen Anspruchs stark noch fordert sie diese ein. Vielmehr wird die explizit theoretische Umsetzungsstrategie, die die Gruppe auch als solche reflektiert („es ist sehr unwahrscheinlich"), zugelassen. In der Zurückhaltung der Lehrkraft setzt sich der zu Beginn sichtbar gewordene Lehrmodus der Themen-Ko-Konstruktion konsistent fort und rückt die Schülerprozesse in den Vordergrund. Die Schülerinnen und Schüler grenzen sich mit der Einschätzung „unwahrscheinlich" von dem formulierten Anliegen einer konkreten Aktionsplanung ab. Der Hinweis, dass es das Umwelthaus schon gäbe, wird nicht aufgenommen. Ef schließt eine politische Konkretisierung zur Umsetzung am Beispiel der eigenen Stadt an. Auch Ef bewegt sich mit diesem Vorschlag auf einer politisch-gesellschaftlichen Ebene, auf der eine ökologisch orientierte Gesetzgebung durchgesetzt werden soll. In der Auseinandersetzung mit der Idee des Umwelthauses wird eine ökologische Orientierung innerhalb des politischen Rahmens ausgearbeitet, die von Bf unterstützt wird, indem sie die Solarenergie als potentiell zukünftiges Berufsfeld einbringt. In der individuellen Zukunft zeichnen sich Handlungsräume als Bildungsmöglichkeiten ab. Die Lehrkraft ergänzt den Vorschlag, eine Photovoltaik-Anlage auf dem eigenen Haus zu installieren, was von der Gruppe zum Abschluss knapp validiert wird und als mögliche Aktion (die nur die jeweiligen Eltern entscheiden könnten) stehen bleibt. Auf dem Gebäude der *Erich-Kästner-Schule* ist eine solche Anlage installiert, weshalb der Vorschlag der Lehrkraft im schulischen Raum authentisch ist. Die Ebene der individuellen Handlungsmöglichkeiten wird in diesem Zukunftsentwurf jedoch bis zum Schluss ausgeklammert. Der Vorschlag der Lehrkraft lässt die Frage nach der Verantwortung, im Vergleich zur „Diskussion Kleiderkonsum" (s. S. 213ff.), offen. Der Zugang der Gruppe wird akzeptiert und nicht bewertet. Auch der Vorschlag Efs zeigt, dass die politische Handlungsebene in dieser Lerngruppe hoch relevant ist.

In den beiden Sequenzen aus der Zukunftswerkstatt liegt die Besonderheit in der konstruktiven Herangehensweise der Jugendlichen. Die Schülerinnen und Schüler erscheinen in politischen Argumentationsfiguren als kompetent. Vergleichbar zu den Rekonstruktionen zur Reflexion über Nicht-Handeln (s. S. 210ff.), in denen die erarbeitete Expertise der Schülerinnen und Schüler für die abgrenzende Argumentation genutzt wird, wird hier die Schülerexpertise in politischen Themen bedeutsam für die Aushandlung von Handlungsoptionen. Die Tradition einer offenen Lernkultur in der Schule und die Bedeutsamkeit des Faches Gesellschaftskunde im Schulcurriculum leisten dazu einen entsprechenden Beitrag. Die offene Gestaltung des Lehr-Lernarrangements, in dem die Lehrkraft sich nicht explizit und konkret auf die Themen bezogen moralisch positioniert, lässt Raum für die Ideen der Schülerinnen und Schüler. In der Orientierung an Handeln als politischem Thema zeigen sich potentielle Handlungsoptionen, die von den Schülerinnen und Schüler selbst entwickelt und partiell für möglich gehalten werden. Mit der Möglichkeit, ein eigenes, selbst identifiziertes Problem und dessen Lösung anzugehen, wird Handeln nicht nur als eine Vorgabe bearbeitet, sondern in den Blick genommen und eine potentiell handelnde Rolle konstruiert.

3.4 Zusammenfassung: Handlungsaufforderungen im Unterricht

Für den Umgang mit Handlungsaufforderungen ließen sich drei Vorgehensweisen rekonstruieren. Diesen ist gemeinsam, dass sie Handeln auf kommunikativer Ebene bearbeiten und praktische Umsetzungen ausklammern. Innerhalb der theoretischen Auseinandersetzungen lassen sich allerdings Unterschiede hinsichtlich der Reflexionsniveaus und der berücksichtigten Komplexität des Gegenstandes „Handlungsaufforderung" ausmachen.

Die erste Umgangsform wurde als Reproduktion von Handlungsaufforderungen beschrieben. In diesem Modus geben die Schülerinnen und Schüler Handlungsaufforderungen als ein Thema wieder und reproduzieren den von den Lehrkräften vorgegebenen Anspruch. In Sequenzen, in denen diese Form des Umgangs mit Handlungsaufforderungen rekonstruiert wurde, beziehen die Lehrkräfte explizit oder implizit moralisch-ethisch Position und legen auf diese Weise einen Maßstab für das „richtige" Handeln fest, das gewissermaßen vermittelt werden soll. Die Schülerinnen und Schüler werden in ihrer Verantwortung als Konsument/in adressiert. Die Handlungsaufforderungen, die die Veränderung von Verhalten fordern, werden jedoch in ihrem appellierenden Charakter nicht bedeutsam und tragen damit seiner Komplexität kaum Rechnung. Der Lehrmodus der Themenvermittlung strukturiert die Lehr-Lernarrangements durch enge Vorgaben. Dieser Lehrmodus und die moralische Kommunikation der Lehrkräfte verbinden die Unterrichtssequenzen, in denen der Umgang mit Handlungsaufforderungen als zu reproduzierendes Thema oder als Reflexion von Nicht-Handeln rekonstruiert werden konnte.

Die Reflexion über Nicht-Handeln zeichnet sich dadurch aus, dass zwar auf einer theoretisch-kommunikativen Ebene die Ansprüche an notwendige Verhaltensänderungen geteilt werden, leitend sind in den Ausführungen aber Begründungen dafür, keine Änderungen im Sinne ethischer oder ökologischer Kriterien einzuleiten. Die individuelle Verantwortung, die die Lehrkräfte einfordern, wird aufgrund fehlender Handlungsalternativen oder anderer hinderlicher Motive, wie die Orientierung an den Peers, abgewiesen. Die Jugendlichen entwickeln vor dem Hintergrund ihres erarbeiteten Wissens Entschuldigungs- und Legitimationsstrategien, die begründen, warum sie selbst nicht entsprechend handeln können. Handlungsaufforderungen werden hier aber im Gegensatz zur reproduktiven Aneignung, als Anfrage an die individuellen Routinen der Schülerinnen und Schüler bedeutsam. Sie nehmen sie als Anfragen an die eigenen Routinen und Handlungsmotive wahr und werden so dem Gegenstand ‚Aufforderung' gerecht. Dieselbe Strategie auf Verantwortungszuschreibungen und die Auseinandersetzung mit der eigenen Rolle als Konsument zu reagieren, wurde von Asbrand (2009a) für Schülerinnen und Schüler des Gymnasiums rekonstruiert.

Anders verhält es sich bei der Verhandlung von Handlungsaufforderungen als politisierende Reflexion. Die Unterrichtssequenzen kontrastieren dazu in mehrfacher Hinsicht. Innerhalb eines offenen sowie Partizipation und Mitgestaltung einfordernden Lehr-Lernarrangements haben die Schülerinnen und Schüler Gelegenheit, eigene inhaltliche Schwerpunkte zu entwickeln und Lösungsansätze für die selbst konstatierten Probleme zu entfalten. Die Rolle, die sie in der Lösung der Probleme und damit im Umgang mit Handlungsaufforderungen einnehmen, wird ihnen nicht zugewiesen, die entscheiden sie selbst. Die Schülerinnen und Schüler entwickeln sowohl den Handlungsanspruch als auch die Handlungsmöglichkeiten in der Rolle politischer Akteure. Losgelöst von der Frage des Verfügens über politische Macht, die zur Umsetzung erforderlich ist, fokussieren sie mögliches Handeln auf politischer Ebene und stecken dafür die Bedingungen ab. Abhängig von Bildung und den Fähigkeiten scheint in der Übernahme eines politischen Amtes oder einer entsprechenden, wissenschaftlichen Ausbildung die Umsetzung von Handlungsoptionen im individuellen Möglichkeitsraum auf. Das Erleben demokratischer Prinzipien und die Möglichkeit der eigenständigen Auseinandersetzung lassen einen konstruktiven Umgang mit der eigenen Ohnmacht zu, indem auf politischer Ebene vorhandene Möglichkeiten exploriert werden. Der Aufforderungscharakter wird anerkannt und in der Auseinandersetzung damit wird seine Komplexität deutlich. Die politische Orientierung, die sich hier aktualisiert, lässt sich als ökologisch und sozialpolitisch ausgerichtet beschreiben. Die Jugendlichen konstruieren sich in dieser Umgangsform als politische Individuen und vertreten ihre eigenen Ansichten und Interessen.

Für die didaktische Anlage der Unterrichtseinheiten ist noch hervorzuheben, dass die Thematisierung von „Handeln" in fast allen Unterrichtssequenzen gegen Ende der Unterrichtseinheit durch die Lehrkräfte forciert und gesetzt wird. Unabhängig vom Lehrmodus zeichnet sich darin eine dem Lernbereich inhärente Dramaturgie ab. Themen im globalen Zusammenhang werden zunächst als problematisch gerahmt, was in der Konsequenz auf das Ziel zuläuft, eine Veränderung im Handeln im Sinne vorgegebener Maßstäbe zu bewirken. Besonders deutlich werden diese Strukturen in der moralischen Kommunikation der Lehrkräfte beispielsweise in den Sequenzen „Meinungsbarometer" (s. S. 194ff.), „Diskussion Kleiderkonsum" (s. S. 213ff.), aber auch in den letzten beiden Sequenzen aus der Zukunftswerkstatt auf einer Metaebene (s. S. 229ff.). Letztlich sind die Jugendlichen gefragt, die eigene Handlungswirksamkeit einzuschätzen oder Handlungsoptionen zu generieren. Die Dramaturgie, die die Behandlung eines Themas auf die Auseinandersetzung mit „Handeln" hinführt, scheint themenunabhängig zu sein. Zugleich wird deutlich, dass die Aufforderung zum Handeln immer schon Entscheidungen und Bewertungen enthält, die nur einmal anlässlich einer Schülerfrage reflektiert werden. Insgesamt wird erkennbar, dass Handlungsaufforderungen, obwohl sie ausschließlich auf außerschulisches Handeln zielen, dem schulischen Kontext verhaftet bleiben und nicht dazu anregen, die eigene Alltagspraxis in Frage zu stellen.

V. Unterricht im Lernbereich Globale Entwicklung – Zusammenfassung und Diskussion

1. Zusammenfassung

Die eingangs formulierte Fragestellung zielte auf die Aneignungs- und Konstruktionsprozesse der Schülerinnen und Schüler im unterrichtlichen Umgang mit Themen des Lernbereichs Globale Entwicklung. Untersucht wurden dafür verschiedene Unterrichtssettings in zehnten, elften und zwölften Klassen von Gymnasien und Gesamtschulen. Für die vergleichende Analyse der Unterrichtsinteraktion stellte sich insbesondere die methodisch-didaktische Gestaltung des Unterrichts als bedeutsamer Vergleichshorizont heraus.

Als übergeordnete Gemeinsamkeit zwischen den untersuchten Sequenzen, in denen fachliche Lernprozesse beobachtbar wurden, zeigen die Jugendlichen eine Orientierung, die gestellten Aufgaben möglichst effektiv zu lösen. Breidenstein (2006) hat dies als Produktionsorientierung beschrieben: „In der Gruppenarbeit erweisen sich die Prozesse der Arbeitsorganisation und Arbeitsteilung als weitgehend auf die möglichst effektive und rationelle Erstellung des zu präsentierenden Produktes ausgerichtet" (ebd., S. 214).

Innerhalb von Lernumgebungen als interaktivem Wechselspiel der Akteure lässt sich performativ der Kompetenzerwerb der Schülerinnen und Schüler beobachten. Im Rahmen der sinngenetischen Typenbildung wurden verschiedene Umgangsformen der Jugendlichen mit den gestellten Anforderungen rekonstruiert. Dabei zeigten sich der Umgang mit Nicht-Wissen, mit Perspektivität und mit Handlungsaufforderungen als zentrale Anforderungen. Die Beschreibung der Bedingungen des Kompetenzerwerbs als Lehrmodi ist Ergebnis der soziogenetischen Interpretation. Die Lehrmodi differieren hinsichtlich der Adressierung der Schülerinnen und Schüler durch die Lehrkräfte, der Offenheit der Aufgaben und der Mitgestaltungsmöglichkeiten für die Jugendlichen. Im Rahmen der Analysen ließen sich der Lehrmodus der Themenvermittlung und der Lehrmodus der Themen-Ko-Konstruktion unterscheiden. Die Lernumgebung wird als konjunktiver Erfahrungsraum der Jugendlichen deutlich, in welchem die unterschiedlichen Formen des Umgangs mit Nicht-Wissen, Perspektivität und Handlungsaufforderungen entstehen. Wesentliches Ergebnis der Analysen ist, dass sich diese in situativer Abhängigkeit von der konkreten Ausgestaltung der Lernumgebungen zeigten. Strukturelle Unterschiede, die sich in den Lernumgebungen ausdifferenzieren ließen, können für die Weiterentwicklung des Lernbereichs und dessen Didaktik fruchtbar gemacht werden.

Der Umgang mit Nicht-Wissen

In der Analyse des empirischen Materials zeigten sich bei den Schülerinnen und Schülern zwei Orientierungen im Umgang mit Nicht-Wissen: Nicht-Wissen wird entweder als ein Defizit betrachtet, das es zu kompensieren gilt, oder als Potential angesehen, von dem ausgehend Themen erschlossen werden.

Wenn Schülerinnen und Schüler Nicht-Wissen als ein Defizit ansehen, beinhaltet dies ein dichotomes Verständnis von Wissen und Nicht-Wissen. Das eine schließt das andere aus und beides ist eindeutig voneinander unterscheidbar. Die Jugendlichen sind auf der Suche nach „richtigen" Lösungen als sicherem Wissen. Wissen muss in ihrer Konstruktion das Nicht-Wissen aufheben. Sie können die eigene Unsicherheit nicht konstruktiv bearbeiten und erwarten die Auflösung durch die Lehrkraft, die die entsprechend richtigen Lösungen hat. Wissenserwerb ist keine Entwicklung von wenigem zu mehr Wissen oder Können, sondern die Einzelinformationen zählen als Ergebnis. Das vermittelte Wissen bildet in der Folge eine „richtige" Realität ab, die übernommen wird.

In der Orientierung der Schülerinnen und Schüler, die Nicht-Wissen als Potential konstruieren zeigt sich ein kumulatives Verständnis des Wissenserwerbs als ein sich fortsetzender Prozess von weniger zu mehr Wissen. Der Wissenserwerb dient in diesem Rahmen einer Vertiefung von Interessen oder einer Entwicklung von Expertise und ist somit nicht abschließbar. Es steht die Frage des „Mehr-Wissen-Könnens" im Vordergrund und nicht die Frage nach dem, was nicht gewusst wird. Die Schülerinnen und Schüler können konstruktiv mit Nicht-Wissen und Unsicherheit umgehen und die gestellten Aufgaben bearbeiten, indem sie vor allem an ihr vorhandenes Wissen anknüpfen und sich in einen selbstgesteuerten Prozess der Themenerschließung begeben.

Gemeinsam ist den Schülerinnen und Schüler hier, dass erkenntnistheoretische Fragen, die Reichweite des Wissens, dessen Qualität und die Limitation des eigenen Wissens nicht reflektiert werden.

Der Umgang mit Perspektivität

Für den Umgang der Schülerinnen und Schüler mit Perspektivität konnten zwei Modi rekonstruiert werden: die Perspektivenreproduktion und die Perspektivenkoordination. Die Orientierungen unterscheiden sich bezüglich der Frage, inwiefern die Standortgebundenheit von Informationen erkannt und als eine mögliche Perspektive berücksichtigt sowie für die Auseinandersetzung über eine Sache bedeutsam wird.

Im Umgang mit Perspektivität als Reproduktion zeigt sich, dass die Standortgebundenheit von Informationen von den Jugendlichen nicht reflektiert wird, sondern Informationen als objektive Abbildung einer „Realität" betrachtet werden. Die Schülerinnen und Schüler reproduzieren die vorgefundenen Informationen, ohne die spezifische Akteursperspektive zu reflektieren. Die Perspektivität entfaltet so keine Relevanz für das Verhältnis von Wirklichkeit und Informationen.

Im Modus der Perspektivenkoordination wird Perspektivität für die Betrachtung eines Problems bedeutsam. Die Schülerinnen und Schüler setzen sich hier mit Themen diskursiv auseinander und berücksichtigen dabei unterschiedliche Perspektiven, die zueinander ins Verhältnis gesetzt werden. Sie übernehmen Positionen, die sie durch Fachwissen, eigene Erfahrungen oder Beobachtungen ausfüllen können. Perspektivenkoordination stellt zwar die komplexere Form der Berücksichtigung von Standortgebundenheit dar, Perspektivenübernahme lässt sich allerdings nicht beobachten. Vielmehr verbleibt das Verständnis von Perspektivität auf der Ebene des kommunikativen Wissens.

Der Umgang mit Handlungsaufforderungen

In den Rekonstruktionen zeigt sich, dass die Jugendlichen Handlungsaufforderungen entweder als zu reproduzierendes Thema betrachten, das Nicht-Handeln reflektieren oder sich in einem politisierenden Modus damit auseinandersetzen.

Im Modus der Reproduktion werden Handlungsaufforderungen als ein theoretisches Thema bearbeitet. Die gestellten Aufforderungen zu einer Veränderung des Verhaltens werden von den Schülerinnen und Schülern nicht als Aufforderung verstanden. Das Thema Handeln wird für sie nicht relevant und die über das Handeln vermittelten Informationen lediglich wiedergegeben. Die Aufforderungen enthalten moralisch-ethische Setzungen, die durch die Schülerinnen und Schüler referiert, aber nicht in einen Zusammenhang mit dem eigenen Leben und Handeln gebracht werden.

Die Schülerinnen und Schüler, die über ihr Nicht-Handeln reflektieren, weisen die an sie herangetragenen Aufforderungen zum Handeln explizit ab. Die Thematisierung der Handlungsaufforderungen in moralischen Kategorien, wie „Schuld" und „Verantwortung", evozieren eine Ablehnung der Schülerinnen und Schüler (vgl. auch Wettstädt/Asbrand 2014). Auf der Ebene des kommunikativen Wissens werden zwar die thematisierten Missstände als Anlässe zu einem Handeln anerkannt, dieses Wissen wird aber nicht handlungsleitend. Im Unterschied zum reproduzierenden Habitus wird allerdings der Aufforderungscharakter wirksam. Es werden deshalb entsprechende Entschuldigungs- und Legitimationsstrategien generiert, die das eigene Nicht-Handeln im Sinne der moralisch-ethischen Kriterien rechtfertigen. Verantwortung wird zudem an andere Akteure oder die Allgemeinheit delegiert.

Werden Handlungsaufforderungen im politischen Modus reflektiert, liegt der Fokus der Schülerinnen und Schüler auf der Exploration von Handlungsmöglichkeiten auf einer gesellschaftlich-politischen Handlungsebene. Dabei wird politische Macht als notwendige Bedingung für ein wirksames Handeln angesehen. Handlungsoptionen werden nicht grundsätzlich abgelehnt oder für unmöglich erklärt, aber für den individuellen Handlungsraum auch nicht erwogen (vgl. auch Wettstädt/Asbrand 2014).

Gemeinsam ist allen Formen des Umgangs mit Handlungsaufforderungen, dass die individuelle Handlungsebene nicht exploriert wird. Die Ansprüche an das individuelle außerschulische Handeln und die darin enthaltenen moralisch-ethischen Maßstäbe werden von den Schülerinnen und Schülern überwiegend negiert oder nicht zum Gegenstand der Auseinandersetzungen. Nur in der Reflexion von Handlungsoptionen als politischem Thema scheint eine zukünftige, potentielle Handlungsmöglichkeit auf.

Die Lehrmodi: Themenvermittlung und Themen-Ko-Konstruktion

Der Lehrmodus als die Art und Weise, wie die Schülerinnen und Schüler angesprochen werden, wie der Lernprozess gerahmt und durch die Lehrkraft organisiert wird, lässt sich im Rahmen der soziogenetischen Interpretation als Bedingung für den Kompetenzerwerb der Schülerinnen und Schüler rekonstruieren. Der Unterricht als ein durch Lehrkraft und Schülerinnen und Schüler ko-konstruierter Interaktionsraum erwies sich als durch einen jeweiligen Lehrmodus strukturiert. Auf diesen konjunktiven Erfahrungsraum ließen sich die Unterschiede in den Gemeinsamkeiten der beschriebenen Umgangsformen der Jugendlichen mit den Herausforderungen des Lernbereichs Globale Entwicklung zurückführen.

In den Analysen des empirischen Materials konnten zwei Lehrmodi rekonstruiert werden: der Lehrmodus der Themenvermittlung und der Lehrmodus der

Themen-Ko-Konstruktion[59]. Der Lehrmodus der Themenvermittlung zeichnet sich dadurch aus, dass ein geschlossenes und kein ergebnisoffenes Geschehen arrangiert wird. Sowohl der Gegenstand in Form konkreter Themen als auch die Art und Weise der Bearbeitung für die Schülerinnen und Schüler sind dort durch die Lehrkraft oder das verwendete Unterrichtsmaterial festgelegt. Die Aktivitäten der Schülerinnen und Schüler finden in einem vorstrukturierten Rahmen statt, der inhaltlich und organisatorisch definiert ist. Die Jugendlichen werden als Nicht-Wissende adressiert; es lässt sich ein eher defizitorientiertes Schülerbild rekonstruieren. In Unterrichtssequenzen, die durch den Lehrmodus der Themenvermittlung strukturiert sind, konnte der Umgang mit Nicht-Wissen als Kompensation, die Perspektivenreproduktion sowie der Umgang mit Handlungsaufforderungen als zu reproduzierendem Thema und die Reflexion von Nicht-Handeln rekonstruiert werden. Zwischen Lehr- und Lernhabitus zeigt sich in so fern eine Passung, als die lehrerseitige Vermittlung mit reproduzierenden Tätigkeiten der Schülerinnen und Schüler korrespondiert.

Der Lehrmodus der Themen-Ko-Konstruktion ist dadurch charakterisiert, dass zwar die Themen vorgegeben sind, innerhalb dieser thematischen Rahmung eine Mitgestaltung und die Selbstständigkeit der Schülerinnen und Schüler aber möglich bzw. gefordert sind. Wissenserwerb wird nicht als Kompensation von Nicht-Wissen gerahmt, sondern als kumulativer Prozess. Die Jugendlichen werden in einer Rolle als potentielle Experten oder als am Thema Interessierte angesprochen. Das nicht defizitär orientierte Schülerbild verbindet sich mit einer geringer ausgeprägten inhaltlichen Steuerung und mit mehr moderierenden Tätigkeiten der Lehrkraft. In diesen Unterrichtsinteraktionen konnten der Umgang mit Nicht-Wissen als Potential, der Modus der Perspektivenkoordination sowie der Umgang mit Handlungsaufforderungen als politischem Thema rekonstruiert werden. In den Freiräumen, die den Jugendlichen zur Verfügung stehen, ließen sich damit Kompetenzen beobachten, die eine aktive Auseinandersetzung mit den Themen voraussetzen. Es entfaltet sich darin eher eine Komplexität der Sachverhalte. Gleichwohl gilt es anzumerken, dass gerade auch die angebotenen Freiräume durch die Schülerinnen und Schüler unterschiedlich genutzt werden. Das Lernergebnis ist entsprechend auch vom Engagement und Interesse der Schülerinnen und Schüler abhängig.

Lehrmodi beschreiben also das habituelle Handeln der Lehrkräfte als Einsatz bestimmter Aufgaben, Materialien oder Adressierungen. Sie strukturieren

---

59 Die Nähe zu den Konzepten aus der Tradition der klassischen Lehr-Lerntheorie, die Unterscheidung von Instruktivismus und Konstruktivismus und deren didaktische Konsequenzen (vgl. z.B. Reinmann-Rothmeier/Mandl 2001), ist unverkennbar, dazu in der Diskussion vgl. S. 313.

somit das Lehr-Lernarrangemen auf der Ebene des konjunktiven Wissens und können sich von den expliziten Intentionen der jeweiligen Lehrkräfte unterscheiden. In der Studie hat sich gezeigt, dass das konjunktive Wissen bzw. der Habitus der Lehrkräfte den Kompetenzerwerb der Schülerinnen und Schüler, nämlich die situative Bewältigung von Anforderungen, unabhängig von den jeweiligen Unterrichtsmethoden oder Handlungsformen bestimmen.

2. Diskussion der Ergebnisse

Die Ergebnisse dieser Studie tragen zu einer Betrachtung von unterrichtlichen Lehr- und Lernbedingungen innerhalb des Lernbereichs Globale Entwicklung bei. Nachfolgend werden die Ergebnisse im Lichte normativer und theoretischer Annahmen diskutiert und kurz an Ergebnisse empirischer Forschung zurückgebunden.

2.1 Der Kompetenzerwerb vor dem Hintergrund theoretischer und normativer Annahmen

Nicht-Wissen als Lernaufgabe

In dem analysierten Unterricht dieser Studie konnte beobachtet werden, wie die Schülerinnen und Schüler unterschiedlich mit unsicherem bzw. Nicht-Wissen umgehen. Asbrand (2009a) plausibilisiert die Lernaufgabe, mit Nicht-Wissen umzugehen, vor dem Hintergrund systemtheoretischer Überlegungen. Systemtheoretische Beschreibungen fassten die Unterscheidung zwischen Wissen und Nicht-Wissen als das Spezifische des Erziehungssystems (vgl. auch Baecker 2002, S. 126ff.; Luhmann 2002, S. 97ff.)[60]. Das Aufzeigen des Nicht-Wissens motiviere die Schülerinnen und Schüler dazu, dieses durch den Erwerb von Wissen zu reduzieren; sowohl Lehrkraft als auch Schülerinnen und Schüler

---

60 Baecker (2006) bestimmt beispielsweise Intelligenz als Kommunikationsmedium der Erziehung. Er versteht unter Intelligenz nicht „(...) die Eigenschaft von Personen, sondern eine symbolisch generalisierte Fähigkeit der Verfügung über Wissen in Handlungssystemen" (ebd., S. 32). Der binäre Code der Intelligenz bestimmt sich zwischen den Werten Wissen und Nicht-Wissen. Attraktiv sei die Bestimmung über diese beiden Werte, wenn man Intelligenz auch „(...) als Fähigkeit zum Umgang mit Kontexten, über die man definitionsgemäß nicht vollständig Bescheid wissen kann" (ebd., S. 41) verstehe (vgl. auch Asbrand 2009a).

präferierten die Seite des Wissens (Baecker 2002, S. 42f.). Die Präferenz des Wissens drückt sich in beiden hier vorgefundenen Umgangsformen aus, denn das Ziel der Schülerinnen und Schüler ist letztlich, „sicheres" Wissen zu erlangen. Der „Habitus des Strebens nach Wissen" (Asbrand 2009a, S. 62ff.), den Asbrand für Schülerinnen und Schüler aus dem Gymnasium rekonstruiert hat, wurde auch in dieser Studie beobachtet und gibt Aufschluss über die Schwierigkeit einer metakognitiven Reflexion von Wissen und Nicht-Wissen.

In der Explikation von Kompetenz greifen auch Lang-Wojtasik und Scheunpflug (2005) systemtheoretische Überlegungen auf. In Anbetracht der Herausforderungen in einer globalisierten Welt, in der sich Informationswege und -flüsse als nahezu unbegrenztes Angebot von Wissen darstellen, werden die fachliche Kompetenz „(...) Wissen und Nichtwissen zu unterscheiden und unter den Bedingungen prinzipiellen Nichtwissens zu angemessenen Entscheidungen zu kommen" (ebd., S. 5) sowie im Angesicht der Ambivalenz von Sicherheit und Unsicherheit der Erwerb von „Strukturierungskompetenz" (ebd.) notwendig. Der Schwerpunkt einer Wissensvermittlung läge vor diesem Hintergrund auf einem „orientierenden Wissen". Diese Wissensvermittlung propagiert nicht die eine richtige Lösung, sondern führt vielmehr unterschiedliche Kriterien ein, die einer Entscheidung zugrunde liegen können, macht Entscheidungsmechanismen transparent und nachvollziehbar; in der Vermittlung wird Wissen angeboten, das einerseits Entscheidungen offen lässt, aber zugleich das Individuum zur Reflexion von Entscheidungen anregen kann. In einem kompetenzorientierten Unterricht soll es um den Erwerb von „intelligentem" oder „variablem" Wissen in Anknüpfung an das vorhandene Vorwissen gehen, das sich in der Vernetzung und im sachlogischen Lernen weiterentwickelt (Lersch 2010b, S. 9). Wissenserwerb wird als kumulativer Prozess verstanden. Eine klare Unterscheidung von Wissen und Nicht-Wissen hingegen bestimmt Nicht-Wissen defizitär und lässt keinen Raum für verschiedene Bearbeitungsweisen des Verhältnisses von Wissen und Nicht-Wissen. In den Analysen zeigt sich, dass die Kontingenz von Wissen nicht zum Gegenstand unterrichtlicher Reflexion wird.

Ein weiterer bedeutsamer Aspekt im Umgang mit Wissen, nämlich die Einbindung des Vorwissens der Schülerinnen und Schüler in die Bearbeitung der Themen, soll im Folgenden noch einmal genauer betrachtet werden. Sorrentino, Bobocel, Gitta und Olson (1988) weisen nämlich daraufhin, dass Vorwissen über ein Thema die Wirksamkeit unterschiedlicher Typen von Informationen beeinflusst. Personen mit Vorwissen sind in der Lage, mit „two-sided arguments", mit widersprüchlichen Informationen, umzugehen und Unsicherheit aufzulösen, während wenig oder nicht vorinformierte Personen

Schwierigkeiten haben, konfligierende Informationen zu handhaben (ebd., S. 360). Darüber hinaus hat die persönliche Relevanz des Themas Einfluss auf die Überzeugungskraft der verschiedenen Informationen. Unsicherheitsorientierte Personen halten bei persönlich relevanten Themen „two-sided-communication" für überzeugender, bei nicht-relevanten reichten dagegen heuristische Erklärungen aus (ebd., S. 369). Die Entwicklung einer Orientierung an der Kompensation des Nicht-Wissens bzw. an „richtigen" Lösungen, kann, wie es sich auch im Rahmen dieser Studie zeigte, demnach plausibel mit fehlenden Relevanz-Zuweisungen durch die Schülerinnen und Schüler aufgrund einer möglicherweise geringen Anschlussfähigkeit der Themen begründet werden. Vor diesem Hintergrund wird der didaktisch oft geforderte Lebensweltbezug nachvollziehbar. Der Lebensweltbezug bietet Möglichkeiten einer positiven Bewertung, die die Bereitschaften mit Unsicherheit und Widersprüchlichkeit, wie auch mit Nicht-Wissen umzugehen, begünstigen. Dass dies kein Persönlichkeitsmerkmal ist, zeigen Durrheim und Foster (1997): „Expressions of ambiguity tolerance toward different content domains is an indication solely of the style in which these contents are evaluated" (ebd., S. 748). Die Ambiguitätstoleranz, der Umgang mit unsicherem Wissen, kann aufgrund der Ergebnisse zum Umgang der Schülerinnen und Schüler mit Themen des Lernbereichs Globale Entwicklung als gegenstandsspezifisch beschrieben werden. Mit der Ambiguitätstoleranz hängt darüber hinaus auch der Bereich der Perspektivenübernahme eng zusammen (vgl. ebd.).

Differenzierung und Bedingungen von Perspektivenübernahme

Selman (1984; 1997) hat die Fähigkeit der sozialen Perspektivenübernahme umfassend ausgearbeitet und ebenso Entwicklungsstufen darin bestimmt. Die Fähigkeit der Perspektivenübernahme ist ein empirisch fundiertes Konzept, das bereits in anderen Kontexten bearbeitet und theoretisch fundiert wurde (Silbereisen 1998; Steins/Wicklund 1993). Die Forderungen nach Perspektivenübernahme bzw. -wechsel finden sich in fast allen vorliegenden Kompetenzkonzepten. Es besteht Konsens darüber, dass die Fähigkeit, unterschiedliche Perspektiven zu berücksichtigen, in Anbetracht der weltweiten Vernetzung eine zentrale Kompetenz ist (vgl. BMZ/KMK 2007; AG Qualität & Kompetenzen des Programms Transfer-21 2007; Global Education Week Network/North-South-Centre of the Council of Europe 2008).

Gerade im Kontext nachhaltiger Entwicklung gilt es, räumliche und zeitliche Dimensionen im Sinne einer Antizipation von zukünftigen Entwicklungen zu beachten. Dies hat auch Konsequenzen für die Kompetenz der Perspektivenübernahme. Die Übernahme der Perspektive eines Akteurs, der nicht nur geographisch, sondern auch kulturell weit entfernt von den eigenen Erfahrungen ist, stellt hohe Anforderungen an die jeweilige Person, die eigenen Werte zu reflektieren und möglicherweise auch in Frage zu stellen (Scheunpflug/Schröck 2002; Asbrand/Martens 2013). Bertels und Lütkes (2001) unterstreichen, dass der Perspektivenwechsel im interkulturellen Kontext schwieriger ist, weil nicht nur individuelle Differenzen, sondern auch interkulturelle Unterschiedlichkeit überbrückt werden müssen (ebd., S. 454).

Auch die zeitliche Dimension stellt Schülerinnen und Schüler vor strukturelle Unsicherheit, da niemand wissen kann, was in der Zukunft ist. Ist die Perspektivenübernahme, z.B. im Geschichtsunterricht, vor allem auf die Vergangenheit und deren Konstruktion gerichtet (vgl. Spieß in Vorb.; Martens 2010; Hartmann/Sauer/Hasselhorn 2009), wird im Lernbereich Globale Entwicklung, wie in den Analysen des Unterrichts deutlich geworden ist, der Fokus auf die Zukunft eingefordert. Die jeweiligen Bedingungen und Herangehensweise zur Erkenntnisgewinnung über Vergangenheit oder Zukunft müssen notwendig unterschiedlich sein, wenngleich voneinaner abhängig.

Asbrand und Martens (2013) arbeiten auf der Grundlage von Gruppendiskussionen mit Jugendlichen fünf unterschiedliche Formen der Perspektivenübernahmekompetenz für den Lernbereich Globale Entwicklung aus. Der in dieser Studie rekonstruierte Modus der Perspektivenreproduktion ähnelt der von Asbrand und Martens (2013) beschriebenen Form der „Differenzblindheit" und der „stereotypen Sichtweisen" (vgl. ebd., S. 62). Der Habitus der Reproduktion lässt sich als „Noch-Nicht-Einsicht" in die „theoretische Perspektivität" (ebd.) beschreiben. Die Perspektivenkoordination wiederum entspricht der Einsicht in „theoretische Perspektivität" (ebd., S. 63). Die Schülerinnen und Schüler reflektieren in diesem Fall standortgebundenes und vielfältiges Wissen über einen Gegenstand. Hier, wie auch von Asbrand und Martens beschrieben, werden die Menschen in Entwicklungsländern von den Jugendlichen trotzdem „abstrakt und kollektiv" wahrgenommen (ebd.). Lehr-Lernarrangements, in denen Jugendliche überwiegend stereotype Betrachtungsweisen von Menschen in Entwicklungsländern aktualisieren, bieten entsprechende Strukturen an, in denen diese Stereotype unbewusst transportiert werden.

Dass der (didaktische) Umgang mit Perspektivität eine große Herausforderung darstellt, darauf weisen auch die Ergebnisse Schrüfers (2012) hin. Sie gibt Hinweise zur Gefahr von Rollenspielen, die Stereotype und Vorurteile verstärken können und plädiert für eine Gegenüberstellung von Sichtweisen auf eine Situation. Aber „[a]uch dies kann nur gelingen, wenn andere Sichtweisen mithilfe anderer Werte und Normen geklärt bzw. diskutiert werden" (Schrüfer 2012, S. 4; vgl. auch Schrüfer 2003). Schwierigkeiten von Schülerinnen und Schüler in Diskussionssituationen beschreibt auch Wolfensberger (2008) für Klassengespräche im Kontext kritischer Umweltbildung:

> „Die Klassengespräche erscheinen über weite Strecken als ein Nebeneinander von Stellungnahmen; eine Betrachtungsweise, die verschiedene mögliche Ursachen, Bedingungen und Auswirkungen menschlichen Denkens und Handelns aufeinander beziehen würde (...), ist dagegen kaum festzustellen. Normative Gesichtspunkte, Werthaltungen, Handlungsbedingungen oder Interessen einzelner Akteure (...) werden zwar reproduziert, bleiben jedoch implizit und werden somit nicht zum Gegenstand einer Reflexion gemacht" (ebd., S. 413).

Wolfensberger identifiziert für ein Fallbeispiel, in dem sich ein Streitgespräch entwickelt hat, Strukturen, „(...) in denen es primär darum zu gehen scheint, die jeweilige ‚Gegenpartei' zu besiegen, indem [die Schülerinnen und Schüler, v.V.] möglichst viele ‚Argumente' vorbringen und rhetorische Mittel geschickt einsetzen" (ebd.).

Handlungsaufforderungen als moralische „Überwältigung"

Der Anspruch, Handeln zu verändern, hat eine lange Tradition in der entwicklungspolitischen und umweltbildnerischen Bildung sowie in der Bildung für nachhaltige Entwicklung. Dabei geht es vor allem um den Gedanken der aktiven Teilhabe an der Gestaltung gesellschaftlicher Entwicklung (vgl. z.B. de Haan/Harenberg 1999) oder um die „Handlungsfähigkeit im globalen Wandel" (BMZ/KMK 2007, S. 78). BNE sei sogar, im Vergleich zum Schulfach, als „Handlungsfeld" zu verstehen (AG Qualität & Kompetenzen des Programms Transfer-21 2007, S. 11). Einerseits wird vorrangig gesellschaftliches Handeln, inklusive des privaten, schulischen und beruflichen Handelns, eingefordert. Andererseits wird dieses Anliegen auf die Vorbereitung und das Schaffen von Voraussetzungen festgelegt. Das Handeln selbst wird als Transferaufgabe an die Schülerinnen und Schüler delegiert.

Diese Delegation ließ sich im Unterricht in Form von Handlungsaufforderungen beobachten, zu denen sich die Schülerinnen und Schüler zu verhalten hatten. Die Handlungsaufforderungen, die kommuniziert werden, beziehen sich auf außerschulisches Handeln und bleiben auf einer theoretischen, gedankenexperimentellen Ebene, auf welcher die möglichen Optionen exploriert und in die Verantwortung der Schülerinnen und Schüler verwiesen werden. Es zeichnet sich eine Kontingenz von Handeln in Bezug auf die (individuellen) Handlungsmöglichkeiten ab, die mit dem Unterricht nicht in einem Zusammenhang stehen. Befunde aus der Umweltbildung bestätigen, dass Wissen, etwa schulisch vermitteltes Wissen, und Handeln bzw. Verhaltensänderungen nicht unmittelbar miteinander zusammenhängen (vgl. Bilharz/Gräsel 2006; Ernst 2008).

Die Problematik einer Vermittlung von normativ-moralischen Ansprüchen und der Thematisierung außerschulischen Handelns weisen auf den schmalen Grad zwischen Indoktrination und Erziehung hin (vgl. z.B. Östman 2010; Hare 2007; Künzli 2006). Auch in der Moralpädagogik spielt die Frage der Vermittlung von ethisch-moralischen Maßstäben eine entscheidende Rolle. Kenngott (2012) verweist auf „(...) die alles entscheidende Frage: Kann man Moral erziehen wollen? Oder erreicht man nur Schulmoral?" (Kenngott 2012, S. 184). Diese Frage wird auch im Beutelsbacher Konsens im Rahmen politischer Bildungsprozesse als „Überwältigungsverbot" problematisiert (Wehling 1977). Kyburz-Graber (1999) verweist auf Schwierigkeiten von Schülerinnen und Schülern, sich mit interdisziplinären, gesellschaftlichen und insbesondere normativen Fragen kritisch reflektierend auseinanderzusetzen. Der Lernbereich stellt aber disziplin- und fachübergreifende Anforderungen und es geht nicht „nur" um die Vermittlung von Informationen, sondern auch um die Vermittlung bestimmter Wertmaßstäbe, z.B. mit dem Leitbild der nachhaltigen Entwicklung. Dieser Anspruch kann im Widerstreit zu der Befähigung zum selbstständigen Entscheiden und Handeln stehen, wenn die Maßstäbe nicht als *mögliche* Bewertungsfolien bearbeitet werden (vgl. dazu auch Fischer (2014) im Hinblick auf Konsumhandeln). Kenngott (2012, S. 185) konstatiert, dass Schule in zunehmendem Umfang auch die Moralerziehung, die sonst den Elternhäusern oblag, übernehmen müsse. Dabei kontextuiert sie die Forderungen an die Moralerziehung vor allem für das allgemeine soziale Miteinander, z.B. die Einübung von Disziplin (ebd., S. 186). Die Frage, die sich vor dem Hintergrund einer Weltgesellschaft für den Lernbereich Globale Entwicklung stellt, ist, inwiefern sich die Regeln und Anforderungen an das soziale Miteinander verändern und wie genau diese für die Formulierung einer entsprechenden Handlungskompetenz berücksichtigt werden müssen. Die Herausforderung bei der Vermittlung moralisch-ethischer Maßstäbe und deren Reflexion ist, nicht auf der Ebene einer „Schulmoral" zu verbleiben und eine Entscheidungsoffenheit zuzulassen. Dass ein theoretisch vermitteltes Wissen über „richtiges" Handeln im Sinne vorgegebener ethisch-moralischer Maßstäbe in der Schule keine Sicherheit gibt und auch nicht handlungsleitend wird, hat bereits Asbrand (2009a, S. 213f.) gezeigt. Die Idee der Vermittlung der einen Moral muss deshalb kritisch betrachtet werden. Die Ambivalenz zwischen der Vermittlung von Werten und dem Anspruch auf Schülerpartizipation und selbstständigem Entscheidungen wird im analysierten Unterricht offenbar.

Dass die Thematisierung von Motivationen der Handelnden in diesem Kontext bedeutsam sein könnte, zeigt beispielsweise die Ausarbeitung zu möglichen moralischen Motiven von prosozialem Verhalten (z.B. Bierhoff 2009; zur moralischen Entwicklung: Bar-Tal/Raviv/Leiser 1980; Kohlberg 1976), wie es im Kontext einer BNE gefordert wird. Die Analyse der Motive reicht von Pflichtgefühl, Abhängigkeitsmechanismen oder Diffusion bis hin zur Fokussierung von Verantwortung oder auch kulturellen Unterschieden in Hilfesituationen (vgl. Bierhoff 2009). Die Motivstufen von pro-sozialem Handeln, von Belohnung bis zu Altruismus (Bar-Tal/Raviv/Leiser 1980), weisen daraufhin, dass den Unterschieden in der Motivation reflexiv Rechnung getragen werden kann. So könnte die Reflexion dieser unterschiedlichen Motive einen möglichen Zugang zum Thema Handeln sein, der nicht ein richtiges Handeln, sondern unterschiedliche Motivationen offenlegt. Dies erscheint vor dem Hintergrund der Rekonstruktionen zur Reproduktion oder Abweisung von Handlungsaufforderungen und den theoretischen Überlegungen zur Vermittlung von Moral, notwendig. So hält auch Minnameier (2011) fest, „(...) dass es kaum sinnvoll sein kann, Menschen Verpflichtungen über das hinaus abzuverlangen, wozu sie sich gemäß ihrem ureigenen moralischen Urteil bereits selbst verpflichtet fühlen. Das gilt gegenüber (...) der Forderung man möge sich in je verschiedenen Lebensbereichen bzw. Kontexten an je bestimmte Urteilsprinzipien halten" (ebd., S. 118). Die Frage nach der Umsetzung von Handlungsentscheidungen sei noch einmal eine andere (ebd.). Auch mit Blick auf den Lernbereich Globale Entwicklung erscheinen die Motive, anders als die Handlungsfähigkeit, als ein in schulischem Unterricht „authentischer" zu handhabendes Thema als das Handeln selbst. Aufgrund der Vielfältigkeit der Situationen und Formen von Verhalten oder auch der Personenmerkmale gibt es noch keine allgemein gültige Theorie, die die Entwicklung von hilfreichem oder prosozialem Handeln, als Unterstützung von Menschen zu ihrem jeweiligen Vorteil, erklären kann (Zornemann 1999, S. 9)[61].

Heid (1998) konstatiert mit Blick auf die Umweltpädagogik, dass der Erwerb von Kompetenz als grundsätzliche Fähigkeit, etwas zu tun, eine zwar notwendige, aber nicht hinreichende Voraussetzung für zielgerichtetes Handeln ist (ebd., S. 25). Dass die konstruktive Auseinandersetzung mit Handlungsaufforderungen in einer offenen Lernkultur, die Selbstständigkeit fordert und för-

---

61 Gleichwohl scheint der Blick auf diesen Forschungsbereich und z.B. auch auf die Forschung zu Hilfeverhalten (z.B. Schroeder 1995; Staub 2003) lohnenswert, um den Bereich Handeln und Nicht-Handeln näher zu beleuchten.

dert, eher möglich ist, haben die Analysen offen gelegt. Auch Asbrand (2009a) rekonstruiert ein offenes Lernarrangement, nämlich eine Schülerfirma von Jugendlichen, die mit Fairtrade-Produkten wirtschaften, als Möglichkeit des Erwerbs von Handlungskompetenz. Die Jugendlichen sind dort Teil einer „ernsthaften" Praxis und erfahren Handeln, indem sie selbst handeln. Entscheidend ist dabei auch, dass dort „Potentiale des informellen Lernens im Peermilieu" genutzt und zugleich „mit intentionalen und systematischen Lernformen des Unterrichts" produktiv miteinander verbunden werden können (ebd., S. 244). Ähnlich weisen auch die Ergebnisse Fischers (2014) daraufhin, dass es um die Veränderung in Schule selbst gehen muss, um authentische Anliegen und Maßnahmen, die erfahrbar werden, aber auch mitgestaltet werden können. Letztlich geht es bei dem Erwerb der komplexen Kompetenzen, die der Lernbereich Globale Entwicklung erfordert, offenbar um die „Qualität der Lernkultur" (Asbrand 2009a, S. 245), die neben Freiräumen und Gestaltungsräumen, die ein informelles Lernen ermöglichen, auch die Begleitung und Strukturierung durch die Lehrkräfte anbietet.

Gerade der Bereich „Handeln" ist im Sinne eines kompetenzorientierten Unterrichts allerdings kritisch zu betrachten. Werden Kompetenzen verstanden als Fähigkeiten und Fertigkeiten zur Bewältigung von Situationen, sind sie situativ und an spezifische Anforderungen gebunden (vgl. Weinert 2001a; b; Rychen 2008). Vor diesem Hintergrund muss die Formulierung von Kompetenzen, die sich auf außerschulisches Handeln beziehen bzw. dieses einklammern, in Frage gestellt werden. Eine Kompetenz der Handlungsfähigkeit kann in der Performanz, also im Vollzug, für die Lehrkraft im Rahmen schulischen Lernens in der Regel nicht sichtbar und auch nicht gefördert werden, was für den analysierten Unterricht deutlich geworden ist. Sie entziehen sich von vorne herein einer Überprüfbarkeit und damit auch einer adäquaten Zielformulierung für Unterricht. Das Verhältnis zwischen Kompetenzerwerb im Unterricht und außerunterrichtlicher Anwendung bleibt für den Lernbereich Globale Entwicklung ein zentrales und noch zu klärendes.

Zu überlegen ist, ob nicht der Schwerpunkt auf Reflexivität zu setzen ist, wie es z.B. in der beruflichen Bildung auch im Hinblick auf die gesellschaftlichen Entwicklungen und neuen Herausforderungen in der Berufswelt diskutiert wird (Dehnbostel/Meyer-Menk 2002).

> „Anlässlich der Notwendigkeit zum Umgang mit offenen Situationen und zur Gestaltung der eigenen Lebens- und Arbeitswelt wird Reflexivität derzeit immer bedeutender. (...) Die individuelle, selbstgesteuerte Anwendung erworbener Kompetenzen ist reflexiv auf Handlungen und Verhaltensweisen zu beziehen, ebenso auf Arbeits- und Sozialstrukturen. Reflexivität meint dabei die bewusste, kritische und

verantwortliche Einschätzung und Bewertung von Handlungen auf der Basis von Erfahrungen und Wissen" (ebd., S. 6).

Wie auch Asbrand (2009a) vorschlägt, wäre vor dem Hintergrund der abweisenden Modi im Umgang mit Handlungsaufforderungen eine Einbindung und Rezeption der Überlegungen zur Entwicklung reflexiven und diskursiven Unterrichts sinnvoll, der nicht die eine Moral aufzeigt, sondern die Reflexion von Maßstäben anbietet (z.B. Sander 2005; Grammes 2005). Unter der Prämisse kompetenzorientierten Unterrichts gilt es, gerade im Bereich „Handeln" zu bedenken, dass „[d]ie Verknüpfung von Wissen und Können (...) nicht auf Situationen ‚jenseits der Schule' verschoben werden [darf]. Vielmehr ist bereits beim Wissenserwerb die Vielfalt möglicher Anwendungssituationen mit zu bedenken" (Klieme/Avenarius/Blum et al. 2007, S. 79).

2.2 Die Lehrmodi als Struktur der Lernumgebungen

Die vorangegangenen Kapitel haben zusammenfassend gezeigt, dass sich im Lehrmodus der Themen-Ko-Konstruktion als inhaltsoffener und die Schülerinnen und Schüler beteiligender Unterricht komplexere Kompetenzen der Schülerinnen und Schüler zeigten als in einer Lernumgebung, die durch einen Lehrmodus der Themenvermittlung, einen durch die Lehrkraft gesteuerten und geschlossenen Prozess, strukturiert war. Die Lehrmodi liegen auf einer impliziten Ebene und sind handlungsleitendes, habitualisiertes Wissen, das von theoretisch-kommunikativem Wissen unterschieden werden muss.

Anzeichen für einen Zusammenhang zwischen Lehrüberzeugungen auf der Ebene theoretisch-kommunikativen Wissens und Schülerleistungen konnten für den schulischen Kontext im Rahmen quantitativer Studien zum Mathematikunterricht aufgezeigt werden (Kunter/Baumert/Blum/Klusmann/Krauss/Neubrand 2011; Leuchter 2009; Staub/Stern 2002). Die Untersuchung des professionellen Wissens von Lehrkräften zeigte bei einem rezeptiven Lehrverständnis negative Effekte für die Schülerleistung. Die Lehrüberzeugungen beeinflussen demnach den Umgang mit den Schülerinnen und Schülern im Unterricht. Über das Unterrichtshandeln wird wiederum der Lernerfolg der Jugendlichen beeinflusst (Richardson 1996; Thompson 1992). „Transmissive Überzeugungen von Lehrkräften sind nachteilig für die Unterrichtsqualität und den Lernerfolg der Schülerinnen und Schüler (...)", „konstruktivistische Überzeugungen standen dagegen in einem positiven Zusammenhang mit Unterrichtsqualität und Lernerfolg" (ebd.). Dieses sogenannte Mediationsmodell wurde aber noch nicht ganzheitlich überprüft, sondern zumeist nur in Teilaspekten untersucht. Zudem werde der Zusammenhang zwischen Lehrüberzeugungen und Schülerleistungen meist im Sinne eines „Blackbox-Modells" untersucht, dass die konkreten situativen Umsetzungen nur bedingt berücksichtige (Voss/Kleickmann/Kunter/Hachfeld 2011, S. 240).

Das Verhältnis zwischen pädagogischem Wissen der Lehrkräfte als einer Komponente professionellen Wissens und der tatsächlichen Unterrichtsgestaltung war Gegenstand triangulierender Studien. Die Triangulation von Lehrerinterviews und Videoanalysen von Unterricht deckte eine Diskrepanz zwischen den Selbstberichten und der Zustimmung der Lehrkräfte zu konstruktivistischen Orientierungen auf der einen und deren Handlungspraxis auf der anderen Seite auf (Fischler 2001; Leuchter/Pauli/Reusser/Lipowsky 2006; Leuchter 2009). Deutsche Lehrkräfte weisen zwar hohe Zustimmungswerte zu konstruktivistischen lehr-lerntheoretischen Annahmen auf, gestalten und beschreiben den Unterricht aber eher als kleinschrittig gelenkt und stark strukturiert (Leuchter 2009). Der Zusammenhang zwischen dem Lehr-Lernverständnis, der Unterrichtsgestaltung, dem Einsatz der Aufgaben sowie der Kompetenzentwicklung von Schülerinnen und Schülern wurde so mehrfach nachgewiesen (Fischler 2001; Koch-Priewe 2000; Blömeke/Risse/Müller/Eichler/Schulz 2006; Kunter/Baumert/Blum et al. 2011; Staub/Stern 2002; Handal 2003) und gilt mittlerweile als gesichert (Voss/Kleickmann/Kunter/Hachfeld 2011, S. 250). Gleichsam ist „(...) die empirische Evidenz zur Bedeutung verschiedener Komponenten des professionellen Lehrerwissens auf das Unterrichtshandeln und/oder den Lernerfolg der Schülerinnen und Schüler bisher noch eher inkonsistent" (Leuchter 2009, S. 78).

In Untersuchungen zu Lehrüberzeugung wurden verschiedene „Lehrertypen" aufgezeigt. Eine dualistische Unterscheidung von Lehrertypen auf der Ebene der unterrichtsbezogenen Überzeugungen, wie sie hier für die situative Gestaltung der Unterrichtssequenzen als tiefergehende Struktur beschrieben wurde, zeigt sich nicht nur bei Voss et. al. (2011) und Leuchter (2009), sondern z.B. auch bei Blömeke und Müller (2008), die die Muster von Lehrkräften im Aufgabeneinsatz oder der Gestaltung der Kommunikation als je gegensätzlich beschreiben. Lehrkräfte, die Aufgaben mit hoher kognitiver Aktivierung einsetzten, griffen auch eher Schüleräußerungen auf und stellten komplexere Fragen (ebd., S. 253).

Die vorliegende Studie unterstreicht den Einfluss des habitualisierten Wissens der Lehrkräfte. Neuweg (2011) verweist auf das implizite Wissen von Lehrkräften in Form allgemeinpädagogischen Wissens. Tesch (2010), der den Einsatz kompetenzorientierter Lernaufgaben im Französisch-Unterricht untersucht hat, identifiziert zwei Ausprägungen des Lehrverständnisses. Die Lehrkräfte „(...) treffen ihre unterrichtlichen Entscheidungen zugunsten unterschiedlicher Anteile an Instruktion und Konstruktion" (ebd., S. 216). Teschs Rekonstruktionen zur Lehrerrolle, die er mit „Lernbegleitung" und „Lernkontrolle" umschreibt, lassen sich auch in den Ergebnissen der hier vorgelegten Studie wiederfinden. Während er mit dem „Lernbegleiter" eine Orientierung an „autonomieförderlicher" Unterrichtsgestaltung fasst, die dem Lehrmodus der Themen-Ko-Konstruktion sehr ähnlich scheint, lässt die „Lernkontrolle", die wiederum mit dem Modus der Themenvermittlung vergleichbar ist, Autonomie nur in engen Grenzen zu (ebd., S. 213). Das handlungsleitende, implizite Wissen der Lehrkräfte wird aber in der Unterrichtsforschung insgesamt noch nicht ausreichend berücksichtigt. Im Bezug auf das Globale Lernen konstatieren Scheunpflug und Uphues (2010) für die Wissensstrukturen und die Auseinandersetzung mit globalen Fragen, dass „[d]ie Bedingungen, unter denen sich die Einstellungen von Lehrerinnen und Lehrern gegenüber globalen Themen und interkulturellen Zusammenhängen (...) verändern lassen, (...) bisher empirisch nicht nachgezeichnet worden" (ebd., S. 83) sind.

Darüber hinaus wird die Notwendigkeit der Erweiterung des Aufgabenbegriffes augenscheinlich, der für eine Aufgabenanalyse (z.B. Eckerth 2003; Rosch 2006; Bruder 2000; Neubrand 2002) auch situative Merkmale und den konkreten Einsatz im Unterricht ergänzend berücksichtigen müsste, wie es auch Teschs (2010) Ergebnisse nahelegen. In Ansätzen finden sich entsprechende Versuche, die den Umgang mit den Aufgaben und die Interaktion im Unterricht berücksichtigen, auch in quantitativen Forschungszugängen (z.B. Blömeke/ Müller 2008; Jatzwauk/Rumann/Sandmann 2008). Blömeke und Müller (2008) konstatieren im Hinblick auf die methodischen Anforderungen einer umfassenderen Erhebung des Phänomens Unterricht, dass nicht nur der verbalen Interaktion mehr Aufmerksamkeit zukommen sollte, sondern auch der Nonverbalen. Mit dieser Forderung heben sie den Mehrwert der Videographie für einen umfassenderen Forschungsansatz hervor.

Letztlich entscheiden also weder allein die Lehrkraft noch die Schülerinnen und Schüler über den Kompetenzerwerb, sondern zentral sind die sich im jeweiligen Unterrichtsgeschehen situativ konstituierenden Bedingungen, die sich situativ realisierenden pädagogischen Interaktionen zwischen den Lehrkräften und den Schülerinnen und Schülern (vgl. auch Kolbe/Reh 2009; Rabenstein 2009). Entscheidend ist dabei der konkrete Einsatz von Methoden, Aufgaben und Materialien durch die Lehrkräfte und deren Nutzung durch die Schülerinnen und Schüler. Erst die Analyse des situativen Geschehens gibt Auskunft über den Modus des Lehrens und Lernens.

2.3 Konsequenzen für die Gestaltung kompetenzorientierten Unterrichts

„Kompetenzorientierter Unterricht zielt auf die Ausstattung von Lernenden mit Kenntnissen, Fähigkeiten/Fertigkeiten sowie die Bewusstmachung und Reflexion von Einstellungen und Haltungen" (Ziener 2010, S. 23). Es hat sich gezeigt, dass Unterricht ein sehr komplexes Geschehen ist, dass in der Teilhabe und Partizipation unterschiedlicher Akteure hergestellt wird. Es lassen sich dennoch einzelne Faktoren, die einen Kompetenzerwerb der Schülerinnen und Schüler begünstigen, beschreiben.

Tesch (2010) schildert, dass der Einsatz von kompetenzorientierten Aufgaben von dem Wissen und den Routinen der Lehrkräfte abhängt, also davon, ob sie das Potential der Aufgaben erkennen oder nicht. Von ihrem expliziten und impliziten Wissen hängt ab, ob zum Beispiel Diagnose-Strukturen als solche genutzt werden oder ob der Einsatz der Aufgaben mit dominant instruktivistischem Lehrverhalten einhergeht und als Leistungssituation gerahmt wird (ebd., S. 214). Die Befunde der vorliegenden Studie unterstreichen, dass Unterricht, in dem die Schülerinnen und Schüler befähigt werden, die gestellten Anforderungen selbst zu bewältigen und ihnen die Verantwortung für die Lösungen der Aufgaben zugetraut wird, eine zentrale Voraussetzung für komplexe Lernprozesse ist: Offene, differenzierende, „autonomieförderliche" Aufgaben sowie deren spezifischer Einsatz und eine entsprechende „Autonomieförderung" (Tesch 2010, S. 213) im Lerngeschehen bedingen den Kompetenzerwerb. Der Umkehrschluss, dass der Einsatz entsprechender Aufgaben automatisch zum Erwerb bestimmter, erwünschter Kompetenzen führt oder geschlossene Aufgabenformen nicht zu einem Kompetenzerwerb führen, ist jedoch nicht zulässig. Ziel sollte sein, gerade in den offenen Aufgaben, die hohe Anforderungen an die Selbstorganisation und Strukturierungsfähigkeit der Schülerinnen und Schüler stellen, eine größtmögliche Passung zwischen den lernerseitigen Bedürfnissen und den fachlichen Anforderungen herzustellen. Die Ergebnisse verweisen zudem darauf, dass nicht entscheidend ist, ob es auch „vermittlungsorientierte" Unterrichtssequenzen oder Leistungssituationen gibt. Vielmehr ist bedeutsam, welche Funktion diesen Sequenzen zugewiesen wird und in welcher Funktion für den Lernprozess sie seitens der Schülerinnen und Schüler umgesetzt werden (vgl. auch Tesch 2010).

Aufgabenformen, die die Eigenaktivität und Mitgestaltung fordern, werden in ihrem Potential von den Schülerinnen und Schüler auf je spezifische und individuelle Art und Weise enaktiert. Also auch der „richtige" Einsatz kompetenzorientierter Aufgaben von Lehrkräften führt noch nicht automatisch zu dem intendierten Kompetenzerwerb aller Schülerinnen und Schüler. Werden ihnen offene Angebote gemacht, können diese auch abgelehnt oder situativ verändert werden. Besonders dieser Raum ermöglicht aber die Anwendung von Wissen und Fähigkeiten. Das Angebot ergebnisoffener Aufgaben oder der freien Wahl konkreter Themen im Projektunterricht berücksichtigt unterschiedliche Interessen oder auch Vorwissen der Schülerinnen und Schüler (vgl. Ziener 2010, S. 29). In den Analysen dieser Studie zeigt sich dies dort, wo die Jugendlichen als potentiell Interessierte oder als mögliche Experten adressiert werden. Werden Wahlmöglichkeiten angeboten, werden diese von den Jugendlichen, wenn auch nicht ausschließlich, für eine fachliche Auseinandersetzung genutzt.

In der Analyse des Unterrichts konnte gezeigt werden unter welchen Bedingungen sich Wissen und Fähigkeiten kontinuierlich entwickeln. „Kompetenzen zielen auf Lernprozesse: vom geringeren zum besseren Können" (Ziener 2010, S. 45). Dies kann für die Schülerinnen und Schüler nachvollziehbar gemacht werden, z.B. wenn Schüler- oder Zwischenergebnisse in den Lernprozess aktiv eingebunden werden. Erarbeitetes Wissen und Können werden dann als zunehmende Expertise erkennbar (z.B. in den Sequenzen „Text zur Globalisierung", s. S. 126ff. oder „Podiumsdiskussion Textilproduktion", s. S. 170ff.).

Die Bestimmung von kompetenzorientiertem Unterricht braucht vor diesem Hintergrund eine genaue Betrachtung der Lehrerüberzeugungen (Fischler 2001). Das handlungsleitende Wissen von Lehrkräften sollte als Einflussfaktor des Unterrichtsgeschehens in der Lehraus- und -fortbildung diskutiert werden (Martens/Asbrand/Wettstädt 2012). Das beschreiben auch Zeitler, Heller und Asbrand (2012) in ihrer Studie zur Implementation der Bildungsstandards und dem Einsatz kompetenzorientierter Aufgaben. Ihre Ergebnisse machen deutlich, dass die Veränderung einer Lernkultur, die ein kompetenzorientierter Unterricht verlangt, eine Veränderung impliziter, handlungsleitender Strukturen braucht, da der innovative Gehalt sonst gar nicht erst erkannt und dementsprechend nicht umgesetzt werden kann (vgl. ebd., S. 222ff.). In Bezug auf die in der vorliegenden Studie rekonstruierten Lehrmodi würde das die Reflexion und Veränderung des Schülerbildes, des Lehr-Lernverständnisses und auch der eigenen Rolle im Unterricht bedeuten.

Einig ist man sich im Kompetenzdiskurs grundsätzlich darüber, „(...) dass Fähigkeiten, wie z.B. die einfache Wiedergabe von Wissen als elementare kognitive Fähigkeit, nicht genügen, um mit den vielfältigen komplexen Anforderungen [die sich in der heutigen Welt stellen, v.V.] umzugehen" (Rychen 2008, S. 17). Hingegen sollen „(...) über das Entweder-Oder hinausgehende Fähigkeiten wie vernetztes Denken, Kreativität, eine kritische Haltung, ein hohes Problembewusstsein, Metakognition" (ebd.) geschult werden, die in einer Lernumgebung, die den Jugendlichen Möglichkeiten zum selbst Mitgestalten gibt, offensichtlich eher entwickelt werden können.

Wie deutlich geworden ist, bringt kompetenzorientierter Unterricht im Lernbereich Globale Entwicklung besondere Herausforderungen mit sich. Dabei geht es nicht nur um den kompetenten Umgang mit Nicht-Wissen als vielleicht widersprüchlich erscheinender Anspruch an eine Bildungsinstitution oder die sich eröffnenden räumlichen und zeitlichen Dimensionen des Globalen und der Zukunft. Es geht überdies um das konflikthafte Verhältnis zwischen dem Handlungs- und Wertevermittlungsanspruch und der Forderung nach methodisch-didaktischer Offenheit im Sinne eines konstruktivistischen und kompetenzorientierten Lehr-Lernverständnisses. Der geforderte Einsatz partizipativer Methoden sowie die Förderung des selbstorganisierten Lernens (vgl. z.B. Freie und Hansestadt Hamburg, Behörde für Bildung und Sport 2004; BMZ/KMK 2007; Schröck/Lange 2012) müssen vor dem Hintergrund der normativen Ansprüche, die diesen entgegen stehen können, kritisch beleuchtet werden. In der Unterrichtspraxis ist letztlich das konkrete Anliegen, Meinungen oder Verhalten in eine bestimmte Richtung zu verändern, sichtbar geworden. Es ist einleuchtend, dass „Schlüsselkompetenzen nicht losgelöst von gesellschaftlichen Zielvorstellungen bestimmt werden" (Rychen 2008, S. 17). In institutionalisierter Bildung zu globalen Themen ist immer auch ein Bild von erfolgreichem Leben oder von erstrebenswerter Entwicklung und Zukunft, ein „normativer Richtungsweiser" enthalten (ebd.). Gleichzeitig kann die Forderung nach Reflexivität und kritischem Bewusstsein nicht vor den eigenen Wertvorstellungen der Lehrkräfte und Schülerinnen und Schüler haltmachen und diese ausklammern. Im Hinblick auf die Entwicklung einer kompetenzorientierten Didaktik und Methodik des Lernbereichs Globale Entwicklung muss die Frage formuliert werden, was schulischer Unterricht im Sinne überprüfbarer Kompetenzen wirklich leisten kann. Zu welchem Zeitpunkt und auf welche Weise können und sollen Schülerinnen und Schüler als kompetent im Sinne des Lernbereichs bestimmt werden.

Kompetenzorientierter Unterricht setzt sich aus verschiedenen Komponenten und deren Passungsverhältnissen zusammen. So kann er weder an bestimmten Aufgabenformen, noch allein am Rollenverständnis der Lehrkraft festgemacht werden. Auch der Umgang und die Fähigkeiten der Schülerinnen und Schüler sowie die Frage, wie diese eingebunden werden können, müssen in seiner Bestimmung berücksichtigt werden. Das Verständnis von Unterricht als einem Ko-Konstruktionsprozess hebt auch die Bedeutung diagnostischer und entsprechend binnendifferenzierter Verfahren als Möglichkeit der Optimierung des Passungsverhältnisses hervor.

3. Kritische Reflexion und Ausblick

Für weitere Forschung ergeben sich auf mehreren Ebenen Anschlussmöglichkeiten. Die Ergebnisse dieser Studie beziehen sich auf Jugendliche ab 16 Jahre in zwei Schulformen. Sie stellen einen ersten Einblick in die unterrichtliche Praxis dar und geben Hinweise auf die im schulischen Unterricht relevanten Kompetenzbereiche und spezifischen Erscheinungsformen in ihrem situativen Kontext. Der Unterricht, der begleitet wurde, unterlag neben der thematischen Relevanz keinen Vorgaben durch die Forscherin. Das Interesse war, einen Zugang zu der alltäglichen Unterrichtspraxis zu gewinnen, in der der Lernbereich Globale Entwicklung thematisch realisiert wird. Es konnte und sollte nicht um eine Beurteilung der Lehrkräfte oder der Schülerinnen und Schüler gehen. Deshalb stand auch nicht die Leistungsentwicklung einer Klasse oder spezifischer Schülerinnen und Schüler im Fokus. Die Einordnung in die normativen Annahmen im Feld, die in sehr unterschiedlichem Umfang in den Kerncurricula aufgenommen sind, sollte allerdings aufzeigen, von welcher Unterrichtspraxis ausgegangen werden kann und wo es Entwicklungsbedarf auf normativer, theoretischer und praktischer sowie in letzter Konsequenz auch auf bildungspolitischer Seite geben kann.

Entwicklungsbedarf ist insbesondere für die weitere empirische und theoretische Fundierung der vorliegenden Kompetenzbereiche in den Konzepten deutlich geworden, die weiter vorangetrieben werden muss, wenn eine systematische Integration des Lernbereichs in den schulischen Alltag und in den Unterricht erfolgen soll. Erst eine Präzisierung und Differenzierung der Kompetenzen und deren Kompetenzstufen kann die adäquate Integration in die Kerncurricula der Länder und in den Unterricht, als für die Lehrkräfte operationalisierbar und durch entsprechende Aufgaben überprüfbar, unterstützen. Die Entwicklung von kompetenzorientierten Aufgaben und damit auch eine Überprüfbarkeit von Kompetenzen des Lernbereichs Globale Entwicklung sind weiterhin offene Felder. Weitere Untersuchungen in anderen Schulformen und -klassen könnten entwicklungsspezifische Herausforderungen offenlegen und dazu beitragen, erwartbare Kompetenzniveaus zu formulieren. Ein stärkerer Bezug zu lernpsychologischen Konzepten könnte im Prozess der Modellierung dienlich sein.

Im Hinblick auf die aufgezeigten Kompetenzbereiche und deren Herausforderungen wäre insbesondere der Einsatz eines interventionslogischen Forschungsdesigns oder ein Design ähnlich der Studie von Tesch (2010) interessant. Diese könnten vorab festgelegte Unterrichtsarrangements, die einzelne Kompetenzbereiche fokussieren, implementieren und empirisch untersuchen.

Dem könnte sich eine entsprechende Aufgabenentwicklung und Formulierung von Kompetenzniveaus verbunden mit einem Prä-Post-Test-Design in weiteren Forschungsprojekten anschließen. So könnte auch die Leistungsentwicklung einer Klasse oder einzelner Schülerinnen und Schüler erhoben und analysiert werden. Allerdings gilt es gerade für den Lernbereich Globale Entwicklung, die Komplexität der Kompetenzen zu berücksichtigen und vielleicht auch bestimmte Bereiche als nicht messbar zu akzeptieren.

Der Zusammenhang des impliziten Wissens der Lehrkräfte, auch im Hinblick auf ihre Weltbilder, Routinen und Überzeugungen, und dem Kompetenzerwerb der Schülerinnen und Schüler müsste ebenfalls in weiteren Studien bearbeitet und dabei die Fragen beantwortet werden, ob sich die rekonstruierten Lehrmodi weiter ausdifferenzieren ließen und wie sie die Schülerleistung konkret beeinflussen. Von zentraler Bedeutung wäre auch ein Unterrichtsentwicklungsprojekt, das die Lehrkräfte in der Entwicklung der didaktisch-methodischen Gestaltung aufgrund durchgeführten Unterrichts ins Zentrum stellt und begleitet. Eine z.B. videographisch gestützte Reflexion von Lehrkräften und Forschenden über durchgeführten Unterricht und dessen anschließende Überarbeitung könnte die unterschiedlichen Ebenen des praktischen Unterrichtsgeschehens fruchtbar miteinander verbinden. Die Überarbeitung von inhaltlich oder methodischen Schlüsselstellen zur Verbesserung des Lernangebotes könnte sich an den sichtbar gewordenen Schülerkonzepten im Umgang mit den Themen im Sinne der „variation theory of learning" (Marton/Booth 1997; Marton/Morris 2002) orientieren. Dieser Ansatz zur Bearbeitung einer didaktischen Fragestellung berücksichtigt die Gestaltung von Unterricht durch Lehrkräfte wie Schülerinnen und Schülern gleichermaßen.

Abbildungsverzeichnis

Abb. 1	Dimensionen der Nachhaltigkeit	24
Abb. 2	Dimensions of the Global Education Concept	27
Abb. 3	Kompetenzkonzept für den Lernbereich Globale Entwicklung	38
Abb. 4	Didaktische Systematisierung kompetenzfördernden Unterrichts	55
Abb. 5	Beispiel Transkriptausschnitt verbal	70
Abb. 6	Beispielausschnitt einer reflektierenden Interpretation	76
Abb. 7	Ausschnitt Arbeitsblatt „Was ist ‚Nachhaltige Entwicklung'?"	100
Abb. 8	OHP-Folie	108
Abb. 9	Auszug aus dem Arbeitsblatt	114
Abb. 10	OHP-Folie Einstieg	120
Abb. 11	Gruppe *Kästner*: Text zur Globalisierung	128
Abb. 12	Aufgabenblatt zur Präsentation einer Organisation	140
Abb. 13	Fotogramm Sequenz: Präsentation der Organisation A, vh (1), Min. 2.05	142
Abb. 14	PowerPoint-Folie 4 der Präsentation	142
Abb. 15	PowerPoint-Folie 5 der Präsentation	144
Abb. 16	PowerPoint-Folie 7 der Präsentation	146
Abb. 17	PowerPoint-Folie 2 der Präsentation	149
Abb. 18	PowerPoint-Folie 3 der Präsentation	150
Abb. 19	PowerPoint-Folie 4 der Präsentation	152
Abb. 20	PowerPoint-Folie 7 der Präsentation	154
Abb. 21	PowerPoint-Folie 8 der Präsentation	155
Abb. 22	Fotogramm Sequenz: Podiumsdiskussion Steak und Regenwald, vh(1), Min. 29.38	160
Abb. 23	Fotogramm Sequenz: Podiumsdiskussion Textilproduktion, vh(1), Min. 17.00	172
Abb. 24	Fotogramm Sequenz: Auswertung Schlingenspiel, vv(2), Min. 8.29	184
Abb. 25	Fotogramm Sequenz: Auswertung Schlingenspiel – Beobachtungen zu den verbalen Äußerungen im Spiel	185
Abb. 26	Fotogramm Sequenz: Meinungsbarometer vorne im Flur, vv(1), Min.7.52	196
Abb. 27	Fotogramm Sequenz: Meinungsbarometer hinten im Flur, vv(1), Min.8.22	197
Abb. 28	Fotogramm Sequenz: Meinungsbarometer, Wiederholung, vv(2), Min. 38.56	201
Abb. 29	Auszug aus dem vorgegebenen Material	206
Abb. 30	Auszug aus dem vorgegebenen Material	207
Abb. 31	Präsentation Nahrung Endergebnis	209
Abb. 32	Fotogramm Sequenz: Diskussion Kleiderkonsum, vh(2), Min. 30.02	213
Abb. 33	Arbeitsblatt „Verwirklichungsphase" der Zukunftswerkstatt	240

Tabellen

Tab. 1	Transkriptionsrichtlinien	69
Tab. 2	Beispiel Ausschnitt Videotranskript	71
Tab. 3	Beispielausschnitt einer formulierenden Interpretation	75
Tab. 4	Überblick des empirischen Materials	80
Tab. 5	Übersicht der Unterrichtseinheit in der Lerngruppe *Dürer*	82
Tab. 6	Übersicht der Unterrichtseinheit in der Lerngruppe *Schiller*	85
Tab. 7	Übersicht der Unterrichtseinheit in der Lerngruppe *Fontane*	88
Tab. 8	Übersicht der Unterrichtseinheit in der Lerngruppe *Frank*	90
Tab. 9	Übersicht der Unterrichtseinheit in der Lerngruppe *Kästner*	93

Literatur

Adams, L. M./ Carfagna, A. (2006). *Coming of Age in a Globalized World: the Next Generation*. Bloomfield: Kumarian Press.
Adick, C. (2002). Ein Modell zur Strukturierung des globalen Lernens. *Bildung und Erziehung, 55*(4), 397–416.
AG Qualität & Kompetenzen des Programms Transfer-21 (2007). *Programm Transfer–21. Bildung für eine nachhaltige Entwicklung. Orientierungshilfe Bildung für nachhaltige Entwicklung in der Sekundarstufe I. Begründungen, Kompetenzen, Lernangebote.* Berlin.
Arbeitsstelle Weltbilder/ Mars, E. M. (Hrsg.). (2006). *Crossroads. Neue Wege zur Bildung für nachhaltige Entwicklung.* Münster: Oekom Verlag.
Asbrand, B. (2009a). *Wissen und Handeln in der Weltgesellschaft. Eine qualitativ-rekonstruktive Studie zum Globalen Lernen in der Schule und in der außerschulischen Jugendarbeit.* Münster/ New York/ München/ Berlin: Waxmann.
Asbrand, B. (2009b). Rekonstruktive Sozialforschung als Forschungsstrategie im Umgang mit der impliziten Normativität Globalen Lernens. In S. Hornberg/ I. Dirim/ G. Lang-Wojtasik/ P. Mecheril (Hrsg.), *Beschreiben – Verstehen – Interpretieren. Stand und Perspektiven International und Interkulturell Vergleichender Erziehungswissenschaft in Deutschland* (S. 111–127). Münster/ New York/ München/ Berlin: Waxmann.
Asbrand, B. (2009c). Schule verändern, Innovationen implementieren. Über Möglichkeiten mit dem Orientierungsrahmen „Globale Entwicklung" das Globale Lernen in der Schule zu stärken. *Zeitschrift für Internationale Bildungsforschung und Entwicklungspädagogik, 32*(1), 15–21.
Asbrand, B. (2008). Wie erwerben Jugendliche Wissen und Handlungsorientierungen in der Weltgesellschaft? Globales Lernen aus der Perspektive qualitativ-rekonstruktiver Forschung. *Zeitschrift für Internationale Bildungsforschung und Entwicklungspädagogik, 31*(1), 4–8.
Asbrand, B. (2007). Partnerschaft – eine Lerngelegenheit? *Zeitschrift für Internationale Bildungsforschung und Entwicklungspädagogik, 30*(3), 8–14.
Asbrand, B. (2002). Globales Lernen und das Scheitern der großen Theorie – Warum wir heute neue Konzepte brauchen. *Zeitschrift für Internationale Bildungsforschung und Entwicklungspädagogik, 25*(2), 31–34.
Asbrand, B./ Lang-Wojtasik, G. (2009). Qualitätskriterien für Unterrichtsmaterialien entwicklungsbezogener Bildungsarbeit. *Zeitschrift für Internationale Bildungsforschung und Entwicklungspädagogik, 32*(2), 8–3.
Asbrand, B./ Lang-Wojtasik, G. (2007). Globales Lernen in Forschung und Lehre. *Zeitschrift für Internationale Bildungsforschung und Entwicklungspädagogik, 30*(1), 2–6.
Asbrand, B./ Martens, M. (2013). Qualitative Kompetenzforschung im Lernbereich Globale Entwicklung: Das Beispiel Perspektivenübernahme. In B. Overwien/ H. Rode (Hrsg.), *Bildung für nachhaltige Entwicklung. Lebenslanges Lernen, Kompetenz und gesellschaftliche Teilhabe* (S. 47–67). Opladen/ Berlin/ Toronto: Barbara Budrich.
Asbrand, B./ Martens, M. (2012). Globales Lernen – Standards und Kompetenzen. In G. Lang-Wojtasik/ U. Klemm (Hrsg.), *Handlexikon Globales Lernen* (S. 99–103). Münster/ Ulm: Klemm & Oelschläger.
Asbrand, B./ Martens, M./ Petersen, D. (2013). Die Rolle der Dinge in schulischen Lehr-Lernprozessen. In A.-M. Nohl/ C. Wulf (Hrsg.), *Mensch und Ding. Die Materialität pädagogischer Prozesse* (S. 171–188). Beiheft der Zeitschrift für Erziehungswissenschaft.
Asbrand, B./ Scheunpflug, A. (2005). Globales Lernen. In W. Sander (Hrsg.), *Handbuch politische Bildung*, Politik und Bildung (Band 32, S. 469–484). Schwalbach/Ts: Wochenschau-Verlag.

Asbrand, B./ Wettstädt, L. (2012). Globales Lernen – Konzeptionen. In G. Lang-Wojtasik/ U. Klemm (Hrsg.), *Handlexikon Globales Lernen* (S. 93–96). Münster/ Ulm: Klemm & Oelschläger.

Baecker, D. (2006). Erziehung im Medium der Intelligenz. In Y. Ehrenspeck/ D. Lenzen, *Beobachtungen des Erziehungssystems. Systemtheoretische Perspektiven* (S. 26–66). Wiesbaden: VS Verlag für Sozialwissenschaften.

Baecker, D. (2002). *Wozu Systeme?* Berlin: Kadmos Kulturverlag.

Baisch, P./ Schrenk, M. (2005). Schülervorstellungen zum Stoffkreislauf. In M. Schrenk/ W. Holl-Giese (Hrsg.), *Bildung für nachhaltige Entwicklung – Ergebnisse empirischer Untersuchungen* (S. 83–95). Hamburg: Verlag Dr. Kovač.

Bar-Tal, D./ Raviv, A./ Leiser, T. (1980). The development of altruistic behavior. Empirical evidence. *Developmental Psychology, 16(5)*, 516–524.

Bateson, D. C. (1991). *The altruism question. Towards a social-psychological answer*. Hillsdale, NJ: Erlbaum.

Bateson, D. C./ Duncan, B. D./ Ackermann, P./ Buckley, T./ Birch, K. (1975). Is empathetic emotion a source of altruistic motivation? *Journal of Personality and Social Psychology, 32*(40), 290–302.

Baumert, J./ Blum, W./ Neubrand, M. (2004). Drawing the lessons from PISA–2000: Long term research implications. In D. Lenzen/ J. Baumert/ R. Watermann/ U. Trautwein (Hrsg.), *PISA und die Konsequenzen für die erziehungswissenschaftliche Forschung* (S. 143–157). Wiesbaden: VS Verlag für Sozialwissenschaften.

Baumert, J./ Lehmann, R./ Lehrke, M. (1997). *TIMSS – Mathematisch-naturwissenschaftlicher Unterricht im internationalen Vergleich. Deskriptive Befunde*. Opladen: Leske + Budrich.

Bayrhuber, H./ Hlawatsch, S. (Hrsg.). (2005). *System Erde – Unterrichtsmaterialien für die Sekundarstufe II* (CD-ROM). Kiel: Leibniz-Institut für die Pädagogik der Naturwissenschaften (IPN).

Brünjes, W. (2009). *Stell dir „einen Afrikaner" vor! Polaritätenprofile in den Klassenstufen 5 bis 10*. Projekt: Eine Welt in der Schule. Veröffentlicht unter: http://www.weltinderschule.uni-bremen.de/pdf/profil.pdf (Zugriff 06.12.2012).

Belgeonne, C. (2009). *Teaching the Global Dimension: A Handbook for Teacher Education*. Manchester: Development Education Project Manchester, Manchester Metropolitan University.

Béneker, T./ Van der Vaart, R. (2008). Global Education in the Dutch Context. *Zeitschrift für Internationale Bildungsforschung und Entwicklungspädagogik, 31*(1), 27–31.

Berger, P. L./ Luckmann, T. (1969). *Die gesellschaftliche Konstruktion der Wirklichkeit*. Frankfurt am Main: Fischer Verlag.

Bertels, U./ Lütkes, C. (2001). Perspektivenwechsel als Grundlage interkultureller Kompetenz – Erfahrungen des Projektes „Ethnologie in der Schule". *Internationale Schulbuchforschung, 23*(4), 453–464.

Bertelsmannstiftung (2009). Jugend und die Zukunft der Welt. Ergebnisse einer repräsentativen Umfrage in Deutschland und Österreich „Jugend und Nachhaltigkeit". Veröffentlicht unter: http://www.bertelsmann-stiftung.de/bst/de/media/xcms_bst_dms_29232_29233_2.pdf (Zugriff 05.12.2012).

Beyers, B./ Kus, B./ Amend, T./ Fleischhauer, A. (Hrsg.). (2010). Großer Fuß auf kleiner Erde? Bilanzieren mit dem Ecological Footprint. Anregungen für eine Welt begrenzter Ressourcen. In Deutsche Gesellschaft für Technische Zusammenarbeit (GTZ) GmbH Eschborn, *Nachhaltigkeit hat viele Gesichter* (Band 10). Heidelberg: Kasparek Verlag.

Bierhoff, H.-W. (2009). *Psychologie prosozialen Verhaltens. Warum wir anderen helfen*. Stuttgart: Kohlhammer.

"Bildung trifft Entwicklung (BtE)" – Regionale Bildungsstelle Nord im Institut für angewandte Kulturforschung (ifak) (Hrsg.). (2010). *Kerncurricula für Gymnasien in Niedersachsen. Anknüpfungspunkte für Globales Lernen.*

Bilharz, M./ Gräsel, C. (2006). Gewusst wie: Strategisches Umwelthandeln als Ansatz zur Förderung ökologischer Kompetenz in Schule und Weiterbildung. *Bildungsforschung, 3*(1). Veröffentlicht unter: http://bildungsforschung.org/index.php/bildungsforschung/article/view/27/25 (Zugriff 05.12.2012).

Blömeke, S./ Müller, C. (2008). Zum Zusammenhang von Allgemeiner Didaktik und Lehr-Lernforschung im Unterricht. *Zeitschrift für Erziehungswissenschaft, 10*(9), 239–258.

Blömeke, S./ Risse, J./ Müller, C./ Eichler, D./ Schulz, W. (2006). Analyse der Qualität von Aufgaben aus didaktischer und fachlicher Sicht. Ein allgemeines Modell und seine exemplarische Umsetzung im Unterrichtsfach Mathematik. *Unterrichtswissenschaft, 34*(4), 330–357.

Blömeke, S./ Eichler, D./ Müller, C. (2003). Rekonstruktion kognitiver Strukturen von Lehrpersonen als Herausforderung für die empirische Unterrichtsforschung. Theoretische und methodologische Überlegungen zu Chancen und Grenzen von Videostudien. *Unterrichtswissenschaft, 31*(2), 103–121.

BMBF (Bundesministerium für Bildung und Forschung). (2007). *Zur Entwicklung nationaler Bildungsstandards. Expertise.* Bonn/ Berlin: BMBF. Veröffentlicht unter: http://www.bmbf.de/pub/zur_entwicklung_nationaler_bildungsstandards.pdf (Zugriff: 05.12.2012).

BMBF. (2002). *Bericht der Bundesregierung zur Bildung für eine nachhaltige Entwicklung.* Bonn: BMBF.

BMU (Bundesministerium für Umwelt, Naturschutz und Reaktorsicherheit) (Hrsg.). (1992). *Agenda 21.* Köllen Druck + Verlag GmbH.

BMZ/KMK (Bundesministerium für Wirtschaft und Zusammenarbeit/ Kultusminister-Konferenz). (2007). *Orientierungsrahmen für den Lernbereich Globale Entwicklung.* Bonn/ Berlin.

Bögeholz, S. (2005). Negativ empfundene Naturerfahrungen mit Tieren und Pflanzen – von Angst, Ekel, Wut, Ärger, Schreck und Schmerz. In M. Schrenk/ W. Holl-Giese (Hrsg.), *Bildung für nachhaltige Entwicklung – Ergebnisse empirischer Untersuchungen* (S. 47–60). Hamburg: Verlag Dr. Kovač.

Bohnsack, R. (2010). Die Mehrdimensionalität der Typenbildung und ihre Aspekthaftigkeit. In J. Ecarius/ B. Schäffer (Hrsg.), *Typenbildung und Theoriegenerierung. Perspektiven qualitativer Bildungs- und Biographieforschung* (S. 47–72). Opladen/ Farmington Hills: Barbara Budrich.

Bohnsack, R. (2009). *Qualitative Bild- und Videointerpretation. Die dokumentarische Methode.* Opladen/ Farmington Hills: Barbara Budrich.

Bohnsack, R. (2008). *Rekonstruktive Sozialforschung – Eine Einführung in qualitative Methoden* (7. Aufl.). Opladen/ Farmington Hills: Barbara Budrich.

Bohnsack, R. (2007). *Rekonstruktive Sozialforschung – Eine Einführung in qualitative Methoden* (6. Aufl.). Opladen/ Farmington Hills: Barbara Budrich.

Bohnsack, R. (2005). Standards nicht-standardisierter Forschung in den Erziehungs- und Sozialwissenschaften. *Zeitschrift für Erziehungswissenschaft, Beiheft 4,* 63–81.

Bohnsack, R. (2003). *Rekonstruktive Sozialforschung. Einführung in die Methodologie und Praxis qualitativer Forschung* (5. Aufl.). Opladen: Leske + Budrich.

Bohnsack, R. (2000). Gruppendiskussion. In U. Flick/ E. von Kardorff/ I. Steinke (Hrsg.), *Qualitative Forschung. Ein Handbuch* (S. 369–384). Reinbek bei Hamburg: Rowohlt-Taschenbuch-Verlag.

Bohnsack, R./ Przyborski, A./ Schäffer, B. (2010). Einleitung: Gruppendiskussionen als Methode rekonstruktiver Sozialforschung. In dies. (Hrsg.), *Das Gruppendiskussionsverfahren in der Forschungspraxis* (2. Aufl., S. 7–24). Opladen/ Farmington Hills: Barbara Budrich.

Bölts, H. (2002). *Dimensionen einer Bildung zur nachhaltigen Entwicklung. Grundlagen – Kritik – Praxismodelle.* Grundlagen der Schulpädagogik. Baltmannsweiler: Schneider Verlag Hohengehren.

Bonnet, A. (2004). *Chemie im bilingualen Unterricht. Kompetenzerwerb durch Interaktion.* Studien zur Bildungsgangforschung (Band 4). Opladen: Leske + Budrich.

Bönsch, M./ Kohnen, H./ Möllers, B./ Müller, G./ Nather, W./ Schürmann, A. (2010). *Kompetenzorientierter Unterricht.* Braunschweig: Westermann.

Bos, W./ Hornberg, S./ Arnold, K.-H./ Faust, G./ Fried, L./ Lankes, E.-M./ Schwippert, K. et al. (Hrsg.). (2007). *IGLU 2006. Lesekompetenzen von Grundschulkindern in Deutschland im internationalen Vergleich.* Münster: Waxmann.

Bourdieu, P. (1970). Der Habitus als Vermittlung zwischen Struktur und Praxis. In ders. (Hrsg.), *Zur Soziologie symbolischer Formen* (S. 125–158). Frankfurt am Main: Suhrkamp Verlag.

Bourn, D. (2008). Towards a Re-Thinking of Development Education. *Zeitschrift für Internationale Bildungsforschung und Entwicklungspädagogik, 31*(1), 15–20.

Bourn, D. (2007). Academic Support and Understanding of Development Education. *Zeitschrift für Internationale Bildungsforschung und Entwicklungspädagogik, 30*(1), 11–16.

Breidenstein, G. (2006). *Teilnahme am Unterricht. Ethnographische Studien zum Schülerjob.* Wiesbaden: VS Verlag für Sozialwissenschaften.

Bruder, R. (2000). Akzentuierte Aufgaben und heuristische Erfahrungen – Wege zu einem anspruchsvollen Mathematikunterricht für alle. In L. Flade/ W. Herget (Hrsg.), *Lehren und Lernen nach TIMSS. Anregungen für die Sekundarstufen* (S. 69–78). Berlin: Volk und Wissen Verlag.

Brunold, A. (2009). Bürgerkompetenzen einer politischen Bildung für Nachhaltigkeit. *polis*, (4), 8–10.

Bursjöö, I. (2011). How student teachers form their educational practice in relation to sustainable development. *Utbildning & Demokrati, 20*(1), 59–78.

Cantell, H./ Cantell, M. (2009). Global Education in multicultural school. In M.-T. Talib/ L. Jyrki/ H. Paavola/ S. Patrikainen (Eds.), *Dialogs on Diversity and Global Education* (pp. 51–60). Frankfurt am Main: Peter Lang. Internationaler Verlag der Wissenschaften.

Chomsky, N. (1996). *Sprache und Geist. Mit einem Anhang Linguistik und Politik* (6. Aufl.). Frankfurt am Main: Suhrkamp Taschenbuch Verlag.

Chomsky, N. (1972). *Aspekte der Syntax-Theorie.* Frankfurt am Main: Suhrkamp Verlag.

Corsten, M./ Krug, M./ Moritz, C. (Hrsg.). (2010). *Videographie praktizieren. Herangehensweisen, Möglichkeiten und Grenzen.* Wiesbaden: VS Verlag für Sozialwissenschaften.

Davies, D./ Lam, E. (2010). The Role of First-hand Experience in the Development Education of University Students. *International Journal of Citizenship and Teacher Education, 2*(2), 35–52.

De Haan, G. (2008a): *Nachhaltigkeit und Gerechtigkeit: Grundlagen und schulpraktische Konsequenzen.* Berlin: Springer Verlag.

De Haan, G. (2008b). Gestaltungskompetenz als Kompetenzkonzept einer Bildung für nachhaltige Entwicklung. In I. Bormann/ G. de Haan (Hrsg.), *Kompetenzen der Bildung für nachhaltige Entwicklung. Operationalisierung, Messung, Rahmenbedingungen, Befunde* (S. 23–43). Wiesbaden: VS Verlag für Sozialwissenschaften.

De Haan, G. (2006). Bildung für nachhaltige Entwicklung – ein neues Lern- und Handlungsfeld. *UNESCO heute*, (1), 4–9.

De Haan, G./ Harenberg, D. (1999). Bildung für eine nachhaltige Entwicklung. Gutachten zum Programm von Gerhard de Haan und Dorothee Harenberg, In BLK (Bund-Länder-Kommission) (Hrsg.), *Materialien zur Bildungsplanung und zur Forschungsförderung* (Heft 72). Freie Universität Berlin. Veröffentlicht unter: http://www.blk-bonn.de/papers/heft72.pdf (Zugriff 05.12.2012).

Dehnbostel, P./ Meyer-Menk, J. (2002). *Erfahrung und Reflexion als Basis beruflicher Handlungsfähigkeit.* Dokumentation 4. BIBB-Fachkonkress 2002. Veröffentlicht unter: http://www.bibb.de/redaktion/fachkongress2002/cd-om/PDF/03_4_05.pdf (Zugriff 05.12.2012).

Deutscher Bundesrat. (2005). *Vorschlag für eine Empfehlung des Europäischen Parlaments und des Rates zu Schlüsselkompetenzen für lebenslanges Lernen.* Drucksache 820/05. Veröffentlicht unter: http://www.bundesrat.de/cln_330/sid_D87A4608DEE9F162A44939A77F150F04/SharedDocs/Drucksachen/2005/0801-900/82005,templateId=raw,property=publication File.pdf/820-05.pdf (Zugriff 05.12.2012).

DJI (Deutsches Jugendinstitut e.V.) (Hrsg.). (2010). *Jugend und Konsum. Eindrücke aus dem aktuellen Stand der Jugendforschung und die Ergebnisse aus den BINK-Gruppendiskussionen.* Veröffentlicht unter: http://www.konsumkultur.de/index.php?id=4 (Zugriff 06.08.2012).

Deutsches PISA-Konsortium (Hrsg.). (2002). *PISA 2000 – Die Länder der Bundesrepublik Deutschland im Vergleich.* Opladen: Leske + Budrich.

Di Guilio, A./ Künzli David, C./ Defila, R. (2008). Bildung für nachhaltige Entwicklung und interdisziplinäre Kompetenzen – Zum Profil von Lehrkräften. In I. Bormann/ G. De Haan (Hrsg.), *Kompetenzen der Bildung für nachhaltige Entwicklung. Operationalisierung, Messung, Rahmenbedingungen, Befunde* (S. 179–197). Wiesbaden: VS Verlag für Sozialwissenschaften.

DUK (Deutsche UNESCO-Kommission e.V). (2009). *Bonner Erklärung.* Veröffentlicht unter: http://www.unesco.de/bonner_erklaerung.html?&L=0 (Zugriff 05.12.2012).

DUK. (2006). UN-Dekade „Bildung für nachhaltige Entwicklung". *UNESCO heute,* (1). Veröffentlicht unter: http://www.unesco.de/uh1-2006.html?L=0 (Zugriff 05.12.2012).

Durrheim, K./ Foster, D. (1997). Tolerance of ambiguity as a content specific construct. *Personality and Individual Differences, 22*(5), 741–750.

Eckerth, J. (2003). Entwicklung, Einsatz und Evaluierung von Lernaufgaben – von der Fremdsprachenforschung zur Unterrichtspraxis. *German as a foreign language* (2), S. 1–28. Veröffentlicht unter: http://www.gfl-journal.de/Issue_2_2003.php (Zugriff 05.12.2012).

Edwards, R./ Usher, R. (2000). *Globalisation and Pedagogy. Space, place and identity.* London: Routledge.

Eggert, S./ Bögeholz, S. (2006). Göttinger Modell der Bewertungskompetenz – Teilkompetenz „Bewerten, Entscheiden und Reflektieren" für Gestaltungsaufgaben Nachhaltiger Entwicklung. *Zeitschrift für Didaktik der Naturwissenschaften, 12,* 177–197.

Eißing, S./ Amend, T. (Hrsg.). (2010). Entwicklung braucht Vielfalt. Mensch, natürliche Ressourcen und internationale Zusammenarbeit. In Deutsche Gesellschaft für Technische Zusammenarbeit (GTZ) GmbH Eschborn (Hrsg.), *Nachhaltigkeit hat viele Gesichter* (Band 1). Heidelberg: Kasparek Verlag.

Engel, C./ Halfmann, J./ Schulte, M. (Hrsg.). (2002). *Wissen – Nichtwissen – Unsicheres Wissen.* Baden-Baden: Nomos Verlagsgesellschaft.

Ernst, A. (2008). Zwischen Risikowahrnehmung und Komplexität: Über die Schwierigkeiten und Möglichkeiten kompetenten Handelns im Umweltbereich. In I. Bormann/ G. de Haan (Hrsg.), *Kompetenzen der Bildung für nachhaltige Entwicklung. Operationalisierung, Messung, Rahmenbedingungen, Befunde* (S. 45–59). Wiesbaden: VS Verlag für Sozialwissenschaften.

Fensham, P. (2007). Competencies, from Within and Without: New Challenges and Possibilities for Scientific Literacy. In C. Lindner/ L. Östman/ P.-O. Wickmann (Eds.), *Proceedings Promoting Scientific Literacy: Science Education Research in Transaction* (pp. 113–119). Uppsala: Linnaeus.

FFH (Forum Fairer Handel) (2006). *Qualitätskriterien für die Evaluation von Bildungsmaterialien zum Fairen Handel*. Mainz. Veröffentlicht unter: http://forumfairerhandel.de/ webelements/filepool/site/downloadc/47632_FFH%20Kriterien% 20Bildungsmaterial.pdf (Zugriff 05.12.2012).

Fischer, D. (2014). Der Beitrag von Schule zur Bewältigung der globalen Konsumherausforderung: Konzeptionelle Klärungen und empirische Potenziale im Spannungsfeld zwischen Erziehungs- und Nachhaltigkeitswissenschaft. Kumulative Dissertationsschrift. Leuphana Universität, Lüneburg.

Fischler, H. (2001). Lehrerhandeln und Lehrervorstellungen bei Anfängern: Untersuchungen zu einem gestörten Verhältnis. In S. von Aufschnaiter/ M. Welzel (Hrsg.), *Nutzung von Videodaten zur Untersuchung von Lehr-Lernprozessen. Aktuelle Methoden empirischer pädagogischer Forschung* (S. 173–184). Münster/ New York/ München/ Berlin: Waxmann.

Flick, U. (2004). *Triangulation. Eine Einführung*. Wiesbaden: VS Verlag für Sozialwissenschaften.

Flick, U./ von Kardorff, E./ Steinke, I. (2005). Was ist qualitative Forschung? Einleitung und Überblick. In dies. (Hrsg.), *Qualitative Forschung. Ein Handbuch* (S. 13–29). Reinbek bei Hamburg: Rowohlt-Taschenbuch-Verlag.

Focali, E. (2007). *Pädagogik in der globalisierten Moderne – Ziele, Aufgaben und Funktion von Pädagogik im Spannungsfeld von Globalisierung und Regionalisierung*. Münster/ New York/ München/ Berlin: Waxmann.

Forghani-Arani, N./ Hartmeyer, H. (2008). Der österreichische Bauplatz Globalen Lernens. Praxis- und Forschungsfragen. *Zeitschrift für Internationale Bildungsforschung und Entwicklungspädagogik, 31*(1), 21–26.

Frick, J./ Kaiser, F. G./ Wilson, M. (2004). Environmental knowledge and conservation behavior: exploring prevalence and structure in a representative sample. *Personality and Individual Differences, 37*(8), 1597–1613.

Gadsby, H./ Bullivant, A. (Hrsg.). (2010). *Teaching contemporary themes in secondary education. Global learning and sustainable development*. Oxon: Routledge.

Gausmann, E./ Eggert, S./ Hasselhorn, M./ Watermann, R./ Bögeholz, S. (2010). Wie verarbeiten Schüler/innen Sachinformationen in Problem- und Entscheidungssituationen Nachhaltiger Entwicklung. Ein Beitrag zur Bewertungskompetenz. In E. Klieme/ D. Leutner/ M. Kenk (Hrsg.), *Kompetenzmodellierung. Zwischenbilanz des DFG-Schwerpunktprogramms und Perspektiven des Forschungsansatzes*, Zeitschrift für Pädagogik, Beiheft Nr. 56 (S. 204–215). Weinheim/ Basel: Beltz Verlag.

Gehlbach, H. (2004). A new perspective on perspective taking: A multidimensional approach to conceptualizing an aptitude. *Educational Psychology Review, 16*(3), 207–234.

Gille, M./ Sardai-Biermann, S./ Gaiser, W./ Rijke, J. D. (2006). *Jugendliche und junge Erwachsene in Deutschland. Lebensverhältnisse, Werte und gesellschaftliche Beteiligung 12- bis 29-Jähriger*. DJI-Jugendsurvey (Band 3). Wiesbaden: VS Verlag für Sozialwissenschaften.

Glaser, B. G./ Strauss, A. L. (1967). *The Discovery of Grounded Theory: Strategies for Qualitative Research*. Chicago: Aldine Publishing Company.

Global Education Week Network/ North-South-Centre of the Council of Europe (Eds.). (2008). *Global Education Guidelines. Concepts and Methodologies on Global Education for Educators and Policy Makers*. North-South Centre of the Council of Europe: Lisbon.

Grammes, T. (2005). Kontroversität. In W. Sander (Hrsg.), *Handbuch politische Bildung* (S. 126–145). Schwalbach/ Ts: Wochenschau-Verlag.

Gräsel, C. (2009). Umweltbildung. In R. Tippelt/ B. Schmidt (Hrsg.), *Handbuch Bildungsforschung* (2. Aufl., S. 845–860). Wiesbaden: VS Verlag für Sozialwissenschaften.

Gräsel, C./ Parchmann, I. (2004). Implementationsforschung – oder: der steinige Weg, Unterricht zu verändern. *Unterrichtswissenschaft, 32*(3), 196–214.

Gresch, H./ Hasselhorn, M./ Bögeholz, S. (2011). Training in Decision-Making Strategies: An Approach to Enhance Student's Competence to Deal with Socioscientific Issues. *International Journal of Science Education*, 11, 1–21.

Hallitzky, M. (2008). Forschendes und selbstreflexives Lernen im Umgang mit Komplexität. In I. Bormann/ G. De Haan (Hrsg.), *Kompetenzen der Bildung für nachhaltige Entwicklung. Operationalisierung, Messung, Rahmenbedingungen, Befunde* (S. 159–178). Wiesbaden: VS Verlag für Sozialwissenschaften.

Handal, B. (2003). Teachers' mathematical beliefs. *The Mathematics Educator, 13*(2), 47–57.

Hare, W. (2007). Ideological Indoctrination and Teacher Education. *Journal of Educational Controversy*, 2(2). Veröffentlicht unter: http://www.wce. wwu.edu/Resources/ CEP/eJournal/v002n002/ (Zugriff 13.06.2013).

Hartmann, U./ Sauer, M./ Hasselhorn, M. (2009). Perspektivenübernahme als Kompetenz für den Geschichtsunterricht. Theoretische und empirische Zusammenhänge zwischen fachspezifischen und sozial-kognitiven Schülermerkmalen. *Zeitschrift für Erziehungswissenschaft, 13*(2), 321–342.

Hartmeyer, H. (2007). *Die Welt in Erfahrung bringen. Globales Lernen in Österreich: Entwicklung, Entfaltung, Entgrenzung*. Frankfurt am Main/ London: IKO-Verlag für Interkulturelle Kommunikation.

Hauff, V. (Hrsg.) (1987). *Unsere gemeinsame Zukunft. Der Bericht der Weltkommission für Umwelt und Entwicklung (Brundtland Bericht)*. Greven: Eggenkamp.

Heid, H. (1998). Ökologische Pädagogik? Kritische Anmerkungen zu den Voraussetzungen umweltpädagogischen Denkens und Handelns. In M. Borelli/ J. Ruhloff (Hrsg.), *Deutsche Gegenwartspädagogik Band III: Interdisziplinäre Verflechtungen und intradisziplinäre Differenzierungen* (S. 3–25). Baltmannsweiler: Schneider Verlag Hohengehren.

Hemmer, I./ Hemmer, M./ Bayrhuber, H./ Häußler, P./ Hlawatsch, S./ Hoffmann, L./ Raffelsiefer, M. (2005). Interesse von Schülerinnen und Schülern an geowissenschaftlichen Themen. Ergebnisse einer Interessenstudie im Rahmen des Projektes „Forschungsdialog: System Erde" unter besonderer Berücksichtigung des Geographieunterrichts. *Geographie und ihre Didaktik, 33*(2), 57–72.

Herrle, M./ Kade, J./ Nolda, S. (2010). Erziehungswissenschaftliche Videographie. In B. Friebertshäuser/ A. Langer/ A. Prengel (Hrsg.), *Handbuch qualitative Forschungsmethoden in der Erziehungswissenschaft* (3. Aufl., S. 599–619). Weinheim/ München: Juventa.

Hildebrandt, K. (2007). *Die Wirkung systemischer Darstellungsformen und multiperspektivischer Wissensrepräsentationen auf das Verständnis des globalen Kohlenstoffkreislaufes*. IPN (Leibniz-Institut für die Pädagogik der Naturwissenschaften), Kiel.

Hildebrandt, K./ Bayrhuber, H. (2001). Untersuchungen zu Schülervorstellungen vom System Erde. In H. Bayrhuber (Hrsg.), *Biowissenschaften in Schule und Öffentlichkeit. Jubiläumstagung* zum 25-jährigen Bestehen der Sektion Biologiedidaktik im VB Bio., Rendsburg (S. 243–245). Kiel: Leibniz-Institut für die Pädagogik der Naturwissenschaften (IPN).

Hiller, B./ Lange, M. (Hrsg.). (2006). *Bildung für nachhaltige Entwicklung. Perspektiven für die Umweltbildung.* Vorträge und Studien, Heft 16. Münster: Zentrum für Umweltforschung (ZUFO) der Westfälischen Wilhelms-Universität Münster.

HKM (Hessisches Kultusministerium). (2011a). *Bildungsstandards und Inhaltsfelder. Das neue Kerncurriculum für Hessen. Sekundarstufe I – Realschule. Biologie.* Wiesbaden.

HKM (Hessisches Kultusministerium). (2011b). *Bildungsstandards und Inhaltsfelder. Das neue Kerncurriculum für Hessen. Sekundarstufe I – Realschule. Politik und Wirtschaft.* Wiesbaden.

Ibrahim, T. (2005). Global Citizenship education: mainstreaming the curriculum? *Cambridge Journal of Education, 35*(2), 177–194.

Jacobs, J./ Hollingsworth, H./ Givvin, K. (2007). Video-based research made "easy": Methodological lessons learned from the TIMSS Video Studies. *Field Methods, 19*(3), 284–299.

Jarvis, P. (2007). *Globalisation, Lifelong Learning and the Learning Society: Sociological Perspectives.* London: Routledge.

Jatzwauk, P./ Rumann, S./ Sandmann, A. (2008). Der Einfluss des Aufgabeneinsatzes im Biologieunterricht auf die Lernleistung der Schüler – Ergebnisse einer Videostudie. *Zeitschrift für Didaktik der Naturwissenschaften, 14*, 263–283.

Jude, N./ Hartig, J./ Klieme, E. (2008). Kompetenzerfassung in pädagogischen Handlungsfeldern. Theorien, Konzepte und Methoden. In BMBF (Bundesministerium für Bildung und Forschung) (Hrsg.), *Bildungsforschung* (Band 26). Bonn.

Jungk, R./ Müllert, N. R. (1993). *Zukunftswerkstätten – Mit Phantasie gegen Routine und Resignation.* München: Wilhelm Heyne Verlag.

Kade, J. (2005). Wissen und Zertifikate. Erwachsenenbildung/ Weiterbildung als Wissenskommunikation. *Zeitschrift für Pädagogik, 51*(4), 498–512.

Kelle, U./ Kluge, S. (1999). *Vom Einzelfall zum Typus.* Opladen: Leske + Budrich.

Kenngott, E.-M. (2012). *Perspektivenübernahme. Zwischen Moralphilosophie und Moralpädagogik.* Wiesbaden: VS Verlag für Sozialwissenschaften.

Kiper, H./ Meints, W./ Peters, S./ Schlump, S./ Schmitt, S. (Hrsg.). (2010). *Lernaufgaben und Lernmaterialien im kompetenzorientierten Unterricht.* Schulpädagogik. Stuttgart: Kohlhammer.

Klemisch, H./ Schlömer, T./ Tenfelde, W. (2008). Wie können Kompetenzen und Kompetenzentwicklung für nachhaltiges Wirtschaften ermittelt und beschrieben werden? In I. Bormann/ G. De Haan (Hrsg.), *Kompetenzen der Bildung für nachhaltige Entwicklung. Operationalisierung, Messung, Rahmenbedingungen, Befunde* (S. 103–122). Wiesbaden: VS Verlag für Sozialwissenschaften.

Klieme, E. (2004). Was sind Kompetenzen und wie lassen sie sich messen? *Pädagogik, 56*(6), 10–13.

Klieme, E./ Avenarius, H./ Blum, W./ Döbrich, P./ Gruber, H./ Prenzel, M./ Reiss, K. et al. (2007). *Zur Entwicklung nationaler Bildungsstandards – Expertise (Klieme Gutachten).* BMBF (Bundesministerium für Bildung und Forschung) (Hrsg.). Bonn/ Berlin.

Klieme, E./ Leutner, D. (2006). Kompetenzmodelle zur Erfassung individueller Lernergebnisse und zur Bilanzierung von Bildungsprozessen. *Zeitschrift für Pädagogik, 52*(6), 876–903.

Klieme, E./ Leutner, D./ Kenk, M. (Hrsg.). (2010). Kompetenzmodellierung. Zwischenbilanz des DFG-Schwerpunktprogramms und Perspektiven des Forschungsansatzes. *Zeitschrift für Pädagogik, Beiheft Nr. 56*. Weinheim/ Basel: Beltz Verlag.

Klieme, E./ Maag Merki, K./ Hartig, J. (2007). Kompetenzbegriff und Bedeutung von Kompetenzen im Bildungswesen. In J. Hartig/ E. Klieme (Hrsg.), *Möglichkeiten und Voraussetzungen technologiebasierter Kompetenzdiagnostik. Eine Expertise im Auftrag des Bundesministeriums für Bildung und Forschung* (S. 5–15). Bonn/ Berlin.

Klieme, E./ Rakoczy, K. (2008). Empirische Unterrichtsforschung und Fachdidaktik. *Zeitschrift für Pädagogik, 54*(2), 222–237.

Klieme, E./ Tippelt, R. (Hrsg.). (2008). Qualitätssicherung im Bildungswesen. Eine aktuelle Zwischenbilanz. *Zeitschrift für Pädagogik, Beiheft Nr. 53*. Weinheim/ Basel: Beltz Verlag.

Klingberg, L. (1986). *Unterrichtsprozess und didaktische Fragestellung*. Berlin: Verlag Volk und Wissen.

Klinger, U. (Hrsg.). (2009a). *Mit Kompetenz Unterricht entwickeln. Fortbildungskonzepte und -materialien*. Troisdorf: Bildungsverlag EINS.

Klinger, U. (2009b). Die Welt, das Wissen und die Kompetenz Wissen zu nutzen. *MNU, 62*(7), 430–434.

Klinger, U. (2005). Mit Bildungsstandards Unterrichts- und Schulqualität entwickeln. *Friedrich Jahresheft: Standards: Unterrichten zwischen Kompetenzen, zentralen Prüfungen und Vergleichsarbeiten, 13*, 130–143.

Klinger, U./ Asbrand, B. (2012). Bildungsstandards im Unterricht: Kompetenzentwicklung neu vermessen. *Friedrich Jahresheft: Schule vermessen, 30*, 90–93.

KMK (Hrsg.). (2005). Bildungsstandards der Kultusministerkonferenz. Erläuterungen zur Konzeption und Entwicklung. München: Luchterhand.

KMK (Hrsg.). (2004a). *Bildungsstandards im Fach Biologie für den Mittleren Schulabschluss*. München: Luchterhand. Veröffentlicht unter: http://db2.nibis.de/1db/cuvo/datei/bs_ms_kmk_biologie.pdf (Zugriff 05.12.2012).

KMK (Hrsg). (2004b). *Bildungsstandards für die erste Fremdsprache (Englisch/Französisch) für den Mittleren Schulabschluss*. München: Luchterhand. Veröffentlicht unter: http://www.kmk.org/fileadmin/veroeffentlichungen_beschluesse/2003/2003_12_04-BS-erste-Fremdsprache.pdf (Zugriff 13.11.2012).

KMK/ DUK (Hrsg.). (2007). *Empfehlung der KMK und DUK vom 15.06.2007 zur „Bildung für nachhaltige Entwicklung in der Schule"*. Veröffentlicht unter: http://www.kmk.org/fileadmin/veroeffentlichungen_beschluesse/2007/2007_06_15_Bildung_f_nachh_Entwicklung.pdf (Zugriff 24.05.2013).

Knobloch, R. (2011). *Analyse der fachinhaltlichen Qualität von Schüleräußerungen und deren Einfluss auf den Lernerfolg: Eine Videostudie zu kooperativer Kleingruppenarbeit*. Studien zum Physik- und Chemielernen (Band 120). Berlin: Logos Verlag.

Knoll, S. (1998). Anforderungsgestaltung im Mathematikunterricht. *Mathematik lehren, 90*, 47–51.

Koch-Priewe, B. (2000). Zur Aktualität und Relevanz der Allgemeinen Didaktik in der Lehrerinnenausbildung. In M. Bayer/ F. Bohnsack/ B. Koch-Priewe/ H. Wildt (Hrsg.), *Lehrerinnen und Lehrer werden ohne Kompetenz? Professionalisierung durch eine andere Lehrerbildung* (S. 149–169). Bad Heilbrunn: Klinkhardt.

Kohlberg, L. (1976). Moral stage and moralization: The cognitive-developmental approach. In T. Lickona (Ed.), *Moral development and behavior: Theory, research and social issues* (pp. 31–53). New York: Holt, Rinehart & Winston.

Kolbe, F.-U./ Reh, S. (2009). Adressierung und Aktionsofferten. Möglichkeiten und Grenzen der Bearbeitung der Differenz von Aneignen und Vermitteln in pädagogischen Praktiken der Ganztagsschule. Zwischenergebnisse aus dem Projekt „Lernkultur- und Unterrichtsentwicklung an Ganztagsschulen" (LUGS). In L. Stecher/ C. Allemann-Ghionda/ W. Helsper/ E. Klieme (Hrsg.), Ganztägige Bildung und Betreuung. *Zeitschrift für Pädagogik, Beiheft Nr. 54/55* (S. 168–189). Weinheim: Beltz Verlag.

Kolbe, F./ Reh, S./ Fritzsche, B./ Idel, T./ Rabenstein, K. (2008). Lernkultur: Überlegungen zu einer kulturwissenschaftlichen Grundlegung qualitativer Unterrichtsforschung. *Zeitschrift für Erziehungswissenschaft, 11*(1), 125–143.

Köller, O. (2008a). Operationalisierung und Überprüfung von Bildungsstandards: Ist Bildung messbar? In F. Hofmann/ C. Schreiner/ J. Thonhauser (Hrsg.), *Qualitative und quantitative Aspekte. Zu ihrer Komplementarität in der erziehungswissenschaftlichen Forschung* (S. 281–298). Münster: Waxmann.

Köller, O. (2008b). Bildungsstandards – Verfahren und Kriterien bei der Entwicklung von Messinstrumenten. *Zeitschrift für Pädagogik, 54(2), 163–173.*

Krammer, K. (2009). *Individuelle Lernunterstützung in Schülerarbeitsphasen. Eine videobasierte Analyse des Unterstützungsverhaltens von Lehrpersonen im Mathematikunterricht.* Münster/ New York/ München/ Berlin: Waxmann.

Krogull, S./ Landes-Brenner, S. (2009). Qualitätsstandards für Begegnungsreisen im Nord-Süd-Kontext. *Zeitschrift für Internationale Bildungsforschung und Entwicklungspädagogik, 32*(2), 14–19.

Krummheuer, G. (2007). Kooperatives Lernen im Mathematikunterricht der Grundschule. In K. Rabenstein/ S. Reh (Hrsg.), *Kooperatives und selbstständiges Arbeiten von Schülern. Zur Qualitätsentwicklung von Unterricht* (S. 61–86). Wiesbaden: VS Verlag für Sozialwissenschaften.

Kuhn, K./ Rieckmann, M. (2006). *Themenblätter im Unterricht (Nr.57): Nachhaltige Entwicklung.* Bundeszentrale für politische Bildung. Veröffentlicht unter: http://www.bpb.de/shop/lernen/themenblaetter/36640/nachhaltige-entwicklung (Zugriff 05.12.2012).

Kunter, M./ Baumert, J./ Blum, W./ Klusmann, U./ Krauss, S./ Neubrand, M. (Hrsg.). (2011). *Professionelle Kompetenz von Lehrkräften: Ergebnisse des Forschungsprojektes COACTIV.* Münster: Waxmann.

Künzli, C. (2014). *Die Bedeutung des Philosophierens mit Kindern in der Umsetzung einer Bildung für Nachhaltige Entwicklung (BNE) im Sachunterricht.* Referat im Rahmen der Tagung der Gesellschaft für Didaktik des Sachunterrichts an der Universität Hamburg, 27. Februar – 1. März 2014, Hamburg.

Künzli, C. (2006). Didaktisches Konzept. Bildung für eine nachhltige Entwicklung. Veröffentlicht unter: http://www.ikaoe.unibe.ch/forschung/bineu/Didaktisches%20Konzept%20BNE.pdf (Zugriff 01.06.2014).

Künzli David, C./ Kaufmann-Hayoz, R. (2008). Bildung für eine nachhaltige Entwicklung – Konzeptionelle Grundlagen, didaktische Ausgestaltung und Umsetzung. *Umweltpsychologie, 12*(2), 9–28.

Kyburz-Graber, R. (1999). Environmental education as critical education: How teachers and students handle the challenge. *Cambridge Journal of Education, 29*(3), 415–432.

Kyburz-Graber, R./ Halder, U./ Hügli, A./ Ritter, M. (2001). *Umweltbildung im 20. Jahrhundert. Anfänge, Gegenwartsprobleme, Perspektiven.* Umwelt-Bildungs-Forschung (Band 7). Münster: Waxmann.

Laessoe, J./ Öhman, J. (2010). Learning as democratic action and communication: framing Danish and Swedish environmental and sustainability education. *Environmental Education Research, 16*(1), 1–7.

Landesinstitut für Lehrerbildung und Schulentwicklung Hamburg. (2010). *Globales Lernen. Hamburger Unterrichtsmodelle zum KMK-Orientierungsrahmen Globale Entwicklung. Didaktisches Konzept* (Bd. 1). Hamburg. Veröffentlicht unter: http://www.globales-lernen.de/ GLinHamburg/dokumente/Didaktisches_Konzept.pdf (Zugriff 29.01.2014).

Lang-Wojtasik, G. (2008). *Schule in der Weltgesellschaft. Herausforderungen und Perspektiven einer Schultheorie jenseits der Moderne.* Weinheim/ München: Juventa.

Lang-Wojtasik, G./ Scheunpflug, A. (2005). Kompetenzen Globalen Lernens. *Zeitschrift für Internationale Bildungsforschung und Entwicklungspädagogik, 28*(2), 2–7.

Lauströer, A./ Rost, J. (2008). Operationalisierung und Messung von Bewertungskompetenz. In I. Bormann/ G. De Haan (Hrsg.), *Kompetenzen der Bildung für nachhaltige Entwicklung. Operationalisierung, Messung, Rahmenbedingungen, Befunde* (S. 89–102). Wiesbaden: VS Verlag für Sozialwissenschaften.

Lave, J./ Wenger, E. (2007). *Situated Learning. Legitimate peripheral participation.* (1. Aufl. 1991). Cambridge: Cambridge University Press.

Lave, J./ Wenger, E. (1991). *Situated Learning. Legitimate peripheral participation.* Cambridge: Cambridge University Press.

Layes, G. (2000). *Grundformen des Fremderlebens. Eine Analyse von Handlungsorientierungen in der interkulturellen Interaktion.* Münster/ New York/ München/ Berlin: Waxmann.

Lersch, R. (2010a). Didaktik und Praxis kompetenzfördernden Unterrichts. *Schulpädagogik heute, 1*(1), 1–21.

Lersch, R. (2010b). *Wie unterrichtet man Kompetenzen? Didaktik und Praxis kompetenzfördernden Unterrichts.* Hessisches Kultusministerium. Institut für Qualitätsentwicklung. Wiesbaden.

Lersch, R. (2007). Kompetenzfördernd unterrichten. 22 Schritte von der Theorie zur Praxis. *Pädagogik, 59*(12), 36–43.

Leuchter, M. (2009). *Die Rolle der Lehrperson bei der Aufgabenbearbeitung. Unterrichtsbezogene Kognitionen von Lehrpersonen.* Münster: Waxmann.

Leuchter, M./ Pauli, C./ Reusser, K./ Lipowsky, F. (2006). Unterrichtsbezogene Überzeugungen und handlungsleitende Kognitionen von Lehrpersonen. *Zeitschrift für Erziehungswissenschaft, 9*(4), 562–579.

Leuders, T. (2006). Kompetenzorientierte Aufgaben im Unterricht. In W. Blum/ C. Drüke-Noe/ R. Hartung/ O. Köller (Hrsg.), *Bildungsstandards Mathematik: konkret. Sekundarstufe I: Aufgabenbeispiele, Unterrichtsanregungen, Fortbildungsideen* (S. 81–95). Berlin: Cornelsen.

Lorenz, S. (2008). Unsicherheit, Reflexivität und Prozeduralität. Zur Empirie und Methodik von Kompetenzkriterien in der Bildung für nachhaltige Entwicklung. In I. Bormann/ G. De Haan (Hrsg.), *Kompetenzen der Bildung für nachhaltige Entwicklung. Operationalisierung, Messung, Rahmenbedingungen, Befunde* (S. 123–139). Wiesbaden: VS Verlag für Sozialwissenschaften.

Lüders, M./ Rauin, U. (2008). Unterrichts- und Lehr-Lern-Forschung. In W. Helsper/ J. Böhme (Hrsg.), *Handbuch der Schulforschung* (2. Aufl., S. 717–746). Wiesbaden: VS Verlag für Sozialwissenschaften.

Luhmann, N. (2002). *Das Erziehungssystem der Gesellschaft.* (D. Lenzen, Hrsg.). Frankfurt am Main: Suhrkamp.

Luhmann, N. (1997). *Die Gesellschaft der Gesellschaft.* Frankfurt am Main: Suhrkamp.

Luhmann, N. (1990). *Ökologische Kommunikation: kann die moderne Gesellschaft sich auf ökologische Gefährdungen einstellen?* Opladen: Westdeutscher Verlag.

Luhmann, N. (1984). *Soziale Systeme. Grundriß einer allgemeinen Theorie.* Frankfurt am Main: Suhrkamp Taschenbuch Verlag.

Mannheim, K. (1980). *Strukturen des Denkens.* Frankfurt am Main: Suhrkamp.

Mannheim, K. (1965). *Ideologie und Utopie* (4. Aufl.). Frankfurt am Main: Verlag G. Schulte-Bulmke.

Mannheim, K. (1964). Beiträge zur Theorie der Weltanschauungsinterpretation. In ders. (Hrsg.), *Wissenssoziologie* (S. 91–154). Neuwied: Luchterhand.

Martens, M. (2010): *Implizites Wissen und kompetentes Handeln. Die empirische Rekonstruktion von Kompetenzen historischen Verstehens im Umgang mit dargestellter Geschichte.* Göttingen: V&R unipress.

Martens, M./ Asbrand, B. (2009). Rekonstruktion von Handlungswissen und Handlungskompetenz – auf dem Weg zu einer qualitativen Kompetenzforschung. *Zeitschrift für Qualitative Forschung, 10*(1), 223–239.

Martens, M./ Asbrand, B./ Wettstädt, L. (2012). Die Reflexion von Lehrerhandeln anstoßen. Beobachtungsergebnisse zu Lehrhaltungen in Unterrichtssituationen. *Lernende Schule*, 60, 46–52.

Martens, M./ Petersen, D./ Asbrand, B. (2014). Die Materialität von Lernkultur. Methodologische Überlegungen zur dokumentarischen Analyse von Unterrichtsvideografien. In R. Bohnsack/ B. Fritzsche/ M. Wagner-Willi (Hrsg.), *Dokumentarische Film- und Videointerpretation* (S. 179–206). Opladen: Barbara Budrich.

Marton, F./ Booth, S. (1997). *Learning and Awareness*. New Jersey: Lawrence Erlbaum Associates.

Marton, F./ Morris, P. (Eds.). (2002). *What matters? Discovering critical conditions of classroom learning*. Göteborg Studies in Educational Sciences. Göteborg: ACTA UNIVERSITATIS GOTHOBURGENSIS.

Marshall, H. (2003). Global education: A re-emerging field. *The British Journal of Sociology of Education, 24*(3), 397–405.

Merryfield, M. (2009). How are Teachers Responding to Globalization? In W. C. Parker (Ed.), *Social Studies Today: Research and Practice* (pp. 165–174). New York: Routledge.

Meuser, M. (2003). Rekonstruktive Sozialforschung. In R. Bohnsack/ W. Marotzki/ M. Meuser (Hrsg.), *Hauptbegriffe Qualitativer Sozialforschung. Ein Wörterbuch* (2. Aufl., S. 140–142). Opladen: Barbara Budrich.

Meyer-Drawe, K. (1999). Herausforderung durch die Dinge. Das Andere im Bildungsprozess. *Zeitschrift für Pädagogik, 45*(3), 329–342.

Minnameier, G. (2011). Situationsspezifität moralischen Denkens und Handelns – Befunde, Erklärungen und didaktische Orientierungen. In O. Zlatkin-Troitschanskaia (Hrsg.), *Stationen Empirischer Bildungsforschung. Traditionslinien und Perspektiven* (S. 107–122). Wiesbaden: VS Verlag für Sozialwissenschaften.

Mogensen, F./ Schnack, K. (2010). The action competence approach and the „new" discourses of education for sustainable development, competence and quality criteria. *Environmental Education Research, 16*(1), 59–74.

Mohn, B. E. (2011). Methodologie des forschenden Blicks: Die vier Spielarten des Dokumentierens. In P. Cloos/ M. Schulz (Hrsg.), *Kindliches Tun beobachten und dokumentieren* (S. 79–98). Juventa.

Mohn, B. E. (2008). Die Kunst des dichten Zeigens: Aus der Praxis kamera-ethnographischer Blickentwürfe. In B. Binder/ D. Neuland-Kitzerow/ K. Noack (Hrsg.), *Kunst und Ethnographie: Zum Verhältnis von visueller Kultur und ethnographischem Arbeiten*, Berliner Blätter (Band 46, S. 61–72). Münster: LIT Verlag.

Müller, C./ Eichler, D./ Blömeke, S. (2006). Chancen und Grenzen von Videostudien in der Unterrichtsforschung. In S. Rahm/ I. Mammes/ M. Schratz (Hrsg.), *Schulpädagogische Forschung. Unterrichtsforschung. Perspektiven innovativer Ansätze* (Band 1, S. 125–138). Innsbruck/ Wien/ Bozen: StudienVerlag.

Naujok, N. (2002). Formen von Schülerkooperationen aus der Perspektive Interpretativer Unterrichtsforschung. *Forum Qualitative Schulforschung 2. Interpretative Unterrichts- und Schulbegleitforschung* (S. 61–80). Opladen: Leske + Budrich.

Naujok, N. (2000). *Schülerkooperation im Rahmen von Wochenplanunterricht. Analyse von Unterrichtsausschnitten aus der Grundschule*. Weinheim: Deutscher Studien-Verlag.

Nentwig-Gesemann, I. (2007). Sprach- und Körperdiskurse von Kindern – Verstehen und Verständigung zwischen Textförmigkeit und Ikonizität. In B. Friebertshäuser/ H. von Felden/ B. Schäffer (Hrsg.), *Bild und Text. Methoden und Methodologien visueller Sozialforschung in der Erziehungswissenschaft* (S. 105–120). Opladen/ Farmington Hills: Barbara Budrich.

Neubrand, J. (2002). *Eine Klassifikation mathematischer Aufgaben zur Analyse von Unterrichtssituationen: Selbsttätiges Arbeiten in Schülerarbeitsphasen in den Stunden der TIMSS-Video-Studie*. Hildesheim: Franzbecker.

Neuweg, G. H. (2011). Das Wissen der Wissensvermittler. Problemstellungen, Befunde und Perspektiven der Forschung zum Lehrerwissen. In E. Terhart/ H. Bennewitz/ M. Rothland (Hrsg.), *Handbuch der Forschung zum Lehrerberuf* (S. 451–477). Münster: Waxmann.

NiLS (Niedersächsisches Landesamt für Lehrerbildung und Schulentwicklung) (Hrsg.). (2010). *Globale Entwicklung in Schule und Unterricht verankern! Ideen für niedersächsische Schulprojekte*. Fachtagung im ZEB Stepahnsstift Hannover am 09. November 2009. Niedersachsen.

Nohl, A.-M. (2011). *Pädagogik der Dinge*. Bad Heilbrunn: Klinkhardt.

Nohl, A.-M. (2006a). *Interview und dokumentarische Methode. Anleitungen für die Forschungspraxis*. Wiesbaden: VS Verlag für Sozialwissenschaften.

Nohl, A.-M. (2006b). *Bildung und Spontaneität. Phasen biographischer Wandlungsprozesse in drei Lebensaltern – Empirische Rekonstruktion und pragmatische Reflexionen*. Opladen: Barbara Budrich.

Obst, G. (2008). *Kompetenzorientiertes Lehren und Lernen im Religionsunterricht*. Göttingen: Vandenhoeck & Ruprecht.

Oelkers, J. (2009). Globalisierte Bildungsansprüche im lokalen Schulraum. In J. Böhme (Hrsg.), *Schularchitektur im interdisziplinären Diskurs* (S. 25–41). Wiesbaden: VS Verlag für Sozialwissenschaften.

Oelkers, J./ Reusser, K. (2008). *Expertise: Qualität entwickeln – Standards sichern – mit Differenz umgehen*. Bonn/ Berlin: BMBF (Bundesministerium für Bildung und Forschung).

Osler, A./ Vincent, K. (2002). *Citizenship and the Challenge of Global Education*. Stoke-on-Trent: Trentham Books Ltd.

Östman, L. (2010). Education for sustainable development and normativity: a transactional analysis of moral meaning-making and companion meanings in classroom communication. *Environmental Education Research*, 16(1), 75–93.

Overwien, B. (2007). Globalisierung, Jugend, Lernen. In D. Villányi/ M. D. Witte/ U. Sander (Hrsg.), *Globale Jugend und Jugendkulturen. Aufwachsen im Zeitalter der Globalisierung* (S. 201–211). Weinheim/ München: Juventa.

Overwien, B./ Rathenow, H.-F. (Hrsg.) (2009). *Globalisierung fordert politische Bildung. Politisches Lernen im globalen Kontext*. Opladen/ Farmington Hills: Barbara Budrich.

Pauli, C./ Reusser, K. (2006). Von international vergleichenden Video Surveys zur videobasierten Unterrichtsforschung und -entwicklung. *Zeitschrift für Pädagogik*, 52(6), 774–798.

Paulus, C. (2011). „Begegnung findet eigentlich nicht statt". *Zeitschrift für Internationale Bildungsforschung und Entwicklungspädagogik*, 34(2), 23–28.

Petersen, D. (in Vorb.). *Die institutionelle Rahmung des Übergangs von der Grundschule in die weiterführende Schule aus Schülerperspektive*. Dissertation. Universität Frankfurt am Main.

Pike, G./ Selby, D. (2000). *In the Global Classroom: Book two*. Toronto: Pippin Publishing.

Pike, G./ Selby, D. (1988). *Global Teacher, Global Learner*. London/ Sidney/ Auckland/ Toronto: Hodder Arnold H&S.

Polanyi, M. (1985). *Implizites Wissen* (1. Aufl.). Frankfurt am Main: Suhrkamp.

Proske, M. (2009). Das soziale Gedächtnis des Unterrichts: Eine Antwort auf das Wirkungsproblem der Erziehung? *Zeitschrift für Pädagogik, 55*(5), 796–814.

Przyborski, A. (2004). *Gesprächsanalyse und dokumentarische Methode. Qualitative Auswertung von Gesprächen, Gruppendiskussionen und anderen Diskursen*. Wiesbaden: VS Verlag für Sozialwissenschaften.

Przyborski, A./ Wohlrab-Sahr, M. (2009). *Qualitative Sozialforschung. Ein Arbeitsbuch* (2. Aufl.). München: Oldenbourg Wissenschaftsverlag.

PWG (Pädagogisches Werkstattgespräch). (2007). *Beurteilungskriterien von Unterrichtsmaterialien für das „Globale Lernen"*. Veröffentlicht unter: http://www.eine-welt-unterrichtsmaterialien.de/einewelt/ beurteilungskriterien.pdf (Zugriff 05.12.2012).

Rabenstein, K. (2009). Individuelle Förderung in unterrichtsergänzenden Angeboten an Ganztagsschulen: Ein Fallvergleich. In S. Appel/ H. Ludwig/ U. Rother (Hrsg.), *Jahrbuch Ganztagsschule 2010. Vielseitig fördern* (S. 23–33). Schwalbach/ Ts: Wochenschau-Verlag.

Raths, L. E./ Harmin, M./ Simon, S. B. (1976). *Werte und Ziele. Methoden der Sinnfindung im Unterricht*. München: Pfeiffer.

Reid, A./ Jensen, B. B./ Nikel, J./ Simovska, V. (Hrsg.). (2008), *Participation and Learning. Perspectives on Education and the Environment, Health and Sustainability*. Berlin: Springer Verlag.

Reinmann-Rothmeier, G./ Mandl, H. (2001). Unterrichten und Lernumgebungen gestalten. In A. Krapp/ B. Weidemann (Hrsg.), *Pädagogische Psychologie* (S. 601–646). Weinheim: Beltz Verlag.

Reisse, W. (2008). *Kompetenzorientierte Aufgabenentwicklung. Ein Lehrerhandbuch für die Sekundarstufen*. Köln: Aulis Verlag Deubner.

Reitschert, K. (2009). *Ethisches Bewerten im Biologieunterricht. Eine qualitative Untersuchung zur Strukturierung und Ausdifferenzierung von Bewertungskompetenz in bioethischen Sachverhalten bei Schülern der Sekundarstufe I*. Hamburg: Verlag Dr. Kovač.

Richardson, V. (1996). The role of attitudes and beliefs in learning to teach. In J. P. Sikula/ T. J. Buttery/ E. Guyton (Eds.), *Handbook of research on teacher education* (pp. 102–119). New York: Macmillan.

Rieckmann, M. (2010). *Die globale Perspektive der Bildung für eine nachhaltige Entwicklung. Eine europäisch-lateinamerikanische Studie zu Schlüsselkompetenzen für Denken und Handeln in der Weltgesellschaft*. Umweltkommunikation (Band 7). Berlin: Berliner Wissenschafts-Verlag.

Rieß, W. (2010). *Bildung für nachhaltige Entwicklung. Theoretische Analysen und empirische Studien*. Münster/ New York/ München/ Berlin: Waxmann.

Rieß, W./ Mischo, C. (2010). Promoting Systems Thinking through Biology Lessons. *International Journal of Science Education, 32*(6), 705–725.

Rieß, W./ Mischo, C. (2008). Entwicklung und erste Validierung eines Fragebogens zur Erfassung des systemischen Denkens in nachhaltigkeitsrelevanten Kontexten. In I. Bormann/ G. De Haan (Hrsg.), *Kompetenzen der Bildung für nachhaltige Entwicklung. Operationalisierung, Messung, Rahmenbedingungen, Befunde* (S. 215–232). Wiesbaden: VS Verlag für Sozialwissenschaften.

Roczen, N./ Kaiser, F. G./ Bogner, F. X. (2010). Umweltkompetenz – Modellierung, Entwicklung und Förderung. Projekt Umweltkompetenz. In E. Klieme/ D. Leutner/ M. Kenk (Hrsg.), Kompetenzmodellierung. Zwischenbilanz des DFG-Schwerpunktprogramms und Perspektiven des Forschungsansatzes, *Zeitschrift für Pädagogik, Beiheft Nr. 56* (S. 126–134). Weinheim/ Basel: Beltz Verlag.

Rosch, J. (2006). Aufgabenanalyse als Methode der Bildungsforschung – Ein mikrologischer Zugang zum Problemfeld von Didaktik und Lernen. In S. Rahm/ I. Mammes/ M. Schratz (Hrsg.), *Schulpädagogische Forschung. Unterrichtsforschung. Perspektiven innovativer Ansätze* (S. 167–186). Innsbruck/ Wien/ Bozen: StudienVerlag.

Rost, J. (2008). Zur Messung von Kompetenzen einer Bildung für nachhaltige Entwicklung. In G. De Haan/ I. Bormann (Hrsg.), *Kompetenzen der Bildung für nachhaltige Entwicklung. Operationalisierung, Messung, Rahmenbedingungen, Befunde* (S. 61–73). Wiesbaden: VS Verlag für Sozialwissenschaften.

Rost, J./ Lauströer, A./ Raack, N. (2003). Kompetenzmodelle einer Bildung für Nachhaltigkeit. *Praxis der Naturwissenschaften – Chemie in der Schule, 52*(8), 10–15.

Rychen, D. S. (2008). OECD Referenzrahmen für Schlüsselkompetenzen – ein Überblick. In I. Bormann/ G. De Haan (Hrsg.), *Kompetenzen der Bildung für nachhaltige Entwicklung. Operationalisierung, Messung, Rahmenbedingungen, Befunde* (S. 15–22). Wiesbaden: VS Verlag für Sozialwissenschaften.

Rychen, D. S./ Salganik, L. H. (Hrsg.). (2001). *Defining and Selecting Key Competencies*. Seattle/ Toronto/ Bern/ Göttingen: Hogrefe & Huber Publishers.

Sander, W. (2005). *Handbuch politische Bildung*. Schwalbach/ Ts: Wochenschau-Verlag.

SBE (Stiftung Bildung und Entwicklung) (2009). *Qualitätskriterien der SBE für die Evaluation von Unterrichtsmaterialien* (1. Aufl. 2005). Bern. Veröffentlicht unter: http://www.globaleducation.ch/globaleducation_de/resources/XY/sbe_Qualitaetskriterien.pdf (Zugriff 05.12.2012).

Scheunpflug, A. (2012a). Globales Lernen – Geschichte. In G. Lang-Wojtasik/ U. Klemm (Hrsg.), *Handlexikon Globales Lernen* (S. 89–93). Münster/ Ulm: Klemm & Oelschläger.

Scheunpflug, A. (2012b). Globales Lernen – Theorie. In G. Lang-Wojtasik/ U. Klemm (Hrsg.), *Handlexikon Globales Lernen* (S. 103–107). Münster/ Ulm: Klemm & Oelschläger.

Scheunpflug, A. (2010). Gut oder nur „gut gemeint"? Zur Qualitätssicherung des Globalen Lernens. In VENRO (Verband Entwicklungspolitik Deutscher Nichtregierungsorganisationen e.V.) (Hrsg.), *Jahrbuch Globales Lernen 2010. Globales Lernen als Herausforderung für Schule und Zivilgesellschaft* (S. 28–34). Bonn.

Scheunpflug, A. (2007). Partnerschaft oder Patenschaft. Zur Geschichte einer Auseinandersetzung. *Zeitschrift für Internationale Bildungsforschung und Entwicklungspädagogik, 30*(3), 2–7.

Scheunpflug, A. (2001a). *Evolutionäre Didaktik. Unterricht aus system- und evolutionstheoretischer Perspektive*. Weinheim: Beltz Verlag.

Scheunpflug, A. (2001b). Weltbürgerliche Erziehung durch den heimlichen Lehrplan des Schulsystems? In S. Görgens/ A. Scheunpflug/ K. Stojanow (Hrsg.), *Universalistische Moral und weltbürgerliche Erziehung. Die Herausforderungen der Globalisierung im Horizont der modernen Evolutionsforschung* (S. 243–258). Frankfurt am Main: IKO-Verlag für Interkulturelle Kommunikation.

Scheunpflug, A. (2000). Die globale Perspektive einer Bildung für nachhaltige Entwicklung. *Journal of Social Science Education, 1*, 1–11.

Scheunpflug, A./ Schröck, N. (2002). *Globales Lernen*. Hauptgeschäftsstelle des Diakonischen Werkes der Evangelischen Kirche in Deutschland (EKD) für die Aktion Brot für die Welt (Hrsg.) (2. Aufl.). Stuttgart.

Scheunpflug, A./ Uphues, R. (2010). Was wissen wir in Bezug auf das Globale Lernen? Eine Zusammenfassung empirisch gesicherter Ergebnisse. In G. Schrüfer/ I. Schwarz (Hrsg.), *Globales Lernen. Ein geographischer Diskursbeitrag*, Erziehungswissenschaft und Weltgesellschaft (Band 4, S. 63–100). Münster/ New York/ München/ Berlin: Waxmann.

Schmitt, R. (2009). *Deutschland und die „Eine Welt". Einstellungswandel zum Negativen.* Projekt: Eine Welt in der Schule. Veröffentlicht unter: http://www.weltinderschule.uni-bremen.de/pdf/wandel.pdf (Zugriff 05.12.2012).

Schnack, K. (2008). Participation, Education and Democracy: Implications for Environmental Education, Health Education and Education for Sustainable Development. In A. Reid/ B. B. Jensen/ J. Nikel/ V. Simovska (Hrsg.), *Participation and Learning. Perspectives on Education and the Environment, Health and Sustainability* (S. 181–196). Berlin: Springer Verlag.

Schreiber, J.-R. (2012). Globales Lernen und Neue Lernkultur. In G. Lang-Wojtasik/ U. Klemm (Hrsg.), *Handlexikon Globales Lernen* (S. 126–129). Münster/ Ulm: Klemm & Oelschläger.

Schreiber, J.-R. (2005). Kompetenzen und Konvergenzen. Globales Lernen im Rahmen der UN-Dekade „Bildung für nachhaltige Entwicklung". *Zeitschrift für Internationale Bildungsforschung und Entwicklungspädagogik, 28*(2), 19–25.

Schröck, N./ Lange, S. (2012). Globales Lernen – Didaktik und Methodik. In G. Lang-Wojtasik/ U. Klemm (Hrsg.), *Handlexikon Globales Lernen* (S. 83–86). Münster/ Ulm: Klemm & Oelschläger.

Schröder, C./ Wirth, I. (2012). *99 Tipps: Kompetenzorientiert unterrichten. Für die Sekundarstufe I*. Mannheim: Cornelsen Verlag Scriptor.

Schrüfer, G. (2012). "Afrika" im Geographieunterricht. *Klett-Magazin Geographie, 1*, 3–7.

Schrüfer, G. (2003). *Verständnis für fremde Kulturen*. Universität Bayreuth, Fakultät für Biologie, Chemie und Geowissenschaften. Bayreuth.

Schrüfer, G./ Schwarz, I. (Hrsg.). (2010). *Globales Lernen. Ein geographischer Diskursbeitrag*. Erziehungswissenschaft und Weltgesellschaft (Band 4). Münster: Waxmann.

Schütz, A. (1971). *Das Problem der sozialen Wirklichkeit. Gesammelte Aufsätze. Band 1*. Den Haag: Martinus Nuhoff. (Original 1962: Collected Papers. Vol. 1 The Problem of Social Reality. Den Haag).

Scott, W./ Gough, S. (Hrsg.). (2004). *Key Issues in Sustainable Development and Learning. A critical view*. London: Routledge Palmer.

Selby, D. (1999). Global Education: towards a quantum model of environmental education. *Canadian Journal of environmental education, 4*(1), 121–141.

Selby, D./ Rathenow, H. (2003). *Globales Lernen. Praxishandbuch für die Sekundarstufe I und II*. Berlin: Cornelson Verlag Skriptor.

Selman, R. L. (1997). Sozial-kognitives Verständnis. Ein Weg zu pädagogischer und klinischer Praxis. In D. Geulen (Hrsg.), *Perspektivenübernahme und soziales Handeln* (S. 223–256). Frankfurt am Main: Suhrkamp.

Selman, R. L. (1984). *Die Entwicklung des sozialen Verstehens*. Frankfurt am Main: Suhrkamp.

Seitz, K. (2002). *Bildung in der Weltgesellschaft. Gesellschaftstheoretische Grundlagen Globalen Lernens*. Frankfurt am Main: Brandes & Espel.

Seitz, K. (2001). *Die Globalisierung als Herausforderung für Schule, Pädagogik und Bildungspolitik*. Vortrag Jahrestagung der UNESCO-Projektschulen, 17. September 2001. Veröffentlicht unter: http://www.globaleslernen-berlin.de/fileadmin/user_upload/PDF/Seitz.pdf (Zugriff 05.12.2012).

Shell. (2010). *16. Shell Jugendstudie. Eine pragmatische Generation behauptet sich*. Veröffentlicht unter: http://www.shell.de/home/content/deu/aboutshell/our_commitment/shell_youth_study/2010/ (Zugriff 05.12.2012).

Silbereisen, R. K. (1998). Soziale Kognition: Entwicklung von sozialem Wissen und Verstehen. In R. Oerter/L. Montada (Hrsg.), *Entwicklungspsychologie. Ein Lehrbuch* (S. 823–861). Weinheim/ Basel: Beltz Verlag.

Sommer, C. (2009). Multifaktorielle Bedingungen beim Kompetenzaufbau: Entwicklung eines Kompetenzmodells zum systemischen Denken im Primarbereich. In U. Harms/ F. X. Bogner/ D. Graf/ H. Gropengießer/ D. Krüger/ J. Mayer et al. (Hrsg.), *Heterogenität erfassen – individuell fördern im Biologieunterricht* (S. 52–54). Kiel: IPN (Leibniz-Institut für die Pädagogik der Naturwissenschaften).

Sommer, C. (2002). Wie Grundschüler sich die Erde im Weltall vorstellen – eine Untersuchung von Schülervorstellungen. *Zeitschrift für Didaktik der Naturwissenschaften*, 8, 69–84.

Sorrentino, R. M./ Bobocel, D. R./ Gitta, M. Z./ Olson, J. M. (1988). Uncertainty orientation and persuasion. Individual differences in the effects of personal relevance on social judgements. *Journal of Personality and Social Psychology*, 55(3), 357–371.

Spieß, C. (2013). Quellenarbeit im Geschichtsunterricht. Göttingen: V&R.

Staatsinstitut für Schulqualität und Bildungsforschung München. (2012). *KMK-BMZ-Projekt zur Umsetzung des Orientierungsrahmens für den Lernbereich Globale Entwicklung. Dokumentation.* Bayern/ München. Veröffentlicht unter: http://www.kompetenz-interkulturell.de/ userfiles/GE/ Umsetzungsprojekt_Bayern.pdf (Zugriff 05.12.2012).

Staatsinstitut für Schulqualität und Bildungsforschung München. (o.J.). *Anknüpfungspunkte an den „Orientierungsrahmen für den Lernbereich Globale Entwicklung" in den bayerischen Lehrplänen. Gymnasium.* Veröffentlicht unter: http://www.kompetenz-interkulturell.de/userfiles/ GE/Lehrplaene-Orientierungsrahmen_Gymnasium.pdf (Zugriff 05.12.2012).

Staub, E. (2003). *The psychology of good and evil: What leads children, adults and groups to help and harm others*. New York: Cambridge University Press.

Staub, F. C./ Stern, E. (2002). The Nature of Teachers' Pedagogical Content Beliefs Matters for Students' Achievement Gains: Quasi-Experimental Evidence From Elementary Mathematics. *Journal of Educational Psychology*, 94(2), 344–355.

Steffens, G. (2010). Politische Bildung ohne globale Perspektive? In VENRO (Verband Entwicklungspolitik Deutscher Nichtregierungsorganisationen e.V.) (Hrsg.), *Jahrbuch Globales Lernen 2010. Globales Lernen als Herausforderung für Schule und Zivilgesellschaft* (S. 22–27). Bonn.

Steins, G./ Wicklund, R. A. (1993). Zum Konzept der Perspektivenübernahme: Ein kritischer Überblick. *Psychologische Rundschau*, 44(4), 226–239.

Tesch, B. (2010). *Kompetenzorientierte Lernaufgaben im Fremdsprachenunterricht. Konzeptionelle Grundlagen und eine rekonstruktive Fallstudie zur Unterrichtspraxis (Französisch)*. Frankfurt am Main: Peter Lang Verlag. Kolloquium Fachdidaktik (KFU).

Thompson, A. (1992). Teachers' beliefs and conceptions: A synthesis of the research. In A. D. Grouws (Ed.), *Handbook of research on mathematics learning and teaching* (pp. 127–146). New York: Macmillan.

Tilbury, D. (1995). Environmental Education for Sustainability: defining the new focus of environmental education in the 1990s. *Environmental Education Research*, 1(2), 195–212.

Treml, A. K. (1996). *Die pädagogische Konstruktion der „Dritten Welt": Bilanz und Perspektiven der Entwicklungspädagogik*. Frankfurt am Main: IKO-Verlag für Interkulturelle Kommunikation.

Tschekan, K. (2011). *Kompetenzorientiert unterrichten. Eine Didaktik*. Mannheim: Cornelsen Verlag Scriptor.

UNCED (United Nations Conference on Environment and Development). (1992). *Rio Declaration on Environment and Development*. Veröffentlicht unter: http://www.un.org/documents/ ga/confl51/aconfl5126-1annex1.htm (Zugriff 05.12.2012).
UN (United Nations). (2002). *Report of the World Summit on Sustainable Development.* South Africa/ Johannesburg. Veröffentlicht unter: http://www.johannesburgsummit.org/html/ documents/summit_docs/131302_wssd_report_reissued.pdf (Zugriff 05.12.2012).
Uphues, R. (2007). *Die Globalisierung aus der Perspektive Jugendlicher. Theoretische Grundlagen und empirische Untersuchungen.* Geographiedidaktische Forschungen (Band 42). Weingarten: Hochschulverband für Geographie.

Vare, P. (2008). From Practice to Theory: Participation as Learning in the Context of Sustainable Development Projects. In A. Reid/ B. B. Jensen/ J. Nikel/ V. Simovska (Hrsg.), *Participation and Learning. Perspectives on Education and the Environment, Health and Sustainability* (S. 128–143). Berlin: Springer Verlag.
VENRO (Verband Entwicklungspolitik Deutscher Nichtregierungsorganisationen e.V.). (2010). *Globales Lernen trifft neue Lernkultur.* VENRO-Arbeitspapier Nr. 19, Bonn.
VENRO. (2009). Halbzeit der UN-Dekade „Bildung für nachhaltige Entwicklung" (BNE). VENRO-Diskussionspapier 1/2009. Veröffentlicht unter: http://www.venro.org/fileadmin/ redaktion/dokumente/NRO-Kongress/VENRO_BNE_d.pdf (Zugriff 05.12.2012).
VENRO. (2000). *Globales Lernen als Aufgabe und Handlungsfeld entwicklungspolitischer Nichtregierungsorganisationen – Grundsätze, Probleme und Perspektiven der Bildungsarbeit des VENRO und seiner Mitgliedsorganisationen.* VENRO-Arbeitspapier Nr. 10, Bonn.
Von Aufschnaiter, S./ Welzel, M. (Hrsg.). (2001). *Nutzung von Videodaten zur Untersuchung von Lehr-Lernprozessen. Aktuelle Methoden empirischer pädagogischer Forschung.* Münster: Waxmann.
Voss, T./ Kleickmann, T./ Kunter, M./ Hachfeld, A. (2011). Überzeugungen von Mathematiklehrkräften. In M. Kunter/ J. Baumert/ W. Blum/ U. Klusmann/ S. Krauss/ M. Neubrand (Hrsg.), *Professionelle Kompetenz von Lehrkräften. Ergebnisse des Forschungsprogramms COACTIV* (S. 235–258). Münster/ New York/ München/ Berlin: Waxmann.
Voß, R. (Hrsg.). (2005). *Unterricht aus konstruktivistischer Sicht. Die Welten in den Köpfen der Kinder* (2. Aufl.). Weinheim/ Basel: Beltz Verlag.

Wagner-Willi, M. (2005). *Kinder-Rituale zwischen Vorder- und Hinterbühne. Der Übergang von der Pause zum Unterricht.* Wiesbaden: VS Verlag für Sozialwissenschaften.
WCED (World Commission for Environment and Development) (1987). *Our Common Future.* Oxford.
Weber, M. (1968). Die „Objektivität" sozialwissenschaftlicher und sozialpolitischer Erkenntnis. In ders. (Hrsg.), *Gesammelte Aufsätze zur Wissenschaftslehre* (3. Aufl.) (S. 146–214). Tübingen: Mohr.
Weinert, F. E. (2001a). Concept of Competence: A Conceptual Clarification. In D. S. Rychen/ L. H. Salganik (Eds.), *Defining and Selecting Key Competencies* (pp. 45–66). Seattle/ Toronto/ Bern/ Göttingen: Hogrefe & Huber Publishers.
Weinert, F. E. (2001b). Vergleichende Leistungsmessung in Schulen – eine umstrittene Selbstverständlichkeit. In ders. (Hrsg.), *Leistungsmessungen in Schulen.* (S. 17–31). Weinheim/ Basel: Beltz Verlag.
Wehling, H.-G. (1977). Konsens à la Beutelsbach? In S. Schiele/ H. Schneider (Hrsg.), *Das Konsensproblem in der politischen Bildung* (S. 179–180). Stuttgart: Ernst Klett Verlag.

Wettstädt, L./ Asbrand, B. (2014). Handeln in der Weltgesellschaft. Zum Umgang mit Handlungsaufforderungen im Unterricht zu Themen des Lernbereichs Globale Entwicklung. *Zeitschrift für Internationale Bildungsforschung und Entwicklungspädagogik 37*(1), 4–12.

Wettstädt, L./ Asbrand, B. (2013). Unterricht im Lernbereich Globale Entwicklung. Perspektivität als Herausforderung. In U. Riegel/ K. Macha (Hrsg.), *Videobasierte Kompetenzforschung in den Fachdidaktiken* (S. 183–197). Münster/ New York/ München/ Berlin: Waxmann.

Wettstädt, L./ Asbrand, B. (2012). Unterrichtsmaterialien im Globalen Lernen. In G. Lang-Wojtasik/ U. Klemm (Hrsg.), *Handlexikon Globales Lernen* (S. 230–235). Münster/ Ulm: Klemm & Oelschläger.

Wolfensberger, B. (2008). *Über Natur, Wissenschaft und Gesellschaft reden. Eine empirisch-qualitative Untersuchung von Naturwissenschaften, Umwelt und Gesellschaft.* Universität Zürich. Zürich.

Zeidler, D. (2007). An inclusive view of scientific literacy: Core issues and future directions. In C. Lindner/ L. Östman/ P.-O. Wickman (Eds.), *Promoting Scientific Literacy: Science Education Research in Transaction* (pp. 72–84). Uppsala: Linnaeus.

Zeitler, S./ Heller, N./ Asbrand, B. (2012). *Bildungsstandards in der Schule. Eine rekonstruktive Studie zur Implementation der Bildungsstandards.* Münster/ New York/ München/ Berlin: Waxmann.

Zeitler, S./ Köller, O./ Tesch, B. (2010). Bildungsstandards und ihre Implikationen für Qualitätssicherung und Qualitätsentwicklung. In A. Gehrmann/ U. Hericks/ M. Lüders (Hrsg.), *Bildungsstandards und Kompetenzmodelle. Beiträge zu einer aktuellen Diskussion über Schule, Lehrerbildung und Unterricht* (S. 23–36). Bad Heilbrunn: Klinkhardt.

Ziener, G. (2010). *Bildungsstandards in der Praxis. Kompetenzorientiert unterrichten* (2. Aufl.). Seelze: Klett Kallmeyer.

Zornemann, P. (1999). *Hilfe und Unterstützung im Kinderalltag. Eine qualitative Untersuchung von Interaktionen unter Gleichaltrigen anhand von videographierten Beobachtungen in einer Grundschulklasse.* FU Berlin, Berlin.

Anhang

1)

Wer? Name	Frage / Inhalt	ARBEITSMATERIALIEN	erledigt

TO DO LISTE am _____   Gruppe: _____

Lehrer	Frage / Inhalt	ARBEITSMATERIALIEN	erledigt

2)

Informiere dich und überprüfe folgende Statements:

Durch Fleischkonsum werden Lebensmittel verschwendet.

Zur Bewahrung des Regenwaldes werden Naturschutzgebiete eingerichtet, es gibt verstärkte Kontrollen und Sanktionen, um die illegale Waldvernichtung zu verringern.

Je größer die Nachfrage nach Fleisch, desto mehr Regenwald wird gerodet.

Auf einem Baum können bis zu 1700 Arten wirbelloser Tiere leben

Mehr als die Hälfte des früheren Amazonaswaldes wird als Weidefläche genutzt.

Kahlschlag für ein Steak?
Die Rodung von Wäldern zum Anbau von Futter und die direkte Tierhaltung verringern die Artenvielfalt.

Im Amazonasgebiet gibt es mehr als 300 essbare Früchte.

Regenwald-Burger?
Das Fleisch der Rinder im Amazonasgebiet endet in unseren Supermärkten und Hamburgern.

Die Kaufkraft eines deutschen Schweins ist größer als die einer armen brasilianischen Familie.

```
Millenium-Kampagne
   zum Schutz des
Regenwaldes bringt
   erste Erfolge:
   Internationale
   Biodiversitäts-
     konvention
   zum Erhalt der
   Lebensumwelt
     vereinbart.
```

Wir brauchen die Apotheke Regenwald und die Speisekammer Regenwald. Die meisten unserer Nutzpflanzen sind tropischen Ursprungs. Zum Beispiel die Kartoffel und die Banane.

Die Tropenwälder beherbergen drei Viertel aller Tier- und Pflanzenarten weltweit.

Der Hunger nach Fleisch nimmt zu. - Der Wunsch nach immer billigeren Fleisch kann nur durch Massentierhaltung erfüllt werden.

Der Regenwald ist ein
„Biodiversität–Hotspot".

EXKURS: Klima und Welternährung

18 Prozent der CO_2-Produktion entfallen auf die Produktion von Fleisch

Nach einer Schätzung des Ernährungswissenschaftler Jean Mayer (Havard Universität) könnten 60 Millionen Menschen mit Getreide versorgt werden, wenn die globale Fleischproduktion nur um zehn Prozent sinken würde.

Der Regenwald ist reich an Bodenschätzen.

Das wertvolle Tropenholz ist weltweit begehrt.

3)

http://www.oekolandbau.de/jugendliche/thema-des-monats/februar-2011-klima-im-wandel-retter-gesucht/ Hier sind weitere Infos zu finden

Aktueller Auszug: **Februar 2011: Klima im Wandel: Retter gesucht!**

Der Klimawandel bedroht Mensch und Natur. Anlässlich der Vorstellung einer Studie zur Bedeutung der Arktis und der Bedrohung der dortigen Eisschmelze für unser Klima platzierte der WWF im September 2009 1.000 handgefertigte Eisfiguren auf der Freitreppe des Konzerthauses am Berliner Gendarmenmarkt. Die kleinen, fragilen Skulpturen, geschaffen von der brasilianischen Künstlerin Néle Azevedo, schmolzen und zerfielen innerhalb von 30 Minuten auf den Stufen der Treppe.
© *Rosa Merk/WWF*

Der Klimawandel hat uns voll im Griff. Die globale Erwärmung überrascht uns immer häufiger mit extremen Wetterlagen und verheerenden Naturkatastrophen. Vor allem in den ärmsten Ländern der Welt stehen die betroffenen Menschen oft vor dem Nichts. Doch auch in den gemäßigten Breiten müssen wir uns den klimatischen Änderungen anpassen. Für Landwirte heißt das, dass sie sich neuen Herausforderungen stellen müssen, vor allem beim Pflanzenschutz. So müssen zum Beispiel Winzer in Deutschland ihre Weintrauben vor Schädlingen schützen, die früher nur südlicheren Gefilden aufgetaucht sind. Und auch auf einheimische Schädlinge und Unkräuter wirken sich milde Winter und lange Trockenperioden oft förderlich aus.

Mit unserem modernen Lebensstil haben wir Menschen uns selber den Klimawandel beschert. Fahrzeuge, Industrieanlagen und Heizungen stoßen klimaschädigendes Kohlendioxid (CO_2) aus, und auch unsere Ernährung beeinflusst das Klima. Immerhin trägt in Deutschland die Ernährung zu 20 Prozent am Gesamtausstoß von Treibhausgasen bei. Der größte Batzen entfällt dabei auf die Erzeugung tierischer Lebensmittel. Aber auch beim Einkaufen, Kühlen oder Kochen und beim Transport von Lebensmitteln fällt CO_2 an.

Eine Portion Klimaschutz bitte!
Essen muss jeder, ob jung oder alt. Und deshalb kann sich jeder mit einem klimafreundlichen Ernährungsstil als Klimaretter engagieren.

Öfter mal auf Tierisches verzichten
Die Erzeugung von Lebensmitteln tierischer Herkunft bewirkt prinzipiell einen höheren CO_2-Ausstoß als der Anbau von Pflanzen. Werden die Tiere zudem in Massentierhaltung gemästet, entstehen auf kleiner Fläche Unmengen an CO_2. Für die Erzeugung von Getreide, Obst und Gemüse wird nur etwa ein Zehntel an Wasser und Energie verbraucht wie für die Produktion von Fleisch, Eiern und Milchprodukten. Das Klima wird's dir danken, wenn du demnächst öfter mal das Wurstbrötchen gegen ein Sandwich mit Kräuterpesto und Tomaten eintauschst.

Bioprodukte bevorzugen
Biolebensmittel sind durch die klimaschonende Anbaumethode klar im Vorteil. Im Vergleich zu konventionell angebauten Lebensmitteln ist der CO_2-Ausstoß bei der Produktion von Biolebensmitteln geringer. Der Grund liegt zum Beispiel im Verzicht auf chemisch-synthetische Pflanzenbehandlungs- und Düngemittel, deren Herstellung sehr energieaufwendig ist. Außerdem sind ökologisch bewirtschaftete Böden aufgrund des höheren Humusgehalts in der Lage, mehr Treibhausgase zu binden (circa 35 bis 50 Tonnen Kohlendioxid pro Hektar!). Biolebensmittel essen bedeutet auch unbelastet genießen, denn sie weisen erheblich weniger Rückstände von Schadstoffen auf.

Das saisonale und regionale Angebot an Obst und Gemüse nutzen
Klimaschützer kaufen möglichst regional und saisonal. Sehr deutlich wird das am Beispiel von Gurken. Wächst die Gurke zum Beispiel im Winter im beheizten Treibhaus oder unter dem Folientunnel heran, verursacht ein Kilogramm des beliebten Gemüses einen CO_2-Ausstoß von 2.300 Gramm. Im Freiland bringt es die gleiche Menge Gurken lediglich auf 170 Gramm. Wenn die Gurke dann noch auf dem ökologisch bewirtschafteten Acker um die Ecke wächst und nicht schon um die halbe Welt gereist ist, fällt die Bilanz noch günstiger aus. Je regionaler und saisonaler wir einkaufen, desto kürzer und damit klimafreundlicher ist der Transportweg.

Mitmachen statt tatenlos zusehen
Natürlich kannst du auch noch in anderen Lebensbereichen aktiv für den Klimaschutz werden. Umweltschutzorganisationen, die Verbraucherzentralen und Informationsdienste, auch regionale Initiativen geben dir Anregungen und weiterführende Informationen.

Carrot mob – Klimaschutz von unten
Zu einem Date kommen, bei dem alle Energiesparlampen kaufen, Eis schlecken oder Party feiern – warum das denn? Carrot mob heißen die Aktivitäten, bei denen die Teilnehmer mit gezieltem Konsum Klimaschutzprojekte unterstützen. In verschiedenen Städten in Deutschland finden diese Aktionen statt; wir erklären, worum es geht und berichten von Carrot mobs in Köln und Frankfurt.
Carrot mob

Klimaschutz und Ernährung
Beim Klimawandel denken die meisten an Industrie, Auto- und Luftverkehr. Welche Rolle spielen Ernährung und Landwirtschaft? Zu diesen und weiteren Fragen gibt der Ernährungsexperten Dr. Karl von Koerber Antwort.
Zum Interview

Kochen für den Klimaschutz
Das Klimakochbuch der BUND-Jugend zeigt dir, welches die besten Zutaten für den kulinarischen Klimaschutz sind. Leckere Rezepte, leicht verständliche Infotexte und viele Tipps helfen im klimafreundlichen Alltag.
Buchtipp Klimakochbuch

Ökolebensmittel – mehr als Müsli
Was ist ökologische Landwirtschaft? Ist auch wirklich bio drin, wo bio drauf steht? Warum ist Biofood teurer? Der ökologische Landbau wirft viele Fragen auf.
Wir haben für Euch die Antworten.

Saisonal oder ganz egal?
Spargel zu Weihnachten, Himbeeren im Winter? Warum es sich lohnt, doch lieber saisonale Lebensmittel aus der Region kaufen.
Infos zu saisonalen Lebensmitteln.

4)

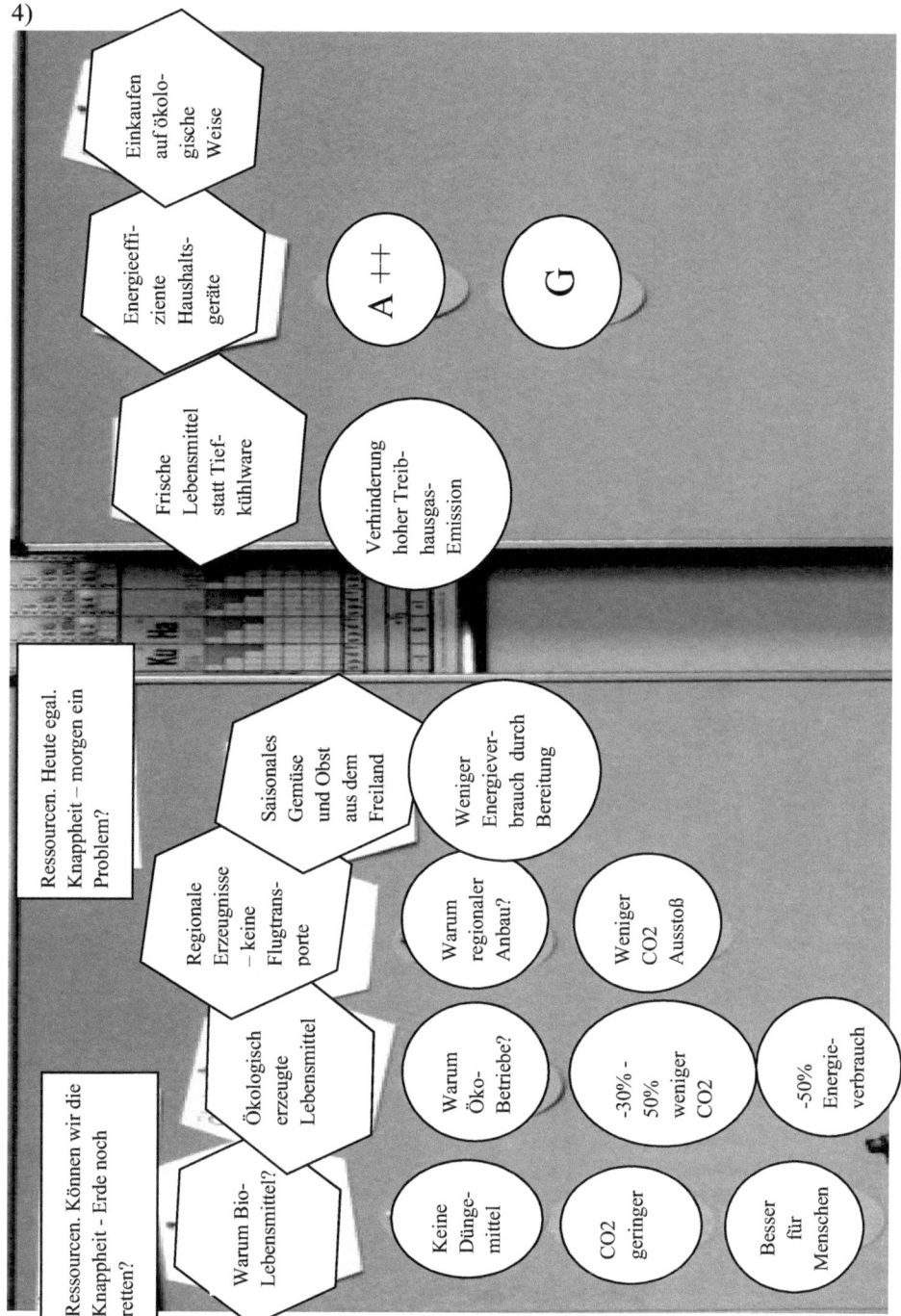

5)

Aktion: Schlingenspiel
Dieses Spiel funktioniert ähnlich wie die Stuhlmetapher: Unterschiedlich große Seilschlingen liegen auf dem Boden. Bei laufender Musik oder Gesang müssen sich alle bewegen und sich bei Unterbrechung der Musik mit beiden Füßen in einer Schlinge befinden. Ähnlich der „Reise nach Jerusalem" und anderen derartigen Spielen gilt die Regel: Wer keinen Platz findet, scheidet aus. Im Verlauf des Spiels werden immer mehr Schlingen weggenommen – die Chance, einen Platz zu finden, wird also immer geringer. Neben den aktiven Teilnehmern kann eine neutrale Beobachtergruppe die Reaktion en auf die sich verringernden Schlingen (= knapper werdende Ressourcen) beobachten, notieren und später an die Gruppe zurückmelden.
Die Reaktion en sind häufig sehr ähnlich, können aber je nach Alter, Phantasie und Beweglichkeit der Teilnehmer variieren. Erste Kommentare lauten meist „es wird sehr eng", dann „die Gruppe versucht, alle im Spiel zu halten" bis zu „einzelne Egoisten setzen sich durch" oder „es werden innovative Lösungen zum Überleben gesucht" (außen sitzen, aber mit den Füßen noch in der Schlinge sein; andere auf die Schulter nehmen, einzelne kleine Schlingen aufknoten und zu einer größeren neu zusammen binden, in der weitere Leute Platz haben, etc.). Entscheidend ist bei dem bewegungsreichen Spiel, dass anschließend die Frage diskutiert wird: Was hat das alles mit uns und mit der Situation unseres Planeten zu tun?

Quelle: Auszug aus Beyers, B./Kus, B./Amend, T./Fleischhauer, A. (Hrsg.). (2010). Großer Fuß auf kleiner Erde? Bilanzieren mit dem Ecological Footprint. Anregungen für eine Welt begrenzter Ressourcen. In Deutsche Gesellschaft für Technische Zusammenarbeit (GTZ) GmbH Eschborn, *Nachhaltigkeit hat viele Gesichter* (Band 10, S. 88). Heidelberg: Kasparek Verlag.

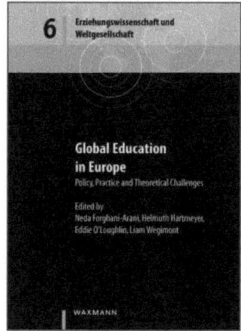

Neda Forghani-Arani, Helmuth Hartmeyer, Eddie O'Loughlin, Liam Wegimont (eds.)

Global Education in Europe

Policy, Practice and
Theoretical Challenges

2013, 216 pages, pb, 24,90 €,
ISBN 978-3-8309-2897-3
E-Book: 21,99 €, ISBN 978-3-8309-7897-8

With this book, GENE – Global Education Network Europe – marks ten years of work. It explores key contemporary issues in Global Education and outlines challenges in research, practice, policy and conceptual development. The book will be of use to policymakers, educationalists, researchers, and practitioners in the fields of education, international development, human rights and sustainability.

Erziehungswissenschaft und Weltgesellschaft, Band 7

Ingrid Schwarz,
Gabriele Schrüfer (Hrsg.)

Vielfältige Geographien

Entwicklungslinien für Globales Lernen,
Interkulturelles Lernen und Wertediskurse

2014, 192 Seiten, br., 29,90 €,
ISBN 978-3-8309-3051-8
E-Book: 26,99 €, ISBN 978-3-8309-8051-3

Vielfältige interdisziplinäre Zugänge zu den Fächern Geographie und Wirtschaftskunde sind zentral für die weitere Entwicklung dieser beiden Fächer in Deutschland und Österreich. Im Zentrum dieses Sammelbandes stehen sozialräumliche Bildungs- und Gesellschaftsprozesse. Seine Beiträge spannen einen breiten Bogen vom Diskurs zum Global-Citizenship-Konzept zu den Themenfeldern Inklusion und Diversität, Global Studies und Bildung für Nachhaltigkeit sowie Politische Ökonomie und Gender Budgeting. Des Weiteren werden Diskurse um die Themenbereiche Globales Lernen, Interkulturelles Lernen sowie Werte- und Raumkonzepte geführt.